第三册

宋仁宗景祐四年丁丑八月起
宋仁宗嘉祐六年辛丑閏八月止

續資治通鑑

卷四十一至五十九

中華書局

續資治通鑑卷第四十一

賜進士及第兵部尚書兼都察院右都御史總督湖北湖南等處地方軍務兼理糧餉世襲二等輕車都尉 畢沅 編集

宋紀四十一 起強圉赤奮若（丁丑）八月，盡屠維單閼（己卯）八月，凡二年有奇。

仁宗體天法道極功全德神文聖武睿哲明孝皇帝

景祐四年 遼重熙六年。（丁丑、一〇三七）

1 八月，甲戌，出內藏庫絹三十萬，下河北路市糴軍儲。

2 越州水，賜被溺民家錢有差。

3 甲午，詔：「天下常平倉錢穀，自今三司及轉運司無得借支。」

4 九月，丙寅，三司言：「東頭供奉官錢遜奏信州鉛山產石礬，可烹煉爲銅。今池、饒、江三州錢監並闕銅鑄錢，請遣遜與本路轉運使試驗以聞。」從之。

5 丁卯，御邇英閣讀唐書。以後讀眞宗所撰正說及進講春秋，俱於邇英閣。

6 冬，十月，癸巳，翰林學士李淑請班其父樞密直學士若谷下，詔從淑請。

7 乙未,同知樞密院事章得象言:「開封府進士章仲昌,臣鄉里疏屬,實無藝業,近聞訟訴發解不公事,請牒歸其家。」從之。時鎖廳應舉人特多,開封府投牒者至數百,國子監及諸州不在焉。及出榜,而宰相陳堯佐之子博古爲解元,參知政事韓億子孫四人皆無落者,故嘲謗羣起。然殿中侍御史蕭定謨與直集賢院韓琦、吳育、王拱辰實司試事,非有所私也。

8 是月,遼主駐石寶岡。

9 十一月,己亥朔,準布舊作阻卜,今改。貢於遼。

10 辛亥,遼以契丹行宮都部署蕭惠爲南院樞密使。

11 己未,出內藏庫紬綿五十萬,下河北、陝西路市糴軍儲。

12 庚申,遼封皇子洪基爲梁王。

13 癸亥,罷登、萊買金場。

14 (十二月,壬申),給眞定府、潞州學田各五頃。仍詔自今須藩鎭乃許立學,他州勿聽。

15 甲申,忻、代、幷三州言地震,壞廬舍,覆壓人畜,忻州尤甚,吏民死者萬九千七百餘人。自是河東地震連年不止,或地裂泉涌,或火出如黑沙狀,一日四五震,民皆露處。乙酉,命侍御史程戡往幷、忻州體量安撫。

16 左(右)司諫韓琦上疏曰:「鄉者興國寺雙閣災,延及開(先)祖殿,不踰數刻,但有遺燼。

復聞仰觀垂象，或失經行；今北道數郡，繼以地震。此女謁用事，臣下專政之應也。又震在北，或者上天孜孜遺告，俾思邊塞之爲患乎！望自今嚴厲〔飭〕守臣，密修兵備，審擇才謀之帥，悉去懦弱之士，明軍法以整驕怠之卒，豐廩實以增儲偫之具。」

旬餘，琦復上疏言：「近聞大慶殿及諸處各建道場，及分遣中使徧詣名山福地以致精〔請〕禱，是未達寅畏之深旨也。臣竊以爲祈禱之法，必徹樂減膳，修德理刑，下詔以求谠言，側身而避正殿，是以天意悅穆，轉爲福應。願陛下法而行之。且大慶殿者，國之路寢，朝之法宮，陛下非行大禮、被法服，則未嘗臨御，臣下非大朝會，則不能一至於庭，豈容僧道繼日累月喧雜於上，非所以正法度而尊威神也！望今後凡有道場設醮之類，並於別所安置。」

17 給徐州學田五頃。

18 庚寅，以龍圖閣學士張逸爲樞密直學士，知益州。

逸凡四至蜀，諳其民風。會歲旱，逸使作堰，壅江水溉民田，自出公租減價以賑。民初飢，多殺耕牛食之，犯者皆配關中。逸奏：「民殺牛以活將死之命，與盜殺者異。若不禁之，又將廢穡事。今歲小稔，請一切放還，復其業。」報可。

19 壬辰，徙知饒州范仲淹知潤州，監筠州稅余靖監泰州稅，夷陵縣令歐陽修爲光化（軍乾德）縣令；帝諭執政令移近故也。

先是京師地震，直史館葉清臣上疏言：「頃仲淹、余靖等以言事被黜，天下齰舌不敢議朝政，行將二年。願陛下深自咎責，詳延忠直敢言之士，庶幾明威降鑒，善應來集。」書奏數日，仲淹等皆得近徙。

仲淹既徙潤州，讒者恐其復用，遽誣以事。語入，帝怒，亟命置之嶺南。參知政事程琳辨其不然，仲淹訖得免。自仲淹貶而朋黨之論起，朝士牽連而出，語及仲淹者皆指爲黨人；琳獨爲帝開說，帝意解乃已。

20 遼以楊佶爲忠順軍節度使。

21 趙元昊既悉有夏、銀、綏、靜、宥、靈、鹽、會、勝、甘、涼、瓜、沙、肅，而洪、安（定）、威、懷、龍皆卽舊堡鎮僞號州，仍居興州，阻河，依賀蘭山爲固。是歲，始大補僞官，以嵬名守全、張陟、楊廓（郭）、徐敏宗、張文顯輩主謀議，鍾鼎臣典文書，成逋克、成賞都輩主兵馬，野利仁榮主蕃學，置十八監軍司，委酋豪分統其衆。自河北至臥囉娘山（舊作午臘蒻山。）七萬人，以備遼人；河南洪州、白豹、安鹽州、羅落、天都、韋（惟）精山五萬人，以備環慶、鎮戎、原州；左廂宥州路五萬人，以備鄜延、麟府；右廂甘州路三萬人，以備西蕃、回紇；賀蘭駐兵五萬，靈州五萬人，興州、興慶府七萬人，爲鎮守：總五十餘萬。而苦戰倚山訛，山訛者，橫山羌，夏兵柔脆，不及也。選豪族善弓馬五千人送（迭）直，僞號六班直，月給米二石。鐵騎三千，分十部。發兵以銀牌召酋長，面受約束。創十六司於興州，以總衆務。

寶元元年 遼重熙七年。（戊寅、一〇三八）

1 春，正月，辛丑，遼主如混同江。

2 癸卯，趙元昊請遣人供佛五臺山，乞令使臣引護，并給館劵，從之。元昊實欲窺河東道故也。

3 同知禮院宋祁上疏曰：「去年火焚興國寺浮屠，延燔藝祖神御殿，已而盜壞宗廟釦器者再，則神不昭格之意也。自昔災異之發，遠者十數年，近者三四年，隨方輒應，類無虛歲。而罪己之問不形於詔書，思患之謀不留於詢逮，踰時越月，羣下默然。間者但引緇黃，晨齋夕唄，修不經之細祝，塞可懼之大變，人且未信，天胡可欺！臣誠至愚，竊恐銷伏之間未得爲計也。伏望陛下普詔百執，各貢所懷，留神省閱。」

4 甲辰，雷。麟、府州及陝西大雨雹。

5 丙午，以災異屢見，下詔求直言，限半月內實封進納。

6 庚戌，命翰林學士丁度等權知禮部貢舉。

7 乙卯，大理評事、監在京店宅務蘇舜欽詣匭通疏曰：「臣聞河東地大震，歷旬不止；孟春之初，雷電暴作。臣以爲國家闕失，衆臣莫敢爲陛下言者，唯天丁寧以告陛下。陛下果能霈發明詔，許羣臣皆得獻言，臣初聞之，踊躍欣忭！旬日間頗有言事者，其間豈無切中時病，而未聞朝廷舉行，是亦收虛言而不根實效也。竊見綱紀墮敗，政化闕失，其事甚衆，不可概舉，謹條大者二事以聞。

一曰正心。心正則神明集而萬務理。今民間傳陛下比年稍邇俳優，燕樂踰節，賜予過度。燕樂踰節則蕩，賜予過度則侈；蕩則政事不親，侈則用度不足。臣竊觀國史，見祖宗日視朝，旰昃方罷，猶坐後苑門，有白事者，立得召對，委曲詢訪，小善必納。眞宗末年不豫，始間日視朝。今陛下春秋鼎盛，實宵衣旰食求治之秋，乃隔日御殿，此政事不親也。又，府庫匱竭，民鮮蓋藏，誅斂科率，殆無虛日，三司計度經費，二十倍於祖宗時，此用度不足也。望陛下修己以御人，洗心以鑒物，勤聽斷，舍燕安，放棄優諧近習之纖人，親近剛明鯁正之良士，因此災變，以思永圖。

二曰擇賢。夫明主勞於求賢而逸於任使，然盈庭之士，不須盡擇，在擇一二輔臣及御史諫官而已。昨王隨自吏部侍郎、平章事超越十資，復爲上相。此乃非常之恩，必待非常之才，而隨虛庸邪諂，非輔相器，降麻之後，物論沸騰，故疾纏其身，災仍於國。又，石中立頃在朝行，以詼諧自任，今處之近輔，物望甚輕，人情所忽。蓋近臣多非才者，陛下左右尙如此，天下官吏可知也。且張觀爲御史中丞，高若訥爲司諫，二人者皆登高第，頗以文詞進，而溫和柔懦，無剛直敢言之氣，斯皆執政引置，欲其緘默，不敢舉其私，時有所言，則必暗相關說。故御史、諫官之任，臣欲陛下親擇之，不令出執政門下。臺諫官既得其人，則近臣不敢爲過，乃馭下之策也。

臣以爲陛下身既勤儉，輔弼臺諫又皆得人，則天下何憂不治，災異何由而生，惟陛下少留意焉！」【考異】舜欽本傳稱康定中，河東地震，舜欽詣匭上疏，蓋誤也。康定中，則王隨等罷久矣。今據舜欽集，見之此年正月十八日。

8 丙辰，以災異，詔轉運使、提點刑獄按所部吏以聞。

9 上封者言：「自變茶法，歲輦京師銀絹易芻粟於河北，配擾居民，內虛府庫，外困商旅，非便。」丙寅，命權御史中丞張觀、侍御史程戡、右司諫韓琦與三司別議之。戡，陽翟人。

10 直史館蘇紳上疏曰：「星之麗天，猶萬國之附王者。下之畔上，故星亦畔天。今大異若此，得非任事之臣踰常分乎！朝廷事無大小，委之政府，至於黜陟之柄，亦或得專。夫大臣平日宜辨論官才，使陛下周知在位之能否，及有除擬，可以隨才任用，使進擢之人知恩出於上，則威福不外分也。今則不然。每一官闕，但閱其履歷，附以比例，而陛下無復有所更。故競進之徒，趨走權門，經營捷徑，恩命未出於上，而請託已行於下矣。祖宗時擢用要官，惟才是用，臣下莫得先知，故被擢之人，咸思自厲。此無他，講求有素而大權不在於下也。雷者，天之號令，今方春而雷，天其或者欲陛下出號令以震動天下，宜及於早，而矯臣下舒緩之咎。凡朝廷事，無鉅細，無內外，取其先急者，悉關聖慮而振肅之，不可緩也。夫星變既有下畔上之象，地震又有陰侵陽之證，天意恐陛下未悟也，更以震雷警之，欲陛下先事爲備，則患禍消而福祥至矣。」

11 直史館葉清臣上疏曰：「陛下臨朝淵默，垂拱仰成，事無大小，有議皆可。使輔相之臣竭忠無私，皆如蕭、曹、房、杜則可；一有不及，才或非倫，則誤陛下事多矣。今有一人進擢，則曰宰相某之親舊也；一人罷黜，則曰宰相某之嫌隙也。由是天下囂然，不曰自陛下出而曰由宰相得，非臣陰之盛而易天地之序者乎！京房曰：『臣事雖正，專必震。』彼正而專猶且震，況專而不正，安得不潰陰陽之氣而致天地之變乎！此地震之所由至也。臣願陛下用天之高明剛健，法太祖之英武肅果，太宗之神睿聰察，先皇帝之精勤明哲，然後官人以材如周文，以法繩下如漢宣，招諫遷善如唐文皇，若此，何懼後患之不消，福慶之不臻哉！」

12 校書郎張方平上七事：一曰密機事，二曰用威斷，三曰廣言路，四曰重圖任，五曰正有司，六曰信命令，七曰示戒懼。御史中丞張觀亦言：「承平日久，政寬法慢，用度漸侈，風俗漸薄，以致災異。」因上四事：一曰知人，二曰嚴禁，三曰尙質，四曰節用。【考異】李燾曰：實錄本紀，正月並無求直言詔，按張觀傳言正月詔求直言。蘇紳傳云：星流、地震，方春而雷，詔求直言。又韓琦家傳論宰輔疏，亦云陛下引咎，詢求讜言。而葉清臣傳又云：清臣疏論地震，會詔求直言，復上疏。是月必有詔也，實錄本紀偶脫之。

13 除并、代、忻州壓死民家去年秋糧。

14 二月，戊辰朔，詔：「天下貢舉人，自今止令逐州解頭入見。」時舉人羣見，進止多不如儀，而民有侯化隆、高惟志者，又輒闌入殿庭獻封事，故有是詔。【考異】宋史作壬申日，今從長編。

15 庚午，詔自今日御前殿視事，用蘇舜欽之言也。

16 甲戌，賜鄆州學田五頃。

17 右司諫韓琦上疏言：「宰臣王隨，登庸以來，衆望不協，差除任性，褊躁傷體。廟堂之上，不聞長材遠略，仰益盛化，徒有延納僧道，信奉巫祝之癖，貽誚中外。而自宿疚之作，幾涉周星，安臥私家，備禮求退。方天地有大災變，陛下責躬問道之際，曾未入見，而扶疾於中書視事，引擢親舊，怡然自居。曁物議沸騰，則簡其拜禮，勉強入見，面求假告，都無省愧之心，固寵慢上，寡識不恭之咎，自古無有。次則陳堯佐男述古，監左藏庫，官不成資，未經三司保奏，而引界滿酬奬之條，擢任三門白波發運使。參知政事韓億，初乞男綜不以資叙回授兄綱，將朝廷要職從便退換，如己家之物，紊亂綱紀，舉朝非笑。此二事，陛下若忽而小之，因循不問，彼必愈任威福，公行不善，更無畏矣。又，石中立本以藝文進，不能少有建明，但滑稽談笑之譽，爲人所稱；處翰墨之司，固當其職，若參決大政，誠非所長。況復仍歲以來，災異間作，則燮理之任，正當其責。而使陛下引咎求言，繼日臨朝，徧責刺牧長吏各修其職，獨政府之臣皆以爲過不在己，泰然自處於臯、夔、稷、契之右。臣僚欲廣陛下之德，已頒前詔於天下，而罷立期限，則皆仰而不從，蓋臣事專而君道之弱明應矣。伏望出臣此疏，明示中書，委御史臺於朝堂集百官會議，正其是非，以塞羣議。」帝嘉納之。

18 乙亥，遼主自春州駐東川。

19 丁丑，高麗遣使貢於遼。

20 壬午，遼主幸五坊閱鷹鶻。

21 遼以翰林都林牙蕭罕嘉努舊作韓家奴，今改。兼修國史，仍詔諭之曰：「文章之職，國之光華，非才不用。以卿文學，爲時大儒，是用授卿以翰林之職。朕之起居，悉以實錄。」自是日見親信，罕嘉努知無不言，雖諧謔不忘規諷。

22 甲午，安化蠻寇宜、融州。

23 三月，戊戌朔，宰臣王隨罷爲彰信節度使、同平章事，陳堯佐罷爲淮康節度使、同平章事、判鄭州，韓億罷爲戶部侍郎，石中立罷爲戶部侍郎、資政殿學士。

初，呂夷簡罷，密薦隨與堯佐二人爲相，其意引援非才，居己下者用之，覬他日帝或見思而復相己。及隨與堯佐、億、中立等議政，數忿爭於中書。隨尋屬疾在告，詔五日一朝，日赴中書視事，而堯佐復年高，事多不舉，時有「中書翻爲養病坊」之語。會災異仍見，琦論隨等疏凡十上，堯佐亦先自援漢故事求策免，於是四人者俱罷。【考異】李燾曰：王巖叟作韓魏公遺事錄云：公言天下事不能必如人意。仁宗時，王隨、陳堯佐爲宰相，皆老病，又不和，中書事多不決，韓億、石中立二人又頗以私害公。公時爲諫官，屢疏不納。後物議益喧，公復上章乞廷辨。上迫於正論，罷四人者。當時天下之望在王沂公、呂申公、杜岐公、范希文，而公亦引薦之。及宣麻日，乃張士遜昭文，章得象集賢，宋庠、晁宗愨參政，天下人失望。公曰：「事固不可知，人意亦不能必也。」按巖叟此錄中誤。宋庠參政在寶元二年十一月，晁宗愨參政在康定元年九月，不與士遜、得象同入中書明甚。宗愨此時在翰苑才二年，庠實初除翰苑。然上意本用庠，偶以讒止，更一年餘，卒用之。或傳聞疑似致此。而范希文二年前權知開封，纔落天章閣待制，去多補外，方自饒徙潤，猶未復職，驟還政府，恐亦無此例。魏公自言必不差，巖叟聽之不審，又不加參考，遽筆之於書耳。又，汪藻書陳堯佐舊事云：文惠陳公相仁宗，每內有御封至私第，公不啓封，來日，袖至榻前屏奏曰：「今中宮虛位，張貴妃有寵，恐姦人附會，請正母儀，非陛下本意，有不得已者。若誠此事，臣不敢啓封以示同列。」仁宗首肯曰：「姑置之。」貴妃，卽追册溫成后也。當時於墓刻神道碑不敢書。公薨百餘年，公之曾孫直祕閣兗始錄以示人。自古妃匹之愛，父不能得之子，君不能得之臣，所謂難言骨肉之間者也。文惠公及此，固社稷之臣，非吾仁宗有從諫之聖，亦安能容其臣如是之大乎！按文惠以景祐四年四月拜相，寶元元年三月罷。溫成以康定元年十月自御侍遷才人，距文惠罷相凡二年餘，雖當時已被寵幸，不應諫臣便有正位中宮之請。汪藻所見，恐文惠之孫飾說，非事實也，今不取。

24 以判河南府張士遜爲門下侍郎兼兵部尚書、平章事，戶部侍郎、同知樞密院事章得象以本官平章事，同知樞密院事王鬷、權知開封府李若谷並參知政事，權三司使王博文、知永興軍陳執中並同知樞密院事。

初，韓琦數言執政非才，帝未卽聽。琦又言曰：「豈陛下擇輔弼未得其人故邪？若杜衍、宋道輔、胥偃、宋郊、范仲淹，衆以爲忠正之臣，可備進擢。不然，嘗所用者王曾、呂夷簡、蔡齊、宋綬，亦人所屬望，何不圖任也？」帝惟聽琦罷王隨等，更命士遜及得象爲相。士遜猶以東宮舊恩，或言又夷簡密薦之。得象入謝，帝謂曰：「往者太后臨朝，羣臣邪正，朕皆默識；惟卿清忠無所附，且未嘗有干請，今日用卿，由此也。」

25 以知應天府夏竦爲三司使，知制誥宋郊爲翰林學士。

帝初欲用郊同知樞密院事，中書言故事無自知制誥除執政者，乃先召入翰林，左右知帝遇郊厚，行且大任矣。學士李淑害其寵，欲以奇中之，言於帝曰：「宋，受命之號也。郊，交也。合姓名言之爲不祥。」【考異】東都事略宋庠傳：李淑言於仁宗曰：宋郊姓符國號，名應祀天，不祥也。今從長編及宋史。帝弗爲意。他日，以諭郊，因改名庠。

26 遼主幸皇太弟重元行帳。

27 己亥，發邵、澧、潭三州駐泊兵討安化蠻。

28 壬寅，遼主如蒲河淀。

29 辛亥，夏國遣使貢於遼。

30 甲寅，御崇政殿，試禮部奏名進士。乙卯，試諸科。丙辰，（試）特奏名。旋賜進士、諸科及第、出身七百二十四人，其特奏名被恩賜者又九百八十四人。瓊林宴，初賜大學篇。

先是，帝以開封所解鎖廳進士陳博古等嘲謗籍（籍），密詔博古及韓億子孫四人幷兩家門下士范鎭試卷皆勿攷。鎭，成都眉山人。攷官奏鎭靜實有文，非附兩家之勢而得者，乃聽攷而降其等級。鎭，禮部奏名爲第一。故事，禮部第一人，賜第未有第二甲者，雖近下猶申〔升〕之，吳育、歐陽修殿庭唱第過三人，亦抗聲自陳。鎭獨默然，至第七十九人，乃出拜，退就列，無一言，衆以是稱之。禮部第一人在第二甲自鎭始。初，薛奎知益州，還朝，與鎭俱。或問奎入蜀所得，奎曰：「得一偉人，當以文學名世也。」

31 遼主錄囚。

32 夏，四月，庚午，詔：「天下毋得連用眞宗皇帝藩邸舊名。」

33 癸酉，給事中、同知樞密事王博文卒。

始，博文爲三司使，言於帝曰：「臣且死，不得復望兩府之門。」因泣下。帝憐之，後數日，與陳執中並命，位樞密凡三十六日。訃至，趣駕臨奠，贈吏部侍郎。

博文以吏事進，政務平恕，嘗語諸子曰：「吾平生決罪，至流刑，未嘗不陰擇善水土處。汝曹志之。」然治曹汭獄，希莊獻旨，縱羅崇勳傳致其罪，議者少之。

84 乙亥，以權御史中丞張觀同知樞密院事。帝初諭中書，候兩府闕官則用宋庠。及王博文卒，中書以庠名進，帝曰：「觀，先朝狀元，合先用。」蓋譖者之說已行也。

85 賜河南府嵩陽書院田十頃。

36 己卯，遼主獵白馬堝。甲申，射兔新淀井，旋獵於金山。

37 壬辰，除宜、融州夏稅。

38 乙未，詔：「自今試舉人，非國子監見行經書，毋得出題。」從翰林侍讀學士李淑請也。

39 五月，乙巳，錄囚。

40 六月，乙亥，遼主御清涼殿試進士，賜邢彭年以下五十五人第。

41 戊寅，罷天下舉念書童子。

42 帝留意農事，每以水旱爲憂。甲申，詔天下諸州每旬上雨雪狀，著爲令。

43 戊子，權知司天少監楊惟德等言：「來歲己卯閏十二月，則庚辰歲正月朔日當食，請移閏於庚辰歲，則日食在前正月之晦。」帝曰：「閏所以正天時而授民事，其可曲避乎！」不許。

【考異】張唐英政要云：景祐四年冬，司天上言：「明年正旦日食，此謂三朝之始，人君尤忌之，請移閏月以避之。」上亦以爲然，問大臣。參知政事程琳曰：「日者衆陽之長，人君之象，今有所食，蓋陛下乾剛之道或有所虧而致，惟修德政可以免。」上曰：「卿言極是，朕亦思之，不如自責，可以答天變。」考宋史程琳傳不載此事，疑未可信。

44 秋，七月，甲辰，遼主錄囚。

45 乙巳，準布部長朝於遼。

46 戊申，遼主如黑嶺。

47 癸丑，賜襄州學田五頃。

48 丙辰，羣臣表上尊號曰寶元體天法道欽文聰武聖神英睿孝德，帝不許。羣臣五上表，帝謂宰相張士遜曰：「唐穆宗云：『强我懿號，不若使我爲有道之君；加我虛尊，不若處我於無過之地。』朕每愛斯言。」士遜請不已，乃詔削「英睿」二字而受之。

49 右司諫韓琦言：「李照所造樂不合古法，今親祀南郊，不可以薦，請復用太常舊樂。」詔宋綬、晏殊同兩制詳定以聞。綬等言：「新樂比舊樂下三律，衆論以爲無所攷據，願如琦請。」詔從之。

50 壬戌，御崇政殿，策試賢良方正能直言極諫著作佐郎信都田況、大理評事張方平、茂才異等丹陽邵亢。況所對入第四等，方平四等次，亢與宰相張士遜連姻，報罷。【考異】長編引實錄云：亢策字數少，不合格，今從亢本傳。王珪銘亢墓，亦云范仲淹薦亢應賢良方正科，試崇政殿，除建康軍節度推官。會有欲中傷宰相者，乃密言亢與之連姻，命遂中格，人莫知其所以然。蓋張士遜娶馮氏，又娶邵氏，邵偶與亢同姓耳。士遜既不能辨，亢亦無言而去。

51 癸亥，策試武舉人。八月，丙寅，試武舉人騎射。

52 丁卯，復置淮南、江、浙、荊湖制置發運使。

53 鎮國軍節度使、駙馬都尉李遵勖屬疾，奏請納祿，援唐韋嗣立故事求山林號，詔不許。遵勖醞藉力學，王旦器之。天聖末，嘗奏事殿中，帝起更衣，莊獻屏左右問：「比來外人有何言？」遵勖唯唯。太后固問，遵勖曰：「臣無他聞，但議者謂天子既冠，太后宜還政。」太后曰：「我非戀此，帝年少，內侍多，尚恐未能制之耳。」遵勖尋卒，贈中書令，謚和文。

54 九月，乙未，出左藏庫錦綺綾羅一百萬，下陝西路市糴軍儲。

55 丁未，遼主駐平淀。

56 己酉，鄜延路鈐轄司言：「趙元昊從父山遇遣人來約降。」詔勿受。

初，元昊悉會諸豪，刺臂血和酒置髑髏中，共飲之，約先攻鄜延，自靖德、塞門、赤城路三道並入，酋豪有諫者，輒殺之。山遇數止元昊，不聽，畏誅，遂挈妻子來降。時已被詔，知延州郭勸與鈐轄河陽李渭遣山遇還，山遇不可，即命監押韓周執山遇等送元昊，集騎射而殺之。時元昊自稱烏珠舊作兀卒，今改。已數年矣。元昊既殺山遇，遂謀僭號。

57 丁巳，進封齊國永壽保聖夫人許氏爲魏國夫人。

58 冬，十月，甲子朔，遼主度遼河，旋駐白馬淀。

59 丙寅，詔戒百官朋黨。

初，呂夷簡逐范仲淹等，既踰年，夷簡亦罷相，由是朋黨之論興。士大夫爲仲淹言者不已，於是內降劄子曰：「向貶范仲淹，蓋以密請建立皇太弟姪，非但詆毁大臣。今中外臣僚屢有稱薦仲淹者，事涉朋黨，宜戒諭之。」故復下此詔。

參知政事李若谷建言：「近歲風俗惡薄，專以朋黨汚善良。蓋君子小人各有類，今一以朋黨目之，恐正臣無以自立。」帝然其言。

60 鹽鐵副使、工部郎中司馬池，歲滿當遷，中書進名，帝曰：「是固辭諫官者。」遂命爲天章閣待制，知河中府。

61 辛未，以左千牛衞將軍宗賁爲左領軍衞將軍。

62 壬申，遼錄囚。

63 甲戌，趙元昊築壇受册，僭號大夏始文英武興法建禮仁孝皇帝，改大慶二年爲天授禮法延祚元年。追謚其祖繼遷曰神武皇帝，廟號太祖；父德明曰光聖皇帝，廟號太宗。遣使奉表以僭號來告。【考異】宋史夏國傳謂祥符五年，德明追尊繼遷爲太祖應運法天神智仁聖至道廣德光孝皇帝，廟號武宗，此殊謬誤。德明本未僭號，安得私尊其父爲帝！且既云太祖，即是廟號，安得又有武宗之稱！就如其言，則繼遷在德明時已有十四字之謚，何又云元昊追謚神武邪！今皆削而不取。但元昊追尊繼遷、德明，史亦闕其年月，玆因書僭號而附及之。

64 十一月，甲辰，詔廣西路鈐轄司趣宜、融州進兵討安化蠻。

初，官軍與蠻戰，爲蠻所敗，鈐轄張懷志等六人皆死。帝命洛苑使馮伸己知桂州兼廣西鈐轄。伸己道江陵未至，於是遣中使諭伸己速行。伸己日夜疾馳，至宜州，繕器甲，訓隊伍，募民發丁壯，轉糧餉，由三路以進。伸己臨軍，單騎出陳，語酋豪曰：「朝廷撫汝曹甚厚，何乃自取滅亡！汝聽我言則生，不然，無噍類矣。」衆蠻仰泣羅拜曰：「不圖今日復見馮公也！」先是大中祥符末及天聖間，伸己嘗再知宜州，蠻頗服其威信，故云。明日，蠻渠頂投兵械萬計，率衆降軍門，廣西遂安。伸己，拯從子也。

乙巳，詔：「宜、融州民嘗從軍役者，免今夏稅，運糧者免其半。」

65 戊申，朝饗景靈宮。己酉，饗太廟、奉慈廟。庚戌，祀天地於圜丘，大赦，改元。百官上尊號。

66 (戊午)，鄆州言資政殿大學士、左僕射王曾卒。輟視朝二日，贈侍中，謚文正。

曾姿質端厚，眉目如刻畫，入朝，進止有常處。平居寡言，自奉廉約，人莫干以私。前後輔政十年，其所進退士，人莫有知者，范仲淹嘗以問曾，曾曰：「夫執政者恩欲歸己，怨使誰當？」仲淹服其言。先是有大星墜其寢，左右驚白之，曾曰：「後一月當知。」及期，曾果卒。皇祐中，帝爲篆其墓碑曰「旌賢之碑」，後又改其鄉曰旌賢。大臣碑得賜篆自曾始。

67 十二月，癸亥朔，封宰臣張士遜爲鄧〔郢〕國公。加恩百官。

68 甲子，京師地震。

69 遼召善擊鞠者數十人於東京，令與近臣角勝，遼主臨觀之。

己巳，以皇太弟重元判北南院樞密使事，北府宰相薩巴舊作撒八，今改。仍兼知東京留守事。命宰臣張儉守司空，宰臣韓紹芳加侍中，以特里袞舊作惕隱，今改。耶律瑪陸舊作馬六，今改。爲北院宣徽使，以耶律喜遜舊作喜孫，今改。爲南府宰相。

70 鄜延路都鈐轄司言趙元昊反。辛未，徙環慶路副部署劉平爲鄜延路副都部署。癸酉，命三司使夏竦爲奉寧節度使、知永興軍，知河南府范雍爲振武節度使、知延州。【考異】宋史云：己卯，奉寧節度使、知永興軍夏竦兼涇原、秦鳳路安撫使，振武軍節度使、知延州范雍兼鄜延、環慶路安撫使，豈一日中復有此授邪？附見於此。

71 （甲戌），召龍圖閣直學士、知兗州孔道輔爲御史中丞。

72 詔：「陝西、河東沿邊舊與元昊界互市處，皆禁絕之。」

丁丑，詔：「有能捕元昊所遣刺探事者，賞錢十萬。」

73 乙酉，詔：「三司歲給嘉勒斯賚（舊作唃廝囉。）綾絹千匹、片茶千斤、散茶千五百斤。」

74 丁亥，遼主錄囚，非故殺者減科。南面侍御壯古哩（舊作壯骨里，今改。）詐取女直貢物，罪應死，以其有吏能，黥而流之。

75 加嘉勒斯賚保順軍節度使、邈川大首領。自西涼爲李繼遷所陷，巴勒結（舊作潘羅支。）舊部往往歸嘉勒斯賚，回紇降者復數萬。嘉勒斯賚居青唐，西有臨谷城，通青海、高昌諸國，商人皆趨之以貿易，由是富強。朝廷欲使背擊元昊以披其勢，因授節鉞焉。

二年（遼重熙八年。）（己卯、一〇三九）

1 春，正月，己酉，河陽言彰信節度使、同平章事王隨卒。贈中書令，謚章惠，後改文惠。

2 初，元昊遣使稱僞官，抵延州，郭勸、李渭留其使，具奏：「元昊雖僭中國名號，然閱其表函尙稱臣，可漸以禮屈，願與大臣熟議。」詔許使者赴京師，其表曰：「臣祖宗本後魏，帝赫連之舊國，拓拔〔跋〕之遺業也。遠祖思恭，當唐季率兵拯難，受封賜姓名。祖繼遷，大舉義旗，悉降諸部，收臨河五鎭，下沿境七州。父德明，嗣奉世基，勉從朝命。而臣偶以狂斐，制小蕃文字，改大漢衣冠，革樂之五音爲一音，裁禮之九拜爲三拜。衣冠既就，文字既行，禮樂既張，器用既備，吐蕃、達靼、張掖、交河，莫不從服，軍民屢請願建邦家，是以受册即皇帝位。伏望陛下許以西郊之地，册爲南面之君，敢竭庸愚，常敦歡好。」

甲寅，知延州郭勸落職知齊州，鄜延鈐轄兼知鄜州李渭降授尚食使、知汝州，坐不察敵情也。

元昊使者將行，不肯受詔及賜物，樞密院議數日不決。王德用、陳執中欲執之，盛度、張觀不可，卒遣之，但卻其獻物，韓周復送至境上。

3 丁巳，遼禁朔州鬻羊於宋。

4 二月，庚午，許明州立學，仍給田五頃。

5 丙子，遼主駐長春河。

6 三月，壬寅，編修院與三司上歷代天下戶數。

先是帝御邇英閣，讀正說養民篇，見歷代戶口登耗之數，顧謂侍臣曰：「今天下民籍幾何？」翰林侍讀學士梅詢對曰：「先帝作正說，蓋述前代帝王恭儉有節，則戶口充羨；賦斂無度，則版圖衰減。五季生齒凋耗，太祖受命，太宗、真宗繼聖承祧，休養百姓，今天下戶口之數，蓋倍於前矣。」因詔三司及編修院檢討以聞，至是上之。

7 丙午，初，元昊反書聞，朝廷即議出兵，羣臣爭言小醜可即誅滅，右正言吳育獨建議：

「元昊雖名藩臣，尺賦斗租不入縣官，宜度外置之，示以不足責。且彼已僭輿服，夸示酋豪，勢必不能自削。宜援國初江南故事，稍易其名，可以順撫。」奏入，宰相張士遜笑曰：「人言吳正言心風，果然！」至是育復上奏，言宜堅壁清野，挫剽急之鋒，徐觀其勢而爲之策，俱不報。【考異】宋史據龍川別志稱吳舍人，薛氏通鑑從之，誤也。李燾云：育時以右正言，諫院供職，明年五月乃知制誥，又明年六月乃爲起居舍人。

8 丁未，徙知潤州范仲淹知越州。

9 庚戌，都官員外郎王素爲侍御史，中丞孔道輔薦之。素，旦子也。

10 丙辰，許泉州立學，仍給田五頃。

11 魏國永壽保聖夫人許氏卒，輟視朝三日，追號肅成賢穆夫人，帝爲制服發哀。

12 丁巳，鑄「皇宋通寶」錢。

先時錢文皆曰元寶而冠以年號。及改號寶元，特命以「皇宋通寶」爲文。

13 元昊爲書及錦袍、銀帶投鄜延境上，以遺金明李士彬，且約以叛。候人得之，諸將皆疑士彬，副都部署夏元亨獨曰：「此間耳。士彬與羌世仇，若有私約，通贈遺，豈使衆知邪！」乃召士彬與飲，厚撫之。士彬感泣。不數日，果擊賊，取首馘、羊馬自效。

14 詔權停貢舉。

15 夏，四月，癸亥，封嘉勒斯賚妻爲夫人，二子俱爲團練使，各賜衣帶、器幣及茶絹。時嘉勒斯賚父子猜阻，異居不相統屬，朝廷欲兼撫之，故有是命。

16 乙丑，放宮人二百七十人。【考異】長編作二百七人。今從宋史。帝因諭宰臣張士遜等曰：「不獨矜其幽閉，亦省掖禁浮費。近復有邀駕獻雙生二女子，朕卻而不受。」士遜曰：「誠盛德事也。」然天聖末，士遜亦嘗納女口於宮中，爲御史楊偕所彈云。

17 壬申，免昭州運糧死蠻寇者家徭二年，賦租一年。

18 辛巳，潁州言戶部侍郎蔡齊卒。贈兵部尚書，謚文忠。

齊方重有風采，自初仕，未嘗至權門。丁謂秉政，欲齊親己，齊終不往。龐籍、楊偕、劉隨、段少連，皆齊所薦，後多爲名臣。

19 丁亥，募河東、陝西民入粟實邊。

20 右司諫韓琦上言：「祖宗以來，躬決萬務，凡於賞罰任使，必與兩制大臣外朝公議，或有內中批旨，皆出宸衷。自太后垂簾之日，始有假託皇親，因緣女謁，或於內中下表，或但口爲奏求，是致僥倖日滋，賞罰倒置。唐之斜封，今之內降，蠹壞綱紀，爲害至深。乞特降詔諭，今後除諸宮宅皇族有己分事方許內中奏陳，自餘戚里家及文武臣僚或有奏請事，並令進狀，更不許內中奏陳，犯者重貶，則聖政無私，朝規有敍矣。」五月，己亥，禁皇族及諸命婦、女冠、尼等非時入內。

21 癸卯，詔李若谷、任中師、韓琦與三司詳定減省浮費，從賈昌朝之請也。

22 知樞密院事王德用，狀貌雄毅，面黑，而頸以下白晳，人皆異之。其居第在泰寧坊，直宮城北隅。開封府推官蘇紳嘗疏言：「德用宅枕乾岡，貌類藝祖。」帝匿其疏不下。御史中丞孔道輔繼言之，語與紳同，且謂德用得士心，不宜久典機密。壬子，罷爲武寧節度使，赴本鎭。德用尋以居第獻，詔隸芳林園，給其直。【考異】德用傳及紳傳並稱紳論德用時任翰林學士，誤也。德用罷樞密時，紳但爲館職、開封推官耳。傳又云即日獻其第，恐未必如是之亟也。德用嘗有章自辨云：「宅枕乾岡，朝廷所賜；貌類藝祖，父母所生。」識者以爲名言。

23 以鎭海節度使夏守贇知樞密院事。守贇時爲眞定府路都部署，召用之。既入見，問西事。守贇言：「平州〔時〕小塞屯兵馬不及千餘，第可禦草寇耳。若賊兵盛至，固守不暇，安能出鬬邪！宜幷小塞兵馬，共扼衝要，伺便邀擊，可以成功。」帝深然之。

24 韓琦言：「今欲減省浮費，莫如自宮掖始。請令三司取入內內侍省幷御藥院、內東門司先朝及今來賜予支費之目，比附酌中，皆從減省，無名者一切罷之。」詔：「禁中支費，只令入內內侍省、御藥院、內東門司同相度減省。其臣僚賜予，即許會問入內內侍省等處施行。」琦又言：「景德至景祐文書，有司必不備具，若俟取索齊始議裁減，徒成淹久。但攷今日調度，實浮費者，卽可蠲省。如故將相、戚里及權近之家，多占六軍，耗費縣官衣糧，有妨征役，在京者不啻數千人，若此類，何必待舊日文書校邪！」詔從之。

25 癸丑，罷羣牧制置使，尋復之。

26 六月，壬戌，詔：「自乘輿服御及宮掖所須，宜從簡約；若吏兵祿賜，毋得輒行裁減。」時論者或欲損吏兵俸賜，帝曰：「祿廩皆有定制，毋遽更變以搖人心。」故降是詔。

27 丙寅，以左侍禁魯經爲閤門祗候。經使嘉勒斯賚，特擢之。

先是遣經持詔諭嘉勒斯賚，使擊元昊以披其勢，賜帛二萬匹。嘉勒斯賚奉詔出兵四萬五千嚮西涼，西涼有備，嘉勒斯賚知不可攻，捕殺游邏數十萬（人）亟還，聲言圖再舉，然卒不能也。初議重賂嘉勒斯賚使擊元昊，因以地與之。參知政事程琳曰：「使彼得地，是生一元昊；不若用間，使二羌勢不合，卽中國之利也。」

28 戊辰，詔：「諸致仕官嘗犯贓者，毋得推恩子孫。」

29 辛未，以殿前都虞候石元孫爲鄜延路副都部署。元孫，守信孫。

30 壬申，以左千牛衞將軍宗實爲右千牛衞大將軍，始自宮中出還第。【考異】長編引英宗實錄云：豫王生，英宗乃還第。按豫王以此年八月甲戌生，英宗以六月壬申還第。實錄蓋不審也。

31 先是詔陝西安撫使龐籍諭旨知永興軍夏竦議西鄙事，丙子，竦言：「繼遷一族，本党項遺種，太平興國中，竭內帑之財，罄關中之力，不能撲滅。眞宗卽位，惟戒疆吏謹烽堠，嚴卒乘，此實眞宗之遠圖也。然自靈武陷沒，銀、綏割棄以來，假朝廷威靈，聚中原祿賜，略有河外，服屬小蕃。德明、元昊，久相繼襲，拓地千餘里，積貨數十年，較之繼遷，勢已相萬，芻豢過飽，猖獗遽彰。

議者莫不欲大行誅討，然自昔兵家皆謀先勝而後戰，卽舉無遺策。以繼遷窮蹙，比元昊富實，事勢可知也；以先朝累勝之軍，較當今關東之兵，勇怯可知也；以興國習戰之師，方沿邊未試之將，工拙可知也；繼遷逃伏平夏，元昊窟穴河外，地勢可知也。若分兵深入，則自齎糧糗，不能(支)久，須載芻粟，難於援送。師行賊境，利於速戰，進則賊避其鋒，退則敵躡其後，晝設奇伏，夜燒營柵，師老糧匱，深可虞也。若窮其巢穴，須涉大河，旣無長舟巨艦，則須浮囊挽緪。賊列寨河上，以逸待勞，我師半渡，左右來擊，未知何謀可以捍禦。臣以爲不較主客之利，不計攻守之便，議追討者，是爲無策。

事不先定，必有後憂。計上十策：一，教習強弩以爲奇兵；二，羈縻屬羌以爲藩籬；三，詔嘉勒斯賚父子并力破賊；四，度地形險易遠近，寨柵多少，軍士勇怯，而增減屯兵；五，詔諸路互相應援；六，募土人爲兵，號神虎、保捷，州各一二千人，以代東兵；七，增置弓手、壯丁、獵戶以備城守；八，並邊小寨，毋積芻糧，賦(賊)攻急則棄小寨入保大寨，以全兵力；九，關中民坐罪若過誤者，許入粟贖罪，銅一斤爲粟五斗，以贍邊計；十，損並邊冗兵、冗官及減騎軍以紓餽運。」當時頗采用之。

32 壬午，詔削趙元昊官爵，除屬籍，揭榜於邊，募人禽元昊，若斬首獻者，即以爲定難節度使。元昊界蕃、漢職員能率族歸順者，等第推恩。初，保忠但賜國姓，而詔言除屬籍，誤也。

【考異】呂氏家塾記云：趙元昊反，有詔削奪在身官爵，募能生禽元昊若斬首者，即以爲節度使，仍賜錢萬萬。許公時在大名，聞之，驚曰：「謀之誤矣。」立削奏曰：「前代方鎮叛命，如此詰誓，則有之矣，非所以御戎狄也。萬一反有不遜之言，得無損國體乎！」朝廷方改之，已聞有指斥之言矣。寶元元年十二月，元昊反書聞，即絕沿邊互市。今詔但削奪官爵，設賞格耳。本傳并言絕互市，蓋誤也。

33 甲申，徙監秦〔泰〕州酒稅務余靖知英州，監郢〔唐〕州酒稅尹洙知長水縣，乾德縣令歐陽修權武成軍判官。

34 丙戌，詔京〔河〕東安撫司移文告於遼，以元昊反已奪官除籍及沿邊益兵之意。

35 秋，七月，知諫院韓琦，請自今雙日止御後殿視事。帝問輔臣以故事，張士遜曰：「唐五日一開延英，蓋資閒燕以輔養聖神。」帝曰：「與夫宵衣旰食固不侔也。前代帝王，靡不初勤政事而後失於逸豫，不可不戒也。」時帝感小疾，太醫數進藥，故琦有是請，帝訖不從。

36 先是遼主幽太后於慶州，既改葬齊天后，羣臣多勸遼主復迎，可得南朝歲聘之利，不從。會遼主召僧，聽講報恩經，感悟。丁巳，遼主謁慶陵，致奠於望仙殿，遂躬迎太后至顯州，謁園陵，還京。太后見趙安仁，責之曰：「汝負萬死，我嘗營救，不望汝報，何爲離間我母子邪？」安仁無以答。【考異】遼史，興宗迎還太后，自在重熙八年七月，徐氏後編繫於康定元年四月，則爲重熙九年，蓋誤附於下年也。薛氏宋元通鑑繫於寶元二年，與遼史同。又契丹國志云：帝遣使迎法天太后，館置中京門外，筮日相見。據遼史趙安仁傳，遼主親馭奉迎，非遣使也。

37 戊午，以知永興軍夏竦知涇州兼涇原、秦鳳路沿邊經略安撫使、涇原路馬步軍都部署，知延州范雍兼鄜延、環慶路沿邊經略安撫使、鄜延路馬步軍都部署。

38 八月，己巳，降武寧節度使王德用爲右千牛衞上將軍，知隨州，仍特置判官一員。初，德用既以孔道輔言罷知樞密院，而河東都轉運使王沿又言德用嘗令府州折繼宣市馬。至是德用以馬與券來上，乃市於商人，然猶用言者而再貶之。家人皆惶恐，而德用舉止言色如平時，但不接賓客而已。

39 西川自夏至秋不雨，民大飢。庚辰，命韓琦爲益利路體量安撫使，西染院副使王從益副之；蔣堂爲梓夔路體量安撫使，左藏庫副使夏元正副之。

40 初，帝用禮官議，祀高禖於郊，又以宋火德，制赤帝象於宮門中以祈皇子。已而皇子生，辛巳，命參知政事王鬷以太牢報祠高禖。帝數舉皇子，後皆不育。

續資治通鑑卷第四十二

賜進士及第兵部尚書兼都察院右都御史總督湖北湖南等處地方軍務兼理糧餉世襲二等輕車都尉畢沅編集

宋紀四十二 起屠維單閼（己卯）九月，盡上章執徐（庚辰）十二月，凡一年有奇。

仁宗體天法道極功全德神文聖武睿哲明孝皇帝

寶元二年遼重熙八年。（己卯、一〇三九）

1 九月，乙未，以知府州折繼宣苛虐掊克，失種落心，貶爲楚州都監，以其弟繼閔知府州事。

2 丙申，以殿中丞張宗古通判萊州。時御史中丞孔道輔再執憲，權貴憚其鯁直。初，道輔迎其父里中，僦郭贇舊宅居之。有言于帝曰：「道輔家近太廟，出入傳呼，非所以尊神。」卽詔道輔他徙。宗古言：「漢內史府在太廟堧中，國朝以來，廟垣下皆有官司第舍，請勿令避。」帝曰：「若此，豈重宗廟乎！」坐是，宗古外謫。道輔歎曰：「憸人之言入矣。」宗古，宗彝弟也。

3 乙卯，出內庫銀四萬兩，易粟賑益、梓、利、夔路饑民。

4 是月，太子中允、直集賢院富弼上疏曰：「聞去年十二月元昊反，變起倉卒，衆皆謂之忽然，臣則知其有素。昔元昊常勸德明勿事中朝，杜絕朝貢，德明以力未盛，不用其謀。豈有身自繼立而不行其說邪！此反狀有素者一也。自與通好，略無猜情，門市不譏，商販如織，山川之險夷，國用之虛實，莫不周知。又，比來放出宮女，任其所如，元昊重幣納之左右，朝廷之事，宮禁之私，皆所窺測，濟以凶狡之性，豈顧宗盟！此反狀有素者二也。西鄙地多帶山，馬能走險，瀚海彌遠，水泉不生，王旅欲征，軍須不給，窮討則遁匿，退保則襲追；元昊恃此艱險，得以猖狂。此反狀有素者三也。朝廷累次遣使，元昊多不致恭，雖相見之初，暫御臣下之服，而退出之後，便具帝者之儀。此反狀有素者四也。頃年靈州屯戍軍校鄭美奔戎，德明用之持兵，朝廷終失靈武。元昊早蓄姦險，務收豪傑，故不第舉子數人自投於彼，元昊或授以將帥，或任之公卿，倚爲謀主。此反狀有素者五也。元昊援契丹爲親，緩則指爲聲勢，急則假其師徒，至有掎角爲奇，首尾相應，彼若多作牽制，我則困於分張。此反狀有素者六也。是六者，歲月已久，中外共聞，而天子不得知，朝廷不爲備，此兩府大臣之罪也。

聞元昊遣使，多擇勇悍難制、強辯自高者，謂必不敢加誅。我若察其叛謀，於始至之日，盡斬都市，卽時削奪，或命將致討，或發兵備邊，戰士必爲之增氣。而反召之都下，恣其貨易，重幣遣還，豈非冀其回心易慮，復義向化乎？夫朝廷結以恩信，幾四十載，尙無懷感之意，豈茲姑息，遂可悛移！總緣執事者選懦自居，殺之恐其急擊，囚之恐其有辭，遂至放還，假示寬貸。向若未能加戮，只宜境上卻回，使其不測淺深，猶可謂之下策。召而復遣，成其不辱君命之賢，大國之謀，悉爲小戎所料。謀國若此，取侮之道也。

鄜延路嘗與蕃兵接戰，有一寨主爲蕃兵所得，及擄去軍民甚衆，西頭供奉官馬遵引兵追戰，卽時奪回。延帥范雍及副都部署劉平奏乞酬獎，朝命只遷東頭供奉官而已。夫馬遵者，出死力，突堅圍，引旣衄之兵，入不存之地，奪已禽之將士，拔已陷之師徒，雖非大功，亦可謂之奇節。主帥保奏，理合超遷；只進一官，殊乖輿論。

樞密使夏守贇，早緣攀附，漸致顯榮，一旦擢居衆賢之上，人心不允。況復元昊作梗，西陲用兵，所宜遴選才能，而遽用斯人，不問賢愚，皆所輕笑。亟宜罷免，以重觀瞻。

西鄙用兵以來，數差移武臣往彼，每有過闕求見者，必於邊事有所聞。陛下聽朝之餘，何惜一見，待以從容，加之善誘，使盡意敷陳！然後觀其奏對之是非，察其趨向之邪正，可者則奬激而遣之，不可亦優容而罷之。如此，則各盡所懷，無不感悅，勇銳立功，何憂乎叛寇，何恤乎用兵哉！」

5冬，十月，甲子，罷諸司三品官卒，輟視朝。

初，光祿卿鄭立卒，禮官舉故事，請輟朝。而議者以爲今諸司三品非要官，恩禮不稱輟朝，故罷之。

6宗正寺修玉牒官李淑上所修皇帝玉牒二卷，皇子籍一卷。

7癸酉，降益州路轉運使明鎬知同州，坐知陵州楚應機受賕，鎬失按舉也。應機將敗，或告鎬以先期奏之。鎬曰：「獲罪則已，安可欺朝廷邪！」

8是月，遼主駐東京。

9十一月，戊子朔，出內庫珍珠估緡錢三十萬賜三司。帝諭輔臣曰：「此無用之物，既不欲捐棄，不若散之民間，收其直，助糴邊儲，亦可少紓吾民之斂也。」

10壬辰，詔：「禮部貢院，自今省試舉人，設簾都堂中間，而施帷幕兩邊，令內外不相窺見。點檢試卷官及吏人，非給使毋得輒至堂上。其詩、賦、論題，並以注疏所解揭示之，不許上請。或題義有疑當請者，仍不得附近簾前。御試考校，並分上中下三等，初考用墨，其點抹於卷後通計之，若塗注脫誤四十字以上爲不謹，亦依禮部格少字數退黜之。」

11甲午，遼主諭近臣曰：「有以北院處事失宜，擊鐘及邀駕者，悉以奏聞。」

12丁酉，知樞密院事盛度，罷爲尚書右丞、知揚州，參知政事程琳，罷爲光祿卿、知潁州，御史中丞孔道輔，出知鄆州。

初，張士遜素惡琳而疾道輔不附己，將并逐之。會開封府吏馮士元以贓敗，知府鄭戩窮治之，辭連度、琳及天章閣待制龐籍等十餘人。士遜察帝有不悅琳意，即謂道輔曰：「上顧程公厚，今爲小人所誣，宜見上爲辨之。」道輔入對，言琳罪薄，不足深治。帝果怒，以道輔朋附大臣，故特貶焉。於是度坐令士元強取其鄰所賃官舍，琳坐令士元紿市張遜故第，籍坐令士元市女口，皆黜罷，而士元流海島。頃之，帝謂輔臣曰：「所決馮士元獄，如聞頗愜輿論。」士遜對曰：「臺獄阿徇，非宸斷無以肅清朋邪。」

13 戊戌，遼命皇子梁王召僧論佛法。遼主重佛教，僧有正拜三公、三師兼政事令者凡二十人。

【考異】遼史作詔皇太子召僧論佛法，然其時梁王未立爲太子也，今改正。

14 辛丑，許建州立學，仍給田五頃。

15 壬寅，以參知政事王鬷知樞密院，翰林學士、知制誥宋庠參知政事。

16 時陝西用兵，調費日蹙，天章閣待制、同判禮院宋祁上疏論三冗三費：「有定官，無限員，一冗也；廂軍不任戰而耗衣食，二冗也；僧、道日益多而不定數，三冗也。道場齋醮，無日不有，皆以祝帝壽、祈民福爲名；宜取其一二不可罷者，使略依本數以奉薰修，則一費節矣。京師寺觀或多設徒卒，故〔或〕增置官司，衣糧所給，三倍他處，帳幄謂之供養，田產謂之常住，不傜不役，生蠹齊民；請一切罷之，則二費節矣。使相、節度不隸藩要，取公用以濟私家；請自今地非邊要，州無師屯者，不得建節度，已帶節度不得留近藩及京師，則三費節矣。

臣聞人不率則不從，身不先則不信，陛下若能躬服至儉，風示四方，衣服醪膳，無溢舊規，請自乘輿始；錦采珠玉，不得妄費，請自後宮始。」

17 戊申，遼以太后行再生禮，大赦。

18 己酉，遼城長春。

19 是月，夏人寇保安軍，鄜延鈐轄盧守懃等擊走之。賊又以三萬騎圍承平寨，鄜延副部署祥符許懷德時在城中，率勁兵千餘人突圍破賊，賊乃解去。

20 十二月，庚申，詔審刑院、大理寺、刑部毋通賓客。

21 乙丑，賞保安軍守禦之功，以盧守懃爲左騏驥使，都巡檢司指使、散直西河狄青爲右班殿直。青功最多，故超四資授官。

22 帝嘗問參知政事宋庠以唐入閤儀。戊辰，庠上奏曰：「夫入閤，乃唐隻日於紫宸殿受常朝之儀也。自高宗以後，天子多在大明宮，宮之正南門曰丹鳳門，門內第一殿曰含元殿，大朝會則御之。對北第二殿曰宣政殿，謂之正衙，朔望大册拜則御之。又對北第三殿曰紫宸殿，謂之上閤，亦曰內衙，隻日常朝則御之。以本朝宮殿視之，大慶殿，唐含元殿也；文德殿，唐宣政殿也；紫宸殿，唐紫宸殿也。唐制，每遇坐朝日，即爲入閤。而叔世離亂，五朝草創，正衙立仗，因而遂廢。其後或有行者，常人罕見，乃復謂之盛禮，甚不然也。開元舊禮本無此制，至開寶中，諸儒增附新禮，始載月朔入閤之儀，又以文德殿爲上閤，差舛尤甚，蓋當時編撰之士討求未至。太宗朝，儒臣張洎亦有論奏，頗爲精洽。或朝廷他日修復正衙立仗，欲下兩制，使豫加商榷，以正舊儀。」然議者以爲今之殿閤與舊制不同，難復行之。

23 己巳，降侍御史王素爲都官員外郎、知鄂州。初，孔道輔與素連姻，舉素爲臺官。道輔既貶，故并素出之。

壬申，詔中書：「自今御史闕官，宜如舊制，具兩省班簿來上，朕自擇舉。」初，中丞與知雜御史例得舉臺官，及道輔舉素，帝以爲比周，故降是詔。

24 癸酉，以益、梓、利、夔路饑，罷皇子降生進奉，從韓琦請也。

異時有司督責賦役煩急，收市上供物不以其直，琦悉爲輕減蠲除之，逐貪吏，罷冗役，活飢民一百九十餘萬。明道中，簡州勸誘納粟，復糶之，爲錢十六餘萬，悉歸常平。琦曰：「是乃賑濟之餘，非官緡也。」發庫，盡給四等以下戶。

25孔道輔既貶鄆州，始知爲張士遜所賣，頗憤惋，行至韋城，發病卒。然天下皆以遺直許之。

26閏月，己酉，以開封府推官、直集賢院富弼知諫院。

27是月，元昊復遣賀九言齎嫚書，納旌節及所授敕告，幷所得敕榜，置神明匣，留歸娘族而去。

28是歲，直史館蘇紳陳便宜八事：曰重爵賞，遴選擇，明薦舉，異章服，適才宜，擇將帥，辨忠邪，修備豫，除史館修撰。紳又請詔西邊將帥爲入討計，且曰：「以十年防守之費，爲一歲攻取之資，不爾，則防守之備不止於十年矣。」

29鄜延、環慶副都部署劉平上言：「元昊侵逆，恣行殺害，衆叛親離，復與嘉勒斯賚舊作唃廝囉，今改。相持已久，結隙方深，此乃天亡之時。臣聞寇不可玩，敵不可縱。若以鄜延、環慶、涇原、秦隴四路軍馬分爲兩道，益以蕃漢弓箭手、步騎，得精兵二十萬，比元昊之衆三倍居多，乘人心離散，嘉勒斯賚立敵之時，緣邊州軍轉徙糧草二百餘里，不出一月，可坐致山界洪、宥等州；招集土豪，授以職名，給衣祿金帛，自防禦使以下刺史以上，第封之，以土人補將校，勇者貪於祿，富者安於家，不期月而人自定。或授嘉勒斯賚以靈武軍節度使、西平王，使逼元昊河外族帳，復出鄜、延、石州蕃漢步騎收河西部族，以厚賞招其酋帥，其衆離貳，則以大軍進討，以所得城邑封之，元昊不過竄身河外竊寇耳。

或朝廷貸元昊之罪，更示含容，宿兵轉多，經費尤甚，恐契丹謂朝廷養兵百萬，不能制一小戎，有輕中國之心，然亦須議守禦之長計。或元昊潛與契丹結爲聲援以張其勢，則安能滅西兵以應河北！譬如一身二疾，不可並治，必輕者爲先，重者爲後也。請召夏竦、范雍與兩府大臣議定攻守之策，令邊臣遵守。」【考異】李燾曰：本傳云：平奏此疏未報，而元昊盛兵攻保安軍，由土門路入寇。平自慶州往援延州，兵敗被執。平被執乃明年正月二十三日，則此疏必是年冬末所奏也。

初，夏竦請增置土兵，易戍兵東歸。令既下，爲知河中府、龍圖閣直學士楊偕所駁而止。

30 鄜州判官种世衡言：「延安東北二百里，有故寬州，請因其廢壘而興之，以當寇衝，右可固延安之勢，左可致河東之粟，北可圖銀、夏之舊。」朝廷從之，命世衡董其役。夏人屢來爭，世衡且戰且城。然處險無泉，疑不可守，鑿地百五十尺始至石，石工辭不可穿。世衡命屑石一畚，酬百錢，卒得泉以濟。城成，賜名青澗。世衡，放兄子也。

康定元年 遼重熙九年。（庚辰、一〇四〇）

1 春，正月，丙辰朔，日有食之。知諫院富弼請罷宴徹樂，就館賜北使酒食。參知政事宋庠以爲不可，遂仍舉宴樂。【考異】長編載富弼之言曰：「萬一契丹行之，爲朝廷羞。」後聞契丹罷宴，帝深悔之。按遼史興宗紀云：正月，丙辰朔，上進酒于皇太后宮，御正殿。宋遣王拱辰、彭再思來賀。蓋遼以里差不見日食，故司天不奏，初未嘗罷宴也。長編係傳聞之譌。

2 壬戌，賜國子監學田五十頃。

3 初，夏人自承平退，聲言將攻延州，范雍聞之，懼甚，請濟師。元昊詐遣其衙校賀眞來言，願改過歸命。雍遽聞於朝，厚禮眞而遣之，遂不設備。元昊乃盛兵攻保安，自土門路入。癸酉，攻金明寨，都監李士彬父子俱被禽，遂乘勝抵延州城下。

雍先以檄召鄜延、環慶副都部署劉平於慶州，使至保安，與鄜延副都部署石元孫合軍趨土門；及是雍復召平、元孫還軍救延州。平得雍初檄，即率騎士三千發慶州，行四日，至保安，與元孫合軍趨土門，而雍後檄尋到，平、元孫遂引還。乙亥，復至保安。平素輕賊，謂其下曰：「義士赴人之急，蹈湯火猶平地，況國事乎！」因晝夜倍道兼行。丁丑夜，至三川口西十里止營，令騎兵先趨延州奪門。時鄜延都監黃德和將二千餘人屯保安北碎金谷，巡檢万俟政、郭遵各將所部分屯，雍皆召之爲外援，平亦使人趣其行。

戊寅，德和、政、遵所將兵悉至。五將合步騎萬餘，結陣東行五里，平令諸軍齊進，至三川口遇賊，時平地雪數寸，官軍爭奮，殺賊騎五七百人，乃退。賊復蔽盾爲陣，官軍擊卻之，奪盾，殺獲及溺水死者又八九百人。平左耳右脛皆中流矢。日暮，戰士上首級及所獲馬論功，平曰：「戰方急，且自記之，悉當賞汝。」語未已，賊以輕兵薄戰，官軍卻引二十餘步。黃德和居陣後，見軍卻，率麾下軍走保西南山，衆軍隨皆潰。平遣其子宜孫馳追德和，執其轡拜之曰：「當勒兵還，并力拒賊，柰何先引去！」德和不從，遂策馬遁，與宜孫皆赴甘泉。

平遣軍校以劍遮留士卒，得千餘人，力戰拒賊，賊退還水東。平率餘衆保西南山下，立七寨自固，距賊一里所。賊夜使人至寨，問主將所在，平戒軍士勿應。夜四鼓，賊環寨大呼曰：「幾許殘卒，不降何待！」平使人應之曰：「狗賊，汝不降，我何降也！明日救兵大至，汝衆鏖足破乎！」己卯，黎明，賊復招降，不從。賊麾騎自山四出，合擊官軍，平與元孫巡陣東偏，賊衝陣分爲二，遂與元孫皆被執。

賊圍延州凡七日，及失二將，城中憂沮不知所爲。會是夕大雪，賊解去。【考異】劉平、石元孫被執，宋史仁宗紀不詳其日，李燾引實錄稱是月十九日。又據司馬光記聞及趙珣聚米圖經繫於己卯，實二十四日也，今從之。

士彬世守金明，有兵近十萬人，控扼中路，衆號鐵壁相公。元昊叛，遣使誘士彬，士彬殺之。元昊乃使其民詐降士彬，士彬白范雍，請徙置南方，雍曰：「討而禽之，孰若招而致之？」乃賞以金帛，使隸士彬。降者日至，分隸諸寨甚衆。元昊使其將每與士彬遇，輒不戰而走，曰：「吾士卒聞鐵壁相公，膽墜於地。」士彬益驕，又以嚴酷御下，多怨懟者。元昊陰以金爵誘其所部渠帥，往往受之，而士彬不知也。及賊騎大入，諸降者爲內應，士彬時在黃堆寨，聞賊至，索馬，左右以弱馬進，遂鞚以詣元昊，與其子懷寶俱陷沒。雍初聞賊大舉，令士彬分兵守三十六寨，勿令賊得入，懷寶諫曰：「今當聚兵禦寇，分則勢弱，不能支也。」士彬不從。懷寶力戰死。或曰：「元昊得士彬，割其耳而不殺，後十餘年乃卒。

4黃德和誣奏劉平、石元孫降賊，知樞密院事夏守贇辨其枉，自請將兵擊賊。二月，丁亥，以守贇爲陝西都部署兼經略安撫等使。【考異】守贇出使，宰輔編年錄作二月丙午，長編及宋史宰輔表皆作二月丁亥，今從之。

5參知政事宋庠請嚴守備於潼關，從之。知諫院富弼言：「天子守在四夷，今城潼關，自關以西爲棄之邪？」

6己丑，以入內副都知王守忠爲陝西都鈐轄。富弼言：「唐以內臣監軍，取敗非一。今守忠爲都鈐轄，與監軍何異！昨用夏守贇，已失人望，願罷守忠勿遣。」不聽。

7以鄜延鈐轄、知鄜州張宗誨領興州防禦使，許便宜從事。劉平、石元孫之敗，黃德和遁還鄜州，時鄜城不完且無備，傳言賊騎將至，人心惴恐。宗誨乃嚴斥候，力爲守禦計，賊亦引去。宗誨，齊賢子也。【考異】李燾云：德和正月二十五日到鄜州。張宗誨附傳及正傳云：德和遁還延州，不納，又走鄜州。宗誨曰：「軍弃將懼而無所歸，亂也。」乃納之，拘德和以聞。此蓋因尹洙所爲宗誨墓誌。按實錄載德和事云：德和遁至甘泉，掠居民。七日，至鄜州，誣奏劉平等。又與宗誨同問王信以劉平所在。此時宗誨實未嘗拘德和也。及德和還延州，范雍卽使人代領其衆，遣歸鄜州聽命。所稱宗誨拘德和，當在此時。德和前至，尙有部曲人自稱力戰得脫，宗誨何緣不納！後至則范雍既奪其兵，安能作亂！墓誌所云，蓋飾說耳。今刪去宗誨拘德和事迹。且德和見劉平等戰稍卻，卽先遁去，其意必謂延州危急，將且暮陷，安肯卻入延州！及延州圍解，乃自鄜州復還延州，范雍已劾其罪，固應不納。遣還鄜州聽命，則爲宗誨所拘，其理勢亦當然也。

8 庚寅，詔嘉勒斯賚速領軍馬，乘元昊空國入寇，徑往拔其根本。成功當授銀、夏節制，仍密以起兵日報沿邊經略安撫司，出師爲援；別賜對衣、金帶、絹二萬匹。嘉勒斯賚雖被詔，卒不能行。

9 壬辰，命夏守贇兼沿邊招討使。

10 宰相張士遜等言禁兵戍邊久，其家在京師者或不能自存，帝特出內藏緡錢十萬以賜之。士遜等因請遣使安撫陝西。於是起居舍人、知制誥韓琦適自蜀歸，論西兵形勢甚悉，卽命琦爲陝西安撫使，西上閤門使符惟忠副之。帝謂琦曰：「西戎猖獗，官軍不習戰，故數出無功，今因小警，乃開後福。」

11 甲午，以通判鎭戎軍田京僉署陝西經略判官事，從夏守贇請也。京，亳州人。

12乙未，京畿、京東、西、淮南、陝西路括市戰馬，敢輒隱者，重置之法。出內庫珠償民馬直。又禁邊臣私市，闕者官給。韓琦言：「陝西科擾頻仍，民已不勝其困，請免括此一路，以安衆心。」從之。

13丁酉，詔樞密院自今邊事並與宰相參議。知諫院富弼言：「邊事係國安危，不當專委樞密院而宰相不與。乞如國初，令宰相兼樞密使。」帝取其言而降是詔。張士遜、章得象等以詔納帝前，曰：「恐樞密院謂臣等奪權。」弼曰：「此宰相避事耳！」

14時西蕃首領吹同乞砂、吹同山乞自嘉勒斯賚界各稱僞將相來降，詔補三班奉職、借職，羈置湖南。弼言：「二人之降，其家已誅夷，當厚賞以勸來者。」庚子，以乞砂、山乞並爲左千牛衞將軍，各賜帛茶，使還本族捍賊。

15賜永興軍草澤高懌號安業（素）處士。懌，季興四世孫，從种放隱終南山，與張嶢、許勃號南山三友，屢膺薦辟及召命，俱固辭。帝嘉其守，特賜之，詔州縣歲時禮遇，仍給田五百畝。其後文彥博又言懌高行可厲風俗，復賜第一區。

16初，元昊既陷金明寨，遂攻安遠、塞門、永平等寨。永平寨主、監押初欲斂兵匿深山避賊，指揮使史吉帥所部數百人遮城門，立於馬前曰：「兵則完矣，如城中百姓芻糧何！異日爲有司所劾，吉爲指揮使，不免於斬，願先斬吉于馬前！不然，不敢以此兵從行也。」寨主、監押慚懼而返。敵至，圍城，吉率衆拒守，卒完城，寨主、監押以功各遷一官。吉曰：「幸不喪城寨，吾豈論功乎！」

17 丙午，赦延州、保安軍流以下罪，賊所劫掠地，蠲其夏稅，軍民及內屬蕃部爲賊所害者，量賜其家緡錢。

18 是日，改元，去尊號「寶元」二字，許中外臣庶上封章議朝政得失。自范仲淹貶，禁中外越職言事。知諫院富弼因論日食，謂應天變莫若通下情，願降詔求直言，盡除越職之禁，帝嘉納焉。

19 丁未，詔陝西安撫使韓琦與轉運司量民力，蠲所科芻糧，調民修築城池，悉具數以聞，當加優恤。將佐懦怯者並令罷去。停諸州上供不急之物數十萬。

時慶州人陳淑度等陳邊防策，既而補官東南。琦奏曰：「士忠義憤懣，爲國獻計，雖稍收用，乃置於僻左，何得自效！」詔皆徙邊任。

20 癸丑，降振武節度使、知延州范雍爲吏部侍郎，知安州，坐失劉平、石元孫也。以環慶副部署雄州趙振爲鄜延副都部署兼知延州，秦鳳路副部署劉興爲環慶副都部署兼知環州。

時賊兵尚圍塞門、安遠寨，延州諸將畏避，莫敢出救。及聞雍責命，衆憂駭，訴于安撫使韓琦，願無使雍去。琦奏：「雍二府舊臣，盡瘁邊事，乞且留雍以安衆心。趙振粗勇，俾爲部署可矣；若謂雍節制無狀，勢必當易，則宜召知越州范仲淹委任之。」

21 三月，乙卯朔，贈万俟政子天益爲太子右內率府副率，以與西賊戰歿也。

22 遼主駐魚兒濼。

23 丙辰，內出手詔賜兩府及執政舊臣，俾條上陝西攻守之策。

24 元昊侵邊不已，言者追咎郭勸、李渭不當拒絕山遇；庚申，命再降其官。

25 癸亥，詔陝西城池，委都轉運使張存與安撫使韓琦相度，且治邊要之處，餘令以漸興功，毋致傷農。

26 詔沿邊各置烽候。先是但走人偵報，韓琦以爲請，乃從之。

27 辛未，詔延州錄戰歿軍士子孫。

28 遼以應聖節大赦。

29 壬申，以宮苑使高志寧爲河北諸州軍安撫使兼兩路營田使。

元昊初反，志寧時知隰州，亟上言：「請乘賊未發，選驍將銳兵，分道急趨，覆其巢穴。」章數十上，不報，徙知貝州。至是思其言，卽召至闕，問：「今宜爲何策？」志寧曰：「今將不達權而兵不識法制，故敗。」乃請禁兵五百，以古陣法教之。既成，帝臨試之，復下禁衞諸帥議。諸帥出行伍，不達古法，乃曰與今所習異，不肯用。志寧又言：「元昊北與遼通，宜爲備。」故有此命，俾經略之。

30 癸酉，太子中允、知長水縣尹洙權僉署涇原、秦鳳經略安撫司判官事，從涇原路副部署葛懷敏辟也。懷敏，霸之子。【考異】李燾曰：洙先從葛懷敏辟，但爲涇原、秦鳳兩路經略安撫判官。其後夏竦、韓、范復辟洙，始爲陝西路經略安撫判官。實錄於此即云陝西，誤也。

31 太子中允阮逸上鍾律制議并圖三卷，詔送祕閣。

32 延州之役，郭遵以西路都巡檢使屬劉平麾下，既與賊遇，馳馬入陣，殺傷數十人。賊出驍將楊言當遵，遵揮鐵杵破其腦，兩軍皆大呼，復持鐵槍挺進，所向披靡。會黃德和引兵先潰去，賊戰益急，遵奮擊，期必死，軍稍卻，即覆馬以殿，又持大稍橫突之。賊知不可敵，使人持絭索立高處迎遵馬，輒爲遵所斷，因縱使深入，攢兵注射之，中馬，馬踠仆地，被殺。於是特贈遵果州團練使。遵，開封人也。

33 丙子，大風晝冥，經刻乃復。是夜，有異〔黑〕氣長數丈見東南。丁丑，罷大宴，申詔中外言闕政。先是改元，詔求直言，羣下無言者故也。

34 戊寅，知樞密院事王鬷、陳執中、同知樞密院事張觀並罷；鬷知河南府，執中知青州，觀知相州。元昊叛，帝數問邊計，不能對。及劉平、石元孫等敗，議刺鄉兵，久不決。帝不悅，宰臣張士遜言：「軍旅之事，樞密院當任其咎。」于是三人同日罷。

85 以三司使晏殊、知河南府宋綬並知樞密院事，駙馬都尉王貽永同知樞密院事。

殊在三司，請罷內臣監兵，不以陣圖授諸將，及募弓箭手教之，以備戰鬭；又請出宮中長物助邊費，凡他司之領財利者，殊奏悉罷還度支。事多施行。帝初以手詔賜大臣居外者，詢攻守之略，綬在河南，畫十策以獻。于是復召，與殊及貽永同管樞密。貽永，溥之孫也。

86 召知永興軍杜衍權知開封府。

關中民苦調發，衍爲之區處計畫，使得次第輸送，永興比他州民費省幾半。及爲開封，于民政尤盡力，權近莫敢干以事者。

87 知越州范仲淹復天章閣待制、知永興軍，始用韓琦言也。

88 詔：「諸路轉運使、提點刑獄及知州、通判升朝官，各舉部內才任將帥者，以名聞。」從富弼言也。

89 黃德和之誣劉平以降賊也，引敗卒之言爲證。已而平親隨王信自延州來，妄言平與賊約和，德和患其異詞，潛給以銀釵，使亡去。而鄜延已使人拘信，信求濟于平之子，且曰：「太尉與賊約和，今乃云降賊，信當以死明之。」鄜延路走馬承受馳驛以聞。德和還延州，至城南，范雍不納，使人代領其衆，遣歸鄜州聽命，尋徙同州。德和懼，且奏言：「盡忠於國，而范雍誣臣棄軍。」又以書抵盧守懃及薛文仲曰：「如有中貴人來，當為我營護之。」守懃得書，又以聞。乃命殿中侍御史介休文彥博、入內供奉官梁致誠就河中府置獄，復遣天章閣待制龐籍馳往訊之。

河東都轉運使王沿又言：「訪聞延州有金明敗卒二人自賊中逃還，云平等皆為賊縛去。平在道不食，數罵賊云：『狗賊，我頸長三尺餘，何不速斬我！』」彥博牒延州求二卒，竟弗得。

始，朝廷信德和奏，已發禁兵圍平等家，將收其族。天章閣侍講賈昌朝言：「漢殺李陵母妻，陵不得歸，而漢悔之。先帝厚撫王繼忠家，卒得其用。平事未可知，而先收其族，使果存，亦不得還矣。」乃得不收。龍圖閣直學士任布，亦言平非降賊者。知諫院富弼力奏：「平引兵赴援，行不淹日，以姦臣不救故敗，竟罵賊不食而死，宜恤其家。」而延州吏民復詣闕訴平戰沒狀。帝命撤圍，賜平及元孫家絹五百匹，錢五百貫，布五百端。時河中獄猶未決也。【考異】李燾曰：賜平等家錢布乃三月二十三日。此時河中獄雖未決，德和誣奏亦稍辨矣，故朝廷有是賜。始，朝廷信德和誣奏，即發兵圍平等家，及有是賜，則圍必撤矣，不待斬德和後也。本傳皆云斬德和後贈平等官，始撤兵，蓋甚疏略。又云御史按得實狀，延州吏民即詣闕訴平等戰沒。此又不然，方遣使置獄時，吏民即當詣闕矣；若既得實狀，又何訴焉！

延州之圍既解，鈐轄盧守懃與通判計用章更訟於朝廷，亦命文彥博等即河中府劾之。時內侍用事者多爲守懃游說，既改除守懃陝西鈐轄，知制誥葉清臣聞朝廷議薄守懃罪而流用章嶺南，即上疏曰：「臣聞衆議，延州之圍，盧守懃首對范雍號泣，謀遣李康伯見元昊，爲偷生之計。計用章以爲事急，不若退保鄜州，李康伯遂有『寧死難不可出城見賊』語。今守懃恐倉卒之言爲人所發，遂反覆前議，移過於人。頃詔文彥博置劾，未分曲直是非，而遽欲罪用章、康伯，特赦守懃，此必有結附中人熒惑聖聽者。望詔彥博鞫正具獄，苟用章之狀果虛，守懃之罪果白，用章置重科，物論亦允，無容偏聽一辭，以虧王道無黨之義。」知諫院富弼亦言盧守懃、黄德和皆中官，怙勢誣人，冀以自免，宜竟其獄。樞密院奏方用兵，獄不可遂。弼又言大臣附下罔上，獄不可不竟。時守懃子昭序方句當御藥院，弼奏乞罷之。始，延州民詣闕告急，帝召問，具得諸將敗亡狀，執政惡之，命邊郡禁民擅赴闕者。富弼言：「此非陛下意，宰相惡上知四方有敗耳。民有疾，不得訴之朝，則北走契丹、西走元昊矣。」

40己卯，以直史館吳遵路爲天章閣待制，河東路計置糧草。遵路嘗建議復民兵，於是并詔遵路籍河東鄉丁爲邊備，仍下其法於諸路。

41庚辰，詔參知政事同議邊事，從晏殊請也。

42 癸未，詔中書別置廳與樞密院議邊事。遂置廳於院南。

43 吏民上書者甚衆，初不省。知諫院富弼言：「知制誥本中書屬官，可選二人，置局中書，考其所言，可用用之。」宰相以付學士，弼言：「此宰相偷安，欲以天下是非盡付他人也。」

44 是月，詔權停貢舉。

45 夏，四月，丙戌，省陝西沿邊堡砦。

46 丁亥，以太常博士梁適爲右正言，諫院供職。

適初爲審刑詳議官，梓州妖人白彥歡者，依鬼神以詛殺人，獄具，以不傷讞。適曰：「殺人以刃或可拒，而詛不可拒，是甚於刃也。」卒以死論。

嘗與知院事燕肅同上殿奏使臣何次公案。帝曰：「次公似是漢時人字。」適對曰：「蓋寬饒、黃霸皆字次公。」帝悅，因問適家世，擢提點京東刑獄。既對，謂宰相曰：「梁適可留，候諫官有闕命之。」適因進居安謹治箴，改開封府推官，不半歲，卒踐諫職。

47 以知諫院富弼爲鹽鐵判官。

48 命大理寺丞、祕閣校理石延年往河東路同計置催促糧草。

明道中，延年嘗建言：「天下不識戰三十餘年，請選將練兵爲二邊之備。」不報。及西邊數警，始召見，命副吳遵路使河東，時方用延年之說，籍鄉丁爲兵故也。

延年又言：「昔漢用西域之兵，破滅諸戎。去年授嘉勒斯賚節制，令助討元昊，宜募願使其國者護發其兵，如有功則加以王爵。又，回鶻在嘉勒斯賚西，亦可兼誘之，使犄角興師以分賊勢。」戊子，詔審官、三班院、吏部流內銓募願使嘉勒斯賚者以名聞，始用延年議也。

49 庚寅，以鹽鐵副使蔣堂爲淮南、江、浙、荆湖制置發運使。先是發運上計，造大舟數十，載江湖物，入遺京師權貴。堂曰：「吾豈爲此！歲入自可附驛奏也。」前後五年，未嘗一至京師。

50 癸巳，詔：「諸戍邊軍，月遣內侍存問其家，病致醫藥，死爲斂葬之。」

51 甲午，遣使籍陝西強壯軍。

52 乙未，遼太后復遣使來賀乾元節。

53 庚子，重修祖宗玉牒成，既而修玉牒所言：「請自今歲一貼修，十歲一編錄，仍以其副留中。」奏可。

54 乙巳，錄閤門祗候孟方三子官；以方戰歿於延州，特卹之。

55 文彥博等劾河中府獄既得實，龐籍言：「黃德和退怯當誅；劉平等力戰而歿，子孫宜賞卹。」韓琦亦言：「平以疲兵數千，敵賊十餘萬衆，晝夜力戰，爲德和所累，既被執，猶詈賊不已，忠勇不愧於古人。今坐誣言所惑，憫忠卹孤之典未下，邊臣豈不解體乎！」丙午，腰斬德和於河中，仍梟首延州城下。王信坐誣告其主，亦杖殺。丁未，贈劉平爲忠武軍節度使兼侍中，石元孫爲忠正軍節度使兼太傅，仍賜平信陵坊第，錄其子弟。

56 戊申，延州金明縣都監張異、慶州東路都巡檢使万俟政、延州都監孟方、鄜延路指（揮）使高守忠、張達，以戰歿並贈官。

57 出左藏、內藏庫緡錢各十萬，下陝西給軍須。

58 辛亥，降鄜延鈐轄盧守懃爲湖北都監，安撫都監李康伯爲均州都監，通判延州計用章除名，配雷州。然議者以守懃之責猶薄云。

59 發陝西近裏諸州役兵築延州金明栲栳寨。始議修復，帥臣擁兵不即進，轉運使明鎬止以百餘騎自從，分督將士，一月而城之。

60 以邈川首領嘉勒斯賚子棟戩（舊作董氈，今改。）爲會州刺史。棟戩方九歲，其父爲請之，隨母喬氏居歷精城，所部可六七萬人，號令嚴明，人憚服之。

61 壬子，揀諸路牢城及強盜、惡賊、配軍，年未四十、壯健者隸禁軍。

62 范仲淹未至永興，癸丑，改爲陝西都轉運使，以刑部員外郎高若訥知永興軍。諫官梁適言：「仲淹前責饒州，若訥實爲諫官，嘗詆仲淹謀事疏闊；今俾共事，理實有嫌，宜易以近臣。」帝曰：「朕方任仲淹、若訥以疆事，安得以舊事爲嫌！」尋留若訥判吏部流內銓。

63 五月，甲寅朔，【考異】遼史：五月，乙卯朔，清暑永安山。蓋遼人置朔與宋異，見朔考。詔：「前殿奏事毋過五班，餘對後殿，命太官賜食。」

64 乙卯，贈金明都監李士彬爲宿州觀察使，仍以其從兄士紹爲金明城都監；又贈其子懷寶爲右千牛衞將軍，錄其子懷義、懷矩並爲左侍禁。

65 丁巳，復太常博士、知楚州孫沔爲監察御史。沔坐言事貶黜，踰六年復召；尋遷右正言。

66 先是詔御輦院揀部下輦官年四十以下爲禁軍，輦官千餘人，攜妻子遮宰相、樞密使喧訴。平章事張士遜方朝，馬驚墮地。己未，御史中丞眞州柳植等奏其事，請付有司治，詔樞密院推鞫以聞。時軍興，機務塡委，士遜位首相無所補，諫官以爲言。士遜不自安，七上章請老，又數面陳。壬戌，復拜太傅，進封鄧國公，致仕，聽朔望大朝會綴中書門下班，月給宰臣俸三之一。士遜乞免朝朔望，從之。宰相得謝者自士遜始。【考異】李燾云：士遜新傳云：諫官韓琦上疏曰：「政事府豈養病坊邪！」士遜不自安，七上章請老。按士遜致仕，琦已知制誥矣。琦家傳及他書，「養病坊」等語亦不指士遜，今不取。

67 以鎭安節度使、同平章事、判天雄軍呂夷簡行右僕射兼門下侍郎、平章事、昭文館大學士，以資政殿大學士、戶部尚書李迪爲彰信節度使，知天雄軍。自元昊反，武事久弛，守將或爲他名以避兵任。迪願守邊，詔不許，然甚壯其意。夷簡自天雄復入相，卽使迪代之。

68 甲子，元昊陷塞門寨，執寨主、內殿承制高延德，監押、左侍禁王繼元死之。

69 壬申，詔：「諸路轉運司體量部下諸州軍有年老昏昧，貪濁踰違及非幹勤者，具事以聞。」

70 癸酉，詔夏守贇、王守忠進屯鄜州。時大軍駐河中踰三月矣。

71 甲戌，陝西都轉運使范仲淹言：「聞邊城多請五路入討，臣恐未可輕舉。太宗朝，以宿將精兵北伐西討，艱難歲月，終未收復。況今承平歲久，中原無宿將精兵，一旦興深入之謀，係難制之寇，臣以爲國之安危未可知也。」

72 乙亥，元昊陷安遠寨。

73 戊寅，罷陝西都部署夏守贇、都鈐轄王守忠，並赴闕。守贇性庸怯，寡方略，不爲士卒所附，自河中徙屯鄜州，未及行，亟罷歸。徙涇原、秦鳳路緣邊經略安撫使夏竦爲陝西都部署兼經略安撫使、緣邊招討使，知永興軍。

74 己卯，以起居舍人、知制誥韓琦爲樞密直學士，陝西都轉運使、天章閣待制范仲淹爲龍圖閣直學士，並爲陝西經略安撫副使，同管句都部署司事。

初，仲淹與呂夷簡有隙，及議加職，夷簡請超遷之，帝以夷簡爲長者。既而仲淹入朝，帝諭仲淹使釋前憾。仲淹頓首曰：「臣向所論蓋國事，于夷簡何憾也！」

75 以知同州龐籍爲陝西都轉運使。籍嘗上言：「連年災異，天久不雨，臣竊謂凡乘輿所用，宮中所費，宜取先朝爲則。今宿師西鄙，力戰重傷，方獲功賞，而內官、醫官、藥官，無功時享豐賜，故天下指目，謂之三官。願少裁損，專厲戰功，寇不足平也。」

76 以國子監直講林瑀、王洙並爲天章閣侍講。

景祐末，災異數起，帝深自貶損。瑀言災異皆有常數，不足憂。又依周易推演五行陰陽之變，爲書上之。帝喜，欲遷其官，參知政事程琳以爲不可，止賜章服。帝每讀瑀書，有不解者，輒令御藥院批問。瑀由御藥院進諂諛之詞，緣飾以陰陽，帝大好之。于是天章閣侍講闕，端明殿學士李淑等薦洙，事在中書未行；一旦內批用瑀，執政皆怒瑀。呂夷簡欲探帝意堅否，乃曰：「瑀，上所用，洙，臣下所薦，不容並進，二人惟上所擇。」乃以洙、瑀名進。帝問洙何如，夷簡言洙博學明經，帝曰：「吾已用瑀矣，若何？」夷簡請並用二人，帝許之。既而右正言梁適劾瑀以內降除職，請治其罪。帝令以適章示之，卒不罪瑀。

77 壬午，斬輦官曹榮、陳吉于都市，從者皆配遠惡州軍牢城，卒揀輦官爲禁軍如初詔。

78 六月，權僉署涇原、秦鳳經略安撫判官尹洙數上疏論兵，其一請鬻爵爲土兵葺營及所給物費。下三司使鄭戩等參議以聞，戩等言：「賣官之令，已出權宜，然行之寖久。今更爲煩細，箕斂民財，書揭徼塞，使西戎有輕中國之心。」洙議遂寢。

79丙戌，詔：「自今假日御崇政殿視事如前殿。」

80丁亥，以宣徽南院使夏守贇同知樞密院事。侍御史趙及、右正言梁適，皆言守贇經略西事無功，不可復處樞府，踰七旬乃罷。

81甲午，以鄜延副都部署開封任福爲環慶副都部署兼知慶州。福上言：「慶州去蕃族不遠，願勒兵境上，按亭堡，謹斥候，因經略所過山川道路，以爲緩急攻守之備。」帝善之，聽便宜從事。

82乙未，南京言鴻慶宮神御殿火。侍御史方偕引漢罷原廟故事，請勿復修。詔：「罷修神御殿，卽舊基葺齋殿，每醮則設三聖位而祠之，瘞舊像于宮側。」

83甲辰，詔「陝西、河北、河東、京東、西等路，量州縣戶口，籍民爲鄉弓手、強壯以備盜賊。」河北、河東強壯，自咸平以來有之，承平歲久，州縣不復閱習，多亡其數。于是詔二路選補增廣其數，并及諸路焉。

84辛亥，復權武成軍節度判官歐陽修爲館閣校勘。

始，范仲淹爲陝西經略安撫招討，辟修掌書記，修以親爲辭，且曰：「今豪傑之士，往往已蒙收擇，尙慮山林草莽有挺特知義忼慨之士，未得出門下也，宜少思焉！」

85時西邊日警，二府、三司雖假不休務。翰林學士丁度言：「苻堅以百萬師寇晉，謝安命駕出游以安人心。請休務如故，無使外國窺朝廷淺深。」壬子，詔：「自今遇旬假，聽休務如舊。」帝嘗遣使問禦戎之策，度奏曰：「今士氣傷沮，若復窮追巢穴，饋糧千里，輕人命以快一朝之意，非計之得也。莫若謹亭障，遠斥候，控扼要害，爲制禦之全策。」因條上其策，名曰備邊要覽。

86是月，遼射柳祈雨。

87秋，七月，癸亥，鄜延鈐轄張亢上疏言：「舊制，諸路部署、鈐轄、都監，各不過三兩員。

【考異】按宋史張亢傳，「部署」作「總管」，此史臣避英宗諱追改，非當時本稱，今從長編。

今每路多至十四五員，少亦不減十員，權均勢敵，不相統制，凡有議論，互執不同，請約故事，別創使名，每路軍馬事止三兩員領之。」

又曰：「昨延州之敗，蓋由諸將自守，不相爲援。請令邊城預定其法，凡賊入寇，某處爲聲援，某城寨相近出敢死士，某處設都、同巡檢，則各扼其要害。又令鄰路將取某救應，仍須暗以旗幟爲號。昨劉平救延州，前鋒軍馬陷賊寨者四指揮，平竟不知。又，趙瑜領軍馬間道先進，而趙振與王逵（逵）等趨寨門，至高頭，平報賊張靑蓋駐山東，振麾兵掩襲，乃其子瑜也。臣在山外策應，未嘗用本指揮旗號，自以五行支干別爲引旗。若甲子日，本軍相遇，則先者張青旗，後者以緋旗應之，此是干相生也。其干相尅，支相生，支干相生相尅亦如之。蓋兵馬出入，則百步之外不能相認，若不預立號，必誤軍期。」

又曰：「兵官務要張皇邊事。劉平之敗，正由貪功輕進。鎮戎軍最近賊境，每探馬至，不問賊之多少，部署、鈐轄、知軍、都監皆出，至邊壕則賊已去矣。蓋權均勢埒，不肯相下，若其不出，則恐得怯懦之罪。又，比來諸班諸軍有授諸司使、副至侍禁、殿直者，亦有白身試武藝而得官者；而諸路弓箭手，生長邊陲，父祖效命，累世捍賊，乃無進擢之路，何以激勸邊民！」

初，亢請乘驛入對，詔令手疏上之，其後多施用者。

88 乙丑，遣同修起居注祥符郭稹等使遼，告以用兵西邊。議者謂元昊潛結遼人，恐益爲邊患，故特遣稹等諭意。遼主厚禮之，與同出觀獵，延稹射，一發中走兔，衆皆愕視。遼主遺以所乘馬及他物甚厚。

89 己巳，降鄜延副都部署趙振爲白州團練使，知絳州。

元昊自正月攻圍塞門寨，振代范雍守延州，有兵七千八百餘人，按甲不動。寨中兵方千人，屢告急，五月初，振始遣百餘人赴之，寨遂陷。都轉運使龐籍劾奏振畏懦，故坐貶。

【考異】涑水記聞言振移書塞門寨主高延德云：「可守則守，不可守宜拔兵民以歸。」延德城守半載，振卒不救，乃率衆棄城，廣據險邀之，與衆俱沒。李氏長編頗采之。然長編於五月甲子但書元昊陷塞門寨執延德，不言棄城，宋史趙振傳亦不載移書事，記聞之言恐未可信，今不取。

90 庚午，御延和殿，閱諸軍習戰陣。

91 丁丑，遼主如秋山。

92 八月，乙酉，以太常丞田況爲陝西經略安撫司判官，試校書郎胡瑗爲經略安撫司句當公事。況從夏竦，瑗從范仲淹所辟也。

93 乙未，以史館修撰富弼爲遼主正旦使。

94 戊戌，罷天下寺觀用金箔飾佛像。

95 癸卯，遣屯田員外郎劉渙使邈川，諭嘉勒斯賚出兵助討西賊。嘉勒斯賚召酋豪大犒，約盡力無負，然終不能有功也。

96 戊申，同知樞密院事夏守贇罷爲天平節度使，判澶州。【考異】東都事略作戊午夏守贇罷，非也，八月無戊午日。守贇以子隨卒，引疾求罷，從之。以龍圖閣學士、權知開封府杜衍同知樞密院事。

97 己酉，從知廣州段少連爲龍圖閣直學士，知涇州。

廣州多蜑、猺，雜四方游手，喜乘亂爲寇奪。上元然燈，有報蕃市火者，少連方燕客，作優戲，士女聚觀以萬計，其僚請罷燕，少連曰：「救火不有官乎？」作樂如故。須臾，火息，民不喪一簪，衆服其持重。范仲淹經略西邊，薦少連才堪將帥，故有是命。未至而少連卒。

98 庚戌，以范仲淹兼知延州，徙知延州張存知澤州。初，存自陝西都轉運使徙延州，遷延不即行，既至，乃云素不知兵，且以親年八十求內徙。仲淹因自請代存，從之。先是詔分邊兵，部署領萬人，鈐轄領五千人，都監三千人，有寇則官卑者先出。仲淹曰：「不量賊衆寡而出戰，以官爲先後，取敗之道也。」乃分州兵爲六將，將三千人，分部教之，量賊衆寡，使更出禦賊，賊不敢犯，既而諸路皆取法焉。夏人相戒曰：「無以延州爲意，今小范老子腹中自有數萬甲兵，不比大范老子可欺也！」大范，蓋指雍云。

99 辛亥，詔范仲淹、葛懷敏領兵驅逐塞門等砦蕃騎出境，仍募已前弓箭手，給地居之。

100 壬子，以益州草澤伊縝爲試校書郎。縝數上疏言事，丁度、楊偕薦其才，召試學士院而命之。

101 延州都監靈武周美言于范仲淹曰：「賊新得志，其勢必復來。金明當邊衝，我之蔽也，今不亟完，將遂失之。」仲淹因屬美復城如故。數日，賊數萬薄金明，陣于延州城北，美領衆三千力戰。會暮，援兵不至，乃徙軍山北，多設疑兵；賊望見，以爲救至，即引去。時諸將多不利，美十餘戰，平族帳二百，焚其帳二十，復故城堡甚衆。

102 參知政事李若谷，以耳疾累章辭位，九月，戊午，罷爲資政殿大學士、吏部侍郎、提舉會靈觀事。宮觀置提舉自若谷始。

103 以知樞密院事宋綬爲兵部尚書，起復翰林學士晁宗慤爲右諫議大夫，並參知政事。

104 以龍圖閣直學士、權三司使鄭戩爲諫議大夫，同知樞密院事。戩在三司才半歲，復轉運使考課格，分別殿最；又句校三司出入，得羨錢四百萬緡。

105 己未，以知制誥葉清臣爲龍圖閣直學士，權三司使事。中書進擬三司使，清臣不在選，帝特用之。清臣始奏編前後詔敕，使吏不能欺，簿帳之叢冗者，一切刪去。內東門御廚，皆內侍領之，凡所呼索，有司不敢問，乃爲合同以檢其出入。

106 以都官員外郎晉州景泰爲左藏庫使、知寧州。泰嘗通判慶州，言元昊包藏禍心，一旦有警，何以應敵！三疏不報。已而元昊果反，泰復上邊臣要略二十卷，平戎策十五篇，于是有薦泰知兵者，召對稱旨，遂換武秩云。

107 辛酉，降知杭州、天章閣待制司馬池知虢州。

池性朴易，剸劇非所長，轉運使江鈞、張從革劾池決事不當及稽留德音，坐是左遷。始，轉運使既奏池，會吏有盜官銀器繫州獄，自陳爲鈞掌私廚，出所費過半；又，越州通判載私物盜稅，乃從革之姻遣人私請。或謂池可舉劾以報仇，池曰：「吾不爲也。」人稱其長者。

108 癸亥，知絳州趙振降責潭州安置，坐觀望逗撓，致陷塞門也。

109 詔：「自今都部署司及諸路部署司，應有寨柵申報賊寇入界，不以多少遠近，並須畫時救應。」

110 乙丑，詔：「河北、河東路強壯、陝西、京東、西路新置弓手，皆以二十五人爲團，置押官；四團爲都，置正副都頭各一人；五都爲指揮，置指揮使；各以階級伏事，年二十係籍，六十免，取家人或他戶代之，聽私置弓弩。每歲十月後、正月前，分番上州教閱，半月卽遣歸農。或遇非時勾集守城及捕盜，日給糧二升。以籍上兵部，按舉不如法者。」

111 丙寅，夏人寇三川寨，鎭戎軍西路都巡檢楊保吉死之。明日，涇原路都監劉繼宗、李緯、王秉等分兵出戰，皆失利。涇州駐泊都監開封王珪將三千騎來援，自瓦亭寨至師子堡，賊圍之數重，珪奮擊，賊披靡，殺賊將二人，獲首級甚多。賊遂留軍縱掠，凡三日，官軍戰歿者五千餘人。

112 戊辰，以知樞密院事晏殊爲檢校太傅、充樞密使，同知樞密院事王貽永、刑部侍郎杜衍、右諫議大夫鄭戩並爲樞密副使。

113 庚午，以僉署定國節度判官事种世衡爲內殿承制、知青澗城。

世衡在青澗，開營田二千頃；募商賈，貸以本錢，使通貨得利，城遂富實。間出行部族，慰勞酋長，或解與所服帶。嘗會客飲，有得羌事來告者，卽予飲器。由是屬羌皆樂爲用。無定河番部鈔邊，率屬羌討擊，前後斬首數百。

114壬申，環慶副都部署任福等攻夏白豹城，克之。軍還，賊遣百騎襲其後，守神林北路都巡檢開封范全設伏崖險，賊半渡，邀擊之，斬首四百級，生獲七十餘人。

115壬午，陝西經略安撫副使韓琦以三川寨諸將敗書聞。且言：「劉繼宗、李緯等倉卒出戰，遂致退衄，望特免推鞫，但量其罪輕重等第削官，或更移降差遣，責其後效。王珪以孤軍血戰，身被重創，尙求益兵出鬭，雖失亡數多，望貸其罪。」從之。

116冬，十月，癸未朔，遼主駐中會川。

117以御侍淸河郡君張氏爲才人。張氏，河南人。父堯封，擢進士第，補石州推官，未行，卒京師。堯封母，錢氏女也。張時八歲，與姊妹三人由錢氏入宮，寖長，得幸于帝。性巧慧，能探測人主意。帝以其良家子，待遇異諸嬪。

118戊子，詔：「自今內降指揮與臣僚遷官及差遣者，並令中書、樞密院具條執奏以聞。」帝性寬仁，宗戚近幸有求內降者，或不能違故也。

119甲午，賜涇原駐泊都監王珪名馬二匹，黃金三十兩，裹創絹百匹。復下詔暴其功以厲諸將，勒金字處置牌賜之，使得專殺。
120乙未，端明殿學士李淑等上所定銅符、木契、傳言牌，下有司製之。
121丙申，以環慶部署兼知慶州任福爲龍神衞四廂都指揮使，賞白豹城之功也；尋命兼鄜延路副都部署。
122庚子，出內藏絹一百萬，下三司助邊費。
123初，鴻慶宮災，集賢校理晉陵胡宿請修火祀，以閼伯配祭大火。禮官議因興王之地，商丘之舊，作爲壇兆，籩豆、牲幣視中祠，歲以三、九月擇日留司長吏奉祀，詔從之。
124十一月，丙辰，以御撰風角集占賜陝西諸路部署司。
125贈延州塞門寨主高延德、權兵馬監押王繼元官，並錄其子。故延州西路同巡檢張圭三子亦皆授官。
126甲子，女直侵遼邊界，遼發黃龍府鐵驪軍拒之。
127丙寅，徙知河中府、樞密直學士長沙狄棐知鄭州。有中貴人過河中，言將援棐于上前。棐答以他語，退，謂所親曰：「吾湘潭一寒士，今官侍從，可以老而自汚邪！」
128丁卯，以鄜延部署司指使狄青爲涇州都監。青每臨敵，被髮，面銅具，出入賊中，皆披靡，無敢當者。尹洙爲經略判官，與青談兵，善之，薦于副使韓琦、范仲淹曰：「此良將才也。」二人一見奇之，待遇甚厚。仲淹以左氏春秋授之曰：「將不知古今，匹夫勇耳。」青折節讀書，悉通秦、漢以來將帥兵術，由是益知名。

129 乙亥，贈鎮戎軍西路都巡檢使楊保吉爲深州防禦使。

130 丙子，以河東都轉運使楊偕爲樞密直學士，知幷州。有中官預軍事，素横，前帥優遇之。偕至，一繩以法，軍政肅然。

131 是月，浙東軍士鄂鄰等殺巡檢使張懷信，聚兵剽劫湖南、福建、廣南諸州縣，逃入海。懷信，内臣，性苛虐，鄰等積怨忿，遂作亂。【考異】李燾曰：鄂鄰等作亂，國史無之，此據富弼奏議。稽古錄載其事于九月，不知何據，今從弼奏議及司馬光記聞。

132 十二月，癸未，出内藏庫絹一百萬助糴軍儲。

133 丙戌，詔司農寺以常平錢百萬緡助三司給軍費。自景祐末，不許移用常平，至是以兵食不足，始降是詔。

134 辛卯，遼以所得女直戶置肅州。

135 遼詔：「諸犯法者不得爲官吏，諸職官非婚祭不得沈酗廢事；有治民安邊之略者，悉具以聞。」

136 甲午，建神御庫于宗正寺西，藏祖宗時神御法物于其中，從直祕閣趙希言、判太常寺宋祁請也。

137 乙未，徙知隨州王德用知曹州。德用道過許州，梅詢謂德用曰：「道輔害公者，今死矣。」德用曰：「孔中丞以其職言，豈害德用者！朝廷亡一忠臣，可惜也！」

138 晁宗慤等至永興議邊事，夏竦等合奏：「今兵與將尚未習練，但當持重自保，俟其侵軼，則乘便掩殺，大軍蓋未可輕舉。」及劉承宗等敗，帝復以手詔問師期，竦等乃畫攻守二策，遣副使韓琦、判官尹洙馳驛至京師，求決于帝。己亥，入對崇政殿。先有詔，琦遷禮部郎中、洙加集賢校理。琦言：「臣以大計，不俟召赴闕；若僥倖進秩，將不容于清議。」辭不拜。

139 癸卯，兵部尚書、參知政事宋綬卒。帝臨奠，輟二日朝，贈司徒兼侍中，謚宣獻。

140 乙巳，詔鄜延、涇原兩路，取正月上旬同進兵入討西賊。帝與兩府大臣共議，始用韓琦等所畫攻策也。樞密副使杜衍獨以爲非萬全計，爭論久之，不聽。大臣有欲以沮軍罪衍者，遂求罷，亦不聽。

始，晁宗慤即軍中問攻守策，衆欲大舉，經略判官田京曰：「驅不習之師，攖銳鋒，深入賊地，爭一旦之勝，此兵家所忌，師出必敗。」或有議講和者，京又曰：「賊兵未嘗挫，安肯和也！」

141 丁未，詔開封府、京東、西、河東路括驢五萬以備西討。

142戊申，以通判河中府皮仲容知商州兼提點采銅鑄鐵錢事。仲容嘗建議鑄大錢，一當十，既下兩制及三司議其事，謂可權行以助邊費，故有是命。

初，韓琦安撫陝西，嘗言陝西產鐵甚廣，可鑄錢兼用。于是葉清臣從仲容議，鑄當十錢。翰林學士承旨丁度曰：「禁旅戍邊，月給百錢，得大錢裁十，不可畸用。舊錢不出，新錢愈輕，則糧芻增價。復有湖山絕處，凶魁嘯聚，鑪冶日滋，居則鑄錢，急則爲盜，民間銅鉛之器悉爲大錢，何以禁止乎！」【考異】李燾曰：本志云：軍興，陝西移用不足，始用知商州皮仲容議，采洛南縣紅崖山、虢州青水冶青銅，置阜民、朱陽二監以鑄錢。按實錄，乃鑄鐵錢，與本志不同。

143是歲，仍詔商人入芻粟陝西並邊，願受東南鹽者，加數予之。

續資治通鑑卷第四十三

賜進士及第兵部尚書兼都察院右都御史總督湖北湖南等處地方軍務兼理糧餉世襲二等輕車都尉 畢 沅 編集

宋紀四十三 起重光大荒落（辛巳）正月，盡十二月，凡一年。

仁宗體天法道極功全德神文聖武睿哲明孝皇帝

慶曆元年 遼重熙十年。（辛巳、一〇四一）

1 春，正月，辛亥朔，御大慶殿受朝。

2 丁巳，以太子中舍壽光任顓爲三司句當公事。

3 朝廷既用韓琦等所畫攻策，先戒師期。知延州范仲淹言：「正月內起兵，軍馬糧草，動逾萬計，入險阻之地，塞外雨雪大寒，暴露僵仆，使賊乘之，所傷必衆。今鄜延路城壘、兵甲、糧草、士馬攻守之計已有次第，不患賊之先至，請俟春暖出師。賊馬瘦人飢，其勢易制，又可擾其耕種，縱無大獲，亦不至有他虞。」又言：「頃已下敕招攜蕃族首領，臣亦遣人探問其情，欲通朝廷柔遠之意。使其不僭中國之號而修時貢之禮，亦可俯從。今鄜延是舊日進貢之路，願朝廷存此一路，令諸將勒兵嚴備，賊至則擊。乘討伐未行，容臣示以恩意，歲時之間，或可招納。不然，臣恐隔絕情意，偃兵無期。若用臣策，歲月無效，然後徐圖舉兵，先取綏、宥，據其要害，屯兵營田，爲持久之計。如此，則茶山、横山一帶蕃、漢人户，懼漢兵威，可以招降。或卽奔竄，亦是去西賊之一臂，拓疆制寇，無輕舉之失也。」戊午，詔從仲淹所請。仲淹又言：「鄜延路入界，比諸路最遠，宜先修復城寨，請以二月半合兵萬人，自永平寨進築承平寨，俟承平寨畢功，又擇利進築，因以牽制元昊東界軍馬，使不得并力西禦環慶、涇原之師，亦與俱出三路無異。」朝廷雖許仲淹存鄜延一路示招納意，仍詔仲淹與夏竦、韓琦等同謀，可以應機乘便，卽不拘早晚出師。仲淹前後凡六奏，卒城承平等十二寨，蕃、漢之民相踵復業。

又言：「關中民苦遠輸，請建鄜州之鄜城縣爲軍，以河中、同、華中下户稅租就輸之，春夏徙邊兵就食，可省糴價什之三，他所減不與。」詔名其軍曰康定。

4 己未，加嘉勒斯賚舊作唃廝囉，今改。河西節度使。

5 壬申，詔：「歲以春分祀高禖，遣兩制官攝事。」

6 是月，元昊使入于涇原乞和，又遣高延德詣延州與范仲淹約。仲淹既見延德，察元昊未肯順尋，且無表章，不敢聞於朝廷，乃自爲書諭以逆順，遣監押韓周同延德還抵元昊。其書曰：

「曩者景德初，兩河休兵，中外上言，以靈、夏數州本爲內地，請移河朔之兵，合關中之力，以圖收復；我眞宗皇帝文德柔遠，而先大王情嚮朝廷，心如金石，言西陲者一切不行，待先大王以骨肉之親，命爲同姓，全付夏土，旌旗車服，貴極王公，是我眞宗皇帝有天地之造于爾也！自此朝貢之臣，不絕于道，塞垣之下，踰三十年，有耕無戰，養生送死，令終天年，此眞宗皇帝之至化，亦先大王忠順之功也。

自先大王薨，今皇帝遣使厚弔賻之禮，聽大王嗣守其國，爵命隆重，一如先大王。大王以青春襲爵，違先君之誓書，遂僭位號，遣人歸納旌節；中外驚憤，請收行人，戮于都市。皇帝念先帝本意，故夏王忠順之功，不忍一朝驟絕，含容不殺。省初念終，天子何負大王哉！

傳曰：『名不正則言不順，言不順則事不成。』大王世居西土，衣冠言語，皆從本國之俗，何獨名稱與天子侔？大王建議之初，必謂邊城無備，士心不齊，驅馬而來，所向可下。今奔衝邊地，頻年于茲，漢之兵民有血戰而死者，無一城一將願歸大王者，與初望無乃異乎？

大王果以愛民爲意，言當時之舉，徒由衆請。以此謝罪，天子必當復王爵，承先大王保國庇民之志，天下孰不稱大王之賢，一也。如衆多之請，終不獲辭，前所謂漢、唐單于、可汗之稱，于本國語言爲便，亦不失其貴，二也。但臣貢上國，存中外之體，不召天下之怨，不速天下之兵，使人復康泰，三也。又，大王之國，府用或闕，朝廷每歲必有厚賜，爲大王助，四也。又，前來入貢之臣，止稱蕃校，以避爵命。按唐方國之禮，常遣賓佐入貢于朝，則不必用蕃校之名。又，唐諸蕃所建官名，未嘗與中國相雜，使其持禮而來，則無嫌矣，其有功有德者必可受朝廷之命，五也。時者邊臣上言，乞以官爵金帛招致蕃部首領，仲淹亦一面請罷，惟大王告諭首領，不須去父母之邦，但回意中朝，則太平之樂，遐邇同之，六也。國家以四海之廣，豈無遺才！在大王之國者，朝廷不戮其家，安全如故，宜善事大王，惟同心向順，自不失其富貴，而宗族之人必更優卹，七也。又，馬牛駝羊之產，金銀繒帛之貨，有無交易，各獲其所，八也。大王聽之，則上下同其美利，邊民之患息矣。況宗廟有先大王誓書在，諸路之兵，非無名而舉。鐘鼓之伐，以時以年，大王之國，將如之何！他日雖請于朝廷，恐有噬臍之悔，惟大王擇焉！」【考異】李燾曰：西夏傳云：元昊雖數勝，然死亡瘡痍者亦殆半，人困于點集，則力不給，國中爲十不如之謠以怨之。又誅殺不常，肘腋數反，終不能大斥境土，而中國兵益練習，名將稍出，頗究知敵中情狀，元昊始欲臣矣。乃以塞門寨主高延德來歸，因乞和。按延德來歸時，元昊未始欲臣，其乞和僞也。

二月，辛巳，夏竦言：「昨韓琦、尹洙赴闕，與兩府大臣議用攻策，由涇原、鄜延兩路進討，降下出師月日。今范仲淹所議未同，臣尋令尹洙往延州與仲淹再議，而固執前奏，未肯出師。近聞賊聚兵一路以敵王師，若兩路協力，分擘要害，尙慮諸將晚進，士卒驕怯，未能大挫其鋒。若止令涇原一路進兵，鄜延卻以牽制爲名，盤旋境上，委涇原之師以嘗聚寇，正墮賊計。又，賊遣蕃官骨披等，相約二十八日設誓歸順朝廷。若非懼見進討，卽欲暫款漢兵，大爲奔突之計。乞早差近上臣僚監督鄜延一路進兵，同入賊界，免致落賊姦便。」詔以疏奏示仲淹。

8 甲申，遼北樞密院言：「南、北二大王府洎諸部節度、侍衛、祗候郎君皆出族帳，既免與民戍邊，其祗候事，請亦得以部曲代行。」遼主從之。

9 先是朝廷欲發涇原、鄜延兩路兵討賊，議未決，詔環慶副部署任福乘驛詣涇原計事。會韓琦行邊，趨涇州，而諜者言元昊謀寇渭州，己丑，琦亟趨鎭戎軍，盡出其兵，又募敢勇凡萬八千人，使福將以擊賊。涇原駐泊都監桑懌爲先鋒，鈐轄朱觀、涇原都監武英繼之，行營都監王珪、參軍事耿傅皆從。琦面授福等方略，以諸寨相距僅四十里，道近且易，芻糧足供，度勢未可戰則據險設伏，待其歸然後邀擊之。福等就道，琦親至城外重戒之。

翼日，福自新壕外分輕騎數千趨懷遠城、捺龍川，遇鎭戎軍西路都巡檢常鼎、同巡檢內侍劉肅，與賊戰于張家堡南，斬首數百。賊棄馬羊橐駝佯北，懌引騎趨之，福亦分兵自將踵其後。薄暮，福、懌合軍屯好水川，朱觀、武英爲一軍屯龍落川，隔山相距五里，約明日會兵，不使賊得逸去。邏者傳賊兵少，故福等輕之。路益遠，芻糧不繼，人馬已乏食三日。福等不知賊之誘也，悉力奔逐，癸巳，至龍竿城北，遇賊大軍循川行，出六盤山下，距羊牧隆城五里，結陣以抗官軍；諸將乃知墮賊計，勢不可留，因前接戰。懌馳犯其鋒，福陣未成列，賊縱鐵騎衝突，自辰至午，陣動，衆傅山，欲據勝地，賊發伏自山背下擊，士卒多墮崖塹相覆壓，懌、肅戰死。賊分兵數千斷官軍後，福力戰，身被十餘矢。小校勸福自免，福曰：「吾爲大將，軍敗，以死報國耳！」揮四刃鐵簡，挺身決鬬，槍中頰，絕喉而死。福子懷亮亦死之。

先是琦命渭州都監趙津將瓦亭騎兵二千二百爲軍斷後，是日，與觀、英會兵于姚家川。福既死，賊并兵攻觀、英等。戰既合，珪自羊牧隆城以屯兵四千五百來，陣于觀軍西，屢出略陣，陣堅不可破。英重傷，不能視軍，自午至申，賊兵益至，東偏步兵先潰，衆遂大奔，英、津、珪、傅皆死之，惟觀以餘衆千餘人保民垣，四嚮縱射，會暮夜，賊引去。涇原部署王仲寶亦以兵來援，與觀俱還民垣，距福敗處才(五)里許，然不相聞也。

始，珪進戰，擊殺數百人，鐵鞭至撓曲，手掌破裂，猶奮自若，馬三中箭，三易馬，最後得其下馬，左右馳擊，又殺數十人，飛矢中其目，遂死。

英知必敗，勸傅避去，傅不答。英歎曰：「君文吏，無軍責，柰何與英俱死？」觀亦戒傅少避賊鋒，而傅愈前不顧，身被數槍，乃殞。前一夕，傅在觀營，夜，作書遺福，以其日小勝，前與賊大軍遇，深以持重戒之，自寫題觀名以致福軍中。傅死後，或言福之敗由傅督戰太急，福等既違節度，雖死不足與。既而福隨軍孔目吏彭忠得傅戒福書，具白琦，琦即奏之。尹洙爲作憫忠、辨誣二篇。英，太原人。傅，河南人。【考異】任福好水川之敗，宋史不書日，東都事略作二月辛卯。據尹洙河南集，具載甲子福等敗，乃十四日。其實自十二日追奔，十四日陷歿，凡歷三日也。長編引實錄云人馬乏食已三日。蓋初十日出軍，十一日戰于張家堡，其夕兩軍隔山分屯。十三、十四日皆逐賊，故軍食不充。若即十二日敗，則不應言已乏食三日矣。事略作辛卯者，誤也。

方元昊傾國入寇，福所統士卒，皆非素所撫循，既又分出趨利，故至甚敗。奏至，帝深悼焉。丁酉，贈任福爲武勝軍節度使兼侍中，王珪、趙津、武英、桑懌等並贈官，各追封其母、妻及甄錄子孫有差。

10 戊戌，夏人再寇劉璠堡。

11 己亥，皇子忠正節度使壽國公昕薨，贈太師、中書令、豫王，諡悼穆。

12 始，朝廷既從攻策，經略安撫判官尹洙，以正月丙子至延州，與范仲淹謀出兵。越三日，仲淹徐言已得旨，聽兵勿出。洙留延州幾兩旬，仲淹堅持不可。辛丑，洙還至慶州，乃知任福等敗績，賊侵劉璠堡未退，因遣權環慶路都監劉政將銳卒數千往援，未至，賊引去。夏竦等劾奏洙擅發兵，降通判濠州。

13詔：「京東、西等九路增募鄉兵，置宣毅軍，大州兩指揮，小州一指揮，爲就糧禁軍，合十萬餘人。」用富弼之言也。著作佐郎張方平言其非便，再疏，不報。

14三月，辛亥，降知鎮戎軍、崇儀使朱觀爲供備庫使。時韓琦奏好水之役，觀雖力戰拒賊，官軍死傷者亦多，請降官留任，以責後效也。

15任福等既敗，朝議因欲悉罷諸路行營之號，明示招納，使賊驕怠，仍密收兵深入討擊。詔范仲淹體量士氣勇怯，如不至畏懦，卽可驅策前去，乘機立功。仲淹言：「任福勇于戰鬬，賊退便追，不依韓琦指蹤，因致陷敗。此皆邊上有名之將，尚不能料賊。今之所選，往往不及，更令深入，禍未可量。以臣所見，延州路乞依前奏且修南安等處三兩廢寨，安存熟戶幷弓箭手以固藩籬，俯彼巢穴。他日賊大至則守，小至則擊，有間則攻，方可就近以擾之，出奇以討之耳。」于是行營之號卒不罷，兵亦不復出。

16元昊始僭，兵未動也，朝廷卽欲討之。著作佐郎、通判睦州張方平上言：「國家自景德以來，將不知兵，士不知戰，驟用之必有喪師蹶將之憂；當含垢匿瑕，順適其意。雖元昊終于必叛，而兵出無名，吏士不直其上，難以決勝。小國用兵三年，不見勝負，不折則破，我以全力制其後，必勝之道也。」方平所議，蓋與吳育同，而議者皆不謂然。

兵既交，天下騷動，方平又獻平戎十策，大略請及民力之完，屯重兵河東，示以形勢。賊入寇必自延、渭，而興州巢穴之守虛，我師自麟、府渡河，不十日可至，此所謂攻其所必救，形格勢禁之道也。宰相呂夷簡見之，謂參知政事宋綬曰：「大科得人矣！」然不果用其策。于是召對，除直集賢院，尋遷太常丞，知諫院。

17是月，詔止郡國舉人，勿以邊機爲名，希求恩澤。

18夏，四月，辛巳，降陝西經略安撫副使、樞密直學士、起居舍人韓琦爲右司諫，知秦州。任福軍敗，琦即上章自劾。諫官孫沔等請削琦官三五資，仍居舊職，俾立後效。會夏竦奏：琦嘗以檄戒福見利輕進，帝知罪不專在琦，手詔慰撫之，及是乃奪琦使權。

癸未，降陝西經略安撫副使兼知延州、龍圖閣直學士、戶部郎中范仲淹爲戶部員外郎，知耀州。始，韓周等持仲淹書入西界，逆者禮意殊善。行既兩日，聞山外諸將敗亡，周等抵夏州，留四十餘日。元昊俾其親信野利旺榮爲書報仲淹，別遣使與周俱還，且言不敢以聞烏珠，舊作兀卒，今改。書辭益慢。仲淹對使者焚其書，而潛錄副本以聞，書凡二十六紙，其不可以聞者二十紙，仲淹悉焚之，餘又略加删改。書既達，大臣皆謂仲淹不當輒與元昊通書，又不當輒焚其報。呂夷簡詰周不稟朝命，擅入西界。周言經略專殺生，不敢不從。坐削官，監道州稅。宋庠因言仲淹可斬，杜衍曰：「仲淹本志欲招納叛羌耳，何可深罪！」夷簡亦徐助衍言，知諫院孫沔又上書爲仲淹辨。帝悟，乃薄其責。

19 甲申，以資政殿學士陳執中爲同陝西都部署兼經略安撫緣邊招討等使，知永興軍。仍詔夏竦判永興軍如故，而徙秦鳳副都部署、知秦州曹琮以副之。

琮在秦州，前後凡四年，劉平、石元孫之敗，關輔震恐，琮請籍民爲義軍以張兵勢，于是料簡鄉弓手數萬人。賊寇山外，還天都，劫儀、秦屬戶，琮發騎士設伏以待之，賊遂引去。琮欲誘吐蕃掎角圖賊，得西州舊賈，使諭意，而沙州鎮國王子遣使奉書曰：「我本唐甥，天子實吾舅也。自党項破甘、涼，遂與漢隔。今願率首領爲朝廷擊賊。」帝善琮策，故使副執中。

20 乙巳，下德音，降陝西四死罪一等，流以下釋之。特支軍士緡錢，賑撫邊民被鈔略者親屬。

21 丙午，以陳州布衣郭京爲大理評事、陝西都部署司參謀軍事。京少任俠，好言兵，范仲淹、滕宗諒數薦之。

建州布衣徐復賜號沖晦處士。帝召見，特命以官。

復學易，通流衍卦氣法，又精明樂理。胡瑗作鐘磬，大變古法，復笑曰：「聖人寓器以聲，今不先求其聲而更其器，可用乎！」後瑗制作皆不效。范仲淹過潤州，見復，問曰：「今以衍卦占之，邊境無變異乎？」復言：「西方當用兵。」推其日月，後無少差。

于是與郭京俱召見，帝問天時人事，復對曰：「以京房易卦推之，今年所配年月日，當小過也。剛失位而不中，其在強君德乎！」帝又問：「變故與前世何若？」復對曰：「如唐德宗居奉天時。」帝驚曰：「何至此？」復曰：「雖然，陛下無深慮也。德宗性忌刻，好功利，欲以兵服天下，其德與凶運會，故奔走失國，僅乃能免。陛下恭儉仁恕，西羌之變，起自元昊，不得已而應之，時與德宗同而德與之異，卦氣雖不得，無他也，不久定矣。」帝稱善。命爲大理評事，以疾辭，乃賜處士號。

22 是月，遼罷修鴨綠江浮梁及漢兵屯戍之役。又以東京留守蕭薩巴舊作撒八，今改。言，弛東京擊鞠之禁。

23 五月，戊午，以右班殿直趙珣爲陝西經略安撫招討都監。

珣初隨其父振在西邊，訪得五路徼外山川邑居道里利害，作聚米圖經五卷。韓琦言于帝，詔取其書，并召珣，至，又上五陣圖、兵事十餘篇。帝給步騎，使按陣，既成，臨觀之。于是陳執中薦珣爲沿邊巡檢使。呂夷簡、宋庠共奏：「用兵以來，策士之言以萬數，無如珣者。」即擢任之。

珣自以年少新進，未有功，辭都監，受兵萬人，賜御鎧仗，令自擇偏裨參佐，居涇原，兼治籠竿城。麻氈党留百餘帳，處近塞爲暴，珦白府，引兵三萬，自靜邊歷撩〔揆〕吳抵木寧襲賊，俘獲數千計。靜邊將劉滬殿後，爲賊所掩，珦登阪望見，縱騎數百，復又拔滬之衆以出，士皆歎服。轄戩舊作瞎氈，今改。居龕谷無所屬，珦與書招之，遺以綈錦，鍇〔轄〕戩聽命。

24 左正言孫沔奏：「南郊并逐年聖節，凡文資並許奏蔭子孫弟姪，略無定數。若皇親、后族，多至一二十人，少不下五七人。將國家有數之品名，給人臣無厭之私惠，俾之從政，徒以害民。欲乞今後約束人數，定其久制，以爲萬世法。」沔累奏皆與大臣牾，又薦田況、歐陽修、張方平、曾公亮、蔡襄、王素可任諫官自代。甲子，沔罷爲工部員外郎、提點兩浙路刑獄。

25 出內藏庫緡錢一百萬，助三司給陝西軍費。

26 乙丑，追封皇長子爲褒王，賜名昉。

27 辛未，參知政事宋庠、樞密副使鄭戩並罷；庠守本官，知揚州，戩加資政殿學士，知杭州。

先是呂夷簡當國，同列不敢預事，獨庠數與爭論，夷簡不悅。帝顧庠頗厚，夷簡忌甚，求所以傾庠，未得。及議范仲淹通書元昊事，夷簡從容謂庠曰：「人臣無外交，希文何敢如此！」庠以夷簡誠深罪仲淹也，遽請斬仲淹。已而夷簡以杜衍之言爲是，庠遂倉皇失錯。論者皆咎庠，不知為夷簡所賣也。于是用朋黨事，與戩俱罷。

以翰林學士王舉正參知政事。既入謝，帝曰：「卿恬于進取，未嘗干朝廷以私，故不次用卿。」

以知益州任中師、知河南府任布並為樞密副使。

28 詔夏竦屯鄜州，徙陳執中知涇州。時兩人議邊事不合，故分任之。

29 壬申，徙知耀州范仲淹知慶州兼管句環慶路部署司事。

初，元昊反，陰誘屬羌為助，環慶酋長六百人約與賊為鄉導，後雖首露，猶懷去就。仲淹至部，即奏行邊，以詔書犒賞諸羌，閱其人馬，立條約：「仇已和斷，輒私報之，及傷人者，罰羊百，馬二，已殺者斬。負債爭訟，聽告官為理；輒質縛平人者，罰羊五十，馬一。賊大入，老幼入保本寨，官為給食。」諸羌受命悅服，自是始為漢用。

30 僉署陝西經略安撫判官田況上兵策十四事，帝嘉納之。

六月，壬辰，詔陝西諸路部署司：「自今西賊犯塞，方得出兵掩擊諸族以牽其勢，自餘毋得擅行侵掠。」用田況言也。

31 王堯臣建言：「涇原路熟戶萬四百七十餘帳，曹瑋帥本路，威令明著，常用之平西羌。其後邊備稍懈，守將惟務姑息，浸成驕黠。自元昊反，鎮戎軍及渭州山外，皆被侵擾，近界熟戶，亦遭殺虜。蕃族之情，最重酬賽，因此衅隙激怒之，可復得其用。請遣人募首領願効用者，籍姓名并士馬之數；及千人，聽自推其有謀勇者一人，授以班行及巡檢之名，使將領出境。破蕩生戶，所獲財畜，官勿檢覆，得首級及傷者，始以物賞，仍依本族職名補選及增俸錢。」詔如所請。

32 癸卯，命翰林學士王堯臣、聶冠卿、知制誥郭稹看定三館、祕閣書籍。

33 丙午，知幷州楊偕獻龍虎八陣圖及所製軍器，帝閱于崇政殿，降詔獎諭。其後言者以爲器重大，緩急難用云。

34 秋，七月，己酉，帝謂輔臣曰：「鄜延都鈐轄張亢與本路部署許懷德不能同心協謀，何由了邊事！宜令都部署司戒諭。若故爲此以求內徙，當悉奪官，安置極邊。」

已而亢疏言其所疑者十事，大略謂：「將不知兵，未聞深究致敗之由而處置之，雖徒益兵馬，亦未見必勝之理。又，賊至一處，諸路援兵各踰十程，千里遠鬭，豈能施勇！如賊已退，乃是空勞，異時更寇別路，必又如此，是不戰而自斂也。夏竦、陳執中皆朝廷大臣，凡有邊事，當付之不疑。今但主文書，守詔令，每有宣命，則翻錄行下，如諸處申禀，則令候朝廷指揮。如此，則何必以大臣主事乎！乞暫許臣赴闕面陳利害，如以臣言狂率不可用，則乞重行降黜。」不報。

35 壬戌，置萬勝軍二十指揮。

36 遼詔：「諸職官私取官物者以正盜論。諸敢以先朝已斷事相告言者罪之。諸帳郎君等於禁地射鹿，決三百，不徵償；小將軍決二百以下，及百姓犯者罪同郎君論。」

37 甲子，詔：「將來南郊，羣臣毋得請加上尊號。」

38 乙亥，中書、樞密院言：「陝西沿邊蕃部歸降者，多在蕃官帳下，請令部署司察其向背者，徙家內地，給閒田以處之。」奏可。亦從田況議也。

39 是月，元昊寇麟、府二州，【考異】東都事略作八月，宋史作七月，與長編同，今從宋史。折繼閔敗之。

八月，戊寅，詔鄜延部署許懷德等以兵萬人援麟、府。

40 甲申，河北置場括市戰馬，緣邊七州軍免括。

41 丁亥，詔：「南郊禮近，中外毋得以皇子生復有貢獻。」

42 罷天下舉人納公卷。

初，權知開封府賈昌朝言：「自唐以來，禮部采名譽，觀素業，故預投公卷。今有彌封、謄錄，一切考諸試篇，則公卷爲可罷。」詔從之。

43 戊子，命集賢校理曾公亮、直史館梁適考試鎖廳舉人。舉人有試官親戚者，並互送別差官試。鎖廳舉人自此始。

44 麟州言：「元昊破寧遠砦，砦主·侍禁王世亶、兵馬監押·殿直王顯死之，焚倉庫樓櫓皆盡。復領兵攻府州，州城險且堅，東南各有水門，崖壁峭絕，下臨大河，賊緣崖腹微徑魚貫而前，城上矢石亂下，賊死傷殆盡。轉攻城北，士卒復力戰，傷者千餘人，賊乃引退，縱兵四掠，又復圍豐州。」

麟、府二州皆在河外，因山爲城，最爲險固。初，河東轉運使文洎以麟州餉道回遠，軍食不足，欲按唐張說出兵故道，復通河闕，未及就而卒。及洎子彥博爲河東轉運副使，遂通道銀城，而州有積粟可守。

城中素乏水，圍既久，士卒渴乏。或勸知州苗繼宣取汚溝之泥以飾埤，元昊仰視曰：「諜謂我無庸戰，不三日，漢人當渴死。今尙有餘以汚堞，紿我也！」斬之城下，解圍去。

45 知諫院張方平言：「臣承乏諫省，及今未五十日，凡內臣、外戚、醫官之類，遷轉者且二十人，大則防、團、刺史，小則近職要司。伏以邊陲用兵，將士上功于朝，未嘗有特恩殊命及之者。今近戚坐受恩寵，方技雜類，恩澤過當，宜爲條約禁止。」詔並依前降指揮，常切遵守。

46 乙未，元昊陷豐州，知州王餘慶、權兵馬監押孫吉、指使侯秀死之。始，王沿在并州，建議乞徙豐州，不報。不踰歲，州果陷。【考異】豐州之陷，宋史不書日，東都事略作戊子，今從長編作乙未。

47 知諫院張方平言：「夏竦爲陜西招討等使，四路軍政實節制之，師惟不出，出則喪敗，寇惟不來，來必得志，坐翫寇敵，蠹國損威。乞還竦舊官，與之一郡，遂其自全之計。」

48 九月，戊申，詔：「鎖廳舉人，自今文臣許應三舉、武臣兩舉。」

49 庚戌，以鄜延都鈐轄張亢爲幷代(都)鈐轄，管句麟、府軍馬公事，代康德輿也。

時元昊已破豐州，引兵屯琉璃堡，縱騎鈔麟、府間，二州閉壁不出，民乏水飲，黃金一兩易水一杯。亢單騎扣府州城，門闔不啓。亢曰：「我新軍馬也。」出所受敕示城上。既入，卽開門，縱民采薪芻，汲澗谷。

然賊騎猶時出鈔掠漢田。亢以州東焦山有石炭穴，爲築東勝堡，下城旁有蔬畦，爲築金城堡，州北沙坑有水泉，爲築安定堡，置兵守之。募人穫於外，腰鎌與持兵衞送者均其得。

時禁兵敗北無鬭志，乃募役兵，夜潛隘道，邀擊賊遊騎，比明，或持首級來獻，亢犒勞之，衣以錦袍。禁兵始慚奮曰：「我顧不若彼乎！」又縱使飲博，士窘乏幸利，皆願一戰。亢知可用，始謀擊琉璃堡。使諜伏賊寨旁草中，見老羌方炙羊髀占吉凶，驚曰：「明日當有急兵，且趨避之。」皆笑曰：「漢兒方藏頭膝間，何敢至此！」亢知無備，夜引兵襲擊，大破之，斬首二百餘級，賊棄堡遁去。乃築宣威寨於步駝溝，捍寇路。

50 以鄜延都監王信爲本路鈐轄兼兩路都巡檢使。信初爲鄜延都監，始至之夕，賊衆號數萬，傅城，軍吏氣慴，不知所爲。信領勁兵二千，夜出南門，與賊戰不利，失其前鋒，因按軍不動；遲明，潛上東山，整軍乘勢而下，擊走之，追襲，大獲而還。葛懷敏敗，信又出兵拒賊，俘斬甚衆。

51 戊午，杖殺中書守當官周卞於都市，坐於內降度僧敕內僞益童行三十四人也。事旣覺，開封府止按餘人而不問堂吏。知制誥富弼，時糾察刑獄，白執政，請以吏付開封，執政指其坐曰：「公即居此，無爲近名！」弼正色曰：「必得吏乃止！」執政滋不悅。初，劉從德之妻遂國夫人者，嘗出入內廷，或云得幸於帝，後獲譴，奪封，罷朝謁，久之，出入如故。諫官張方平再以疏論列，皆留中。旣而有詔復封遂國，弼繳還詞頭，封命遂寢。唐制，惟給事中得封還詔書，中書舍人繳還詞頭，蓋自弼始也。

52 庚申，遼太后射獲熊，遼主進酒爲壽。未幾，遼主獵於馬孟山，以草木蒙密，恐獵者誤射傷人，命耶律迪古(舊作迪姑。)各書姓名於矢以志之，復以石硬寨太保郭三避虎不射，免其官。

53 辛酉，知秦州韓琦，復爲起居舍人，知慶州范仲淹，復爲戶部郎中。仲淹上疏曰：「國家長久之策，莫若於鄜、慶、渭三州各更益兵三萬人，拔用有勇略將帥三員，統領訓練，預先分定部曲，遠設斥候，於春秋西賊舉動之時，先據要害，賊來則會駐劄之兵，觀利整陣，并力擊之。又於西賊未經點集之際，出三州已整之兵，淺入大掠，或破其和市，或招其種落，或更築壘拓地，廣招強人，別立經制，以助正軍，屬戶有助賊者，即會兵密行破蕩。諸族見此事勢，自然無去就之義，漸可驅使。既不能爲亂，則可以嚴青鹽粟帛之禁，勿使與賊交通。朝廷節儉省費，傾內帑三分之一分助邊用，以金帛賜逐路帥臣，使行間覘賊，則動靜先知，遇盛暑，則那次邊就食糧草。如此，則二三年間，賊力漸屈，平定有期矣。」

[54]先是屯田員外郎河內張旨通判府州，州依山無外城，旨將築之，州將曰：「吾州據險，敵必不來。」旨不聽。城垂就，寇大至，乃聯巨木補其罅，守以強弩。州無井，賊斷河飲路，旨夜開門擊賊，少卻，以官軍壁兩旁，使民出汲，復以渠泥覆草積，督居民乘城力戰。賊死傷者衆，遂解去。壬申，遷旨都官員外郎。

[55]鄜〔麟〕州都監王凱，全斌曾孫也，數破賊有功；賊圍麟州，乘城拒鬬，晝夜三十一日，始解去。累遷麟府路沿邊都巡檢使，與同巡檢府谷張岊護糧道於青眉浪，賊大至，與岊相失，乃分兵出其後夾擊之，復與岊合，斬首六十五級。又入兔毛川，遇賊衆三萬，凱以兵六千陷圍，流矢中面，鬬不解。至暮，賊潰，又斬首百八十六級，自蹂踐死者以數千〔千數〕。

遷南作坊副使。

56 癸酉，降并代副部署王元、鈐轄康德輿、楊懷志等官。先是賊圍府州，德輿等按兵不出戰，但移文轉運副使文彥博，籍民輦運，至境以俟，德輿終不敢出。及豐州陷，才出屯州城外數里，三日而還。居民望見，以爲寇復至，皆棄其所齎，入保城郭。彥博以其事聞，故責及之，然止坐不出戰，其他則朝廷不悉聞也。

57 冬，十月，戊寅，修河北諸州城，凡二十二州，以備遼也。【考異】宋史載河北修城之事，書月不書日，今從長編作戊寅。長編又云，時聞遼人將南下也。按是時遼人未嘗議出兵，宋人無戎而城，示人以弱，故啓遼人取十縣之謀，今刪正。

58 知并州楊偕言：「豐州寧遠寨已爲賊所破。惟麟州孤壘，距府州百四十里，遠在絕塞。雖寧遠界二州之間，可以爲策應兵馬宿屯之地，然其中無水泉可守，若議修復，徒費國用。今請建新麟州於嵐州合河津黃河東岸裴家山，其地四面絕險，有水泉。」且曰：「靈、夏二州，皆漢古郡，一旦棄之，麟州復何足惜！」帝謂輔臣曰：「麟州，古郡也，咸平中嘗經寇兵攻圍，非不可守。今遽欲棄之，是將退而以黃河爲界也。其諭偕速修復寧遠寨，以援麟州。」

59 丙戌，遼命東京留守蕭孝忠察官吏有廉幹清強者，具以名聞。

60 庚寅，遼以女直太師達雅爾舊作臺押，今改。爲哈斯罕舊作曷蘇館，今改。都大王。

61辛卯，遼皇子和囉噶舊作和魯斡〔斡〕，今改。生，遼主第二子也。北府宰相駙馬蕭薩巴（舊作撒八。）迎遼主幸其第飲宴。遼主命衞士與漢人角觝爲樂。壬辰，復飲太后殿。以皇子生，肆赦。是夕，復引公主、駙馬及內族大臣入寢殿劇飲。

62遼主好微行，數變服入酒肆、佛寺、道觀。王綱、姚景熙、馮立等皆因遇于微行，後至顯官，樞密使馬保忠嘗言臣下無勳勞，宜以序進，遼主咈然曰：「君不得專邪？」

63甲午，徙夏竦判河中府，知永興軍陳執中知陝州。竦任西事，依違顧避，久之無功，又與執中論議多不合，皆上表乞解兵柄。而諫官張方平亦請罷竦統帥，執中又言：「兵尙神密，千里稟命，非所以制勝，宜屬四路各保疆圉。」與方平議論略同。朝廷是之，於是兩人俱罷。

始分陝西爲四路，以管句秦鳳路部署司事兼知秦州韓琦、管句涇原路部署司事兼知渭州王沿、管句環慶路部署司事兼知慶州范仲淹、管句鄜延路部署司事兼知延州龐籍，並兼本路馬步軍都部署、經略安撫沿邊招討使。

64遼主如中京。

65丙申，詔：「三司副使自今遭喪者，並知兩制例起復。」時鹽鐵副使張錫丁母憂，而三司使姚仲孫請特起復之，遂爲故事。

66己亥，罷諸路銅符、木契。

67辛丑，詔令逐路都部署司經置營田，以助邊費。

68壬寅，知諫院張方平疏言：「臣嘗就西邊來者詢賊中事，多云元昊爲寇三年，雖連陷城寨，未能有我尺寸之地，而絕其俸賜，禁諸關市，今賊中尺布可直錢數百，以此揣賊情安得不困！然業與大國爲仇，儻有悔心，勢未能自通誠款；朝廷雖欲招來，而非時無名，事亦難舉。今因南郊大禮，宜推曠恩，以示綏懷之意，或特降一詔，或著之赦文，或擇邊臣有名望者單使以諭上旨，足彰朝廷德義之厚，而無損威重之體。且賊於其種落自尊大久矣，向者求請，但欲自稱烏珠之號，當國者慮害不深，吝此虛名，遂成實禍。陛下若徇其前請，加以歲賜，使天下知陛下深識遠慮，爲生靈計。」帝喜曰：「是吾心也。」命方平以疏付中書。

69十一月，丁未朔，以四方館使高繼宣知并州兼河東路經略安撫沿邊招討使，代楊偕也。偕嘗列六事於朝：一，罷中人預軍事；二，徙麟州；三，以便宜從事；四，黜冗帥；五，募武士；六，專補授。且曰：「能用臣言則受命，不然則已。」朝廷難之。偕累奏不止，乃罷知邢州。

70詔江、饒、池三州鑄錢，兼鑄小鐵錢三百萬緡，以備陝西軍務。【考異】文獻通考作江、池、饒、儀、虢州鑄小鐵錢。宋史載此事不書日，今從長編。

71 壬子，置涇原路強壯、弓箭手。

72 丙辰，以京城穀貴，發廩粟一百萬斛，減價出糶以濟貧民。

73 詔延州：「若元昊專遣人投進表章，卽且拘留之，先具事宜以聞。若令僞官持私書，知州須候朝廷處分，然後報之。」始用張方平議也。

74 回鶻遣使貢於遼。

75 甲子，朝饗景靈宮。乙丑，饗太廟、奉慈廟。丙寅，祀天地於圜丘，大赦，改元。蠲陝西來年夏租十之二，麟、府今年夏秋租及來年夏租，保安軍今年秋租盡蠲之。

詔：「元昊背惠以來，屢求歸附；然其欲緩我師，專爲譎詐，是以拒而弗受。況河西士民素被王化，朕爲之父母，豈不閔傷！自今仰邊臣但謹守封疆，精練軍伍，非因戰鬭，毋得枉殺老幼及薰燒族帳。國朝將帥之臣，素有扞邊勳名者，委中書門下求訪其子孫，特與錄用。自今功臣不限品數，賜私門立戟，文武臣僚許立家廟，已賜門戟者仍給官地修建，令有司檢詳制度以聞。」

76 是月，梁適使陝西還，知慶州范仲淹附奏攻、守二議。

其議攻曰：「臣竊見延安之西，慶州之東，有賊界百餘里侵入漢地，中有金湯、白豹、後橋三寨，爲延、慶二州經過道路，使兵勢不接，策應迂遠。自來雖曾攻取，無招降之恩，據守之謀，漢兵纔回，邊患如舊。臣謂西賊更有大舉，朝廷必令牽制，則可攻之地，其在於此。可用步兵三萬，騎兵五千，軍行入界，先布信令，大爲城寨以據其地；城寨堅完，當留土兵守之，方諸舊寨，必倍其數。使巡檢范全、趙明以安撫之，嚴戒曰：賊大至則明斥候，召援兵，堅壁清野以困之；小至則扼險設伏以待之；居常高估入中及置營田以助之。如此，則可分彼賊勢，振此兵威，通得延、慶兩路軍馬，易於應援。又，環州之西，鎭戎之東，復有葫蘆泉一帶蕃部，與明珠、滅藏相接，阻環州、鎭戎經過道路。明珠、滅藏之居，北接賊疆，多懷觀望。又，延州南安去故綏州四十里，在銀、夏川口。今延州兵馬東渡黃河，北入嵐、石，卻西渡黃河，倒來麟、府策應。蓋以故綏州一帶，賊界阻斷。經過道路如此，取下一處，城寨平定，則更圖一處，爲據守之策。比之朝去暮還，此稍爲便穩。」

其守議〔議守〕曰：「臣昨在延州，見知青澗城种世衡言，欲於本處漸興田利，今聞僅獲萬石。臣觀今之邊寨，皆可使弓手、土兵以守之，因置營田，據畝定課，兵獲羨餘，中糶於官，人樂其勤，公收其利，則轉輸之患，久可息矣。且使其兵徙家塞下，重田利，習地勢，父母妻子共堅其守，比之東兵不樂田利，不習地勢，復無懷戀者，功相遠矣。守愈久而備愈充，雖賊時爲患，不能困我。此假土兵、弓手之力，以置屯田爲守之利也。」

77十二月，丁丑，司天監上崇天萬年曆。

78 戊寅，詔陝西四路部署及轉運使兼營田(使)。

79 癸未，鑄「慶曆元寶」錢。

80 甲申，命丁度、梁適同三司放天下欠負。

81 己丑，翰林學士王堯臣等上新修崇文總目六十卷。景祐初，以三館、祕閣所藏書間有謬濫及不完者，命官定其存廢，因倣開元四部錄爲總目，至是上之，所藏書凡三萬六百六十九卷。

82 甲午，韓琦言：「前日山外之戰，諸將多亡歿，所部兵衆，故不可一概問罪。今不立法制，則各務生全，豈復以亡歿主將爲意！若人數不多，則軍法可必行。請陝西、河東諸路部署，許親隨兵百五十人，鈐轄百人，招討、都監等七十人，月加給錢二百，其出師臨敵，主將亡歿者，並斬。」從之。

83 丙申，以右千牛衞大將軍宗實爲右羽林衞大將軍。

84 以才人張氏爲修媛。

85 遼主聞宋討元昊屢敗，欲興師南伐，復取關南十縣，集羣臣議。南院樞密使齊王蕭惠曰：「宋人西征有年，師老民疲，陛下親率六軍臨之，其勝必矣。」北院樞密使楚王蕭孝穆曰：「昔太祖南伐，終以無功。嗣聖皇帝仆唐立晉，後以重貴叛，長驅入汴，鑾馭始旋，反來侵軼，自後連兵二十餘年，僅得和好。今國家比之曩日，雖曰富強，然勳臣宿將，往往物故。且宋人無罪，無故伐之，其曲在我。況勝敗未可逆料。願陛下熟察！」遼主不聽。丁酉，以伐宋詔諭諸道會師於南京，以惠與太弟重元將之。孝穆以年老乞骸骨；不許。【考異】遼史興宗紀云：上聞宋設關河，治壕塹，恐爲邊患，與南北樞密吳國王蕭孝穆、趙國王蕭貫寧謀取宋舊割關南十縣地。據蕭孝穆傳及蕭惠傳，則孝穆力諫南伐，未嘗與謀，本紀誤也。孝穆以六年封吳國王，九年已徙王楚，而紀仍書吳國王。又，遼主所與謀伐宋者，蕭惠耳。紀作蕭貫寧，疑惠一名貫寧也。惠於六年封趙王，至是已徙封齊，紀仍作趙王。又，遼以宋人設關河治壕塹爲舉兵之詞，非實畏宋人先舉也。今不取。

續資治通鑑卷第四十四

賜進士及第兵部尚書兼都察院右都御史總督湖北湖南等處地方軍務兼理糧餉世襲二等輕車都尉畢沅編集

宋紀四十四 起玄黓敦牂(壬午)正月，盡九月。

仁宗體天法道極功全德神文聖武睿哲明孝皇帝

慶曆二年 遼重熙十一年。(壬午、一〇四二)

1春，正月，庚戌，詔：「近分陝西緣邊爲四路，各置經略安撫招討等使，自今路分部署、鈐轄以上，許與都部署司同議軍事，路分都監以下，並聽都部署等節制，違者以軍法論。」

2知慶州范仲淹請給樞密院及宣徽院宣頭空名者各百道，緩急書填，以勸賞戰功及招降蕃部，從之。

3丁巳，命翰林學士聶冠卿權知貢舉。

初，端明殿學士李淑侍經筵，訪以進士詩、賦、策、論先後，淑奏請先策，次論，次賦，次貼經墨義，而敕有司并試四場，通校工拙，毋以一場得失爲去留。詔有司議，稍施行焉。

4 自元昊反，軍興，用度不足，因聽入中芻粟予券，趨京師榷貨務受錢若金銀；入中他貨予券，償以池鹽。由是羽毛、筋角、膠漆、鐵炭、瓦木之類，一切以鹽易之。猾商姦人，乘時射利，與官吏表裏爲姦，虛費池鹽，不可勝計。鹽直益賤，販者不行，公私無利。朝廷知其弊，戊午，用三司使姚仲孫請，以度支判官范宗傑爲制置解鹽使，往經度之。始，詔復京師榷法。宗傑請：「凡商人以虛估受券，及已受鹽未鬻者，皆計直輸虧官錢。內地州、軍民間鹽，悉收市入官，爲置場增價而出之。復禁永興等十一州商賈，官自輦運，以衙前主之。又禁商鹽私入蜀，置折博務於永興、鳳翔，聽人入錢若蜀貨易鹽，趨蜀中以售。」詔皆用其說。宗傑，雍子也。

5 京兆府布衣雷簡夫，隱居不仕，樞密副使杜衍薦之。召見，論邊事甚辯，帝悅，令中書檢眞宗用种放故事，呂夷簡言有口才者未必能成事，請試之。乃以爲校書郎、秦州觀察判官。簡夫，有鄰孫也。

6 壬戌，詔以京西閑田處內附蕃族無親屬者。

7 遣使河北募兵，及萬人者賞之。

8 癸亥，詔磨勘院考提點刑獄功罪爲三等，以待黜陟。

9 辛未，秦州築東西關城成，賜總役官吏金帛有差。初，知州韓琦言：「州東西居民及軍營萬餘家，皆附城而居，無所捍禦，請築外城凡十里。」至是成之。

10 遼主謀親帥師南伐，意未決，乃幸舊相張儉第，使尚食先往具饌，儉卻之，進葵羹、乾飯。遼主食之而甘，徐問以南伐之策，儉極陳利害，且曰：「第遣一使問之，何必遠勞車駕！」遼主悅而止。復卽其第賜宴，器玩悉與之。是月，遼遣南院宣徽使蕭特默、舊作特末，今改。【考異】宋史富弼傳及涑水記聞皆作「蕭英」，蓋一人而兩名也。翰林學士劉六符來，使取晉陽及瓦橋以南十縣地，且問興師伐夏及沿邊疏濬水澤、增益兵戍之故。【考異】劉六符使宋，遼史旣書於重熙十年十一月，復書於十一年正月，蓋先有此議，至正月始遣也。陸游老學菴筆記云：遼人劉六符，所謂劉燕公者，建議於其國，謂「燕、薊、雲、朔皆中朝人，不樂屬我，非有以大收其心，必不能久。」遼主宗眞問曰：「如何可收其心？」曰：「斂於民者十減其四五，則民惟恐不爲北朝人矣。」遼主曰：「如國用何？」曰：「臣願使南朝求割關南地，而增戍閱兵以脅之。南朝重於割地，必求增歲幣，我託不得已受之，俟得幣，對減民賦可也。」宗眞大以爲然，卒用其策，增歲幣。按遼主創南伐之謀，自因宋人喪師於夏，乘釁而動耳。其時蕭惠承順上旨，雖以蕭孝穆之力諫而不見聽，旣而因張儉之言始不親率師南伐，而命六符使宋索地，非六符首建此策而自請出使也。老學菴筆記恐屬傳聞之誤。

11 二月，丁丑，詔權御史中丞賈昌朝侍講邇英閣。故事，臺丞無在經筵者，帝以昌朝長於講說，特召之。

12 知秦州韓琦請降樞密院空名宣頭五十道，以賞屬羌之有功者，從之。

13知保州王果，先購得遼人南伐諭稾以聞，且言：「遼人潛與元昊相結，將必渝盟；請自廣信軍以西緣山口出入之路，預爲控守。」詔劄付河北安撫司，密修邊備。果，饒陽人也。

14舊制，諸州薦貢者，既試禮部，則引試崇政殿廊。知制誥富弼言：「歷代取士，悉委有司，獨後漢文吏課牋奏，副上端門，亦未聞天子親試也。至唐武后載初之年，始有殿試，此何足法哉！必慮恩歸有司，則宜使禮部次高下以奏，而引諸殿庭，唱名賜第，則與殿試無所異矣。」辛巳，詔罷殿試。而翰林學士王堯臣、同修起居注梁適，皆以爲祖宗故事，不可遽廢。癸未，詔復殿試如舊。

15丙戌，天章閣侍講林瑀，落職通判饒州。

先是瑀奉詔撰周易天人會元紀，其說用天子卽位年月日辰，占所直卦以推吉凶。且言：「自古聖王卽位，必直乾卦。」御史中丞賈昌朝，嘗面折瑀所言不經。及是瑀又言：「帝卽位，其卦直需，其象曰：『君子以飲食宴樂。』願陛下頻出宴遊，極水陸玩好之美。」帝駭其言。昌朝卽劾奏瑀邪說罔上，不宜在經筵，乃黜瑀，而命崇文院檢討臨淄趙師民爲崇政殿說書。

16乙未，詔：「眞定府、定州、天雄軍、澶州各備兵馬芻糧及器甲。」又詔：「河北路州軍城隍應修者悉修之。」又詔：「河北諸州強壯，自三月後並赴州閱習，委知州擇其強勁者，刺手背爲義勇軍；不願者釋之而存其籍，以備守葺城池。」於是強壯寖廢。詔始下，人情洶洶，河北轉運使李昭述乘疾置日行數舍，開諭父老，衆始安。昭述，宗諤子也。

17 辛丑，保靜軍節度使、新知澶州王德用入見，流涕言：「臣前被大罪，陛下幸赦不誅，今不足辱命。」帝慰勞曰：「河北方警，藉卿威名鎭撫耳。」賜手詔遣之。

18 壬寅，遼主如鴛鴦濼。

19 三月，甲辰朔，詔殿前指揮使、兩省都知舉將才。

20 丁巳，命杜衍宣撫河東。

21 辛酉，參知政事晁宗慤以疾罷。

22 （乙丑），賜禮部奏名進士合肥楊置〔寘〕等及諸科及第、出身、同出身八百三十九人。置〔寘〕，察弟也。

23 己巳，遼使蕭特默、劉六符至京師，致遼主書，略曰：「粤自世修歡契，時遣使軺。切緣瓦橋關南是石晉所割，訖至柴氏，興一旦之狂謀，掠十縣之故壤，人神共怒，廟社不延。至於貴國，肇創基業，（尋）與敵境，繼爲善鄰。暨乎太宗，於有征之地才定并汾，以無名之師直抵燕薊，羽召精銳，禦而獲退，遂致彌年有戍境之勞，繼日備渝盟之事，始終反覆，前後諳嘗。竊審專命將臣，往平河右，炎涼屢易，勝負未聞。兼李元昊，於北朝久已稱藩，設罪合加誅，亦宜垂報。邇者郭稹特至，杜防又回，雖略具音題，而但虞詐諜。已舉殘民之伐，曾無忌器之嫌，營築長隄，塡塞隘路，開決塘水，添置邊軍。既潛稔於猜嫌，慮難敦於信睦。倘思久好，共遣疑懷，曷若以晉陽舊附之區，關南元割之縣，俱歸當國，用康黎人！如此，則益深兄弟之懷，長守子孫之計。緬維英悟，深達悃悰。」

先是（正月，己巳），邊吏言遼使且至，帝爲之旰食，歷選可使遼者，羣臣皆憚行。宰相呂夷簡舉右正言富弼，入對便殿，叩頭曰：「主憂臣辱，臣不（敢）愛其死。」帝爲動色。壬申，命弼爲接伴使。

弼以二月丙子發京師，至雄州久之，特默等始入境。遣中使慰勞，特默稱足疾不拜，弼謂曰：「吾嘗使北，病臥車中，聞命輒拜。今中使至而君不起，此何禮也？」特默矍然起，遂使人掖而拜。

及特默等至，命御史中丞賈昌朝館伴，廷議不許割地，而許以信安僖簡王允寧女與遼之皇子梁王洪基結婚，或增歲賂；獨弼以結婚爲不可。

初，遼太弟重元者，挾太后勢，嘗自通書幣。帝欲因今使答之，令昌朝問六符，六符辭曰：「此於太后則善，然於本朝不便也。」昌朝曰：「即如此，而欲以梁王求和親，皇帝豈安心乎？」六符不能對。

辛未，授弼禮部員外郎、樞密直學士，將使弼報聘故也。弼曰：「國家有急，惟命是從，臣職也，柰何逆以官爵賂之！」固辭不受。

24是春，范仲淹巡邊至環州，州屬羌陰連賊爲邊患。仲淹謂种世衡素得羌心，而青澗城已堅固，乃奏徙世衡知環州以鎮撫之。

有牛客〔家〕族努額舊作奴訛，今改。者，倔強未嘗出，聞世衡至，遽郊迎。世衡與約，詰朝至其帳。是夕，大雪深三尺，左右曰：「地險不可往。」世衡曰：「吾方結諸羌以信，不可失期。」遂緣險而進。努額方臥帳中，謂世衡必不能至，世衡蹴而起，努額大驚，率其族羅拜聽命。又有兀二族，受賊僞職，世衡招之不至，命蕃官慕恩出兵討之。其後百餘帳皆自歸，莫敢貳。因令諸族置烽火，有急則舉燧，介馬以待。又課吏民射，有過失，射中則釋其罪；有辭某事，輒因中否而與奪之。由是人人精於射，賊不敢復近環州。

25夏，四月，甲戌朔，遼主頒南征賞罰之令，欲使宋邊臣告急於朝也。

26戊寅，命權御史中丞賈昌朝等議裁減浮費。

27庚辰，詔以右正言富弼爲回謝國信使，西上閤門使符惟忠副之。復書曰：「昔我烈考章聖皇帝與大契丹昭聖皇帝弭兵講好，通聘著盟，肆余纂承，共遵謨訓，邊民安堵，垂四十年。茲者專致使臣，特詒緘問，且以瓦橋內地，晉陽故封，援石氏之割城，述周朝之復境；

繫於異代，安及本朝！粵自景德之初，始敦鄰寶之信，凡諸細故，咸不置懷。況太宗皇帝親駕幷汾，韭圖燕壤，當時貴國亟發援兵，既交石嶺之烽，遂舉薊門之役，義非反覆，理有因緣。元昊賜姓稱藩，稟朔受祿，急謀狂僭，俶擾邊陲，屬議討除，已嘗聞達，杜防、郭稹傳導備詳，及此西征，豈云無報！聘軺旁午，屢聞嫉惡之談，慶問交馳，未諭聯親之故，忽窺異論，良用憫然！謂將軫於在原，反致譏於忌器。復云營築隄埭，開決陂塘，昨緣霖潦之餘，大爲衍溢之患，既非疏導，當稍繕防，豈蘊猜嫌，以虧信睦！至於備塞隘路，閱習兵夫，蓋邊臣謹職之常，乃鄉兵充籍之舊，在於貴境，寧撤戍兵！一皆示以坦夷，兩何形於疑阻！顧惟歡契，方保悠長，遽興請地之言，殊非載書之約。諒惟聰達，應切感思。自餘令弼口陳。」書詞，翰林學士王拱辰所撰也。

初，遼人書言太宗舉無名之師，一時莫知所答。拱辰獨請間曰：「河東之役，本誅僭僞，遼人寇石嶺關，潛假兵以援賊，太宗怒反覆，既平繼元，遂下令北征，安得謂之無名！」帝喜，諭執政曰：「非拱辰詳識故事，殆難答也。」

劉六符嘗謂賈昌朝曰：「南朝塘濼何爲者哉？一葦可航，投箠可平。不然，決其隄，十萬土囊遂可踰矣。」時議者亦請涸其地以養兵。帝問拱辰，對曰：「此六符夸言耳。設險守國，先王不廢，且祖宗所以限戎騎也。」帝深然之。

28壬午，右正言、知制誥劉沆出知潭州。

始，沆使於遼，館伴杜防強沆以酒，沆霑醉，拂袖起，因罵之曰：「我不能飲，何強我至是！」遼使來，以爲言，故出之。尋又降知和州。因詔：「使遼及接伴、送伴臣僚，每燕會毋得過飲，其語言應接，務存大體。」

29戊子，降詔獎諭知延州龐籍等，以籍興修橋子谷寨成也。

始，元昊陷金明、承平、塞門、安遠、栲栳寨，破五龍川，邊民焚略幾盡。籍既至，稍葺治之。戍兵十餘萬，未有壁壘，散處城中，畏籍嚴，無敢犯法。金明西北有渾州川，其土平沃；川尾曰橋子谷，爲敵出入隘道。籍使部將狄靑將萬餘人築招安寨於谷旁，卻賊數萬。募民耕植，得粟以濟軍。周美襲取承平寨，王信築龍安寨，悉復賊所據故地，築淸水等十一堡。

30甲午，徙知澶州王德用爲眞定府定州路都部署。

31丙申，右正言田況言：「朝廷擇將以備北邊，乃用楊崇勳、夏守贇、高化等，物情未協，恐誤機事。」詔各選通判、幕職官往助之。

知諫院張方平亦言：「朝廷處置北鄙，雖增兵飭壘，事爲之備，然所遣將率，未盡推擇，使楊崇勳在鎭、定，夏守贇在瀛州，劉渙在滄州，張耆在河陽，陛下得高枕乎？莫若取陝西偏裨之知名者如狄靑、范全輩，召之赴闕，量其材器，稍遷用之，追崇勳等使奉朝請。比富弼使歸，幸而盟好未渝，卽各還之本路；若遼兵南向，且使分捍北方。事機所懸，乞賜裁察！」

32 己亥，以知秦州韓琦爲秦州觀察使，知渭州王沿爲涇州觀察使，知延州龎籍爲鄜州觀察使，知慶州范仲淹爲邠州觀察使。

33 五月，癸卯朔，徙幷代鈐轄張亢爲高陽關鈐轄。

初，麟州猶未通，饋路閉隔，敕亢自護南郊賞物送麟州。賊旣不得鈔，隨以兵數萬趨柏子寨，邀我歸路，亢所將才三千人，亢激怒之曰：「若等已陷死地，前鬬則生，不然，爲賊所屠無餘也。」士皆感厲，會天大風，順風擊之，斬首六萬餘級，奪馬千餘匹，乃修建寧寨。賊數出爭逐，戰於兔毛川，亢自以大陣抗賊，而使驍將張岊以短兵強弩數千伏山後。亢以萬勝軍皆京師新募，疲耎不能戰，賊目曰東軍，素易之，而虎翼卒勇悍，陰易其旗以誤賊。賊果趨東軍而值虎翼卒。搏戰良久，發伏，賊大潰，斬首二千級。不踰月，築清塞、百勝、中候、建寧、鎭川五堡，麟州路始通。

亢復奏：「今所通特往來之徑耳，旁皆虛空無所阻；若增築並邊諸柵以相維持，則可以廣田牧，河外勢益強。」議未下，而朝廷慮遼將渝盟，乃徙亢高陽。

34 庚戌，河北都轉運使李昭述請修澶州北城，從之。先是河決久未塞，昭述但以治隄爲名，調農兵八萬，踰旬而就。劉六符過之，眞以爲治隄也，及還而城具，甚駭愕。

35 壬子，出詔書：「減皇后及宗室婦郊祀所賜之半，著爲式。」又詔：「皇后、嬪御進奉乾元節回賜物亦減半，宗室外命婦回賜權罷，邊事寧日聽旨。」於是皇后、嬪御各上俸錢五月以助軍費，宗室刺史以上亦納公使錢之半。荆王元儼盡納公使錢，詔以半給之。

36 癸丑，命知貝州、供備庫使開封張茂實爲回謝國信副使，以符惟忠道病卒，從富弼請也。

37 甲寅，詔三館臣僚上封事及聽請對。【考異】李燾云：余靖論文彥博知秦州狀，以爲五月七日敕。按甲寅乃十二日，今從實錄。

38 戊午，建大名府爲北京。釋河北諸州軍繫囚。嚴飭行宮增制倉廒、營舍，並給賞錢，毋得科率。

初，范仲淹知開封，建議城洛陽以備急難。及遼人將渝盟，言事者請從仲淹之請，呂夷簡謂：「遼人畏壯侮怯，遽城洛陽，無以示威，反長彼勢；宜建都大名，示將親征以伐其謀。」詔既下，仲淹又言：「此可張虛聲耳，未足恃也。城洛陽既弗及，請速修京城。」議者多附仲淹議，夷簡曰：「此囊瓦城郢計也。使遼人得渡河，而固守京師，天下殆矣！故設備宜在河北。」卒建北京，識者韙之。

39 己未，以知天雄軍程琳知大名府兼北京留守司。

40慶州之西北馬鋪寨，當後橋川口，深在賊腹中，范仲淹欲城之，度賊必爭，密遣子純祐與蕃將趙明先據其地，引兵隨其後。諸將初不知所向，行至柔遠，始號令之，版築畢具，旬日城成，是歲三月也；尋賜名大順。賊覺，以騎三萬來戰，佯北，仲淹戒勿追，已而果有伏。大順既成，白豹、金湯皆截然不敢動，環慶自是寇益少。

41癸亥，新邠州觀察使范仲淹、鄜州觀察使龐籍，並復爲龍圖閣直學士，從所請也。

初，仲淹上表言：「臣守邊數年，羌人頗親愛臣，呼臣爲龍圖老子。今改觀察使，則與諸族首領名號相亂，恐爲賊所輕；且無功，不應更增厚祿。」辭甚切至，表三上，乃從之。

【考異】長編載知諫院張方平言：「故事，尚書丞、郎之帶職者得換廉察。錢若水罷樞密副使，徐乃授之。馬知節罷樞密副使，止除防禦使。今四人者，職皆直學士，官卽員外郎，而乃正其名使之總戎，厚其祿使之撫下，本朝之意，夫豈爲薄！誥命已頒，章奏沓至，就或強拜，乃懷大慊。朝廷一切含容，君命益成輕削。」蓋爲仲淹、籍而發。李仁甫謂方平實夷簡黨人，私作好惡，幾壞國事。其言甚當，今不取。

42甲子，召江南東路轉運使楊察入爲左正言、知制誥。察在部，專以舉官爲急務，或譏之，察曰：「此按察職也。掎拾羡餘，則俗吏能之矣。」

43乙丑，罷左藏庫月進錢。帝語輔臣曰：「此周官所謂供王之好用者。朕宮中無所費，其斥以助縣官。」

44 眞定府、定州路都部署王德用入朝奏事，命爲宣徽南院使，判成德軍，未行，改判定州兼三路都部署；徙判定州楊崇勳判成德軍。崇勳老不任事，故徙之。德用至，日教士卒習戰，頃之，皆可用。遼使人來覘，或請捕殺之。德用曰：「彼得實以告，是服人以不戰也。」明日，大閱於郊，提枹鼓誓師，進退坐作，終日不戮一人。乃下令，具糗糧，聽鼓聲，視吾旗所鄉。覘者歸，告其國中，謂漢兵將大入。旣而復議和，兵乃解。時發兵屯定州幾六萬人，皆寓居逆旅及民間，無一敢喧呼暴横者。將校相戒曰：「吾輩各務斂士卒，勿令擾我菩薩。」

45 以高陽關路鈐轄張亢權知瀛州兼本路部署司事，夏守贇疾故也。

46 丁卯，徙知成德軍張存爲河北轉運使。先是存上言：「遼與元昊爲婚，恐陰相首尾。河北城久不治，宜留意。」於是悉城河北諸州，俾存督察之。

47 戊辰，詔：「有司申明前後條約，禁以銷金、貼金、鏤金等爲服飾，自宮廷始，民庶犯者必置法。」

48 六月，甲戌，出內藏庫銀一百萬兩，紬絹各一百萬匹，給邊費。

49 壬午，遼主御含涼殿，放進士王寔等六十四人。

50 遼禁鬻氈、銀於宋。

51 癸未，徙知杭州鄭戩知幷州兼河東路經略安撫沿邊招討使，尋改知鄆州。杭州有錢塘湖，溉民田數十頃，錢氏置撩清軍以疏導淤滯；既納國後，不治，葑土堙塞，爲豪族僧坊所占冒，湖水益狹。戩發屬縣丁夫數萬闢之，民賴其利。事聞，詔杭州歲治如戩法。

52 丙戌，建定州北平寨爲北平軍。

53 戊子，以樞密副使任中師爲修建北京使，以入內副都知皇甫繼明佐之。

54 乙未，以天章閣待制明鎬知幷州兼河東經略安撫沿邊招討使。時邊任多紈袴子弟，鎬憂其誤軍事，乃取尤不職者杖之。疲軟子弟皆自解去，更奏擇習事者守堡寨。軍行，倡婦多從之。會有忿爭殺倡婦者，鎬不問。倡婦聞之，皆散去。

55 是月，侍御史雍丘魚周詢劾判河陽張耆典藩無狀，乞令就京邸養病；尋徙耆判陳州，又徙壽州。

56 秋，七月，壬寅朔，知諫院張方平疏請廢樞密院，幷其職事於中書，不報。

57 丙午，樞密副使任布，罷知河陽。布任樞密，數與宰相呂夷簡忤。布長子遜，素狂愚，夷簡知之，乃怵使言事，許以諫官。遜即上書歷詆執政，且斥布不才。布見其書，匿之。夷簡又趣遜以書上。遜復上書罪匿者。

帝問知匿者乃布也，布謝：「臣子少有心疾，其言悖繆，懼辱朝廷，故不敢宣布。」侍御史魚周詢因劾布，布遂罷去。遜尙留京師，望除諫官，夷簡尋以他事黜之。

58 戊午，以右僕射、平章事呂夷簡判樞密院事，戶部侍郎、平章事章得象兼樞密使，加樞密使晏殊同平章事。初，富弼建議，宰相兼權樞密使，帝曰：「軍國之務，當悉歸中書，樞密非古官。」然未欲遽廢，故止令中書同議樞密院事。及張方平請廢樞密院，帝乃追用弼議，命夷簡判院事，而得象兼使，殊加同平章事，使如故。

59 初，富弼、張茂實以結婚及增歲幣二事往報遼人，惟所擇。弼等至遼，特默已加同政事門下平章事，劉六符爲行宮副部署。遼主命六符爲館伴。六符言北朝皇帝堅欲割地，弼曰：「此必志在敗盟，假此爲名，南朝有橫戈相待耳。」六符曰：「南朝堅執，事安得濟！」弼曰：「北朝無故求割地，南朝不卽發兵，而遣使好辭更議，此豈南朝堅執乎？」

及見遼主，弼曰：「兩朝繼好，垂四十年，一旦忽求割地，何也？」遼主曰：「南朝違約，塞鴈門，增塘水，治城隍，籍民兵，此何意也？羣臣競請舉兵，朕以爲不若遣使求關南故地，求而不得，舉兵未晚。」弼曰：「北朝與中國通好，則人主專其利而臣下無所獲。若用兵，則利歸臣下而人主任其禍。故勸用兵者，皆爲其身謀，非國計也。」遼主驚曰：「何謂也？」弼曰：「晉高祖欺天叛君，求助於北，末帝昏亂，神人棄之。是時中國狹小，上下離叛，故北朝全師獨克，雖虜獲金幣，充牣諸臣之家，而壯士健馬物故大半，此誰任其禍者？今中國提封萬里，所在精兵以萬計，北朝用兵，能保必勝乎？」曰：「不能。」弼曰：「勝負未可知，就使其勝，所亡士馬，羣臣當之歟，抑人主當之歟？若通好不絕，歲幣盡歸人主，羣臣何利焉！」遼主大悟，首肯者久之。【考異】東坡集載富弼神道碑，載弼對遼主之言曰：「北朝忘章聖皇帝之大德乎？澶淵之役，苟從諸將言，北兵無得脫者。」云云，東都事略及宋史大率據神道碑。然澶淵之役，宋人以歲幣請和，今乃云縱其歸以爲德，恐不足以服遼人。長編引范純仁行狀及弼奉使錄，亦無此語也。然遼史不載弼應對之詞，猶云「遼與宋和，坐獲歲幣則利在國家，交兵則利在臣下。」上感其言，和好始定。是遼人實屈於弼之正論。今合兩史書之。弼又曰：「塞鴈門者，備元昊也。塘水始於何承矩，事在通好前，地卑水聚，勢不得不增。城隍皆修舊，民兵亦舊籍，特補其闕耳，非違約也。」遼主曰：「微卿言，不知其詳。然朕所欲得者，祖宗故地耳。」弼曰：「晉高祖以盧龍一道賂契丹，周世宗復伐取關南，皆異代事。宋興已九十年，若各欲求異代故地，豈北朝之利乎？」遼主無言，徐曰：「元昊稱藩尙主，南朝伐之，不先告我，何也？」弼曰：「北朝向伐高麗、黑水，豈嘗報南朝乎？天子令臣致意於陛下曰：『向不知元昊與弟通姻，以其負恩擾邊，故討之，而弟有煩言。今擊之則傷兄弟之情，不擊則不忍坐視吏民之死，不知弟何以處之？』」遼主顧其臣國語良久，乃曰：「元昊爲寇，豈可使南朝不擊乎！」

既退，六符謂弼曰：「吾主恥受金帛，堅欲十縣，如何？」弼曰：「南朝皇帝嘗言：『朕爲人子孫，豈敢妄以祖宗故地與人！昔澶淵白刃相向，章聖尙不與關南，豈今日而肯割地乎？且北朝欲得十縣，不過利其租賦耳，今以金帛代之，亦足坐資國用。朕念兩國生民，不欲使之肝腦塗地，不愛金帛以徇北朝之欲。若北朝必欲得地，是志在背盟棄好，朕獨能避用兵邪？澶淵之盟，天地神祇，實共臨之。今北朝先發兵端，過不在朕。天地鬼神，其可欺乎！』」六符謂其介曰：「南朝皇帝存心如此，大善。當共奏，使兩主意通。」

翼日，遼主召弼同獵，引弼馬自近，問所欲言，弼曰：「南朝惟欲歡好之久耳。」遼主曰：「得地則歡好可久。」弼曰：「南朝皇帝遣臣聞於陛下曰：『北朝欲得祖宗故地，南朝亦豈肯失祖宗故地邪？且北朝既以得地爲榮，則南朝必以失地爲辱。兄弟之國，豈可使一榮一辱哉？朕非忘燕薊舊封，亦安可復理此事，正應彼此自諭耳。』」

既退，六符謂弼曰：「皇帝聞公榮辱之言，意甚感悟。然金帛必不欲取，惟結婚可議耳。」弼曰：「結婚易生釁，況夫婦情好難必，人命修短或異，不若增金帛之便也。」六符曰：「南朝皇帝必自有女。」弼曰：「帝女才四歲，成婚須在十餘年後。今欲釋目前之疑，豈可待哉？」弼揣遼人欲婚，意在多得金帛，因曰：「南朝嫁公主故事，資送不過十萬緡耳。」由是遼人結婚之意緩，且諭弼還，弼曰：「二議未決，安敢徒還！願留畢議。」遼主曰：「俟卿再至，當擇一事受之，宜遂以誓書來也。」

弼還奏，復授弼吏部郎中、樞密直學士，又辭不受。

癸亥，弼與茂實再以二事往，於是呂夷簡傳帝旨，令弼草答遼人書并誓書，凡爲國書二，誓書三。議婚則無金帛。若遼人能令夏國復納款，則歲增金帛二十萬，不則十萬。弼奏於誓書內增三事：一，兩界塘淀毋得開展；二，各不得無故添屯兵馬；三，不得停留逃亡諸色人。弼因請錄副以行。中使夜齎誓書五函并副，追及弼於武強授之。

弼行至樂壽，自念：「所增三事，皆遼人前約，萬一書詞異同，則彼必疑，吾事敗矣。」乃密啓副封觀之，果如所料，卽疏報。又遣其屬宋誠、蔡挺詣中書白執政，帝欲知北事，亟召挺對便殿，乃詔弼，三事但可口陳。弼知此執政陰謀，乃以禮物屬茂實，疾馳至京師，日欲晡，叩閤門求對，閤門吏拘以舊制當先進名，對仍翼日。弼責之，遂急奏，得入見，曰：「執政爲此，欲致臣於死。臣死不足惜，柰國事何！」帝急召呂夷簡等問之。夷簡從容曰：「此誤耳，當改正。」弼語益侵夷簡。晏殊言：「夷簡決不爲此，直恐誤耳。」弼怒曰：「殊姦邪，黨夷簡以欺陛下！」遂詔王拱辰易書。其夕，弼宿學士院，明日乃行。

60 八月，戊子，出內藏庫緡錢十萬修北京行宮。時任中師奏行宮大抵摧圮，請更修之。帝令創修寢殿及角樓，餘皆完補而已；其自京至德清軍行宮、館驛、廨舍，亦量加葺治。

61九月，辛丑朔，以太常博士陽翟孫甫爲祕閣校理，樞密副使杜衍所薦也。

初，衍守京兆，辟甫知府司錄事，吏職纖末皆倚辦。甫曰：「待我如此，可以去矣。」衍聞之，不復以小事屬甫。衍與語，必引經以對，言天下賢俊，歷評其才性所長，衍曰：「吾辟屬，乃得益友。」

62初，命呂夷簡判樞密院事，既宣制，黃霧四塞，風霾終日，朝論甚喧。參知政事王舉正，言二府體均，判名太重，不可不避，右正言田況復以爲言。夷簡亦不敢當，丙午，改兼樞密使。

63陝西轉運司言：「近添就糧兵士七萬人，糧賜幾三百萬緡，乞加詳議。」詔三司擘畫以聞。

知諫院張方平，請選擇近臣分使諸道，就諸邊臣，與之深議所以豐財嗇用，守備經遠之計。即如沿邊騎兵，計畜一騎可以贍卒五人。西戎出善馬，地形險隘，我騎誠不得與較也。多留馬軍，既不足用，徒費芻茭。今方北備契丹，乃是用騎之地。乞以陝西新團土兵，多換馬軍東歸，一以省關中之輓輸，一以備河北之戰守。

64富弼、張茂實以八月乙未至遼，翼日，引弼等見遼主，遼主曰：「姻事使南朝骨肉暌離，或公主與梁王不相悅，固不若歲增金帛。但須於誓書中加一『獻』字乃可。」弼曰：「『獻』乃下奉上之辭，非可施於敵國。南朝爲兄，豈有兄獻於弟邪？」遼主曰：「南朝以厚幣遺我，是懼我也，『獻』字何惜？」弼曰：「南朝皇帝重惜生靈，故致幣帛以代干戈，非懼北朝也。今陛下忽發此言，正欲棄絕舊好，以必不可冀相要耳。」遼主曰：「改爲『納』字如何？」弼曰：「亦不可。」遼主曰：「誓書何在？取二十萬者來。」弼既與之，遼主曰：「『納』字自古有之。」弼曰：「古惟唐高祖借兵於突厥，故臣事之。當時所遺，或稱『獻』、『納』，亦不可知。其後頡利爲太宗所禽，豈復更有此禮？」遼主見弼詞色俱厲，度不可奪，曰：「我自遣使與南朝議之。」於是遼主留所許歲增金帛二十萬誓書，壬寅，遣耶律仁先、劉六符來議「獻」、「納」字。

乙巳，弼等還至雄州，詔：「卽以弼爲接伴使，有朝廷合先知者，急置以聞。」弼奏曰：「彼求『獻』、『納』二字，臣以死拒之，其氣折矣，不可復許。」

乙丑，遼北院樞密副使耶律仁先、【考異】宋史仁宗紀作乙丑，遼遣耶律仁起，疑傳寫之譌。東都事略及長編俱作仁先，與遼史同。漢人行宮副部署劉六符入見，以誓書來。誓書曰：「維重熙十一年，歲次壬午，八月，壬申朔，二十九日，庚子，弟大契丹皇帝謹致書于兄大宋皇帝闕下：來書云：謹按景德元年十二月七日，章聖皇帝與昭聖皇帝誓曰：『共遵成約，虔守歡盟，以風土之儀物，備軍旅之費用，每歲以絹二十萬匹、銀一十萬兩，更不差使臣，專往北朝，只令三司差人般送至雄州交割。沿邊州軍，各守疆界，兩地人戶，不得交侵。或有盜賊逋逃，彼此勿令停匿。至於隴畝稼穡，南北勿縱騷擾。所有兩朝城池，並各依舊存守，淘壕全葺，一切如常，卽不得創築城隍，開決河道，誓書之外，一無所求，各務協心，慶同悠久。自此保安黎庶，謹守封疆，質于天地神祇，告于宗廟社稷，子孫共守，傳之無窮，有渝此盟，不克享國，昭昭天監，其當殛之！』昭聖皇帝復答云：『孤雖不才，敢遵此約，謹當告于天地，誓之子孫，神明具知。嗚呼！此盟可改，後嗣何述！』竊以兩朝修睦，三紀于此，邊鄙用寧，干戈載偃，追懷先約，炳若日星。今綿禩已深，敦好如故，如關南縣邑，本朝傳守，懼難依從，別納金幣之儀，用代賦稅之物，每年增絹一十萬匹，銀一十萬兩。前來銀絹，般至雄州白溝交割。兩界塘淀已前開畎者並依舊外，自今已後不得添展。其見堤堰水口，逐時決泄壅塞，量差兵夫，取便修疊疏導，非時霖潦別至，大段漲溢，並不在關報之限。南朝河北沿邊州軍，北朝自古北口以南沿邊軍民，除見管數目依常教閱，無故不得大段添屯兵馬。如有事故添屯，即令逐州軍移牒關報。兩界所屬之處，其自來乘例更替及本路移易，不在關報之限。兩界逃走作過諸色人並依先朝誓書外，更不得似日前停留容縱。恭惟二聖威靈在天，顧茲纂承，各當遵奉，共循大體，無介小嫌。且夫守約爲信，善鄰爲義，二者缺一，罔以守國，皇天厚地，實聞此盟。文藏宗廟，副在有司。餘並依景德、統和兩朝誓書。顧惟不德，務敦大信，苟有食言，必如前誓。」仍議文書稱「貢」，論者難之。仁先曰：「曩者石晉報德本朝，割地以獻，周人攘而取之，是非利害，灼然可見。」議論相持不決。朝廷用晏殊議，以「納」字許之。【考異】遼史興宗紀及耶律仁先、劉六符傳，俱云宋歲增銀幣十萬兩、匹，而宋史富弼傳弼爭「貢」字甚力，朝廷卒以「納」字與之。日知錄已疑二史抵牾，嚴道甫力主遼史，謂宋人畏遼，外爲大言以自飾耳。余按遼史敍宋事，亦多夸張本國之詞。其時宋尚能立國，且富弼詞直，未必遽稱「貢」也。今參二史互用之。

閏月，庚辰，復命右正言、知制誥富弼爲吏部郎中、樞密直學士，弼又固辭。先是弼數論事忤呂夷簡，因薦弼使遼，欲因事罪之。館閣校勘歐陽修上書，引顏眞卿使李希烈事乞留弼，不報。而弼受命不少辭，自初奉使，聞一女卒，再奉使，聞一男生，皆不顧而行；得家書，不發而焚之，曰：「徒亂人意耳。」

65壬午，以太子中允、通判秦州尹洙直集賢院。洙上奏命令數更，恩寵過溢，賜予不節，詞甚切直。

66癸巳，涇原副都部署葛懷敏與元昊戰，歿于定川寨。

先是元昊聲言入寇，是月辛未朔，王沿命懷敏將兵禦之。己卯，至瓦亭寨，遣本寨都監許思純、環慶都監劉賀以蕃兵五千餘人爲左翼，天聖寨主張貴爲殿後。戊子，進屯五谷口。知鎭戎軍曹英、涇原路都監趙珣、西路都巡檢李良臣、孟淵，皆自山外來會，沿邊都巡檢使向進、劉湛爲先鋒，趙瑜總奇兵爲援。

及大軍次安邊寨，給芻秣未絕，懷敏即離軍，夜，至開遠堡北一里而舍，庚寅，領大軍自鎭戎軍西南，又先引從騎百餘以前。走馬承受趙政以爲距賊近，不可輕進，懷敏乃少止，晚，趨養馬城。曹英及涇原都監李知和、王保、王文、鎭戎都監李岳、西路都巡檢使趙璘等分兵屯鎭戎城西六里，夜則入城自守，凡三日，至是亦趨養馬城見懷敏，聞元昊徙軍新壕外，乃議質明掩襲。趙珣謂懷敏曰：「賊遠來，利速戰，宜依馬欄城布柵，扼賊歸路，固守鎭戎以便餉道，俟其衰擊之，可必勝，不然，必爲賊所屠。」懷敏不聽，命諸將分四路趨定川，劉湛、向進出西水口，趙珣出蓮華堡，曹英、李知和出劉璠堡，懷敏出定西堡。

既而知和與英督軍夜發。辛卯，劉湛、向進行次趙福新堡，遇賊，戰不勝，保向家峽，而趙珣、曹英、李良臣、孟淵等將趨定川，懷敏且令援趙福堡。未行，諜言賊已屯邊壕上，復召珣等入定川。會李知和麾下蕃落將報賊五千人列定川寨北；頃之，王文、李知和、定川寨主郭綸又報已拔柵踰壕。懷敏命趙珣與其子宗晟先行，日幾午，懷敏入保定川寨。賊毁板橋，斷其歸路，別爲二十四道以過軍環圍之，又絶定川水泉上流。劉賀帥蕃兵鬭於河西，不勝，衆潰。

懷敏爲中軍，屯寨門東偏，曹英等陣東北隅。賊四面俱至，先以銳兵衝中軍，不動，回擊曹英。會黑風自東北起，部伍相失，陣遂擾，士卒攀城堞爭入。英面被流矢，仆壕中，懷敏所部兵見之亦奔駭。懷敏爲衆所擁，蹂躪幾死，輿至甕城，久之乃蘇。懷敏選士據門橋，揮刀手〔手刀〕以拒入門者。趙珣等擁刀斧手前鬭，及以騎軍四合禦賊，賊衆稍卻。然大軍無鬭志，趙珣累馳入，勸懷敏還軍中。是夕，賊聚大〔火〕圍城四隅，臨西北呼曰：「爾得非部署廳上點陣圖者邪？爾固能軍，乃入我圍中，今將何往！」夜四鼓，懷敏召諸將計議，莫知所出，遂謀結陣走鎮戎軍。趙珣請自籠竿城往，曰：「彼無險，且出賊不意。」衆不從。及旦，懷敏東馬東南馳二里許，至長城壕，路已斷，（賊）周圍之，懷敏及諸將曹英等十六人皆遇害，【考異】宋史云：諸將死者十四人。今從長編。軍士九千四百餘人，馬六百餘匹，悉陷于賊。懷敏子宗晟與郭京等還保定川。賊長驅直抵渭州，幅員六七百里，焚蕩廬舍，屠掠居民而去。

自劉平敗於延州，任福敗于鎭戎，葛懷敏敗于渭州，賊聲益震。然所以復守巢穴者，蓋鄜延路屯兵六萬八千，環慶路五萬，涇原路七萬，秦鳳路二萬七千，有以牽制其勢故也。

67 戊戌，詔：「河北都轉運司、沿邊安撫司，今遼再議和好，其告諭居民，諸科徭悉罷之。」

續資治通鑑卷第四十五

賜進士及第兵部尚書兼都察院右都御史總督湖北湖南等處地方軍務兼理糧餉世襲二等輕車都尉 畢沅 編集

宋紀四十五 起玄黓敦牂(壬午)十月，盡昭陽協洽(癸未)八月，凡十一月。

仁宗體天法道極功全德神文聖武睿哲明孝皇帝

慶曆二年 遼重熙十一年。(壬午、一〇四二)

1冬，十月，丙午，以右正言、知制誥富弼爲翰林學士。弼言于帝曰：「增金幣與遼和，非臣本志，特以朝廷方討元昊，未暇與北方角，故不敢以死爭耳，功於何有，而遽敢受賞乎！願陛下益修武備，無忘國恥。」卒辭不拜。

2遼使之還也，遼主命耶律仁先同知南京留守事，劉六符加同中書門下平章事。及歲幣至，命六符爲三司使以受之。

3己酉，以鄜延鈐轄王信爲本路部署，鄜延都監狄青爲涇原都監兼知原州，左藏庫副使景泰爲本路鈐轄兼知鎮戎軍，皆賞其破賊功也。後三日，信及青各兼本路經略安撫招討副使。【考異】宋史：十一月，辛巳，復都部署兼招討等使，而長編引實錄云：辛亥，信、青並兼本路經略安撫副使，百官表又在壬子，前後互異，今從長編。

4 知秦州韓琦，嘗奏本路兵備素少，請益軍馬，朝廷以諸處未可抽那，詔琦詳度以聞。琦奏曰：「自元昊寇擾西鄙，陝西點民爲弓手以助防守，有警則赴集，無事則歸農，武藝廢而不修，禁約輕而易犯。至有雇人應名，更相爲代，官中了不可別，每遇上州防託〔拓〕，多結衆逃避，以此州郡徒有人數，若倚以戰，適足敗事。臣謂揀刺土兵，自是祖宗舊法。今或只刺手背及充保毅弓箭手名目，終與民不殊。請黥爲禁軍，人給刺面錢二千，無用例物。」詔從琦請，簡陝西弓手，悉刺面充保捷指揮，仍給例物。凡刺保捷軍一百八十五指揮。

5 癸丑，贈涇原路副都部署葛懷敏爲鎭西軍節度使兼太尉，謚忠隱，子宗晟等皆遷官。涇原鈐轄曹英以下十六人，並贈官有差。懷敏通時事，善候人情，故多以材薦之；及用爲將，而剛愎輕率，昧於應變，遂至覆軍。

6 甲寅，以翰林學士王堯臣爲涇原路安撫使，內侍副都知藍元用副之。始，堯臣還自陝西，請先備涇原，弗聽。及葛懷敏敗，帝思其言，故復遣堯臣往。於是前所格議，多見施行，復任韓琦、范仲淹爲統帥，實自堯臣發之。

7 以河東都轉運使文彥博知渭州兼涇原路都部署、經略安撫沿邊招討使。

8 丙辰，知制誥梁適報使於遼。

9 戊午，發定州禁軍二萬二千人屯涇原。

10 庚申，詔卹將校陣亡，其妻女無依者養之宮中。

11 丙寅，遼遣林牙蕭偕來報撤兵。

12 丁卯，涇州觀察使知渭州王沿降知虢州，坐葛懷敏之敗也。沿始教懷敏駐軍瓦亭，及懷敏趨鎮戎，沿馳書戒勿入，第背城爲寨，以羸師誘賊，至則發伏擊之，可有功；懷敏弗聽，進至定川，果敗。賊乘勝犯渭州，沿率州人乘城，多張旗幟爲疑兵，賊引去。先是沿子豫謂懷敏非將才，請奏易之；沿不聽，故及。

13 原州屬羌敏珠爾、舊作明珠，今改。密藏舊作沒藏，今改。二族，兵數萬，與元昊首尾隔絕，鄰道范仲淹聞涇原欲襲討之，乙（己）巳，奏言：「二族道險不可攻。前日高繼嵩嘗已喪師，平時猶懷反側；今討之，必與賊爲表裏，南入原州，西擾鎮戎，東侵環州，邊患未艾。宜因昊賊別路大入之際，即并兵北取細腰胡蘆泉爲保障，以斷賊路，則二族自安，而環州、鎮戎徑道通徹，可以無憂矣。」後二歲，遂築細腰胡蘆諸寨。

14 十一月，壬申，詔閤門：「自今契丹使，不以官高下，並移坐近前。」

15 辛巳，徙知渭州文彥博爲秦鳳路都部署兼知秦州，知涇州滕宗諒爲環慶路都部署兼知慶州，知瀛州張亢爲涇原都部署兼知渭州，俱加經略安撫招討使。復置陝西四路都部署、經略安撫兼沿邊招討使，命韓琦、范仲淹、龐籍分領之。仲淹與琦開府涇州，而徙彥博帥秦，宗諒帥慶，皆從仲淹請也。

初，葛懷敏敗於定川，諸郡震恐，宗諒顧城中兵少，乃集農民數千，戎服乘城，又募勇敢，諜知賊遠近形勢，報旁郡使爲備。會仲淹引環慶兵來援，時天陰晦者十日，人情憂沮，宗諒乃大設牛酒，迎犒士卒，又籍定川戰歿者，哭於佛祠，祭酹之，因厚撫其孥，使各得所欲。於是士卒感發增氣，邊民稍安，故仲淹薦以自代。

16甲申，以泰山處士孫復爲試校書郎、國子監直講。范仲淹、富弼皆言復有經術，宜在朝廷，故召用之。

17丁亥，遼羣臣上遼主尊號曰聰文聖武英略神功睿智仁孝皇帝，册皇后曰貞懿宣慈崇聖皇后。大赦。梁王洪基進封燕國王。又進封齊王蕭惠爲韓王，以首議南伐，得增歲幣也。

18己丑，降向進、高惟和、李禹珪、吳從周（等官），郝從政、趙瑜等官（校者按：等官二字衍。）並落職，坐定川之敗也。

19辛卯，詔知永興軍鄭戩兼管句陝西轉運司計度糧草公事。戩建言：「凡軍行所須，願下有司相緩急，析爲三等，非急切者，悉宜罷去。」先是衙吏輸木京師，浮渭泛河多漂沒，既至，則斥不中程，往往破家不能償。戢歲減三十餘萬，又奏罷括糴以勸民積粟。長安故都，衣冠子弟多豪惡，戢治之頗嚴，甚者至黥竄，人皆惕息。

20 十二月，壬寅，置武學教授。

21 甲辰，遼封皇太弟重元子呢嚕古舊作涅魯古，今改。爲安定郡王。呢嚕古性陰很，遼主嘗曰：「此子目有反相。」然恩禮如初。

22 己酉，遼主以宣獻皇后忌日，與皇太后素服飯僧於延壽、閔忠、三學三寺。

23 辛亥，遼命蠲預備伐宋諸部租稅一年。

24 壬子，遼以吐渾、党項多鬻馬於夏國，命謹邊防。

25 己未，遼主以宋賀使在邸，微服往觀之。

26 壬戌，詔：「韓琦、范仲淹、龐籍已帶四路招討使，其諸路招討使、副並罷。」

先是知慶州滕宗諒言：「自定川喪師，朝廷命韓琦等都統四路，則逐路帥臣當稟節制，其官號不可同。」故有是詔。

27 丁卯，遼禁喪葬殺牛馬及藏珍寶。

28 是冬，宰相呂夷簡感風眩不能朝，帝手詔拜司空、平章軍國重事，俟疾損，三五日一入中書；夷簡力辭。復降手詔曰：「古謂髭可療疾，今翦以賜卿。」又問羣臣可任兩府者。其寵遇如此。夷簡平生朝會，出入進止，皆有常處，不差尺寸。一日朝見，誤忘一拜，外間讙言呂相失儀。漢州張紘曰：「是天奪之魄，殆將亡矣！」後旬餘，遂感風眩云。

29 是歲，密詔知延州龐籍招納元昊：「元昊苟稱臣，雖仍其僭號亦無害；若改稱單于、可汗，則固大善。」籍以爲元昊驟勝方驕，若中國自遣人說之，彼益偃蹇。

時元昊使李文貴在青澗城，籍乃召文貴謂之曰：「汝之先王及今王之初，皆不失臣節，汝曹忽無故妄加之名，使彼此之民肝腦塗地，皆汝羣下之故也。我國家富有天下，雖偏師小衄，未至大損，汝一敗則社稷可憂矣。汝歸語汝王：若能悔過稱臣，朝廷所以待汝王者，禮數必優於前。」文貴頓首曰：「此固西人日夜之願也。」籍乃厚贐遣之。

元昊國中疲困，欲納款而恥先言，及文貴還，聞籍言，大喜，使文貴復持旺榮等書抵籍議和，籍嫌其言不遜，未敢復書，請於朝。詔籍復書許其和，而稱旺榮爲太尉，籍復請曰：「太尉，天子上公，使旺榮稱之，則元昊不可得臣矣。其書自稱寧令，彼之官名，稱之無嫌。」詔從籍言。既而旺榮等又以書來，欲仍其僭號而稱臣納款，籍曰：「此非邊臣所敢知也。」時方議修復涇原城寨，籍恐元昊敗其功，故與往復計議，不絕其請。

三年 遼重熙十二年。（癸未、一〇四三）

1 春，正月，辛未，遼遣使諭夏國與宋和。

2壬申，遼以北面林牙蕭革爲北院樞密副使。

革善詼悅，與近習相比昵，由是名達於上。嘗侍宴，遼主謂革曰：「朕知卿才，故自拔擢，卿宜勉力。」革曰：「臣不才，誤蒙聖恩，惟竭愚衷，安敢怠！」

3涇原安撫使王堯臣言備禦之策，凡五事：「其一，鎭戎軍接賊界天都山止百餘里，西北則有三川、定川、劉璠等寨，皆漢蕭關故地，最是賊衝，其寨主、監押，當令本路主帥舉辟材勇班行。若謂昨來懷敏之敗，定川諸寨不足捍禦，遂爲棄地，則兩路更無保障，賊馬可以直抵城下矣。其東南師子、擱馬、平泉三堡，俟春當益營築，爲涇、渭之屏蔽，不爾，其勢不攻而自下。一路隔絕，更無斥候，鎭戎遂爲孤壘矣。其二，渭州籠竿、羊牧隆城、靜邊、得勝四寨，在六盤山外，內則爲渭州藩籬，外則爲秦、隴襟帶，土地饒沃，生齒繁多，請建置爲軍，擇路分都監一員知軍，專提舉四寨，及令修濬城塹，添屯軍馬，及時聚蓄糧草，以爲備禦。其三，原州西至環州定邊寨，與敏珠爾、密藏等族一帶蕃部相接，其首領至多，素無保聚，不相維統，向背離合，所守不常，須擇武臣知環、原二州，相爲表裏，使招輯蕃部，但不爲賊用，庶少減涇、原之患。其四，儀州地控山險，州城低薄，壕塹淺狹，三分軍民，二分在外，賊至雖能城守，居民必大遭剽掠，亦宜預慮之。其五，涇州雖爲次邊，然緣河大川，道路平易，實近裏控扼之會，其張郇直入州路，宜營作關柵，或斷爲長塹，以遏奔衝。望下韓琦、范仲淹相度施行。」從之。

4 辛巳，詔輔臣議蠲減天下賦役。

5 戊子，詔錄將校死王事而無子孫者親屬。

6 辛卯，詔陝西沿邊招討使韓琦、范仲淹、龐籍，凡軍期中〔申〕覆不及者，皆便宜從事。又建渭州籠竿城【考異】宋史地理志作「隴干城」。九域志作「隴竿城」。爲德順軍。皆用王堯臣議也。

初，曹瑋開山外地，置籠竿等四寨，募弓箭手，給田，使耕戰自守。其後將帥失撫御，稍侵奪之，衆怨怒，遂劫德勝寨主姚貴閉城叛。堯臣適過境上，作書射城中，諭以禍福，且發近兵討之。吏白堯臣曰：「公奉使且還，歸報天子耳；貴叛，非公事也。」堯臣曰：「貴土豪，頗得士心，然初非叛者；今不乘其未定速招降，後必爲朝廷患。」貴果出降。堯臣爲申明約束，如瑋之舊，乃歸。

7 壬辰，錄唐狄仁傑後。

8 癸巳，延州言元昊遣僞六宅使、伊州刺史賀從勖來納款。先是龐籍因李文貴還，再答旺榮等書，約以元昊自奉表削僭號，始敢聞於朝。於是文貴與從勖持元昊書至保安軍，其書自稱「男邦尼鼎定國烏珠舊作兀卒，今改。郎霄【考異】宋史作「曩霄」，今從長編。上書父大宋皇帝」。從勖又致遼使人諭，令早議通和之意。又言：「本國自有國號，無奉表體式，其稱烏珠，蓋如古單于、可汗之類。若南朝使人至本國，坐蕃宰相上。烏珠見使人時，離雲牀問聖躬萬福。」從勖因請詣闕，籍使謂之曰：「天子至尊，荆王叔父也，猶稱臣。今名體未正，不敢以聞。」從勖曰：「子事父，猶臣事君也。使從勖至京而天子不許，請歸更議之。」籍乃具以聞，且言：「元昊辭稍順，必有改事中國之心；願聽從勖詣闕，更選使者往其國申諭之，彼必稱臣，凡求丐之物，當力加裁損。」時元昊與遼有釁，故請款塞，而當時議邊事者處揣臆度，訖不得其要領。

9 丙申，王堯臣又言：「韓琦、范仲淹、龐籍，既爲陝西四路都部署沿邊經略安撫招討等使，四路當稟節制，而諸路尙帶經略使名者九人，各置司行事，名號不異，所稟非一。今請逐路都部署、副部署並罷經略，只充沿邊安撫使、副。」從之。

10 呂夷簡數求罷，帝優詔未許。陝西轉運使孫沔上言：「祖宗未嘗以言廢人。景祐以前，綱紀未甚廢，猶有感激進說之士。觀今之政，是可慟哭，而無一人爲陛下言者，由宰相多忌而不用正人也。自夷簡當國，黜忠言，廢直道，及以使相出鎭許昌，乃薦王隨、陳堯佐代己，

【考異】堯佐，宋史孫沔傳、薛應旂宋元通鑑俱作「堯叟」。按堯叟卒於眞宗朝，代夷簡爲相者，堯佐，非堯叟也，今改正。

蓋引不若己者爲自固之計，欲使陛下復思己而召用也。陛下果召夷簡還，自大名入秉朝政，于茲三年，以姑息爲安，以避謗爲智，西州累以敗聞，契丹乘此求賂，兵殲貨悖，天下空

竭，刺史牧守，十不得一，法令變易，士民怨咨。今夷簡以病求退，陛下手和御藥，親寫德音，乃謂恨不移疾于朕躬，四方傳聞，有泣下者。夷簡在中書二十年，三冠輔相，所請無不行，有宋得君，一人而已，未知何以爲陛下報！今契丹復盟，元昊款塞，天下日望和平，因此振紀綱，修廢墜，選賢任能，節用養士，則景德、祥符之風復見於今矣。若恬然不顧，遂以爲安，臣恐土崩瓦解，不可復救。而夷簡意謂四方已寧，欲因病而去，苟遂容身，不救前過，以柔而易制者升爲腹背，以姦而可使者任爲羽翼，使之在廊廟，布臺閣，是張禹不獨生於漢，李林甫復見於今也。」書聞，帝不之罪，議者喜其謇切。夷簡謂人曰：「元規藥石之言，聞此恨遲十年。」人亦服其量云。

11 二月，壬寅，遼禁關南漢民弓矢。

12 丙午，賜陝西招討韓琦、范仲淹、龐籍錢各百萬。

13 庚戌，右正言梁適使延州，與龐籍議所以招懷元昊之禮，於是許賀從勖赴闕。

14 乙卯，韓琦、范仲淹等言：「今元昊遣人赴闕，將議納和，如不改僭號，則不可許。如卑詞厚禮，從烏珠之稱，亦宜防其後患。」集賢校理余靖亦言必不可許。

15 辛酉，國子監請立四門學，以士庶人子弟爲生員，以廣招延之路，從之。

16 三月，壬申，夷簡再辭位，帝御延和殿召見，敕乘馬至殿門，命內侍取杌子輿以前，夷簡引避久之，詔給扶，毋拜。戊子，罷相，守司徒，軍國大事與中書、樞密院同議。【考異】長編引附傳云：夷簡再辭位，薦富弼等數人可大用。宋史不載，今從史傳。

17 以晏殊爲平章事兼樞密使，判蔡州夏竦爲戶部尚書，充樞密使，權御史中丞賈昌朝爲參知政事，右正言、知制誥富弼爲樞密副使。弼以奉使，昌朝以館伴使勞，故俱擢用。弼辭不拜。

時呂夷簡罷相，輔臣皆進官，侍御史弋陽沈邈言：「爵祿所以勸臣下，今邊圉屢警，未聞廟堂之謀有以折外侮，而無名進秩，臣下何勸焉！」

18 辛卯，遼主如南京。

19 癸巳，以侍御史魚周詢爲起居舍人，職方員外郎王素爲兵部員外郎，集賢校理歐陽修爲太常丞，並知諫院。周詢固辭。又以集賢校理余靖爲右正言，諫院供職。時陝右師老兵頓，京東、西盜起，呂夷簡既罷相，帝遂欲更天下弊事，故增置諫官，首命素等爲之。【考異】宋史歐陽修傳云：呂夷簡罷相，夏竦除樞密使，既除復罷，更用杜衍。又，范仲淹、富弼、韓琦同時擢執政，收攬一時名士，增諫官，而修首在選中。按修除諫官，韓、范、富俱未入也。據晏殊傳，修乃殊所薦，宋史誤矣。

20 甲午，改樞密副使富弼爲資政殿學士兼翰林侍講〔讀〕學士。

弼時再上章辭所除官曰：「臣昨奉使契丹，彼執政之官，漢使所未嘗見者，臣皆見之；

兩朝使臣昔所諱言者，臣皆言之；以故得詳知其情狀。彼惟不來，來則未易禦也，願朝廷勿以既和而忽之。臣今受賞，彼若一旦渝盟，臣不惟蒙朝廷斧鉞之誅，天下公論，其謂臣何！臣畏公論，甚於斧鉞，願收新命，則中外之人必曰，『使臣不受賞，是事未可知，其於守備決不敢懈弛。』非臣務飾小廉，誠恐誤國事也。」帝察其意堅，特改命焉。

21 夏，四月，戊戌朔，幸瓊林苑，閱騎士。

22 庚子，夏遣使進馬駝於遼。

23 癸卯，以僉署保安軍判官事邵良佐假著作郎，使夏州。

先是良佐與賀從勖詣闕，館於都亭西驛。承受使臣取元昊書至中書、樞密院，諭從勖以「所齎來文字，名體未正，名上一字又犯聖祖諱，不敢進，郤令齎回。其稱男，情意雖見恭順，然父子亦無不稱臣之禮。自今上表，只稱舊名，朝廷當行封册爲夏國主，賜詔不名，許自置官屬。其宴使人，坐朵殿之上；或遣使往彼，一如接見契丹使人禮。如欲差人於界上承領所賜，亦聽之。置榷場於保安軍，歲賜絹十萬匹、茶三萬斤，生日與十月一日賜賚之，許進奉乾元節及賀正，其沿邊興復寨柵並如舊。」仍命良佐與從勖等同往，議定以聞。

24 甲辰，以韓琦、范仲淹並爲樞密副使，知永興軍鄭戩爲陝西四路馬步軍都部署兼經略安撫招討等使，駐軍涇州。琦、仲淹凡五讓，不許，乃就道。

富弼言：「琦、仲淹並授樞密副使，然議者云，西寇未殄，若二人俱來，或恐闕事。願陛下采公論，一召來處內，一授職在邊，或二人一歲一更，均其勞逸，內外協濟，無善於此。」

25 乙巳，以樞密副使、吏部侍郎杜衍充樞密使，宣徽南院使、忠武節度使夏竦赴本鎮。

先是以樞密使召竦於蔡州，臺諫交章論「竦在陝西，畏懦不肯盡力，嘗出巡邊，置侍婢中軍帳下，幾致軍變。又，元昊嘗榜塞下，得竦首者予錢三千，爲賊所輕如此。」且言：「竦挾詐任數，姦邪傾險，與呂夷簡不協，夷簡畏其爲人，不肯引爲同列，既退而後薦之，以釋宿憾。」御史沈邈，又言竦陰交內侍劉從愿，其言尤切。會竦已至國門，言者請毋令入見。諫官余靖又言：「竦累表引疾，及聞召用，即乘驛而馳。若不早決，竦必堅求面對，敍恩感泣，復有左右爲之解釋，則聖聽惑矣。」御史中丞王拱辰對帝極言，帝未省，遽起，拱辰引帝裾畢其說。前後言者合十八疏，帝乃罷竦而用衍代之。

26 己酉，以館閣校勘蔡襄爲祕書丞、知諫院。初，王素、余靖、歐陽修除諫官，襄作詩賀之，辭多激勸。三人者以其詩薦于帝，尋有是命。

27 丙辰，以春夏不雨，遣使祠禱岳瀆。

28 己未，以翰林學士王堯臣爲戶部郎中，權三司使事。

堯臣始受命，言於帝曰：「今國與民皆弊矣，在陛下任臣者如何。」因請自擇僚屬，帝納其言。堯臣取陝西、河東三路未用兵前及用兵後歲出入財用之數會計以聞。

29庚申，以鹽鐵判官呂紹寧爲淮南轉運使。紹寧至淮南，亟上羨錢十萬。諫官歐陽修請御所上錢，幷治紹寧欺罔之罪，以戒姦吏刻剝。

30呂夷簡雖罷相，猶以司徒預議軍國大事，於是諫官蔡襄疏言：「夷簡被病以來，兩府大臣受事於夷簡之門。夷簡爲相，首尾二十餘年，功業無聞，今以病歸，尙貪權勢，不能力辭，伏乞特罷商量軍國大事，使兩府大臣專當責任，無所推避。」甲子，夷簡請罷預議軍國大事，從之。

31是月，國子監直講石介作慶曆聖德詩。介篤學尙志，樂善疾惡，喜聲名，會呂夷簡罷，章得象、晏殊、賈昌朝、韓琦、范仲淹、富弼同時執政，而歐陽修、蔡襄、王素、余靖並爲諫官；夏竦既拜，復奪之，以杜衍代，因大喜曰：「此盛事，歌頌吾職，其可已乎！」詩所稱多一時名臣，其言大姦，蓋斥竦也。詩且出，孫復聞之曰：「介禍始于此矣。」

32五月，丁卯朔，日有食之。【考異】遼史不書，今從宋史。

33庚午，錄繫囚。

34江、淮歲漕不給，京師乏軍儲，大臣以爲憂。樞密副使范仲淹，言國子博士宣城許元可獨倚辦，辛未，擢元江、淮、兩浙、荆湖制置發運判官。元曰：「以六路七十二州之粟，不能足京師者，吾不信也。」至，則命瀕江州縣留三月糧，餘悉發之，遠近以次相補，引千餘艘轉漕而西。未幾，京師足食。

35 癸酉，命王拱辰、田況與三司同議減放州縣科配。

36 乙亥，忻州地大震。詔本路轉運、經略司安卹百姓，毋弛邊備。

37 鹽鐵副使林濰，出知滑州。

初，入內都知張永和建議，請收民房錢十之三以助軍費，事下三司，王堯臣持不可。永和密使人致意曰：「能行此，則大用矣。」明日，入見，具爲帝言，因曰：「此衰世事，唐德宗所以致亂者，非平時可行也。」濰畏永和勢，助之甚力。堯臣奏罷濰，以河北轉運使張昷之爲鹽鐵副使，議乃定。

38 戊寅，以虞部員外郎杜杞權發遣度支判官事，太常博士燕度權發遣戶部判官事，皆王堯臣所薦也。權發遣三司判官始此。杞，鎬之子；度，肅之子也。

39 庚辰，幸相國寺、會靈觀祈雨。

40 癸未，置御史官六員，罷推直官，從御史臺請也。

41 乙酉，以侍御史席平知潤州。中丞王拱辰言其議論無取，故出之。【考異】李燾云：慶曆二年，二月，平以都官員外郎爲侍御史。本傳稱平對奏鄙俚，又御史臺記亦有傳平嘗往齊州劾獄，失入死罪，張方平乞依法行遣，恐此罷黜不獨因拱辰言也。

42 丁亥，置武學于武成王廟，以太常丞阮逸爲武學教授。【考異】張唐英政要以爲議出吳育，且云育爲參知政事。李燾云：此時育但爲翰林學士，唐英誤也。育傳亦不見武學議。

43 戊子，雨，輔臣稱賀。帝曰：「天久不雨，朕每焚香上禱于天。昨夕寢殿中，忽聞微雷遽起，冠帶露立殿下，須臾雨至，衣皆沾溼。移刻雨霽，再拜以謝，方敢升階。自此倘冀槁苗可救也。」章得象曰：「非陛下至誠，曷以致天應若此！」帝曰：「比欲下詔罪己，徹樂減膳，又恐近於崇飾虛名，不若夙夜精心密禱爲佳耳。」

44 辛卯，築欽天壇于禁中。

45 乙未，諫官歐陽修言：「韓琦、范仲淹到闕以來，只是逐日與兩府隨例上殿，呈奏尋常公事，陛下亦未曾特賜召對，從容訪問。今西事未和，邊陲必有警急，乞陛下因無事之時，出御便殿，特召琦等從容訪問，使盡陳西邊事宜合如何處置。至如兩府大臣，每有邊防急事，或令非時召見聚議，或各令自述所見，只召一兩人商量，此乃祖宗之朝並許如此，不必拘守常例也。」

46 遼詔復定禮制。

47 遼主如山西。

48是月，忻州地震。

49虎翼卒王倫叛于沂州。【考異】王倫本沂州軍卒，沂州屬京東路，故亦有京東軍賊之稱；宋史作「忻州」，恐是傳寫之譌，蓋因上文有忻州地震事而誤。不知地震與王倫叛本是兩事，一爲河東之忻州，一爲京東之沂州，初不相涉也。

50六月，丙午，遼詔：「世選宰相、節度使族屬及身爲節度使之家，許葬用銀器，仍禁殺牲以祭。」

51庚戌，遼詔：「漢人宮分戶絕，恒產以親族繼之。」

52辛亥，準布舊作阻布，今改。部長遣其弟朝於遼。

53癸丑，知諫院歐陽修言：「近日四方賊盜漸多，皆由國家素無禦備，而官吏賞罰不行也。今沂州軍賊王倫，所過楚、泰等州，連騎揚旗，如履無人之境，而巡檢、縣尉反赴賊召，其衣甲、器械皆束手而歸之，此可謂心腹之大憂。請自今，賊所經州縣奪衣甲，官吏並追官勒停，巡檢、縣尉仍除名，勒從軍自效，俟破賊日則許敍之。」甲子，右正言余靖言：「今官吏弛事，細民聚而爲盜賊，不能禁止者，蓋賞罰不行也。若非大設隄防以矯前弊，則臣憂國家之患，不在西北而起於封域之內矣。乞朝廷嚴捕賊賞罰，及立被賊劫質、亡失器甲除名追官之法。」並從之。

54初，遼北院樞密使蕭孝穆，以諫南伐言不用，徙南院，以其弟孝忠爲北院樞密使。未幾，孝忠疾，仍以孝穆爲北院樞密使，徙封齊國王。秋，七月，丙寅朔，孝忠卒。遼主特釋繫囚。

55遼耶律罕班舊作韓八，今改。再爲北院大王，入朝。遼主從容謂曰：「卿守邊任重，當實府庫，賑貧乏以報朕。」罕班既受命，愈竭忠謹，知無不言，便益爲多。

56戊辰，以翰林學士蘇紳知河陽。

先是王素、歐陽修等爲諫官，數言事，紳惡之。會京師閔雨，紳請對，言：「洪範五事，言之不從，是謂不乂，厥咎僭，厥罰常暘。」紳意蓋指諫官也。時除太常博士馬端爲監察御史，紳所薦也。修卽上言：「端性險巧，往年常發其母陰事，母坐杖脊。端爲人子，不能以禮防閑，陷其母於過惡，又不能容隱，使其母被刑，理合終身不齒官聯，豈可更爲天子法官！蘇紳與小人氣類相合，宜其所擧如此也。」紳由是黜，端尋亦出外。

57己巳，徙宣徽南院使、忠武節度使夏竦判亳州。

竦之及國門也，上封章疏示焉。竦既還鎭，言者猶不已。會韓億致仕，竦請代之，故有是命。

竦至亳州，上書自辨，凡萬餘言，詔付學士批答。孫抃爲之辭，略曰：「圖功效莫若罄忠勤，弭謗言莫若修實行。」竦得之，恨甚。

58 御史中丞王拱辰請用朔望日退御後殿，召執政之臣，賜坐，講時政得失，帝曰：「執政之臣，朕早暮所與圖事者，又何朔望之拘也！」辛未，詔：「自今中書、樞密院臣僚，除常程奏事外，如別有所陳，或朕非時留對者，不限時刻。」

59 丙子，參知政事王舉正，罷爲禮部侍郎、知許州。

初，諫官歐陽修、余靖、蔡襄咸言舉正懦默不任職，請以范仲淹代之，舉正亦自求罷。丁丑，以樞密副使范仲淹爲參知政事，資政殿學士富弼爲樞密副使。【考異】仲淹、弼除拜，宋史宰相表及宰輔編年錄皆在八月丁丑，今從長編。仲淹曰：「執政可由諫官而得乎？」固辭不拜。弼直攜誥命納於帝前，口陳所以牢避之意，且曰：「願陛下坐薪嘗膽，不忘修政。」帝許焉。乃復以誥命送中書。弼因乞補外，累章不許。

60 壬午，罷陝西管內營田。

61 甲申，以樞密副使任中師爲河東宣撫使，范仲淹爲陝西宣撫使。

仲淹既辭參知政事，願與韓琦迭出行邊，帝因付以西事。而仲淹又言河東亦當爲備。中師嘗守幷州，帝卽命使河東。兩人留京師，第先移文兩路云。

62 乙酉，元昊復遣呂你如定等與邵良佐俱來，所要請凡十一事，其欲稱男而不爲臣，猶執前議也。

先是歐陽修言：「賊使此來，意極不遜，須有以挫之，方能抑其驕慢。今若便於禮數之間過加優厚，則彼謂我爲怯，知我可欺，議論之間，何由屈折！伏乞將元昊一行來人，凡事減勒，無令曲加優厚。」至是修又言：「聞朝廷欲以殿中丞任顓館待元昊所遣來人，臣竊謂事體之間，所繫者大。兵交之使，來入大國，必先窺伺將相勇怯，覘察國家強弱，若見朝廷威怒未息，事意莫測，必內憂斬戮，次恐拘留，使其偶得生歸，自爲大幸，則我弱形未露，壯論可持。今若過加厚禮，先爲自弱，使其知我可欺，則議論愈益難合。必欲成就其事，尤須鎮重爲先，況其議未必成，可惜空損事體。前次元昊來人至少，朝廷只以一班行待之，今來漸盛，遂差朝士，若其後來者更盛，則必須差近侍矣。是彼轉自強，我轉自弱。況聞邵良佐昨來自彼，僅免屈辱而還。今元昊來人，欲乞更不差官館待，送置驛中，不須急問；至於監視饋犒，傳道語言，一了事班行足矣。」修雖有此議，然不能從。

63以著作佐郎邵良佐爲著作郎，仍賜五品服，賞使夏州之勞也。

64先是元昊書至，既未肯稱臣，及如定等來，又多所要請。兩府厭兵，欲姑從之，獨韓琦以爲不可，屢請對於帝前。晏殊曰：「衆議已同，惟韓琦獨異。」帝顧問琦，琦歷陳其不便。帝曰：「更審議之。」及至中書，琦持不可益堅，殊變色而起。琦退，復上章言：「屈意與和，恐有後患。望令中書、樞密院再三論難，使朝廷得大體，契丹無爭端，以此議和，庶爲得策。」

65諫官蔡襄言：「元昊始以兀卒之號爲請，及邵良佐還，欲更號「吾祖」，【考異】按「兀卒」當作「烏珠」，前已改正。宋人不明譯音，故疑爲「吾祖」。此條不改，以存其舊。足見羌、戎悖慢之意。縱使元昊稱臣，而上書自稱曰「吾祖」，朝廷賜之詔書亦曰「吾祖」，是何等語邪？」時歐陽修、余靖亦以爲言。修又曰：「方今不羞屈志，急欲就和者，多不忠無識之人。而陝西之民亦欲急和，請因宣撫使告以朝廷非不欲和而賊未遜順之意，然後深戒有司，寬其力役可也。其餘小人之論，望絕而不聽。」

66庚寅，元昊遣使上表於遼，請出師南伐，遼主不從。

67甲午，樞密副使韓琦上疏曰：「臣聞漢文帝時國富刑措，而賈誼上書以爲可痛哭太息。臣竊覩時事，謂可晝夜泣血，非直痛哭太息者，蓋以西北二邊，禍釁已成，而上下泰然，不知朝廷之將危，宗社之未安也。近者契丹遣使求關南之地，邀獻納之名，其輕視中國，意蓋可見。而元昊僭號背恩，北連契丹，欲成鼎峙之勢，累歲盜邊，官軍屢衄，今乘定川全勝之氣，遣人約和，則知其計愈深而甚可虞也。議者或謂昨假契丹傳導之力，必事無不合，豈不思契丹既能使元昊罷兵，豈不能使元昊舉兵乎！臣恐契丹謂朝廷事力已屈，墮其誓約，長驅部衆，直趨大河，復使元昊舉兵深寇關輔，當是時，未審朝廷以何術禦之？臣是以夙夕思惟，輒畫當今所宜先行者七事：一曰清政本。宜詔中書、樞密院，凡苛碎眇末之務，悉歸有司，使從容謀議，專論大計。二曰念邊事。今政府但循舊制，纔午卽出，怱遽僉署；謂宜須未正方出，延此一時以專邊論。三曰擢材賢。宜倣祖宗舊制，於武臣中不次超擢以試其能。四曰備河北。自契丹通好三十餘年，武備悉廢；宜選轉運使二員，密受經略，責以歲月，使營守禦之備。五曰固河東。前歲昊賊陷豐州，掠河外屬戶殆盡，麟、府形勢孤絕；宜責本道帥臣，度險要，建城堡，省轉餉，爲持久之計。六曰收民心。祖宗置內藏庫，蓋備水旱兵革之用，非私蓄財以充己欲也，自用兵以來，財用匱竭，宜稍出金帛以佐邊用。七曰營洛邑。今帝都無城隍之固以備非常，遽議興築，則爲張皇勞民，不若陰葺洛都以爲游幸之所，歲運太倉羨餘之粟以實其廩庾。」帝嘉納之。

68 是月，獲王倫。

69 八月，丙申，遼主謁慶陵。

70 戊戌，詔諫官日赴內朝。

71 己亥，出內藏庫紬絹三百萬，下三司以助經費，用韓琦之言也。

72 辛丑，遼燕國王洪基，加尙書令，知北南院樞密使事，進封燕趙國王。

73 丁未，以樞密副使范仲淹爲參知政事，資政殿學士富弼復爲樞密副使。弼猶欲固辭，會元昊使入辭，羣臣班紫宸殿門，上俟弼綴樞密院班乃坐，又使章得象諭弼曰：「此朝廷特用，非以使契丹故也。」弼不得已乃受。晏殊以弼其女之壻，引嫌求罷相，又求解樞密，俱不許。

74 修媛張氏，寵冠後庭，忽感疾，進白帝曰：「資薄寵厚，所以召災，願貶秩爲美人。」帝許之。戊申，以修媛張氏爲美人。

75 癸丑，以樞密副使韓琦爲陝西宣撫使。

先是范仲淹及任中師分路宣撫，踰月皆未行。琦言于帝曰：「賊請和無他，則二人遙領宣撫事可矣。彼若未副所望，必乘忿盜邊，當速遣仲淹；河東則臣方壯，可備奔走。中師宿舊大臣，毋勞往也。」詔琦代仲淹宣撫陝西，而中師卒不行。

76 以大理寺丞張子奭爲祕書丞，與右侍禁王正倫使夏州。子奭，齊賢孫也。

77 戊午，罷武學。

78 庚申，遼裕悅（舊作于越。）耶律洪古卒。遼主聞之曰：「惜哉善人！」親臨奠焉。【考異】遼史耶律洪古傳卒於重熙十三年，今從本紀。

79 甲子，準布貢於遼。

續資治通鑑卷第四十六

賜進士及第兵部尚書兼都察院右都御史總督湖北湖南等處地方軍務兼理糧餉世襲二等輕車都尉　畢　沅　編集

宋紀四十六　起昭陽協洽(癸未)九月，盡閼逢涒灘(甲申)七月，凡十一月。

仁宗體天法道極功全德神文聖武睿哲明孝皇帝

慶曆三年　遼重熙十二年。(癸未、一〇四三)

1九月，丁卯，召輔臣及知雜御史以上於天章閣，朝謁太祖、太宗御容及觀瑞物。既而帝問禦邊大略，久之，乃罷。

帝既擢任范仲淹、韓琦、富弼等，每進見，必以太平責之，數令條奏當世務。仲淹語人曰：「上用我至矣。然事有後先，且革弊於久安，非朝夕可能也。」帝再賜手詔督促，既又開天章閣召對，賜坐，給筆札，使疏于前。仲淹、弼皆惶恐避席，退而列奏，言十事：一曰明黜陟，二曰抑僥倖，三曰精貢舉，四曰擇官長，五曰均公田，六曰厚農桑，七曰修武備，八曰減徭役，九曰覃恩信，十曰重命令。帝方信嚮仲淹等，悉用其說，當著爲令者，皆以諸事畫一次第頒下；獨請設府兵，輔臣共以爲不可而止。

2 司徒呂夷簡固請老，戊辰，授太尉，致仕，朝朔望及大朝會並綴中書門下班。諫官歐陽修言：「夷簡爲宰相，紀綱大壞。今筋力已衰，合杜門自守，不交人事。縱有未忘報國之意，凡事卽合公言，豈可暗入文書，眩惑天聽！乞賜止絕。」於是始命宰臣章得象監修國史。初，夷簡罷相爲司徒，猶帶監修；及致仕，乃以還得象。

3 賜知諫院王素三品服，余靖、歐陽修、蔡襄五品服，面諭曰：「卿等皆朕所自擇，數論事無所避，故有是賜。」

4 乙亥，樞密副使任中師罷。

5 丙子，以端明殿學士李淑爲翰林學士。諫官歐陽修奏事延和殿，面論淑姦邪，退又上言：「淑朋附呂夷簡，在三尸五鬼之數，望早與一外任差遣。」尋令淑知壽州。既仍不行，修又言：「竊聞中書須得淑自上章求出，方敢差除。此乃大臣避怨，不肯爲陛下除去，望特出聖旨處分，以彰聖明之德。」

6 丁丑，詔：「執政大臣非假休，不許私第接見賓客。」從知諫院蔡襄言也。議者以爲唐元和用兵時，裴度爲相，請私第延見四方賢俊以廣謀慮，今一切禁絕賓客，非諫官所宜言也。

7 是日，羣盜晨入金州，劫府庫兵仗，散錢帛與其黨及貧民，知州王茂先將直兵二十四人禦之，不敵，遂走。羣盜恣行掠奪，日暮乃出城去。茂先具以聞。

樞密副使富弼言：「伏見西鄙用兵以來，物力窮困，朝廷不能存撫，遂使爲盜。今張海、郭邈山等驚擾州縣，殺傷吏民，巡檢、縣尉不敢向前，遂從京師遣兵，仍令中使監督，尙猶遷延日月，倔強山林，以至白晝公行，平入州縣，開府庫，劫貨財，散募凶徒，嘯聚漸衆。陝府、西京、唐、汝、均、房、金、商、襄、鄧千餘里，所在瘡痍，諸郡無兵，各不自保。臣思京西諸州賊盜見今往來之處，長吏皆非其人，乞先選轉運兩人，令往彼體量諸州長吏不才及贓濫老病者，急罷之，令於轄下通判或知縣中保舉人權充知州，如不足，則朝廷下審官院選人塡補。知州得人，則就令選部內知縣、縣令。昔前漢勃海盜起，丞相舉龔遂，遂至郡，盜賊悉平；後漢朝歌盜賊屯聚，乃以虞詡爲朝歌長，賊遂駭散；此守宰得人，賊自破滅之驗也。」

8壬午，遼主謁懷陵。

9丙戌，命王洙、余靖、孫甫、歐陽修同編修祖宗故實。

先是富弼請選官置局，將三朝典故及諸司所行可用文字，類聚編成一書，置在兩府，俾爲模範。帝納其言，故命靖等編修，弼總領之。明年，九月，書成，分別事類，凡九十六門，二十卷。

10丁亥，徙知慶州滕宗諒權知鳳翔府。

時鄭戩發宗諒前在涇州枉費公用錢，而監察御史梁堅亦劾奏之，詔太常博士燕度往邠州鞫其事，宗諒坐是徙。

范仲淹言：「梁堅奏宗諒於涇州賤買人戶牛驢，犒設軍士。臣竊見去年葛懷敏敗後，向西州軍官員驚憂，計無所出。涇州無兵，賊已到渭州，宗諒起遣人戶強壯數千人入城防守，時直苦寒，軍情愁慘，得宗諒管設環慶路節次策應軍馬，酒食薪柴並足，衆心大喜。雖未有大功，顯是急難可用之人，所以舉知慶州。倉卒收買牛驢犒軍，縱有虧價，情亦可恕。今一旦逐之如一小吏，後來主帥，豈敢便宜行事！欲乞朝廷指揮，宗諒止在任句當，委范宗傑在邠州一面勘鞫。如宗諒顯有欺隱入己及乖違大過，臣甘與宗諒同行貶黜。」

11 壬辰，翰林學士李淑罷知鄭州，以權知開封府吳育言，淑前在府多褻近吏人故也。

12 是月，桂陽洞蠻寇邊，湖南提刑募兵討平之。

13 冬，十月，乙未朔，徙知江寧府劉沆知潭州，經制蠻事。

14 知光化軍韓綱，性苛急，不能拊循，士卒皆怨憤，員僚邵興率衆盜庫兵，欲殺綱。戊戌，綱踰城逃，興等遂焚掠居民，劫其指揮使李美及軍士三百餘人趨蜀道，美自縊死。綱，億長子也。

15 己亥，遼北院樞密使蕭孝穆卒。孝穆廉謹有禮法，爲政寬簡，時稱爲國寶臣。追贈大丞相、晉國王，諡曰貞。其弟西北路招討使孝友以葬兄還京師，拜南院樞密使。

16 庚子，遼詔諸路上重囚，遣官詳讞。

17 壬寅，以玉清昭應宮田二十二頃賜國子監。

18 丙午，以鹽鐵副使張昷之爲河北都轉運按察使，知諫院王素爲淮南都轉運按察使，鹽鐵判官沈邈爲京東轉運按察使，用富弼、范仲淹等言也。

先是仲淹、弼等言：「今內外官雖多，然與陛下共理天下者，惟守宰最要耳。比來不加選擇，非才、貪濁、老懦者，一切以例除之，其間良吏百無一二，使天下賦稅不均，獄訟不平，水旱不得救，盜賊不得除，民無所告訴，而不思叛者，未之有也。救之之術，莫若守宰得人；欲守宰得人，請詔二府通選轉運使。轉運既得人，即委逐路自擇知州；知州已得人，即委逐州自擇知縣。其不任事者，奏罷之。仍令久其官守，勿復數易，其異政者，宜就與升擢。則官修政舉，朝廷唯總其大綱而振舉之可也。」帝納其言，於是昷之等首被茲選。素入辭，帝謂曰：「卿今便去諫院，事有未言者，可盡言之。」

19 丁未，以右正言余靖爲遼太后正旦使。

20 初，洺州肥鄉縣，田賦不平，久莫能治，轉運使楊偕患之。大理寺丞郭諮曰：「是無難者，得一往，可立決也。」偕即以諮攝令，并遣祕書丞孫琳與其事。諮等用千步方田法括地，得其數，除無地之租者四百家，正無租之地者百家，收通賦八十萬，流民乃復。而王素爲諫官，建議均天下田賦。歐陽修卽言：「諮與琳方田法，簡而易行，願召二人者。」三司亦以爲然，且請於亳、壽、汝、蔡四州，擇尤不均者均之。於是遣諮與琳先往蔡州，首括上蔡一縣，得田二萬六千九百三十餘頃，均其賦於民。既而諮言州縣多逃田，未可盡括，遂罷。諮，趙州人也。【考異】涑水記聞以爲執政不然其議，沮罷之。諮，宋史本傳以爲遭母喪去，今從食貨志。

21 戊申，詔二府同選諸路提刑。

22 遼參知政事韓紹芳、三司使劉六符，與參知政事杜防不協。防以六符嘗受宋賂，白其事。辛亥，紹芳出爲廣德軍節度使，六符爲長寧軍節度使。防愈見親任。

23 壬子，遼以夏人侵党項，遣延昌宮使高嘉努舊作高家奴，今改。讓之。

24 甲寅，復置諸路轉運判官，仍詔中書、樞密院同選用。【考異】李燾云：天聖七年，初置益、廣東、西運判，其後闕不除，故此云復置。

25 乙卯，詔修兵書，翰林學士承旨丁度提舉，集賢校理曾公亮等爲檢閱官。

26 己未，范仲淹言：「臣竊見京朝官、使臣、選人等進狀，或理會勞績，或訴雪過犯，或陳乞差遣，其事理分明可行、可罷者，則朝廷便有指揮。內有中書、樞密院未見根原文字及恐審官、三班院、流內銓別有例，難便與奪者，多批送逐司；其逐司爲見批送文字，別無與奪，便不施行，號爲送殺。以此官員、使臣三五度進狀，不能結絕，轉成住滯。乞特降聖旨，今後凡進狀者，仰逐司主判子細看詳，如內有合施行者，卽與勘會，具條例情理定奪進呈，送中書、樞密院再行相度，別取進止。如不可施行，亦仰逐司告諭本人始委，庶免官員、使臣、選人等重疊進狀，紊煩聖聽。」從之。

27 壬戌，詔二府新定磨勘式。自是法密于舊。

28 甲子，陝西路經略安撫招討使鄭戩言：「德順軍生戶大王家族元寧等以水洛城來獻。【考異】慶曆所築之水洛城，今在甘肅靜寧州西南，宋時屬秦鳳路。元豐所築之永樂城，今在陝西米脂縣南，宋屬鄜延路。兩城相距甚遙，地名亦異。涑水記聞幷爲一地，皆作永洛，誤甚。蓋校書者不諳地理，妄有改易，溫公不當有此失也。王介甫撰孫抗墓碑，亦誤以水洛作永洛。其地西占隴坻，通秦州往來道路，隴之二水，環城西流，繞帶河、渭，田肥沃，廣數百里，雜氐十餘落，無所役屬。尋遣靜邊寨主劉滬招集其酋長，皆願納質子，求補漢官。今若就其地築城，可得蕃兵三五萬人及弓箭手，共捍西賊，實爲封疆之利。」從之。

29 諫官歐陽修言：「近來傳聞燕度勘鞫滕宗諒事，枝蔓句追，囚繫滿獄，人人嗟怨，自狄青、种世衡等，並皆解體。乞告諭邊臣以不枝蔓句追之意，兼令今後用錢，但不入己外，任從便宜，不須畏避，庶使安心用命立功。」修又言：「臣風聞邊臣張亢，近爲使過公用錢，見在陝西置院根勘，干連甚衆。亦聞狄青曾隨亢入界，見已句追照對。臣伏見兵興以來，所得邊將，惟狄青、种世衡二人，其忠勇材武，不可與張亢、滕宗諒一例待之。且青本武人，不知法律，縱有使過公用錢，必非故意偷謾，不過失於點檢，乞特與免勘。」知渭州尹洙亦言：「青於公用錢物，無豪分私用，不可以細微詿誤，令其畏懼。望特旨諭青，庶安心專慮邊事。」

30 遼以北府宰相蕭惠爲北院樞密使。

31 十一月，丙寅，上清宮火。尋有詔以宮地爲禁軍營。

32 景祐初，置殿中侍御史裏行、監察御史裏行，凡四人。既而久闕不除，於是詔以兩人爲額。癸酉，以太常博士趙人李京、殿中丞合肥包拯並爲監察御史裏行，中丞王拱辰所薦也。京嘗知魏縣，奉法嚴正，吏不便之，欲以奇中京，遂相率遁去，監司果議以苛刻斥。知府任布曰：「如此，適墮吏計中矣。」京賴以免。

拯嘗知天長縣，有訴盜割牛舌者，拯使歸屠其牛，鬻之。既而又有告殺牛者，拯曰：「何爲割某家牛舌而又告之？」盜者驚服。【考異】按宋史穆衍傳云：調華池令，民牛爲仇家斷舌，而不知何人，訟於縣，衍命殺之。明日，仇以私殺告，衍曰：「斷牛舌者乃汝邪？」訊之，具服。與包拯事正同，蓋一事而傳聞異詞耳，今從拯傳。徙知端州，州歲貢硯，前守緣貢率取十倍以遺權貴人。拯命製者才足貢數，歲滿，不持一硯歸。【考異】拯傳不載知端州年月。錢竹汀遊肇慶七星巖，得拯題名，乃慶曆二年三月所刻，其時拯方知端州。蓋自端州召還，遂有御史之命也。其知天長縣又在慶曆之前，玆因拯除官而幷敍之。

33 初，光化軍賊邵興帥其黨趨蜀道，遇提舉捉賊上官珙，殺之，又敗興元府兵於饒風嶺，本府軍校趙明以衆降，乃自州北循山而東。捉賊使臣陳曙等領兵追擊興於壻水，及其黨皆就禽。壬午，詔並凌遲處死。曙，若拙子也。【考異】李燾曰：韓琦家傳云：琦遣秦州將官王子方邀殺之，今不取。

34 諫官歐陽修言：「臣竊見近日盜賊縱橫，蓋由威令不行。昨王倫既敗之後，不誅家族。凡小人作事，亦須先計，成則獲大利，不成則無大禍。有利無害，誰不欲反！只如淮南一帶官吏，與王倫宴，率民金帛獻送，開門納賊，道左參迎。苟有國法，豈敢如此！而往來取勘，已及半年，未能斷遣。古者稱罰不踰時，所以威激士衆。今遲緩如此，誰有懼心！遂致張海等，官吏依前迎奉，順陽縣令李正己，延賊飲宴，宿於縣廳，恣其劫掠，鼓樂送出城外。其敢如此者，蓋爲不奉賊則死，不奉朝廷不死，所以畏賊過於畏國法，伏望陛下勿行小惠以誤大事。其宣毅兵士，必有家族，乞盡戮於光化市中，使遠近聞之悚畏，以止續起之賊。其正己聞已有臺憲上言，亦乞斬於鄧州，使京西一路官吏聞之，知國法尙存，不敢奉賊。」又言：「臣聞江、淮官吏等，各爲王倫事奏案已到多時，尙未聞斷遣，仍聞議者猶欲寬貸。此由權要之臣多方營救，不恩國體，但植私恩。惟陛下以天下安危爲計，出於聖斷，以厲羣下。其晁仲約等，乞重行朝典。」

初，羣盜剽劫淮南，將過高郵，知軍晁仲約度不能禦，諭富民出金帛，具牛酒，使人迎勞，且厚遺之，盜悅，徑去，不爲暴。事聞，樞密副使富弼議誅仲約，參知政事范仲淹欲宥之，爭於帝前。弼曰：「盜賊公行，守臣不能戰守，而使民醵錢遺之，法所當誅，不誅則郡縣無復肯守者矣。」仲淹曰：「郡縣兵械足以戰守，遇賊不禦，法所當誅。今高郵無兵與械，雖仲約之義當勉力戰守，然事有可恕，戮之恐非法意。」帝釋然，從之。【考異】龍川別志載晁仲約事，以爲盜張海。考慶曆間，盜王倫起京東，掠淮南，張海起陝西，掠京西，不聞海嘗過淮南。今闕其名，以示存疑之意。長編載仲淹告弼云：「吾與公在此，同僚之間，同心者有幾，而輕導人主以誅戮臣下，他日手滑，雖吾輩亦未敢自保也。」考宋史，仲淹、弼傳皆不載此語，蓋出小說家傅會，今不取。

35 癸未，詔：「館職有闕，以兩府、兩省保舉，然後召試補用。自今見任、前任兩府及大兩省已上官，不得陳乞子弟親戚館職幷讀書之類。」

36 丁亥，詔更蔭補法：長子不限年，餘子孫年過十五、弟姪年過二十乃得蔭。自是任子之恩稍殺矣。

37 遼以上京歲儉，復其民租稅。

38 庚寅，詔陝西安〔宣〕撫使韓琦、副使田況赴闕。諫官歐陽修言：「議和未決，乞仍令琦等在彼經略，以俟和議之決。」

39 辛卯，同修起居注歐陽修，請自今後，上殿臣僚退，令少留殿門，俟修注官出，面錄聖語。從之。

40 壬辰，詔限職田。

41 詔詳定國朝勳臣名次，本家見無人食祿者，錄其下子孫一人。

42 司天監言五星皆在東方，主中國大安。

43 十二月，乙巳，桂陽監猺賊復寇邊。

44 戊申，以祕書丞張子奭爲祠部員外郎，右侍禁王正倫爲左侍禁、閤門祗候，並以累使夏州之勞也。

45 遼改政事省爲中書省。

46 己酉，詔轉運使郭輔之等攻討蠻、猺，并就便招撫之。

47 戊午，以南京府學爲國子監。

48 庚申，許廣州立學。

49 是月，澧州獻瑞木，有文曰「太平之道」。諫官歐陽修言：「知州馮載，本是武人，不識事體，便爲祥瑞以媚朝廷。方今元昊叛逆，契丹驕傲，加以西則瀘戎，南則湖、嶺，無一處無事。內則百姓困弊，盜賊縱橫，以臣視之，實未見太平之象。臣頃見太平州曾進芝草，今又進瑞木，竊慮四方相效，爭造妖妄。其所進瑞木，伏乞勿示臣僚，仍速詔天下，凡有奇獸、異禽、草木之類，並不得進獻。」從之。

50是歲，河北降赤雪。河東地震，五六年〔日〕不止。諫官孫甫請省後宮浮費以消災譴，帝嘉納之。

51韓琦至陝西，屬歲大饑，羣盜嘯聚商、虢之郊，張海、郭邈山等爲之渠率。琦遣屬官乘傳齎宣撫司榜，收集散軍，諭以免罪歸所屬；仍召謝雲行等將沿邊土兵入山捕張海等，相繼殲衄，禽捕餘黨殆盡。是冬，大旱，河中、同、華等州飢民，相率東徙。琦即選官分詣州縣，發省倉以賑之，奏差提點刑獄許宗壽專切往來提舉蒲、華、同三州，所活凡二百五十四萬餘人，他州稱是。時民力久困，琦乃蠲賦役，察官吏能否，升黜之。又以兵數雖多，而雜以疲老，耗用度，選禁軍不堪征戰者，停放一萬二千餘人。

四年（遼重熙十三年。（甲申、一〇四四）

1春，正月，戊辰，遼主如混同江。

2辛未，降天章閣待制、權知鳳翔府滕宗諒知虢州，職如故；并代副部署張亢爲本路鈐轄。宗諒及亢皆置獄邠州，獄未具而有是命，從參知政事范仲淹言也。

先是仲淹力辯宗諒、亢等非有大過，乞免下獄。及是又言：「燕度勘到滕宗諒所用錢數分明，並無侵欺入己。張亢借公用錢買物，事未發前，已還納訖。又因移任借卻公用銀，卻留錢物準還，皆無欺隱之情。」宗諒及亢由是得免重劾。

3 壬申，西蕃摩戩舊作磨氈角，今改。入貢。

4 乙亥，荆王元儼薨。

元儼性謹約寡欲，喜儒學，好文詞。嘗問翊善王渙曰：「元昊平未？」對曰：「未也。」曰：「如此，安用宰相！」及病，帝親至臥內，手調藥。屏人語久之，所獻多忠言。及薨，贈天策上將軍、徐·兗二州牧、燕王，謚恭肅。

5 丙戌，詔：「自今臣僚毋得以奏薦恩澤及所授命，爲親屬乞賜科名及轉官、升陟入通判以上差遣，其親屬嘗降官、降差遣，亦毋得乞以恩澤牽復；若因累而爲別更名奏蔭者，重坐之。」

6 辛卯，太常禮院上新修太常新禮、慶曆祀儀；賜提舉、編修官器幣有差。

7 二月，丙申，遣內侍齎奉宸庫銀三萬兩下陝西，博糴穀麥以濟饑民。

8 壬寅，知光化軍韓綱，除名英州編管，兵馬監押許士從，追三官舒州編管，坐棄城也。

9 廣西宜州蠻區希範作亂。希範，思恩人，狡黠，頗知書，嘗舉進士試禮部。景祐末，與其叔正辭應募從官軍討安化州叛蠻。既而希範擊登聞鼓求錄用，事下宜州，知州馮伸己言其妄，編管全州。正辭亦嘗自言其功，不報。二人皆觖望。希範後輒遁歸，與正辭率其族人及白崖山酋蒙趕、荔波洞蠻謀爲亂，擇日殺牛，建壇場，祭天神，推蒙趕爲帝，正辭爲奉天開運建國桂王，希範神武定國令公、桂州牧，以區丕績爲宰相，餘皆僞立名號，補署四十餘人。前月丙子，率衆五百破環州，劫州印，焚其積聚，以環州爲武成軍。癸卯，事聞，詔轉運鈐轄司亟發兵捕擊之。

10 乙巳，以上清宮田園、邸店賜國子監。

11 戊申，遣入內供奉官王昭明往宜州，召募勇敢人入洞捕擊蠻賊。

12 徙知虢州滕宗諒知岳州。時中丞王拱辰言其盜用公使錢，止削一官，所坐太輕，故再謫。

13 庚戌，遼主如魚兒濼。

14 甲寅，罷陝西四路都部署、經略安撫招討使，復置逐路都部署、經略安撫招討使，從韓琦議也。【考異】都部署，宋史作都總管。蓋史臣避英宗諱追改，非本稱也。自後諸路安撫使常帶本路兵馬都部署，故有帥臣之稱。

以鄭戩爲永興軍都部署，兼知永興軍。初，命戩知永興軍，仍兼四路都部署，諫官歐陽修言：「戩雖名都部署，而諸路自各有將，又其大事不令專制，必稟朝廷。假如邊將有大事，先稟於戩，又稟朝廷，朝廷議定下戩，戩始下於沿邊，只此一端，自足敗事。且大事戩既不專，小事又不由戩，則部署一職，虛名可廢。若小事一一問戩，處分合宜，尚有遲緩之失，萬一耳目不及，處置失宜，則爲害不細。欲乞落其虛名，只令坐鎮長安，撫民臨政，以爲關中之重，而使四路各責其將，則名體皆順，處置合宜。」從之。【考異】李燾云：鄭戩罷四路部署，實錄、正史皆云韓琦所議。據歐陽修諫疏，則初移戩知永興，尚兼四路，後乃改命，必緣修此疏，但實錄正史都不詳耳。

15 丙辰，遼以參知政事杜防爲南府宰相。防生子，遼主幸其第，賜其子名旺滿努。舊作王門奴，今改。

16 丁巳，詔天章閣侍讀曾公亮刪定審官、三班院、流內銓條貫，從范仲淹請也。

17 三月，乙丑，以殿中侍御史會稽王綵爲荆湖南路體量安撫提舉捉賊。

18 丁卯，以天章閣侍講楊安國爲直龍圖閣，崇政殿說書趙師民爲天章閣侍講，並賜三品服。帝以二人久侍經筵，行義淳質，因褒擢之。

19 己巳，以職方員外郎、同判登聞鼓院張堯佐提點開封府諸縣鎮公事。諫官余靖言：「堯佐，修媛之世父，進用不宜太遽。頃者郭后之禍，起于楊、尚，不可不監。」帝曰：「朕豈以女謁進人，亦因臣僚論薦而後用。如物議不允，當更授以一郡。」帝雖有此言，堯佐竟不出。

20 甲戌，命鹽鐵副使魚周詢、宮苑使周惟德往陝西，同都轉運使程戡相度鑄錢及修水洛城利害以聞。

先是韓琦以修水洛城爲不便，奏罷之，鄭戩固請終役。琦還自陝西，戩罷四路都部署，改知永興，又極言城水洛之便，役不可罷，命劉滬、董士廉督役如故。【考異】士廉，涑水記聞作士濂。今從長編。知渭州尹洙及涇原副都部署狄青相繼論列，以爲修城有害無利，議者紛紛不決，故遣周詢等行視。戩初命涇原都監許遷將兵爲修城之援，及戩罷統四路，洙亟召遷還，又檄滬、士廉罷役，且召滬、士廉。蕃部皆遮止滬、士廉等，請自備財力修城。滬、士廉亦以屬戶既集，官物無所付，又恐違蕃部意，別生他變，日增版趣役。洙再召之，不從，洙亟命瓦亭寨都監張忠往代，滬又不受。洙怒，命青領兵巡邊，追滬、士廉，欲以違節度斬之。青械二人送德順軍獄，時周詢等猶未至也。蕃部遂驚擾，爭收積聚，殺吏民爲亂，又詣周詢等訴。周詢等具奏，詔釋滬、士廉，令卒城之。

21 參知政事范仲淹言：「劉滬、董士廉元稟四路都部署節制往修水洛城，即非二人擅興。況劉滬是沿邊有名將佐，累有戰功，國家且須愛惜，不可輕棄。董士廉是朝廷京官，亦與將佐一例枷勘，更未合事理。伏望聖慈特遣中使乘驛往彼，委魚周詢、周惟德取勘劉滬等所犯因依情罪聞奏，仍送邠州拘管，聽候朝旨。」

22 范仲淹等意欲復古勸學，數言興學校，本行實，詔近臣議。于是宋祁、王拱辰、張方平、歐陽修等八人合奏曰：「教不本于學校，士不察於鄉里，則不能覈名實。有司束以聲病，學者專於記誦，則不足盡人材。謹參攷衆說，擇其便於今者，莫若使士皆土著而教之于學校，然後州縣察其履行，學者自皆修飭矣。」乙亥，下詔令州縣皆立學，本道使者選屬部官爲教授，三年而代；選于吏員不足，取于鄉里宿學有道業者，三年無私譴，以名聞。士須在學習業三百日，乃聽預秋賦；舊嘗充賦者，百日而止。親老無兼侍，取保任，聽學於家。三場，先策，次論，次詩賦，通考爲去取，而罷貼經墨義。又以舊制用詞賦，聲病偶切，立爲考式，一字違忤，已在黜落，使博識之士，臨文拘忌，俛就規檢，美文善意，鬱而不申。如白居易性習相近遠賦，獨孤綬放馴象賦，皆當時試於禮部，對偶之外，自有意義可觀。宜許倣唐體，使馳騁於其間。士子通經術，願對大義者，試十道，以曉析意義爲通，五通爲中格；三史科取其明史意而文理可采者；明法科試斷案，假立甲乙罪，合律令法意，文理優者爲上等。

23 庚辰，錄唐郭子儀後。

24 壬午，以國子監直講石介直集賢院，兼國子監直講。時韓琦乞召試介，詔特除之。

25 甲申，免衡、道州、桂陽監民經猺賊劫掠者賦役一年。

26 丙戌，丁度等上答邇英聖問一卷。帝指其中事體大者六事，付中書、樞密院，令奉行之。

27 丁亥，遼以宣政殿學士楊佶參知政事。

28 高麗貢於遼。

29 詔權停貢舉。

30 先是遼人犯法，例須漢人禁勘，受枉者多。太弟重元請五京各置警巡使，從之。

31 夏，四月，乙未，監察御史裏行李京言：「近聞契丹築二城于西北，南接代郡，西交元昊，廣袤數百里，盡徙沿邊生戶及豐州、麟州被虜人口居之，使絕歸漢之路；違先朝誓書，爲賊聲援，其畜計不淺。況國家前年方修河北沿邊故滿城、陰城，再盟之後，尋即罷役。請下河東安撫司詰其因依，或因賀乾元節使人還，責以信誓，使罷二城，以破未然之患。」從之。

32 丙申，詔：「湖南民誤爲征猺軍所殺者，賜帛存撫其家。」

33 丁酉，以宜州蠻區希範叛，命京西轉運按察使杜杞爲廣南西路轉運按察使兼安撫使。

34 戊戌，帝謂輔臣曰：「自昔小人多爲朋黨，亦有君子之黨乎？」范仲淹對曰：「臣在邊時，見好戰者自爲黨，而怯戰者亦自爲黨，其在朝廷，邪正之黨亦然，惟聖心所察耳。苟朋而爲善，于國家何害也！」

初，呂夷簡罷相，夏竦授樞密使，復奪之，代以杜衍，同時進用富弼、韓琦、范仲淹在二府，歐陽修等爲諫官，石介作慶曆聖德詩，言進賢退姦之不易。姦，蓋斥夏竦也，竦銜之。而仲淹等皆修素所厚善，修言事一意徑行，略不以形迹嫌疑顧避。竦因與其黨造爲黨論，目衍、仲淹及修爲黨人。修乃作朋黨論上之，略曰：「臣謂小人無朋，惟君子則有之。小人所好者利祿，所貪者財貨。當其同利之時，暫相黨引，及其見利而爭先，或利盡而交疏，則反相賊害。君子則不然。所守者道義，所行者忠信，所惜者名節；以之修身，則同道而相益，以之事國，則同心而共濟，終始如一，此君子之朋也。爲人君者，但當退小人之僞朋，用君子之眞朋，則天下治矣。」于是爲黨論者惡修，摘語其情狀，至使內侍藍元震上疏言：「范仲淹、歐陽修、尹洙、余靖，前日蔡襄謂之四賢。斥去未幾，復還京師。四人得時，遂引蔡襄以爲同列。以國家爵祿爲私惠，膠固朋黨，遞相提挈，不過三二年，布滿要路，則誤朝迷國，誰敢有言！」帝不信。

35 己亥，帝以上封者言河東芻糧不繼，數請廢麟州，命右正言歐陽修往河東與轉運使議之。初，河東轉運使張奎于晉州鑄鐵錢，而民多盜鑄，又，晉州礬歲課益虧，幷下修計度之。

36 庚子，以度支判官李絢爲京西轉運按察使。時范雍知河南，王舉正知許州，任中師知陳州，任布知河陽，並二府舊臣，絢皆以不才奏之。居半歲，召入，修起居注。絢，邛州人。

37 己酉，監修國史章得象上新修國朝會要。

38 壬子，判國子監王拱辰等言：「首善當自京師。今國子監制度狹小，不足以容學者，請以錫慶院爲太學，葺講殿，備臨幸，以潞王宮爲錫慶院。」從之。

39始，狄青械劉滬、董士廉送德順軍獄，尋有詔釋二人，令往水洛城訖役，須勘到罪狀，別聽旨。丙辰，諫官歐陽修言：「自西事以來，擢用邊將，能立功效者殊少，惟范仲淹築大順城，种世衡築青澗城，劉滬築水洛城；滬尤爲艱勤，功不在二人下。今若曲加輕沮，則武臣無復爲朝廷作事。且滬若不在水洛，恐他人不能綏撫，苟別致生事，則蕃部更難招緝（輯），望聖意斷而行之。」余靖亦言：「乞早降指揮諭魚周詢，如所築新城實利，卽應留滬等專守此城，招撫蕃部，仍以此意誡敕狄青、尹洙，今後行事不可如此倉卒。朝廷若以滬與青等既有私隙，不欲令在一路，則寧移青等，不可移滬，以失新附之心。」

40命集賢校理歷城張掞往江、淮、兩浙路轉運司體問利害事。

41是月，遼南院大王果實，舊作高十，今改。奏党項等部叛降夏國。未幾，西南面招討都監羅漢努（舊作羅漢奴。）等，奏山西部族節度使吉里舊作屈烈，今改。以五部叛入西夏，乞南北府兵援送實威塞州戶。詔：「富者遣行，餘留屯田天德軍。」

42五月，壬戌朔，樞密副使韓琦、參知政事范仲淹並對于崇政殿，陳攻守之策，數刻乃罷。

43遼都監羅漢努，奏所發部兵與党項戰不利，元昊遣兵助叛黨，招討使蕭普達、四捷軍詳袞舊作詳隱，今改。張佛努舊作佛奴，今改。歿於陣。

44先是鄭戩奏修水洛城，乞令韓琦不預商量，琦言：「臣任西邊，在涇原、秦鳳兩路，于水洛城事，比他人知之甚詳。」遂陳所見利害凡十三條，詔劄與魚周詢、鄭戩等。而周詢及戩已先具奏修城之利，且言：「水洛城惟女牆未完，棄之誠可惜，宜遂令訖役。」乃詔戩等卒城之。丁卯，遣內殿崇班陳惟信往涇原路催修水洛城。

45 戊辰，遼徵諸道兵會西南邊以討元昊。

46 己巳，徙知慶州孫沔知渭州，知渭州尹洙知慶州，用歐陽修議也。

47 庚午，錄繫囚。

48 壬申，幸國子監，謁至聖文宣王。有司言舊儀止肅揖，帝特再拜。賜直講、大理評事孫復五品服。遂幸昭烈武成王廟；又幸玉津園，觀種稻，宴從臣。尋召復爲邇英閣祗候說書，楊安國言其講說多異先儒，乃罷之。

49 癸酉，撫州上金谿縣所得生金山，重三百二十四兩，帝令藏于龍圖閣瑞物庫。【考異】宋史獻金山在乙亥日。今從長編。

50 乙亥，衞尉寺丞丘濬，降饒州軍事推官、監邵武軍酒稅。濬坐作詩訕謗，執政欲重誅之，帝曰：「狂夫之言，聖人擇焉。古有郇模哭市，其斯人之徒歟！」乃薄其罪。

51 丁丑，歐陽修言：「臣親至河外，相度移、廢麟州，其城壁堅完，地形高峻，乃是天設之險。移、廢二說，未見其可。乞減寨卒以紓民力，委土豪以資捍禦。」

52 戊寅，詔募人納粟振淮南饑。

53 丙戌，元昊始稱臣，自號夏國主，復遣尹與則、楊守素來議事。

54 己丑，省河南府潁陽、壽安、偃師、緱氏、河清五縣並爲鎭，又析王屋縣隸河南府，始用范仲淹議也。

55 鄜延經略司言西賊寇青澗城，宣武副都頭劉岳等與戰，敗之。詔功第一遷兩資，次遷一資。

56 六月，辛卯朔，輔臣列奏，答手詔所問五條。韓琦、范仲淹又奏陝西、河北畫一利害事，陝西八事，河北五事。已而仲淹又奏：「西賊議和，變詐難信，願早罷臣參知政事，知邊上一郡，帶安撫之名，足以照管邊事，乞更不帶招討、部署職任。」

57 元昊遣使乞援於準布，（舊作阻卜。）準布執其使以聞於遼，且乞以兵助戰，許之。甲午，遼主駐永安山，以將伐元昊來告。

58 丙申，遼命翰林都林牙蕭罕嘉努、（舊作韓家奴。）耶律庶成編集上世以來事迹。

59 癸卯，改知渭州孫沔復知慶州，知慶州尹洙知晉州。始，朝廷欲卒城水洛，故令洙與沔易任，沔以病辭，乃別徙洙。

於是渭州闕守，詔委狄青。諫官余靖言：「涇原山川廣寬，道路平易，邊臣制禦不住，可以直圖關中，如此形勢，安得輕授於人！假如賊人圖守鎮戎，狄青既是部署，豈得不出救援！青出之後，何人守城？賊若以一二萬人與青相拒，卻從間道領衆直趨渭州，又使何人守備？以臣觀之，渭州必須別得能臣與狄青分職句當，方免朝廷深憂。」又言：「青武人粗暴，不可兼知渭州。」章三上。詔徙青權并代部署。

60 丙午，高麗貢於遼。

61 丁未，遼錄囚。

62 開寶寺靈寶塔災。諫官余靖言：「塔爲天火所燒，五行之占，本是災變，乞更不營造。」時盛暑面奏，靖素不修飾，帝入內云：「被一汗臭漢薰殺，噴唾在吾面上。」其優容諫臣如此。

63 庚戌，以天章閣待制王素知渭州。

64 壬子，以參知政事范仲淹爲陝西、河東路宣撫使。

始，仲淹放逐數年，陝西用兵，帝以仲淹士望所屬，拔用護邊。及召還執政，中外想望其功業，仲淹亦感激眷遇，以天下爲己任，遂與富弼日夜謀慮，興致太平。然規模闊大，論者以爲難行。及按察使出，多所舉劾，人心不自安。任子之恩薄，磨勘之法密，僥倖者不便。於是謗毀浸盛，而朋黨之論滋不可解。然仲淹、弼守所議弗變。

先是石介奏記於弼，責以行伊、周之事，夏竦欲因是傾弼等，乃使女奴陰習介書，久之，習成，遂改伊、周曰伊、霍，而僞作介爲弼撰廢立詔草，飛語上聞。帝雖不信，而仲淹、弼始恐懼，不敢自安於朝，皆請出按西北邊，未許，適有邊奏，仲淹固請行，乃使宣撫陝西、河東。

65 樞密副使富弼言：「朝廷以契丹發兵會元昊討岱爾舊作呆兒，今改。族，路出河東境外，疑是變詐。他時雖欲背盟自逞，必寇河北，第以河東爲掎角之地而已。伏乞陛下更令范仲淹且相度河東，未宜調發。」時仲淹疑遼敗盟，欲大發兵爲備；杜衍謂遼必不來，兵不可妄出。仲淹爭議帝前，詆衍，語甚切。仲淹嘗以父行事衍，衍初不爲恨，既退，仲淹猶力爭。韓琦曰：「若爾，則琦當請行，不須朝廷一人一騎。」仲淹怒，再求對，首奏琦語。然兵卒不發，仲淹亦不以爲忤也。

先是仲淹受命主西事，弼主北事。弼條上河北守禦十二策，且言：「臣奉使契丹日，於河北往回十餘次，詢於沿邊土豪幷內地故老，博采參較，得之甚詳，以至稽求載籍，質證時務，用是裒聚撰述，以副陞〔陛〕下委任之意。伏望陛下令兩府會議，可者速行之，其不可者更相致詰而是正之。」

66 秋，七月，戊寅，封宗室德文東平郡王，允讓汝南郡王，允弼北海郡王，允良華原郡王，從藹穎國公，從煦安國公，宗說祁國公，宗保建安郡公，宗達恩平郡公，宗望清源郡公。【考異】宋史仁宗紀但云封宗室十人爲郡王、國公，未列其名。文獻通考引會要脫去允弼一人。又，建安、恩平、清源皆郡公，而誤作郡王，今從長編及玉海訂正。帝始用富弼議，次第封拜宗室，以德文屬尊且賢，方漢東平王蒼故事，封東平，仍詔德文等十人並列本班之上，少前。

67 甲申，夷人寇三江砦，清井監官兵擊走之。

68 丙戌，詔：「諸路轉運使、副、提點刑獄，察所部知州、軍、知縣、縣令有治狀者，以名聞，議旌擢之。或不如所舉，令御史臺劾奏，并坐上書不實之罪。」從范仲淹奏也。

續資治通鑑卷第四十七

賜進士及第兵部尚書兼都察院右都御史總督湖北湖南等處地方軍務兼理糧餉世襲二等輕車都尉畢沅編集

宋紀四十七 起閼逢涒灘(甲申)八月，盡旃蒙作噩(乙酉)九月，凡一年有奇。

仁宗體天法道極功全德神文聖武睿哲明孝皇帝

慶曆四年 遼重熙十三年。(甲申、一〇四四)

1 八月，辛卯，命參知政事賈昌朝領天下農田，范仲淹領刑法，事有利害，其悉條上。

初，仲淹建議：「周制，三公分兼六官之職，漢以三公分部六卿，唐以宰相分判六曹。今中書，古天官冢宰也；樞密院，古夏官司馬也。四官散於羣有司，無三公兼領之重，而二府惟進擢差除，循資級，議賞罰，檢用條例而已。上不專三公論道之任，下不專六卿佐王之職，非法治也。臣請倣前代，以三司、司農、審官、流內銓、三班院、國子監、太常、刑部、審刑、大理、羣牧、殿前馬步軍司，各委輔臣兼判其事，凡創置新規，更改前弊，官吏黜陟，刑法輕重，有利害者，並從輔臣予奪；其事體大者，二府僉議奏裁。臣願自領兵賦之職，如其無補，請先黜降。」章得象等皆以爲不可，久之乃降是命，然卒不果行。

2甲午，以樞密副使富弼爲河北宣撫使。先是輔臣奏事垂拱殿，帝曰：「契丹主受禮雲州，將襲我河東，兩府宜設備。」弼退而上言：「河北平坦，河東險阻，河北富實，河東空乏，河北無備，河東有備，契丹必不捨河北而襲河東。臣近奏河北守禦之策，乞守要郡，自行其事，不惟訓兵備敵以安元元，至於身羞國恥，庶幾可刷。」於是命弼宣撫河北。其實弼欲出避讒謗也。

3保州巡檢司雲翼卒擁都監韋貴據城叛，知州劉繼宗渡城濠溺水死。知廣信軍劉貽孫與走馬承受宋有言臨城諭之，叛兵有欲降者，計未決，而諸路各進兵來討，遂復固守拒命。

4戊戌，以右正言余靖爲回謝使，使於遼，其復書略曰：「若以元昊於北朝失事大之體，則自宜問罪。或謂元昊於本朝稽效順之故，則何煩出師！矧延州昨奏，元昊已遣楊守素將誓文入界，儻不依初約，則猶可沮還；如盡遵承，則亦難卻也。」

5（癸卯），以右正言、知制誥歐陽修爲河北都轉運按察使。帝諭修曰：「勿爲久居計，有事第言之。」修對以諫官乃得風聞，今在外，使事有指，越職，罪也。」帝曰：「事苟宣（宜）聞，不可以中外爲辭。」諫官蔡襄、孫甫奏留修，不許。（校者按：此條應移8後。）

6以余靖知制誥，仍知諫院；以知諫院蔡襄直史館，同修起居注。

7 詔入內供奉官劉保信往視保州兵亂。

庚子，命右正言田況度視保州，仍聽便宜行事。

8 壬寅，降敕榜招安保州叛軍，仍詔知雄州王德基諜報北界，恐緣邊人戶驚擾也。

9 甲寅，朝議以諸道兵集保州城下，未有統轄，因詔宣撫使富弼促行，往節制之。再降敕榜招安，仍令田況等且退兵，選人齎敕入城，若遂開門，即一切撫存；如尙拒命，則益兵進攻，其在營同居骨肉，無老幼皆戮之。

先是知定州王果率兵趨保州，攻城甚急，會有詔招安，賊不肯降，登陴呼曰：「得李步軍來，我降矣。」李步軍，謂昭亮也。詔遣昭亮。是日，昭亮至，與況同諭賊，賊終未信。右侍禁洛陽郭逵徑踰壕詣城下，謂賊曰：「我班行也，汝下索，我就汝語。」賊乃下索，即援之登城，謂賊曰：「朝廷知亂不由汝，由官吏遇汝不以理。今赦汝罪，又以祿秩賞汝，使兩制大臣奉詔書來諭汝，汝何疑！」賊皆相顧動色曰：「果如此乎？」乃更召其所知數人登城。賊信之，爭投兵下城，降者一千餘人，遂開門納官軍。其造逆者四百二十九人，況具得其姓名，令楊懷敏率兵入城，悉坑殺之。【考異】東都事略郭逵傳云：雲翼軍擁兵馬都監韋貴據城叛，兵馬監押侍其臻爲賊所留。李昭亮討之，不能下，因遣逵。逵故與臻同事仲淹，徑至城下，取紫佩囊示之。臻曰：「是非昔事范公物邪？」臻與貴即再拜曰：「願君入城相見。」逵登城徑入，開諭禍福。旣而臻、貴悔，欲害逵，衆蔽之，得免。臻、貴自剄。與此異,今從長編。又,李昭亮傳云:昭亮從數十人叩城扉,袒示城上,不以甲盾自蔽,爲曉譬禍福,賊遂降。長編引會要云遣郭逵入城諭賊,是諭賊者乃郭逵而非昭亮也。

降卒二千餘人,悉分隸諸州宣撫使。富弼恐後生變,與都轉運使歐陽修相遇於內黃,夜半,屏人謀,欲使諸州同日誅之,修曰:「禍莫大於殺已降,況脅從乎!既非朝命,諸州有一不從,爲變不細。」弼悟,乃止。【考異】宋史附傳或以富弼爲夏竦,今從蘇轍所作歐陽修傳。

10 乙卯,帝謂輔臣曰:「如聞諸路轉運按察、提點刑獄司發擿所部官吏細過,務爲苛刻,可降敕約束之。」先是監察御史劉湜言:「轉運使掎摭州縣,苛束官吏,人不得騁其材。」包拯言:「諸道轉運使自兼按察及置判官以來,體量部下官吏,頗傷煩碎;欲乞於郊禋赦書內特行約束,凡官吏先被體量者,情非故犯,咸許自新。」於是降敕約束諸路按察使,備載臺官所上之言。

歐陽修奏曰:「自差諸路按察,雖未有大效,而老病昏昧之人,望風而懼,近日致仕者漸多,州縣方欲澂清,而朝廷自沮其事。乞令兩府召臺官上言者至中書,問其何路按察之人因挾私怒,苟有迹狀,乞下所司辨明;若實無人,乃是妄說。其近降劄子,乞賜抽還,不使四方見朝廷自沮按察之權,而爲貪贓老繆之吏所快。」

11 先是夏遣使朝於遼,遼主怒其對不以情,羈之。丁巳,夏復遣使來,遼主詢以事宜,又不實對，遂主管之。

12戊午，詔：「自今除臺諫官，毋得用見任輔臣所薦之人。」

13徙知滄州劉渙知保州。渙至踰月，雲翼軍又謀反，渙以單騎至，械其首惡，誅之。一軍帖然。

14九月，辛酉，田況奏保州平。壬戌，詔：「保州官吏死亂兵而無親屬者，官爲殯斂；戰歿兵官並優卹；民田蹂踐者蠲其租。」

15河北都轉運按察使、天章閣待制張昷之，落職知虢州。緣邊都巡檢楊懷敏嘗領兵至保州，特免罰。

初，昷之聞保州亂，自魏馳至城下，召諸部將分攻城，使人謂懷敏曰：「不卽來，當以軍法從事。」既至，就坐，又以兵自衞，昷之斥去之，故懷敏深恨昷之，嘗密奏：「殺昷之則賊降矣。」富弼力爲昷之辨，帝意解，猶坐前事落職。

16戊辰，壽州言太尉致仕申國公呂夷簡卒。帝涕下曰：「安得憂公忘身如夷簡者！」贈太師、中書令，謚文靖。

夷簡當國柄最久，雖數爲言者所詆，帝眷倚不衰。然所斥士旋復用，其於天下事屈伸舒卷，動有操術。後配食廟庭。始，王旦奇夷簡，謂王曾曰：「君其善交友之。」卒與曾並居相位。後曾家請御篆墓碑，帝因慘然思夷簡，書「懷忠碑」三字以賜之。【考異】呂氏家塾記云：皇祐初，王沂公家始乞御篆碑額，仁宗同日自制二碑名，親書以賜二家，沂公曰旌賢碑，文靖公曰懷忠碑，各三字。王子融乞上爲沂公親書碑額。上曰：「呂夷簡何故無請？」左右曰：「非故事也。」遂親書「懷忠碑」賜之。春明退朝錄云懷忠碑沂公而賜，誤也。李燾引實錄云書「懷忠之碑」四字，東都事略云書「懷忠碑」三字，今從事略。

17 庚午，平章事兼樞密使晏殊，罷爲工部尚書，知潁州。

殊初入相，擢歐陽修等爲諫官，既而苦其數論事，或面折之。及修出爲河北都轉運使，諫官奏留修，不許。孫甫、蔡襄遂言：「莊懿誕生聖躬，爲天下主，而殊被詔誌莊懿墓，沒而不言。」又奏論殊役官兵治僦舍以規利。殊坐是黜。然殊以莊獻方臨朝，故誌不敢斥言。而所役兵乃輔臣例宣借者，又役使自其甥楊文仲，時謂非殊之罪云。【考異】龍川別志云：晏殊作相，八大王疾革，上親往問疾。王曰：「久不見官家，不知誰作相？」上曰：「晏殊也。」王曰：「此人名在圖讖，胡爲用之？」上歸，閱讖，得成敗之語，並記莊懿誌文事，欲重黜之。宋祁爲學士，當草麻詞，爭之，乃降二官，知潁州。詞曰：「廣營產以殖私，多役兵而規利。」以他事罪之，殊免深譴，祁力也。李燾云：元儼以此年正月薨，殊以九月罷，自春初至秋末，凡半歲有餘，乃罷殊相，此蓋妄云。

18 壬申，參知政事賈昌朝言：「用兵以來，天下民力頗困，請下諸路轉運司，毋得承例折變，科率物色；其須科折者，並奏聽裁。即有宣敕及三司移文而於民不便者，以聞。」從之。

19遼主親征元昊，會大軍於九十九泉，以太弟重元、北院樞密使韓國王蕭惠將先鋒兵，東京留守趙王蕭孝友率師以從。

20丙子，以荊湖南路體量安撫王絲爲廣南東路轉運按察使兼本路安撫。絲在湖南凡十月，蠻既衰息，乃徙廣東。

21丁丑，元昊復遣楊守素來議事。

22甲申，以樞密使、吏部侍郎杜衍同中書門下平章事兼樞密使。衍務裁僥倖，每內降恩，率寢格不行，積詔至十數，輒納帝前。諫官歐陽修入對，帝曰：「外人知杜衍封還內降邪？凡有求於朕，每以衍不可告之而止者，多於所封還也。」

23以參知政事賈昌朝充樞密使，資政殿學士、知青州陳執中爲參知政事。先是傅永吉以誅王倫故驟遷，得入見，帝面獎之，永吉謝曰：「臣非能有所成也，皆陳執中授臣節度，臣奉之，幸有成耳。」因極言執中之美。未幾，帝謂宰相曰：「執中在青州久，可召之。」遂召執中參知政事。於是諫官蔡襄、孫甫等爭言執中剛愎不學，不可任以政。帝命中使齎敕告卽青州賜之，且諭意曰：「朕用卿，舉朝皆以爲不可；朕不惑人言，力用卿耳。」明日，諫官上殿，帝作色迎謂之曰：「豈非論陳執中邪？朕已召之矣。」諫官乃不敢言。

24 丁亥，宴宗室太清樓，射於苑中。

25 初，元昊以誓表來上，其詞曰：「兩失和好，遂歷七年，立誓自今，願藏盟府。其前日所掠將校民戶，各不復還；自此有邊人逃亡，亦無得襲逐，悉以歸之。臣近以本國城寨進納朝廷，其栲栳、鐮刀、南安、承平故地及他邊境蕃、漢所居，乞畫中央爲界，於界內聽築城堡。朝廷歲賜絹十三萬匹，銀五萬兩，茶二萬斤，進奉乾元節回賜銀一萬兩，絹一萬匹，茶五千斤，賀正貢獻回賜銀五千兩，絹五千匹，茶五千斤，中冬賜時服銀五千兩，絹五千匹，及賜臣生日禮物銀器二千兩，細衣著一千匹，雜帛二千匹，乞如常數，無致改更。乞俯頒誓詔，世世遵承。儻君親之義不存，或臣子之心渝變，使宗祀不永，子孫罹殃。」冬，十月，庚寅，賜誓詔，諭國人，藏書祖廟。【考異】宋史云：賜曩霄誓詔，歲賜銀絹茶采凡二十五萬五千。以誓表所列銀絹各數幷之，正合。然銀以兩計，絹以匹計，茶以斤計，本非一類，宋史幷而數之，文雖省而事未覈也。

26 辛卯，太子太師致仕陳堯佐卒，謚文惠。

27 甲午，詔河北沿邊安撫司械送遼駙馬都尉劉三嘏至涿州。三嘏，六符之兄也，尚同昌公主，與公主不諧，逃至廣信軍。輔臣議厚館三嘏以覘其國陰事，諫官歐陽修亦請留之。帝以問杜衍，衍曰：「中國主忠信，若違盟誓，納叛亡，其曲在我。且三嘏舍近親而遁逃，謀身若此，惡足與謀國！」帝從衍言。遼人得三嘏，殺之。【考異】儒林公議云：三嘏攜孽妾偕一子投廣信軍，自言公主凶很，必欲殺其妾與子，故歸朝廷，上詩云：「春秋大義惟觀釁，王者雄師但有征。」朝廷以誓約既久，納之生釁，乃遣還。三嘏復由西山路逃至定州，定帥遣人拘送，比至幽州，其妻已先在矣。乃殺其妾與子，械送三嘏。以其昆弟方委任，貸三嘏死，監錮之。與遼史異。洪稚存曰：儒林公議，傳聞之誤耳。長編以爲三嘏惡其妻淫亂，故逃，此敵國詆毀之詞。遼史云三嘏與公主不諧奔宋，歸，殺之，當得其實。

28 知諫院蔡襄以（親）老乞鄉郡，己酉，授右正言、知福州。襄與孫甫俱論陳執中不可執政，既不從，於是兩人俱求出。而襄先得請，時甫使遼未還也。

29 范仲淹言：「麟、府二州，山川回環五六百里，皆蕃、漢人舊耕耘之地，自爲西賊所掠，今尙有三千餘人散處黄河東涯。自來所修堡寨，只是通得麟、府道路，其四面別無城寨防守，邊戶至今不敢復業，糧草踴貴，官中大費錢帛糴買，河東百姓又苦饋運。今二州之人皆願修起城寨，若只以河西兵馬糧草般移應用，自可辦事。況折氏強盛之時，府州只屯漢兵二千，今雖殘破，兵馬常及萬餘。如招輯蕃、漢人戶，從而安居，強人壯馬又可得數千，卻減屯漢兵，茲誠守禦之長計也。」因奏張亢得（前）所增廣堡寨，宜使就總其役。

詔既下，而明鎬持不可，屢牒止亢，亢曰：「受詔置堡寨，豈可得經略牒而止邪！」督役愈急。卒事，乃上章自劾，朝廷不問。蕃、漢歸者數千戶，歲減戍兵萬人，河外遂安。皇祐中，韓琦經略河東，按堡寨處，多北漢名將楊業所度者，益知亢有遠略云。

30 遼主之西征夏也，元昊上表謝罪，繼遣使奏，欲收叛黨以獻。辛亥，進方物，遼主命北院樞密副使蕭革迓之。壬子，遼軍於河曲，革言元昊親率党項三部來，遼主命革詰其納叛背盟，元昊伏罪。賜酒，許以自新，遣之。

遼主欲還，蕭惠曰：「元昊忘奕世恩，萌姦計，車駕親臨，不盡歸所掠。天誘其衷，使彼來迎，天與不圖，後悔何及！」遼主從之，督數路兵掩襲。夏人已有備，詰旦，夏人列拒馬於河西，蔽盾以立，惠擊敗之。夏師退，惠麾先鋒及右翼邀之，夏師千餘人突出。大風忽起，飛沙眯目，蕭孝友一軍先亂。夏人乘之，遼師大潰，蹂踐而死者不可勝計。駙馬蕭呼敦（舊作胡覩，今改。）爲所執，遼主單騎突出，幾不得脫，元昊命勿追。

31 桂陽蠻降，授蠻酋三人奉職。

32 直集賢院兼國子監直講石介通判濮州。富弼等出使，讒謗益多，人多指目介，介不自安，遂求出。

33 元昊遣使如遼，以先被執者來歸，遼主命所留夏使亦歸其國。

34 十一月，戊午朔，司天言日當食不食。

35 辛酉，遼主第將校功罪，欲誅蕭孝友，以太后救免。

36 壬戌，以西界內附香布爲團練使。

[87]甲子，監進奏院劉巽、集賢校理蘇舜欽，並除名勒停；直龍圖閣兼天章閣侍講、史館檢討王洙，落侍講、檢討，知濠州；集賢校理刁約通判海州，江休復監蔡州稅，王益柔監復州稅，並落校理；降太常博士周延雋爲祕書丞，集賢校理章岷通判江州，直集賢院、同修起居注呂溱知楚州，殿中丞周延讓監宿州稅，館閣校勘宋敏求簽署集慶軍節度判官事，將作監丞徐綬監汝州葉縣稅。益柔，曙之子；敏求，綬之子也。

先是杜衍、范仲淹、富弼等同在政府，多引用一時聞人，欲更張庶事，御史中丞王拱辰等不便其所爲。而舜欽乃仲淹所薦，其妻又衍女，舜欽年少能文章，議論稍侵權貴。會進奏院祠神，舜欽循例用鬻故紙公錢，召妓樂，會賓客，拱辰廉得之，諷其屬魚周詢、劉元瑜等劾奏，因欲搖動衍，事下開封府劾治。於是舜欽及巽俱坐自盜除名，洙等同時斥逐。拱辰等喜曰：「吾一舉網盡之矣！」

獄事起，樞密副使韓琦言于帝曰：「昨聞宦者操文書逮捕館職甚急，衆聽紛駭。舜欽一醉飽之過，止可付有司治之，何至是！」帝悔見於色。

益柔亦仲淹所薦，拱辰既劾奏，宋祁、張方平又助之，力言益柔作傲歌，罪當誅，蓋欲因益柔以累仲淹也。章得象無所可否，賈昌朝陰主拱辰等議。及輔臣進對，琦獨言：「益柔少年狂語，何足深治！天下大事固不少，近臣同國休戚，置此不言，而攻一王益柔，此其意有所在，不特爲傲歌也。」帝悟，稍寬之。

時兩府合班奏事，琦必盡言，事雖屬中書，琦亦對帝陳其實，同列尤不悅，帝獨識之，曰：「韓琦性直。」【考異】六一居士集蘇長史墓志銘云：范文正公與富丞相多所設施，而小人不便，乃以事中君。所指小人，乃拱辰等也。李燾云：魏泰雜記載「一網打盡」乃元瑜語，今幷出其姓名於魚周詢下。然周詢七月爲知雜，九月爲吏外，十月爲省副，不屬御史臺矣。宋祁、張方平同劾奏王益柔，此據韓琦家傳。李淸臣行狀但云近臣，蓋諱之也。今仍出二人姓名。魏泰云：發舜欽等祠神會者，太子中舍李定也。梅堯臣爲作「一客不得食，覆鼎傷衆賓」詩。按舜欽等坐責，乃御史劾奏，又當時但借此以傾杜衍爾，李定無聞，今不取。

38丁卯，遼改雲州爲西京。

39己巳，詔曰：「朕昃食厲志，庶幾治古。而承平之敝，澆競相蒙，人務交游，家爲激訐，更相附離，以沽聲譽，至陰招賄賂，陽託薦賢。又，按察將命者，悉爲苛刻，構織罪端，奏鞫縱橫，以重多辟。至於屬文之人，類亡體要，詆斥前聖，放肆異言，以訕上爲能，以行怪爲美。自今委中書、門下、御史臺采察以聞。」

范仲淹上表乞罷政事，知邠州，詔不許。

知潞州尹洙上疏言：「去年朝廷擢歐陽修、余靖、蔡襄、孫甫相次爲諫官，臣甚慶之，所慮者任之而不能終耳。夫今世所謂朋黨，甚易辨也。陛下試以意所進用者姓名詢於左右曰：某人爲某人稱譽；必有對者曰：此至公之論。異日其人或以事見疏，又詢於左右曰：某人爲某人營救；必有對者曰：此朋黨之言。昔之見用，此一臣也，今之見疏，亦此一臣也，其所稱譽與營救一也。然或謂之公論，或謂之朋黨，是則公論之與朋黨，常繫於上意，不繫於忠邪也。惟聖明裁察！」

40 詔如天禧故事置諫官六員。

41 己卯，改上莊穆皇后謚曰章穆，莊獻明肅皇太后曰章獻明肅，莊懿皇太后曰章懿，莊懷皇后曰章懷，莊惠皇太后曰章惠。先是禮官言：「舊制，后謚皆冠以帝謚，孝字連太祖謚，德字連太宗謚；唯眞宗諸后不然，請改莊爲章。」至是始用其議。

42 庚辰，朝饗景靈宮。時雨雪連日，至是大霽。辛巳，饗太廟、奉慈廟。壬午，合祭天地於圜丘，大赦。復西京、河陽府所廢縣。京西、湖南、北經賊剽劫處，第蠲其租。

43 十二月，己丑，遼主如西京。

44 壬辰，加恩百官。左千牛衞大將軍宗敏，緣郊恩請封所生母范氏，許之。宗室得封所生母自宗敏始。宗敏，信安郡王允寧子也。

45 乙未，遣祠部員外郎張子奭等册元昊爲夏國主，更名曩霄，其文曰：「咨爾曩霄，撫爰有衆，保于右壤。惟爾考服勤王事，光啓乃邦，洎爾承嗣，率循舊物。向以稱謂非正，疆候有言，鄙民未孚，師兵勞戍。而能追紀前眚，自歸本朝，縢章累請，遣使係道，忠悃內奮，誓言外昭，要質天地，暴情日月。朕嘉爾自新，故遣尚書祠部員外郎張子奭充冊禮使，東頭供奉官、閤門祗候張士元充副使，持節冊命爾爲夏國主，永爲宋藩輔，光膺寵命，可不謹歟！仍賜御衣、黃金帶、銀鞍勒馬，銀二萬兩，絹二萬匹，茶三萬斤。」冊以漆書竹簡，賜金塗銀印，文曰「夏國主印」。約稱臣，奉正朔，改所賜敕書爲詔而不名，許自置官屬。使至京，就驛貿易，燕坐朵殿。朝廷遣使至其國，相見以賓客禮。置榷場於保安軍及高平寨，第不通青鹽。

子奭既行，尋有詔卽所在止之，候契丹使至別議。富弼深言其不便，曰：「若北使未至而子奭先去，天下共知事由我出。若候北使至方行，則是以講和之功歸於契丹。萬一北使知我尚未封冊，詞或不順，又不可卻拒元昊而曲就契丹。如此，則是朝廷舉動坐爲契丹所制，而又前後反覆，大爲元昊所薄矣。伏乞斷自宸衷，速令子奭行封冊之典。」

46 己亥，高麗遣使貢於遼。

47 環、原之間，屬羌有敏珠爾、舊作明珠，今改。密藏、舊作滅臧，今改。康諾舊作康奴，今改。三族最大，素號強梗。其北有二川，交通西界，宣撫使范仲淹，議築古細腰城斷其路。於是檄知環州种世衡與知原州蔣偕共主其事。世衡時臥病，卽日起兵，會偕于細腰，使甲士晝夜築城，先遣人以計款羌人，果不來爭。又召三族酋長犒之，諭以官築此城，爲汝禦寇。三族既出不意，又亡外援，因遂服從。城成而世衡卒。世衡在邊數年，積穀通貨，所至不煩縣官，益兵增饋，善撫士卒，得人死力。及卒，羌酋朝夕臨者數日，青澗及環人皆畫象祠之。

仲淹復檄蔣偕築堡大蟲巉，堡未完而爲敏珠爾、密藏伺間邀擊，偕輒從間道遁歸，伏經略使庭下請死。王素將赦其罪，令復往畢功以自贖，狄青曰：「偕輕而無謀，往必更敗。」素曰：「偕死則部署行矣。」青乃不敢言。偕卒完所築堡，致其酋長而還。

48 戊申，夏釋蕭呼敦歸於遼。時遼都監耶律哈哩濟舊作合里只，今改。方以賀生辰來使，館於白溝驛。及設宴，優人嘲蕭惠河西之敗，哈哩濟曰：「勝負兵家常事。我嗣聖皇帝俘石重貴，至今興中有石家寨。惠之一敗，何足較哉！」後遼主聞之曰：「優伶失詞，何爲傷兩家交好！」鞭哈哩濟二百，免其官。

49 辛亥，置保安、鎮戎軍榷場。

五年遼重熙十四年。（乙酉、一〇四五）

1 春，正月，庚申，遼以侍中蕭虛烈爲南院統軍使，封遼西郡王。

2 己巳，三司言更造錫慶院乏財費多，而北使錫宴之所不可闕；詔復以太學爲錫慶院如故，別擇地建太學。

3 庚午，遼主如鴛鴦濼。

4 甲戌，以祕閣校理孫甫知鄧州。

先是甫言陳執中，不聽，數請補外。帝嘗問丁度：「用人以資與才孰先？」度對曰：「承平宜用資，邊事未平宜用才。」甫又劾奏：「度所言蓋自求大用，請屬吏。」帝諭輔臣曰：「度在侍從十五年，數論天下事，未嘗及私，甫安從得是語！」度知甫所奏誤，力求與甫辨。宰相杜衍以甫方使遼，寢其奏，度深銜之，且指甫爲衍門人。及甫自遼還，亟命出守。度侍經筵歲久，帝每以學士呼之而不名。嘗問蓍龜占應之事，對曰：「卜筮，聖人之所爲，要之一技而已，不若以古之治亂爲監也。」

5罷河東、陝西諸路招討使。

6乙亥，復置言事御史，以殿中侍御史梅摯、監察御史李京爲之。

7丙子，遼遣使來告討夏人回。

8遼主之歸自伐夏也，留耶律仁先鎮邊，未幾，召爲契丹行宮都部署。仁先奏復王子班郎君及諸宮雜役，從之。時夏人乞款，遼主以其前後反覆，命左伊勒希巴舊作夷离畢，今改。蕭迪里舊作滴洌，今改。往覘誠否。迪里因爲夏主陳禍福，聽命，乃還。

9賜潤州草澤邵餗號沖素處士，知州王琪薦餗守道丘園，素有節行故也。餗上表固辭，許之。

10甲申，夏遣使進鶻於遼。

11乙酉，以參知政事范仲淹知邠州兼陝西四路緣邊安撫使，樞密副使富弼爲京東、西路安撫使、知鄆州。

仲淹、弼既出使，讒者益甚，兩人在朝所施爲亦稍沮止，獨杜衍左右之。帝頗惑讒言，仲淹愈不自安，因疏乞罷政事，帝欲聽其請，章得象曰：「仲淹素有虛名，一請遽罷，恐天下謂輕黜賢臣，不若且賜詔不允。若仲淹即有謝表，是挾詐要君，乃可罷也。」帝從之。仲淹果表謝，帝愈信得象言。於是弼自河北還，將及國門，右正言錢明逸希得象等意，言：「弼更張紛擾，凡所推薦，多挾朋黨，所愛者盡意主張，不附者力加排斥，傾朝共畏，與仲淹同。」又言：「仲淹去年受命宣撫河東、陝西，聞有詔戒勵朋黨，心懼張露，稱疾乞醫；纔見朝廷別無行遣，遂拜章乞罷政知邠州，欲固己位以弭人言，欺詐之迹甚明，乞早廢黜。」疏奏，即降詔罷仲淹、弼。

是夕，并鎖學士院草制罷衍，而衍不知也。陳執中在中書，數與衍異議，而蔡襄、孫甫之乞出也，事下中書。甫本衍所舉用，於是中書共爲奏言：「諫院今闕人，且留甫等供職。」既奏，帝頷之。衍退歸，即召吏出劄子，令甫等供職。衍及得象既署，吏執劄子詣執中，執中不肯署，曰：「向者上無明旨，當復奏，何得遽爾！」吏還白衍，衍取劄子焚之。執中因譖衍曰：「衍黨二人，欲其在諫院，及臣覺其情，遂焚劄子以滅迹。」帝入其言。丙戌，衍罷爲尚書左丞、知兗州，制辭略曰：「自居鼎輔，靡協巖瞻，頗彰朋比之風，難處咨謀之地。」學士承旨丁度筆也。

12 樞密使、工部侍郎賈昌朝，依前官平章事兼樞密使，宣徽南院使兼樞密副使王貽永爲樞密使，資政殿學士、知鄆州宋庠參知政事。帝既罷范仲淹，問章得象：「誰可代者？」得象薦庠弟祁，帝雅意屬庠，乃復召用。

13 以翰林學士權知開封府吳育、龍圖閣直學士知延州龐籍並爲樞密副使。育初尹開封，范仲淹在政府，因白事，數與仲淹迕。既而仲淹安撫河東，有奏請，多爲當國者所沮，育獨取可行者固執行之。

14 二月，戊子朔，分遣內臣往諸路選汰羸兵，諸州宣毅軍過三百人者無得更募，用韓琦議也。

15 辛卯，詔曰：「比京朝官因人保任，始得敘遷。朕念廉士或不能以自進，其罷之。」時監察御史劉元瑜言：「近年考課之法，自朝官至員外郎、郎中、少卿監，須清望官五人保任，方許磨勘，適長奔競，非所以養士廉恥也。望酌祖宗舊規，別定可行之制。」故降是詔。

康定初，元瑜嘗言：「范仲淹以非罪貶，既復天章閣待制，宜在左右。尹洙、余靖、歐陽修，皆坐朋黨斥逐，此小人惡直醜正也。」及仲淹迹危，元瑜即希章得象、陳執中意，起奏邸獄，劾竄陸經。又言：「前除夏竦爲樞密使，諫臣數人摭其舊過，召至都門而罷之。自茲以進退大臣爲己任，以激訐陰私爲忠直，薦延輕薄，扇爲朋比。近除兩府，出自聖斷，獨黨人以進用不出於己，議論譁然，臣恐復被疏罷矣。前日孫甫薦葉清臣，毀丁度，效此也。」磨勘保任之法，實仲淹所建，仲淹既黜，故元瑜亟奏罷之。【考異】李燾云：國史元瑜傳言其與靖等相失，然不載相失事。大抵元瑜姦邪，欲希合求進爾，與靖等未嘗相得，何相失之有！又云：修、靖深惡之，由是論者以爲姦邪。元瑜姦邪著矣，豈必修、靖惡之，然後論者以爲姦邪邪！

16 知制誥余靖言：「臣伏覩近降中書劄子，今後臣僚奏薦子孫親屬，內長子、長孫皆不拘年甲；諸子、諸孫須年十五已上，弟姪等並須年二十已上，方得奏薦；所奏親屬，並須在五服內者。竊以朝廷推恩延賞，皆欲嗣續門戶，其有老登郎署，晚得職司，其親子孫則限以年幼不得陳乞，乃旁蔭疏遠房從年長之人，是舍親用疏，遺近取遠，殆非國家善善及子孫之意。臣親弟年已及格，不礙新條；但緣年老臣僚不得蔭其親子孫，旁奏疏屬，於理不便。乞特降指揮，令不拘年甲，以廣賞延之典。」從之。

17 壬辰，夏國主曩霄初遣使來賀正旦。自是歲以爲常。

18 戊戌，講詩，起鷄鳴，盡南山篇。先是講官不欲講新臺，帝曰：「詩三百，皆聖人所刪定，義存勸戒，豈當有避！」乃命自今講讀經史毋得輒遺。

19以兵部員外郎兼侍御史知雜事趙及權判吏部流內銓。初，銓吏匿員闕，與選人爲市，及奏闕至即榜之。吏部榜闕自及始。

20詔陝西、河東經略司：「夏國雖復稱臣，其令邊臣益練軍，毋得輒弛邊備。其城壘器甲，逐季令轉運、提點刑獄司按察之。」從樞密副使吳育言也。

21知制誥余靖言：「昨聞西人與契丹約和，尋復侵掠，恐契丹兵忿不解，又遣使來告西伐，將命者不絕，蠹耗財用。臣今奉使契丹，欲先諭以元昊反覆小人，其去就不足爲兩朝重輕；設或攜叛，亦是常事，彼此只邊上關報，更不專遣使臣。」從之。

22庚子，遼主駐撒刺濼。

23乙巳，以馬軍都虞候公廨爲太學。

24庚戌，御邇英閣，進讀三朝經武聖略，出陣圖數本，并陝西僧所獻兵器鐵渾撥，以示講讀官。

25癸丑，桂陽監言唐和等復內寇。

26三月，戊午，御邇英閣，講詩匪風篇曰「誰能烹魚，漑之釜鬵」，帝曰：「老子謂『治大國若烹小鮮』，義與此同否？」丁度對曰：「烹魚煩則碎，治民煩則散。非聖學深遠，何以見古人求治之意乎！」

27杜衍、范仲淹、富弼既罷，樞密副使韓琦上疏言：「陛下用杜衍爲相，方及一百二十日而罷，必陛下見其過失，非臣敢議。范仲淹以夏人初附，自乞保邊，朝廷因而命之，固亦有名。至於富弼，天與忠義，昨使契丹，蹈不測之禍，以正辨屈強敵，忘身立事，古人所難。去年秋，契丹點集大兵，聲言討伐元昊，朝廷未測虛實，弼以河朔邊備未完，又自請行，在外半年，經久禦戎之術，固已畜於胸中。事畢還朝，甫及都門，未得一陳於陛下之前，而責補閒郡，中外不知得罪之因。臣恐自此天下忠臣義士，指弼爲戒，孰肯爲國家用，所損豈細哉！臣竊見近日李用和多疾，陛下欲召李昭亮赴闕管殿前司事，而武臣中求一代昭亮者，皆難中選。臣謂陛下不若因此改弼知定州，仍兼部署之職，遣一中使宣諭，令赴闕奏覆河北公事畢赴任，俟其陛對，慰而遣之。弼素稟忠義，又感此恩，唯思效死，豈敢更以內外職任爲意！如此，則朝廷以北事專委弼，以西事專委范仲淹，使朝夕經營，以防二邊之變，朝廷實有所倚。」疏入，不報。而董士廉又詣闕訟水洛城事，輔臣多主之。琦不自安，懇求補外。辛酉，琦罷樞密副使，加資政殿學士，知揚州。

28甲子，廣西轉運使杜杞，言宜州蠻賊區希範平。

杞初至眞州，先遣急遞以檄諭蠻，聽其自新。比至宜州，蠻無至者。杞得州校吳香及獄囚區世宏，脫其械，與衣帶，使入峒說諭，不聽。乃勒兵攻破白崖、黃泥、九居山寨及五峒，焚毁積聚，斬首百餘級，復環州。希範與蒙趕散走，杞使香趣趕出降。杞謂將佐曰：「蠻依險阻，威不足制則恩不能懷，所以數叛。今特以窮蹙來降，後必復動，莫如盡殺之以絕後患。」乃擊牛馬爲蔓陀羅酒，大會環州，坐中，伏兵發，禽誅七十餘人，取五藏畫爲圖，釋侹病被脅與因敗而降者百餘人。後三日，又得希範，醢之以遺諸谿洞。【考異】李燾云：初，區希範入保荔波峒，間出與官軍鬭。及杞至環州，使攝官區曄、進士曾子華、監押司官吳香誘其黨六百餘人，始與之盟，置蔓陀羅酒中，既昏醉，稍呼起問勞，至，則推仆後廡下。比暮，衆始覺，驚走，而門有守兵不得出，遂盡禽殺之。後三日，得蒙趕、區希範、區丕積等十數人，剖其腹，繢爲五藏圖，仍醢之以賜諸谿峒。此實錄所書也，今從杞本傳。

[29]丙子，詔禮部貢院增天下解額。貢院請以景祐四年、慶曆元年科場取解進士人數內，擇一年多者令解，及二分爲率，就試人雖多，所增人數各不過元額之半，總諸州軍凡增三百五十九人。詔遂爲定額。

[30]范仲淹既去，執政以新定科舉入學預試爲不便，且言詩賦聲病易考，而策論汗漫難知，祖宗以來，莫之有改，得人常多。帝下其議，有司請如舊法。乃詔曰：「科舉舊條，皆先朝所定，宜一切如故。前所更令，宜罷之。」

[31]監察御史包拯言：「臣伏覩先降敕節文，應奏蔭選人年二十五已上，遇南郊大禮，限半年內許令赴銓投狀，京官每年春季赴國子監投狀，並差兩制官於逐處考試，內習詞業者或

論或詩賦，習經業者各專一經，試墨義等及格者，與放選注官及差遣。自敕下之後，天下士大夫之子弟，莫不靡然向風，篤於爲學，詔書所謂『非惟爲國造士，是乃爲臣立家』，實誨人育材之本也。近聞有臣僚上言，欲議罷去，則務學者日以怠惰，一旦俾臨民蒞政，猶未能操刀而使之割也。或前條制有未盡事件，望只令有司再加詳定，依舊施行。」

32 樞密副使龐籍，言曩霄已受封册，望早令延州、保安軍立定封界。

33 甲申，詔：「師興以來，陝西軍士暴露良苦，民疲轉餉。其降繫囚罪一等，杖笞釋之；邊兵賜緡錢；民去年逋負皆勿責，蠲其租稅之半。麟、府州嘗爲羌所寇掠，除逋負視此。進士一舉、諸科兩舉，並與免今年取解。」

34 丙戌，罷入粟授官，從殿中丞張庚所請也。

35 是月，歐陽修上疏曰：「臣聞士不忘身，不爲忠信；言不逆耳，不爲諫諍。伏見杜衍、韓琦、范仲淹、富弼等，皆陛下素所委任之臣，一旦相繼而罷，天下士皆素知其可用之賢，不聞其可罷之罪。臣職雖在外，事不審知，然臣竊見自古小人讒害忠賢，其識不遠，欲廣陷良善，則不過指爲朋黨，欲搖動大臣，則必須誣以專權。其故何也？夫去一善人而衆善人尙在，則未爲小人之利。欲盡去之，則善人少過，難爲一一求瑕，惟指以爲朋黨，則可一時盡逐。至如大臣已被知遇而蒙信任者，則不可以他事動搖，惟有專權是人主之所惡，故須此說方可傾之。臣料衍等四人各無大過，而一時盡逐，弼與仲淹委任既深，而忽遭離間，必有朋黨專權之説，上惑聖聰。臣請詳言之：

昔年仲淹以忠言聞於中外，天下爭相稱慕，當時姦臣誣作朋黨，猶難辨明。自近日陛下擢此數人並在兩府，察其臨事，可以辨也。蓋衍爲人清審而謹守規矩，仲淹則恢廓自信而不疑，琦則純正而質直，弼則明敏而果銳，四人性既不同，所見各異，故議事多不相從。如衍欲深罪滕宗諒，仲淹力爭而寬之；仲淹謂契丹必攻河東，請急修邊備，弼力言契丹必不來；又如尹洙亦號仲淹之黨，及爭水洛城事，琦則是洙而非劉滬，仲淹則是劉滬而非洙。此四人者，可謂公正之賢也，平居則相稱美，議事則廷爭無私，而小人讒爲朋黨，可謂誣矣。

臣聞有國之權，誠非臣下所得專。夫權者，得名位則可行，故行權之臣，必貪名位。自陛下召琦與仲淹於陝西，琦等讓至五六，陛下亦五六召之。弼三命學士，兩命樞密副使，每一命未嘗不懇讓愈切，而陛下用之愈堅。臣但見避讓太繁，不見其專權貪位也。及陛下堅不許辭，方敢受命，然猶未敢別有所爲。陛下開天章閣，召而賜坐，授以紙筆，使其條列，然衆人避讓，弼等亦不敢獨有所建，又煩聖慈出手詔，指定姓名，專責其條列大事而行，行之已久，冀其有效。弼性雖銳，然亦不敢自出意見，但舉祖宗故事，請陛下擇而行之。自古君臣相得，一言道合，遇事而行，更無推避。弼等蒙陛下委任，督責丁寧，而猶遲緩自疑，作事不果，然小人巧譖，已曰專權，豈不誣哉！

至如兩路宣撫，國朝累遣大臣，況中國之威，近年不振，故元昊叛逆一方，勞困及於天下，契丹乘釁違盟，書詞侮慢，陛下但以邊防無備，屈志買和。弼等見中國累年侵陵之患，感陛下不次進用之恩，各自請行，力思雪恥，沿山傍海，不憚勤勞，欲使武備再修，國威復振。臣見弼等用心，本欲尊陛下威權，未見其侵權而作過也。

陛下於千官中選得此數人，一旦罷去，使羣邪相賀，此臣所以爲陛下惜也！」

疏入，不報，指修爲朋黨者益惡焉。

36 夏，四月，丁亥朔，司天言日當食而陰晦不見，宰臣率百官稱賀。

是日，御崇政殿，錄繫囚，遣監察御史劉元瑜等往三京疏決。御史李京言：「陛下因天戒修省，避正殿，減常膳，故精意感格，日當食而陰雲蔽虧。然臣竊有疑者，自寶元初，定襄地震，十年未已，豈非西北二邊有窺中國之意乎！二月雷發聲，八月收聲。今孟夏雷未發聲，豈非號令之不信乎！願陛下飭邊臣，備捍禦，戒輔臣，謹出命，以厭禍于未形。又，尙美人棄外館多年，比聞復召入，臣慮假媚道爲蠱惑，宜亟絕之。苗繼宗嬪御子弟，乃緣恩私爲府界提點，宜割帷薄之愛，重名器之分，庶幾不累聖政。」帝嘉納之。

37 夏國主曩霄初遣使來賀乾元節。自是歲以爲常。

38 戊申，章得象罷爲鎭安節度使、同平章事、判陳州。得象在中書八年，方陜西用兵，帝銳意天下事，進用韓琦、范仲淹、富弼，使同得象經畫當世急務，得象無所建明。琦等皆去，得象居位自若。監察御史裏行孫抗數以爲言，而得象亦十二章請罷，帝不得已乃許之。【考異】東都事略云：得象以老辭位，不言其被論也。李燾云：孫抗去年十二月癸丑，乃自太常博士爲監察御史裏行，其言得象當在韓琦等去後。事略云：得象默默不能有所爲，仲淹、弼去位，得象爲相如故，蓋未詳考也。

以工部侍郎、參知政事陳執中依前官平章事兼樞密使。

庚戌，以樞密副使吳育參知政事，翰林學士承旨丁度爲樞密副使。

39 辛亥，高麗遣使貢於遼。

40 癸丑，徙知陳州、資政殿學士任中師知曹州。中師自言：「臣家本曹人，今老矣，願得守曹，營歸休之計。」帝憐而許焉。

41 五月，夏人歸石元孫。諫官御史奏元孫軍敗不死爲國辱，請斬于塞下，宰相陳執中謂宜如所奏。賈昌朝獨曰：「在春秋時，晉獲楚將穀臣，楚獲晉將知罃，亦還其國不誅。」因入對，探袖出魏志于禁傳奏曰：「前代將臣，敗覆而還，多不加罪。」帝乃貸元孫。癸亥，削除官爵，編管全州，其子弟恩澤並追奪。

42 知制誥余靖，前後三使遼，益習外國語，嘗對遼主效其國語。侍御史王平、監察御史劉元瑜等劾靖失使者體，請加罪。元瑜又言靖知制誥，不當兼領諫職。庚午，出靖知吉州。

43 癸未，詔吏部流內銓：「自今試初入官選人，其習文詞者試省題詩或賦論一首，習經者試墨義十道，並注合入官；如所試紕繆，試墨義凡九不中，令守選，候放選再試；又不中，與遠地判司。其年四十以上，依舊格讀律，通，即與注官。仍命兩制一員同考試之。」

44 閏月，殿前副都指揮使、建武節度使李用和以老乞解軍職，戊子，授宣徽北院使。命步軍副都指揮使、淮康軍留後李昭亮爲武寧節度使、殿前副都指揮使，代用和也。

時承平久，將帥多因循，軍士縱弛。昭亮本將家子，習軍事，既統宿衞，一切尙嚴。萬勝、龍猛軍蒱博爭勝，徹屋椽相擊，市人惶駭，昭亮捕斬之，杖其軍主，諸軍股栗。及帝祀南郊，有騎卒亡所挾弓，會赦，當釋去，昭亮以爲宿衞不謹，不可貸，卒配隸下軍。禁兵自是頗肅。

45 丙午，夏國主曩霄遣使謝册命。

46 壬子，詔：「三后厭代，多歷年所，令禮官稽攷故籍，議升祔之禮。」

47 癸丑，河北都轉運按察使歐陽修言：「轉運使雖合專掌金穀，不與兵戎之事，然向被朝廷密旨，令熟圖本道利害，陰爲邊備。今沿邊知州武臣不過諸司使、副，通判即是常參初入京朝官，並得盡聞機事，而臣之本司獨不得與；非欲侵撓邊臣之權，蓋調用軍儲，須量邊事之舒急，以至按察將吏，亦當知處事之當否。請自今，許令本司與聞邊事。」從之。

48 遼主清暑於永安山。

49 六月，癸亥，以澤州進士劉羲叟爲試大理評事。羲叟精算術，兼通大衍諸曆，嘗注司馬遷天官書及著洪範災異論，歐陽修薦之，召試學士院，而有是命。

50 丁卯，減益、梓州上供絹歲三之一，紅錦、鹿胎半之。

51 遼主謁慶陵。

52 壬申，太常禮院言：「奉詔，議升祔三后事。謹按唐肅明皇后，本中闈之正，昭成皇后，緣帝母之尊，開元中並祔睿宗之室。國朝懿德、明德、元德三后，亦同祔太宗廟。恭惟章獻明肅皇太后，母儀天下，輔成丕業，章懿皇太后，誕生聖躬，恩德溥大，伏請遷祔眞宗廟，序於章穆皇后郭氏之次。章惠皇太后雖先朝遺制，嘗踐太妃之貴，然至明道中始加懿號，與章懷皇后事體頗同，伏請遷於皇后廟，序於章懷之次。又，太者生事之禮，不當施於宗廟，況太廟諸室，皇后並無四字之名，伏請改上章獻明肅皇太后曰章獻皇后劉氏，章懿皇太后曰章懿皇后李氏，章惠皇太后曰章惠皇后楊氏。乞再行集議，以示奉先謹重之意。」詔兩制及待制、御史中丞同議以聞。

53己卯，準布舊作阻卜，今改。大王率諸酋長朝于遼。
54庚辰，夏遣使貢於遼。
55秋，七月，辛丑，貶知潞州尹洙爲崇信節度副使，坐前在渭州貸公使錢用也。
56壬寅，翰林學士王堯臣等言：「禮官議改上章獻皇后、章惠皇后謚，揆諸禮意，竊所未安。蓋謚告於廟，册藏於陵，無容異時更有輕改。矧升祔廟祏，本極孝思之報，若裁損尊名，恐非嚴奉之儀。而又博詢典故，參質人情，有增崇之文，無追減之例，其章獻明肅之號，伏請如舊。章惠皇太后，擁佑聖躬，義專鞠子，禮須別祠，請仍稱章惠皇太后，仍舊饗於奉慈廟。」乃詔中書門下覆議，請如禮官及學士等所議，奉章獻、章懿升配眞宗廟室，其尊謚如故；章惠仍饗奉慈別廟，皆得禮之變，順祀無違。乙巳，詔恭依禮官所議，奉章獻明肅皇太后、章懿皇太后序于章穆皇后之次。
57戊申，詔：「自今罪殊死，若祖父母年八十以上及篤疾無期親者，以其所犯聞。」
58廣州地震。【考異】東都事略作甲子地震，乙卯荆南岳州地震，今從宋史。
59遼主駐中會川。
60八月，知秦州田況遭父喪，辛酉，起復，況固辭。又遣內侍持手詔敦諭，況不得已乞歸葬陽翟；託邊事求見，泣請終喪，帝惻然許之。帥臣得終喪自況始。

61 自眞宗封禪之後，不復校獵，廢五坊之職。直集賢院李柬之上言：「祖宗校獵之制，所以順時令而訓戎事也。陛下臨御以來，未嘗講修此禮。願詔有司草儀，撰日命殿前、馬步軍司出兵馬以從獵於近郊。」壬戌，詔樞密院討詳先朝校獵制度以聞。

62 甲子，以監察御史包拯爲賀正使，使於遼。館伴者謂拯曰：「雄州新開便門，乃欲誘納北人以刺候疆事乎？」拯曰：「欲刺知北事，自有正門，何必便門！本朝豈嘗問涿州開門邪！」議遂折。

及拯使還，具奏：「臣奉命出境，彼中情僞，頗甚諳悉，自創雲州、作西京以來，添置營寨，招集軍馬，兵甲糧食，積聚不少，但以西討爲名，其意殊不可測。緣雲州至幷、代州甚近，從代州至應州，城壁相望，只數十里，地絕平坦，此中外所共出入之路也。自失山後五鎭，此路尤難控扼，萬一侵軼，則河東深爲可憂，不可信其虛聲，弛其實備。竊聞代州以北，累年來蕃戶深入南界，侵占地土，居止耕佃甚多，蓋邊臣畏懦，不能晝時禁止。今若不令固守疆界，必恐日加滋蔓，窺伺邊隙，浸成大害。欲乞今後沿邊要衝之處，專委執政大臣，精選素習邊事之人以爲守將。其代州尤不可輕授，如得其人，責以實效，雖有微累，不令非次移替，則軍民安其政令，緩急不致敗事矣。」

63 庚午，荆南府、岳州地震。

64癸酉，詔：「夏國比進誓表，惟延州、保安軍別定封界，自餘皆如舊境。其令陝西、河東嚴戒邊吏，務守疆土，無得輒有生事。」

65甲戌，河北都轉運按察使歐陽修知滁州，權發遣戶部判官蘇安世監泰州鹽稅，出內供奉官王昭明監壽春縣酒稅。

初，修有妹適張龜正，卒而無子，有女實前妻所生，甫四歲，無所歸，其母攜養於外氏，及笄，修以嫁族兄之子晟。會張氏在晟所與奴姦，事下開封府。權知府事楊日嚴前守益州，修嘗論其貪恣，因使獄吏附致其言以及修。諫官錢明逸遂劾修私於張氏，且欺其財。詔安世及昭明雜治，卒無狀，乃坐用張氏奩中物買田立歐陽氏券，安世等直牒三司取錄問吏人而不先以聞，故皆及於責。安世，開封人也。獄事起，諸怨修者必欲傾修，而安世獨明其誣，雖忤執政意，與昭明俱得罪，然君子多之。

66鄜延經略司言，夏國未肯明立封界，詔保安軍移文宥州，令遵守誓約指揮。

67壬午，監察御史李京言：「去年保州軍亂之後，緣邊兵驕，小不如意則譁言動衆。近又永寧軍士潛謀竊發，邊氓遠近不安。嘗觀唐自至德以後，河朔兵驕，鎮、魏尤甚，濟以姦臣跋扈，朝廷威令不行，斯蓋不早制之失。今沿邊主兵之臣，既不遴擇，及軍士作過，一概被罪，遂使驕兵增氣，動要姑息，守臣避禍，但務因循，不早制之，將復有至德之弊。宜下兩府按邊吏罷懦不任事及綺紈子弟，一切罷之。其有軍士作過，本非長吏生事者，只坐召禍之人。所貴驕卒畏威而革心，守臣竭節以專事，非特張紀律之本，亦所以制機事之先也。」

68 九月，庚寅，詔：「文武官已致仕而所舉官犯罪當連坐者，除之。」從翰林學士張方平請也。方平言：「坐繆舉而許首免，蓋責其當察所舉者之不法也。致仕官既謝事，不當與在職者同責。」遂著爲令。

69 辛卯，以重陽曲宴近臣、宗室於太清樓，遂射苑中。

70 （癸巳），詔近臣玫先朝正史、實錄爲景德禦戎圖。

71 庚子，置南京留守司御史臺。

72 甲辰，徙江南東路轉運按察使楊紘知衡州。紘嘗言：「不法之人不可貸，如使肆貪殘於一郡一邑，害良民萬家，不若去之，不利一家耳。」聞者望風解去。然竟坐苛刻下遷。紘，億從子，爲億後，其爲江東轉運按察使，富弼所薦也。

續資治通鑑卷第四十八

賜進士及第兵部尚書兼都察院右都御史總督湖北湖南等處地方軍務兼理糧餉世襲二等輕車都尉 畢沅 編集

宋紀四十八 起旃蒙作噩(乙酉)十月，盡強圉大淵獻(丁亥)三月，凡一年有奇。

仁宗體天法道極功全德神文聖武睿哲明孝皇帝

慶曆五年 遼重熙十四年。(乙酉、一〇四五)

1 冬，十月，乙卯，遼遣使來致元龍車及所獲夏國羊馬。

2 辛酉，祔章獻明肅皇后、章懿皇后神主于太廟，大赦天下。

「諸路轉運使昨帶按察之名，比聞過爲煩苛，吏不安職，至有曉諭州縣，俾互相告論；有傷風化，無益事體，其並罷之。」時執政沮改范仲淹、富弼所行事，因肆赦，遂有此命。

初，議者請覃恩百官，且優賜軍士。參知政事吳育曰：「無事而啓僥倖，誰爲陛下建此議者？請治之。」已而帝語輔臣曰：「外人怨執政，宜防諠譁。」育曰：「此必建議者欲以動搖上聽，願毋慮。臣既以身許國，何憚此邪！」帝遣中使察視山東盜賊，還奏：「盜不足慮，而兗州杜衍，鄆州富弼，山東尤尊愛之，此爲可憂。」帝欲徙二人淮南，育曰：「盜賊無足慮；然小人乘時以傾大臣，非國家之福。」議遂格。

3 甲子，遼主望祀木葉山。

4 己巳，詔送伴遼使劉湜：「北界近築寨於銀坊城，侵漢界十里，其以誓約諭使人，令毁去之。」

5 庚午，帝御內東門，賜從官酒三行，奏鈞容樂。幸瓊林苑門，賜從官食。遂獵於楊郕，宴幄殿，奏教坊樂，遣使以所獲獐兔馳薦太廟。既而召父老臨問，賜以飲食茶絹，及賜五坊軍士銀絹有差。【考異】李燾曰：王安石誌孫抗墓云：上大獵于城南，衞士不及整而歸以夜。明日，將復出，有雉隕於殿中。抗奏疏，即是夜，有詔止獵。按仁宗以五年十月獵於楊郕，六年十一月獵於城南之東韓郕，七年三月即有詔罷獵。而抗六年三月已罷御史，其諫當是五年冬。然五年冬不歸以夜，又不在城南，其在城南歸以夜乃六年冬事，何郯奏議可考，恐安石誤也，今不取。

6 辛未，始班曆於夏國。

7 庚辰，罷宰臣兼樞密使。時賈昌朝、陳執中言：「國初以兩司對持大柄，向以關陝未寧，兵議須一，復兹兼領。今西夏來庭，邊防有序，當還使印，庶協邦規，臣等願罷兼樞密使。」既降詔許之，又詔樞密院：「凡軍國機要，依舊同商議施行。」

8 十一月，壬午朔，回鶻遣使貢於遼。

9 樞密院請自今進退管軍臣僚、極邊長吏、路分兵馬鈐轄以上，並與宰臣同議，從之。

10 丁亥，冬至，宴宗室於崇政殿。

11 辛卯，詔提點京東路刑獄司體量石介存亡以聞。先是介受命通判濮州，歸家待次。是歲七月，病卒。夏竦銜介甚，且欲傾富弼，會徐州孔直溫謀叛，搜其家，得介書，竦因言：「介實不死，弼陰使入契丹謀起兵，弼爲內應。」執政入其言，故有是命，仍羈管介妻子於他州。

初，徐州人告直溫等挾妖法誘軍士爲變，而轉運使不受，亟詣提點刑獄呂居簡。居簡令無言有不受者，復與轉運使合謀捕直溫等。既就誅，濮州復有謀叛者，民相搖驚潰。居簡馳往，得其首惡，誅之，閱兵饗士，姦不得發。居簡，蒙正之子也。【考異】李燾曰：石介附傳、正傳，並云介詐死，北走契丹，先往登、萊，結金坑凶惡事。富弼朱墨史附傳，乃有往登、萊結金坑惡少事。附傳蓋依弼敍前後辭免恩命辨讒謗劄子。按下詔京東體量介存亡，在今年十一月辛卯。此時弼猶在鄆州，七年五月，始移青州。體量介存亡，實錄但有此五年十一月辛卯一詔耳，七年五月後，不聞別下詔也。弼劄子則云：在青州再體量。蓋實錄不詳。今別見七年六月末。

時亦有詔下兗州核介死虛實，知州杜衍會官屬語之，衆莫敢對。泰寧節度掌書記高苑龔鼎臣獨曰：「介平生直諒，寧有是邪！願以合族保其必死。」衍悚然，探懷中奏稿示之，曰：「老夫既保介矣，君年少，見義必爲，安可量哉！」

12 國子監直講孫復責監虔州稅。孔直溫敗，索其家，得遺復詩故也。【考異】李燾曰：孔直溫反，實錄不記。按體量石介存亡，據石介傳，爲直溫家有介書也。然則直溫反必在此年，今附見復貶官事。歐陽修墓誌云復貶在七年，恐誤。

13 詔以邊事寧息，盜賊漸衰，知鄆州富弼、知青州張存，並罷安撫使，知邠州范仲淹，罷陝西四路安撫使，其實讒者謂石介謀亂，弼將舉一路兵應之故也。仲淹先引疾求解邊任，是日，改知鄧州。

14 初，翰林學士葉清臣居父喪，言者嘗請起復爲邊帥，既而不行。至是免喪，宰相陳執中與清臣有隙，不欲清臣居內，乃申用其言，庚子，改除翰林侍讀學士、知邠州。

15 壬寅，以殿中侍御史劉湜爲禮部員外郎兼侍御史知雜事。議者謂湜探宰相意深致尹洙罪，故得優擢。

16 甲辰，遼以同知北院宣徽事蕭阿剌爲北府宰相。

17 十二月，癸丑，以知潞州郭承祐爲幷代副部署、兼知代州。始，杜衍奏罷承祐軍職，至是復之。及包拯還自契丹，言：「河北邊帥宜精選，而代州尤不可輕授。今朝廷委任郭承祐，恐必敗事，乞早令召還，別用能者。沿邊守將畏懦不勝任者，亦乞速賜移易。」

18 遼主觀漢軍習礮射擊刺。癸亥，遼主決滯獄。

六年 遼重熙十五年。（丙申、一〇四六）

1 春，正月，乙酉，遼主如混同江。

2 禁遼人以奴婢鬻與漢人。

3 戊子，王堯臣罷三司使，爲翰林學士承旨兼端明殿學士、羣牧使。堯臣主計凡三年，前使姚仲孫借內藏錢數百萬，久不能償，堯臣悉按籍償之，而軍國之費猶沛然有餘，未嘗加賦於民也。益、梓、夔三路轉運使皆乞增鹽井課，歲可得錢十餘萬，堯臣固不從。帝問其說，對曰：「庸蜀僻遠，恩澤鮮及，而貢入常倍，民力由此困，朝廷既未有以恤之，而又牟利焉，是重困也，雖小有益，將必大損矣。」帝善其對。然權倖因緣多見裁抑，京師數爲飛語，及帝之左右往往有譏其短者，帝一切不問，而堯臣爲之自若。已而言于帝曰：「臣母老，願解煩劇。」既罷，帝慰勞之。堯臣頓首曰：「非臣之能，惟陛下信用臣耳。」

4 禮部尚書、知河南府范雍卒，贈太子太師，謚忠獻。雍好謀而少成，頗知人，喜薦士，狄青初爲小校，坐法當斬，雍貸之，卒爲名將。

5 甲午，命翰林學士孫抃權知貢舉。

6 丙申，以翰林學士、知制誥蘇紳知河陽。紳銳於進取，善中傷人，衣冠憚疾之。言者斥其狀，故命出守，紳自揚州復入翰林未三月也。是歲，卒於河陽。

紳與梁適同在兩禁，人以爲險詖，語曰：「艸頭木腳，陷人倒卓。」【考異】李燾曰：正傳云：紳陰疏王德用宅枕乾岡，貌類藝祖，帝惡之，匿其疏不下，遂出紳。按德用以寶元二年五月罷樞，此時紳未入翰林。紳既入翰林，則德用不在樞密矣。宅貌二語，孔道輔亦以奏德用，不獨紳也。附傳但云言者斥紳急于進取故出，無疏德用事，今從之。魏泰雜錄云：仁宗既逐林瑀，謂執政曰：「卿等謂瑀去，朝廷遂無小人邪？」執政未喻上旨，仁宗曰：「蘇紳可侍讀學士、知河陽。」按林瑀以慶曆二年二月逐，蘇紳三年七月始自內翰換大龍、知揚州，其知河陽又在六年正月，魏泰誤甚，今不取。

7 戊申，徙廣南戍兵善地，以避瘴毒。

8 二月，壬子朔，賜太傅致仕張士遜月俸百千。

9 乙卯，遼主如長春河。

10 癸亥，荆湖南路轉運使周沆言：「本路蠻寇未息，而官軍久戍，請歲給公使錢一千貫以犒設將校。」從之。沆又言：「蠻驟勝方驕，未易懷服，宜須秋冬進兵。蠻地險氣毒，其人驍悍，善用鋋盾，北軍不能與之角，請選邕、宜、融三州澄海忠敢，知其山川，習其伎藝者三千，擣巢穴，餘兵絡山足，出則獵取之，俟其勢窮力屈，然後可撫也。」朝廷用其策，卒平蠻寇。

11 戊寅，青州地震。

12 詔陝西經略安撫及轉運司：「朝廷開納夏國，本欲寬財息民。自其受封進誓，已及一年，而調度猶不減用兵時；其議裁節諸費及所增置官員、指使、使臣今無用者，悉條奏之。」從樞密使龐籍言也。

13 權同知禮部貢舉張方平言：「今之禮部程式，定自先朝。由景祐之初，有以變體而擢高等者，後進傳效，皆忘素習。邇來文格日失其舊，各出新意，相勝爲奇。至太學盛建，而講官石介益加崇長，因其好尙，寖以成風，以怪誕詆訕爲高，以流蕩猥瑣爲贍，踰越繩墨，惑誤後學；朝廷屢下詔書戒飭，而學者樂於放逸，罕能自還。今貢院試者，間有學新體賦至八百字以上，每句或有十六字、十八字，而論或千二百字以上，策或置所問而妄肆胸臆，條陳他事，豈國家取賢斂材以備治具之意邪！其增習新體而澶漫不合程式者，悉已考落。請申前詔，揭而示之。」詔從其請。時御史王平又請賦毋得過四百字，而禮部復謂才藝所取，一字之多，遂至黜落，殆非人情。自是復以舊數爲限。

14 三月，辛巳朔，日有食之。御崇政殿，錄繫囚，雜犯死罪以下遞降一等，杖以下釋之。

【考異】遼史不書是年日食。今從宋史及長編。

15 乙酉，遼以太后應聖節，減死罪，釋徒以下。

16庚寅，登州地震，岠嵎山摧。自是震不已，每歲震則海底有聲如雷。

17丁酉，遼主詔諸道歲具獄訟以聞。

18高麗貢於遼。

19壬寅，賜進士穰人賈黯等及第、出身、同出身有差。癸卯，賜諸科及第并出身。甲辰，賜特奏名諸科同出身及諸州長史、司馬、文學。

20夏，四月，辛亥朔，遼禁五京吏民擊鞠。

21壬子〔甲寅〕，降河東轉運使李昭遘知澤州，坐使遼時其從者嘗盜遼之銀杯也。昭遘從者既杖死，詔以銀杯送還遼。議者謂盜已正法，送杯於體有損。判大名夏竦亦奏乞罷送，不聽。知雄州王仁旭直納軍資庫，人稱其得體。

22戊午，遼罷遙輦帳戍軍。

壬戌，遼以北女直詳衮舊作詳穩，今改。蕭杲陸舊作高六，今改。爲奚六部大王。

23甲子，遼主淸暑永安山。

24甲戌，蒲盧毛朶曷懶河百八十戶附於遼。

25遼主以左中丞蕭惟信爲燕趙國王傅。遼主諭之曰：「燕趙左右多面諛，不聞忠言，浸以成性。汝當以道規誨，使知君父之義；有不可使居王邸者，具以名聞。」惟信性好學，長於辯論，及爲王傅，能輔導以禮。

26丙子，徙知定州王德基知雄州兼沿邊安撫使。初，守臣畏生事，未嘗出獵，德基至，乃縱騎獵境上。關城居民甚衆，而故堞隳壞，久莫敢修，德基豫調兵夫築完之。遼歲遣使貽果餌，前皆改服以見，德基接以常禮；及每移文至者，例以郡官主勞，至是以指使代焉。

27己卯，權御史中丞張方平言：「中書、樞密院比歲除授，多預批聖旨，俟半年或一二年後與轉官或改職。夫遷除之體，率有常規，若因勞應賞而擢之不次，孰曰不然！如其事出僥倖，縱踰日月，曷厭羣議！譬之賈人交易於市，作爲契劵，立期待償，非唯滋長濫恩，實亦有虧治體。請自今文武官輒援前比而希遷改者，並明行責降。」從之。

28五月，甲申，雨雹，地震。

29戊子，減邛州鹽井歲額緡錢一百萬。川、峽四路鹽課，縣官之所仰給，然井原或發或微，而責課如舊，任事者多務增課以爲功，往往貽患後人。朝廷切于除民疾苦，尤以遠人爲意，有司上言，輒爲蠲減，前後不可悉數。

30丙申，詔陝西市蕃部馬。

31丁酉，京東人劉巹、劉沔、胡信謀反，伏誅。

32 六月，庚戌朔，降御前劄子下夏安期等：「比令與陝西諸路經略安撫司議減節邊費，其務悉心經畫，以成朝廷悠久之利。」

33 詔夏竦與河北監司察帥臣、長吏之不職者。

34 初，吳育在翰林，薦唐詢爲御史；未至，母喪。服除，育方參政事，而宰相賈昌朝與詢有親，育數爲昌朝言，詢用故事當罷御史，昌朝不得已以詢知廬州。凡官外徙者皆放朝辭，而詢獨許入見。中丞張方平因奏：「詢材質美茂，宜留備言職。」詔許之，育爭不能得。詢由是怨育而附昌朝。【考異】長編謂方平留詢，且譖育，世以爲承昌朝意。按方平與范仲淹議論多不合，然挺直不阿，未必肯附昌朝，宋史亦不載此事，今不取。

35 癸丑，遼以西京留守耶律瑪陸舊作馬六，今改。爲漢人行宮都部署，參知政事楊佶出爲武定軍節度使。時武定亢旱，苗稼將槁，佶視事之夕，雨澤霑足，百姓歌頌之。

36 丁巳，流星出營室南，大如杯，其光燭地，隱然有聲，北行至王良沒。

37 辛酉，詔河東經略使鄭戩裁減本道邊費。

38 癸亥，帝謂輔臣曰：「比有上言星變者，國家雖無妖異，亦當修警，況因謫見乎！夫天之譴告人君，使懼而修德，亦猶人君知臣下之過，先示戒飭，使得自新，則不陷於咎惡也。」賈昌朝等皆引咎再拜。

人。

39戊辰，遼主御清涼殿，放進士王棠等六十八人。棠，涿州新城人，博古善屬文，時稱得人。

40辛未，知益州文彥博言：「益、彰〔彭〕、邛、蜀、漢五州，非用馬之地，而逐州共屯軍馬凡二千餘人，請皆易以步軍。」詔易三之一。

41參知政事吳育與宰相賈昌朝不相能，監察御史唐詢旣怨育，遂希昌朝意上奏曰：「賢良方正直言極諫、茂材異等科，由漢涉唐，皆不常置，若天見災異，政有闕失，則詔在位薦之。本朝稽用舊文，訖眞宗世，三建此科。陛下卽位，增科爲六，初應詔纔數人，後乃至十餘人，今殆至三十餘人。一中此科，曾未累歲，悉至顯官。請自今，不與進士同時設科，若因災異非時舉擢，宜如漢故事親策，罷祕閣之試。」疏上，帝刊其名付中書，育奏疏駁之。帝是育言，卽詔禮部：「自今制科隨進士貢舉，其著爲令；仍須近臣論薦，毋得自舉。」帝因謂輔臣曰：「彼上言者乞從內批，以今乃知其欺妄也。」育又奏：「陰邪沮事，正當明辯，願出姓名按劾，以明國法。」育本由制策進，帝數稱其賢，以爲得人；故詢力肆排詆，意在育，不在制科也。

育弟娶李遵勖妹，有六子而寡。詢又奏：「育弟婦久寡，不使改嫁，欲用此附李氏自進。」大抵希昌朝意，且欲報怨，帝訖不聽。

42 秋，七月，三司使王拱辰言：「太祖時兵十二萬，太宗時十八萬，章聖時四十萬，今倍之。兵在精不在衆，冗散坐食，非計也。三司雖總財用大計，而事實在外，請諸道帥臣并任其責。」乙酉，詔判大名府夏竦、知并州鄭戩、知永興軍程琳並兼本路計置糧草，從拱辰言也。

43 遼豳王遂格舊作遂哥，今改。卒。

44 庚寅，河東經略司言雨壞忻、代等州城壁。

45 乙未，遼以前南府宰相耶律喜遜舊作喜孫，今改。爲東北路詳衮。舊作詳穩，今改。

46 丙申，以知吉州余靖分司南京，許居韶州。

初，靖爲諫官，嘗劾奏太常博士茹孝標不孝，匿母喪，坐廢。靖既失勢，孝標因與知諫院錢明逸言，靖少游廣州，犯法受笞，明逸卽劾奏靖不宜在近侍。靖聞之，不自安，求侍養去。會朝廷下廣州按得其實。靖初名希古，舉進士，未得解，曲江主簿善遇之。知韶州者疾主簿，捃其罪，無所得，唯得與靖接坐。主簿既以違赦停任，而靖受笞後，乃改名取解他州及第。案牘具在，故有是命。

47 遼籍諸道軍。

丁酉，遼主如秋山。辛丑，遼禁扈從踐民田。

48 遼翰林都林牙並修國史蕭罕嘉努，舊作韓家奴，今改。見遼主獵，未嘗不諫，會有司奏，獵於秋山，熊虎傷死數十人，罕嘉努書於册。遼主見而命去之，罕嘉努既出復書。他日，遼主見之，曰：「史筆當如是。」遼主嘗問罕嘉努曰：「我國家創業以來，孰爲賢主？」罕嘉努以穆宗對。遼主怪之，曰：「穆宗嗜酒，喜怒不常，視人猶草芥，卿何以謂之賢？」罕嘉努曰：「穆宗雖暴虐，省徭輕賦，人樂其生，終穆之世未有過。近日秋山傷死者衆，臣故以穆宗爲賢。」遼主默然。

49 壬寅，帝謂宰臣曰：「前日除李用和子璋爲閤門副使，今次子珣求爲通事舍人。朕已諭之曰：『朝廷爵賞，所與天下共也，儻戚里之家，兄弟補遷，如己所欲，朕何以待諸勳舊乎？』」賈昌朝對曰：「母后之家，自昔固多蒙恩澤。今陛下能重惜爵賞，不肯輕授，非惟示天下以至公，亦保全外戚之福也。」

50 癸卯，以馬軍副都指揮使許懷德爲靜安軍留後。言事官上章論奏者相繼，御史中丞張方平言：「懷德妄援體例，僥倖陳乞，隳紊軍制，干撓朝章；乞奪軍職，付環衞，或除一郡。」帝不聽。

51 乙巳，戶部副使夏安期等，言與鄜延經略使沈邈已減罷官員，使臣四十四人。

52 八月，（己未），詔：「臣僚子孫，恃廕無賴，嘗被刑者，如再犯私罪，更毋得以贖論。」時邵武軍言，故祕書監致仕龔曙之孫，屢犯屠牛法，當以廕免；帝特命加眞刑，而更著此條。

53 癸丑，高麗國王欽卒，子徽嗣。

54 壬戌，詔陝西、河東經略司：「西人雖納款稱臣，然其心詭譎難信。恐諸路乘罷兵之後，漸弛邊備，其益務練兵卒，完城壘！若寇至，有不如詔者，亟以名聞。」

55 癸亥，策試賢良方正能直言極諫太常博士錢彥遠策入第四等，擢祠部員外郎、知潤州。彥遠，易之子，明逸之兄也。錢氏父子兄弟，並以制策登科，當時以爲盛事。

56 癸酉，以參知政事吳育爲樞密副使，樞密副使丁度爲參知政事。

育在政府，遇事敢言。知永靜軍向綬，疑通判江中立譖己，因誣以罪，迫令自殺。育欲坐綬死，宰相賈昌朝頗營助之，得輕比，育遂爭論帝前，殿中皆失色。育論辯不已，乃請曰：「臣所辯者職也，顧力不勝，願罷臣職。」乃與度易位。

度爲樞密副使，在龐籍後。時籍女嫁參知政事宋庠之子，庠固言於帝，以親嫌不可共事，故越次用度。

始，昌朝與育爭，帝欲俱罷二人，御史中丞張方平將對，昌朝使人約方平助己，當以方平代育。方平怒，斥遣之曰：「此言何爲致於我哉！」既對，極論二人邪正曲直，然育卒罷。

【考異】陳桱通鑑續編云：帝亦以昌朝故，徙育樞密，而謂近臣曰：「吳育剛正可用，第疾惡太過耳。」今從長編。世皆以方平實爲昌朝地也。【考異】李燾曰：方平墓誌謂育卒罷，而高若訥代之。蓋此年三月事，非此時也。又，若訥代育實爲樞密，非參政，墓誌似委曲爲方平諱，今不取。

57 甲戌，以監察御史唐詢知湖州，竟以宰相親嫌罷也。

58 九月，庚寅，以戶部副使夏安期爲陝西都轉運使。安期與諸路經略安撫司議邊事，凡奏省官員及汰邊兵之不任役者五萬人。

59 時數有災異，戶部員外郎兼侍御史知雜事梅摯引洪範上變戒曰：「王省惟歲，謂王總羣吏，如歲兼四時，有不順則省其職。今日食于春，地震于夏，雨水于秋，一歲而變及三時，此天意以陛下省職未至而丁寧告戒也。伊、洛暴漲，漂廬舍，海水入台州，殺人民，浙江潰防，黃河溢埽，所謂水不潤下。陛下宜責躬修德，以回上帝之眷祐，陰不勝陽，則災異衰止而盛德日起矣。」又言：「權陝西轉運使張堯佐非才，由宮掖以進，恐上累聖德。」及奏減省資政殿學士員，召待制官同議政，復百官轉對。帝謂大臣曰：「梅摯言事有體。」以爲戶部副使。【考異】李燾云：本傳以摯言災異爲摯任殿中侍御史時，誤也。按災異皆此年事，今因摯遷官附見。張堯佐權陝西漕，是月即真，摯言亦必在是月也。

60 癸卯，登州地震。帝曰：「山東連歲地震，宜防未然之變，其下登州嚴武備。」

61 甲辰，遼禁以罝網捕狐兔。

62冬，十月，丁未朔，詔：「比遣張子奭往延州與夏國議疆事，其豐州地，當全屬漢界。或所議未協，聽以橫陽河外嚮所侵耕四十里爲禁地。若猶固執，即以橫陽河爲界。」

初，夏國旣獻臥貴癰、吳移、已布等九寨，又納豐州故地，欲以沒寧浪等處爲界。下河東經略鄭戩。戩言：「沒寧浪等處並在豐州南，深入府州之腹，若如其議，則麟、府二州勢難以守，直宜以橫陽河爲界。」帝乃以戩所上地圖付子奭往議之。

63己酉，遼主駐中會川。

64辛未，詔發兵討湖南猺賊。

65十一月，己卯，遣著作佐郎楚建中往延州，同議夏國封界事，以張子奭道病故也。

66以權御史中丞張方平爲翰林學士、權三司使。

自開寶以來，河北鹽聽人貿易，官收其算，歲爲額錢十五萬緡。上封者嘗請禁榷以收遺利，余靖時爲諫官，言：「昔者太祖皇帝特推恩意以惠河朔，故許通鹽商，止令收稅。今若一旦榷絕，價必騰踊；民苟懷怨，悔將何及！乞令仍舊通商，無輒添長鹽價以鼓民怨。」其議遂寢。【考異】李燾曰：河北初議榷鹽價，實錄不載，余靖諫草獨存此奏。及王拱辰奏立榷法時，靖黜久矣。蓋先有建此議者，靖論其不可，故罷。既而拱辰使三司復議舉行，又爲河北漕臣所沮。而河北漕臣乃別議增算，拱辰更立榷法未下，而張方平亟奏罷之。實錄、國史並疏略，今參取靖諫草及食貨志、方平墓誌修入。及王拱辰爲三司使，復建議悉榷二州鹽，下其議於本路，都轉運使魚周詢亦以爲不可，【考異】李燾云：志以爲都轉運使夏竦，誤也。竦五年八月判并州，六年二月改大名。拱辰十一月戊子罷三司使，出知亳州，張方平代之。方拱辰在三司時，竦無緣卻爲都轉運使。據何郯奏議，爲都轉運使者乃魚周詢也。王巖叟元祐初奏議，亦誤以魚周詢爲夏竦。且言：「商人販鹽，與所過州縣吏交通爲弊，所算十無二三。請敕州縣以十分算之，聽商人至所鬻州縣併輸算錢，歲可得緡錢七十餘萬。」三司奏用其策，帝曰：「使人頓食貴鹽，豈朕意哉！」

於是三司更立榷法而未下也，方平見帝，問曰：「河北再榷鹽，何也？」帝曰：「始議立法，非再也。」方平曰：「周世宗榷河北鹽，犯輒處死。世宗北伐，父老遮道泣訴，願以鹽課均之兩稅錢而弛其禁，今兩稅鹽錢是也，豈非再榷乎？且今未榷也，而契丹常盜販不已；若榷之，則鹽貴，契丹鹽益售，是爲我斂怨而使彼獲利也。彼鹽滋多，非用兵莫能禁；邊隙一開，所得鹽利，能補用兵費乎？」帝大悟曰：「卿語宰相立罷之。」方平曰：「法雖未下，民已皆知，宜直以手詔罷之，不可自有司出也。」帝大喜，命方平密撰手詔，下之，且刊詔北京。其後父老過詔書下，必稽首流涕。【考異】食貨志云：三司奏用其策，仁宗曰：「使民頓食貴鹽，豈朕意哉！」下詔不許。若不許三司之請，則不須下詔，今既下詔，蓋已立法而未行。墓誌當得其實，今從之。食貨志不載方平事，蓋疏略也。

67 癸未，湖南猺賊寇英、韶州界。

68 丁亥，遼以南院樞密使蕭孝友爲北府宰相，以契丹行宮都部署耶律仁先爲南院大王，以北府宰相蕭革同知北院樞密使事，以知伊勒希巴舊作夷离畢，今改。事耶律信先爲漢人行宮都部署。

蕭革席寵擅權，南院宣徽使耶律義先疾之，因侍宴，言於遼主曰：「革狡佞喜亂，一朝大用，必誤國家。」遼主不納。他日，侍宴，遼主命羣臣博，負者罰一巨觥。義先當與革對，憮然曰：「臣縱不能進賢退不肖，安能與國賊博哉！」革佯言曰：「公相謔不既甚乎？」遼主亦止之曰：「卿醉矣！」義先厲聲詬不已，遼主大怒，皇后解之曰：「義先酒狂，醒可治也。」翼日，遼主謂革曰：「義先無禮，當黜之。」革曰：「義先之才，豈逃聖鑒！然天下皆知其忠直，今以酒過爲罪，恐咈人望。」遼主以革犯而不校，眷遇益厚。革之矯情媚上，多此類也。義先鬱鬱不自得，然議事未嘗少沮。後又於遼主前博，義先祝曰：「向言人過，冒犯天威；今日一擲，可表愚款。」俄得堂印，遼主愕然。義先，仁先之弟也。

69 辛丑，帝獵于城南之韓邨。自玉津園去輦乘馬，分騎士數千爲左右翼，節次旗鼓，合圍場，徑十餘里，部隊相應。帝按轡中道，親挾弓矢，屢獲禽。是時道旁居民或畜狐兔鳧雉，驅入場中，帝因謂輔臣曰：「畋獵所以訓武事，非專務獲也。」悉令縱之。至棘店，御帳殿，召問所過父老，子孫供養之數，土地種植所宜，且歎其衣食粗糲而能享壽，人加慰勞。還，次近郊，遣衞士更奏技御駕前，兩兩相當，掉鞅挾槊以決勝，又謂輔臣曰：「此亦可觀士之材勇也。」免所過民田在圍內租稅一年。

70 乙巳，遼賑南京貧民。

71 十二月，壬申，遼曲赦徒以下罪，以是日爲聖宗在時生辰也。遼主溺浮屠法，務行小惠，數降赦宥，釋死囚甚衆，聖宗之風替矣。

七年 遼重熙十六年。（丁亥、一〇四七）

1 春，正月，丙子朔，御大慶殿受朝。

2 己卯，遼主如混同江。

3 甲申，知大宗正事允讓，請自今宗室輒有祈恩澤者，罰一月俸，仍停朝謁，從之。

4 丁亥，詔河北所括馬死者限二年償之。

5 戊子，尙書左丞、知兗州杜衍，以太子少師致仕。時年方七十，正旦日上表，還印綬；賈昌朝素不喜衍，遽從其請。議者謂衍故宰相，一上表卽得謝，且位三少，皆非故事，蓋昌朝抑之也。

6 癸巳，以知制誥楊偉權知諫院。偉嘗曰：「諫官宜論列大事，細故何足論！」然時譏其亡補。

7壬寅，詔減連州民被猺害者來年夏租。

8二月，丁未，詔流內銓：「應納粟授官人，不除司理、司法參軍洎上州判官；資深無過犯，方注主簿、縣尉；如循資入縣令、錄事參軍者，銓司依格注擬，止令臨監物務。」從御史知雜李東之所請也。

9己酉，詔取益州交子三十萬於秦州，募人入中糧粟。

10丙辰，命內侍二員提舉月給軍糧。時侍御史棣州吳鼎臣言：「諸軍班所給糧多陳腐，又斗升不定，請以內侍糾察之。」翼日，諸監倉官進呈軍糧，帝諭曰：「自今當足其數以給之。」時衞士皆在殿下，殿前都指揮使李昭亮因相率羅拜以謝。然軍糧自江、淮轉漕至京師，又積年而後支，上軍所給斗升僅足，中下軍率十得八九，雖遣內侍提舉，終不能行也。

11庚申，遼主如魚兒濼。

辛酉，禁羣臣遇宴樂奏請私事。詔世選之官從各部耆舊擇材能者用之。

先是，樞密使馬保忠言於遼主曰：「強天下者儒道，弱天下者吏道。今之授官，大率吏而不儒。崇儒道則鄉黨之行修，修德行則冠冕之緒崇，自今非聖帝明王孔、孟之教者，望下明詔痛禁絕之。」遼主不聽。

12 三月，癸未，詔求寬恤民力之事，聽官吏驛置以聞；上其副于轉運司，詳其可行者輒行之。

13 毀後苑龍船。初，有司請修以備幸，詔特毀之。

14 丁亥，以旱罷大宴。癸巳，詔曰：「自冬訖春，旱暵未已，五種弗入，農作失業。朕惟災變之來，應不虛發，殆不敏不明以干上帝之怒，咎自朕致，民實何愆！與其降疾于人，不若移災于朕。自今避正殿，減常膳，中外臣僚，指當世切務，實封條上。三事大夫，其協心交儆，稱予震懼之意焉！」

帝每命學士草詔，未嘗有所增損。至是楊察當筆，既進詔草，以爲未盡罪己之意，令更爲此詔。

15 遼主如黑水濼。遣使審決雙州囚。

16 乙未，賈昌朝罷爲武勝節度使、同平章事、判大名府兼河北安撫使；樞密副使、右諫議大夫吳育罷爲給事中，歸班。

昌朝與育數爭論帝前，論者多不直昌朝。時方閔雨，昌朝引漢災異册免三公故事，上表乞罷。御史中丞高若訥在經筵，帝問以旱故，若訥因言：「陰陽不和，責在宰相。洪範：『大臣不肅，則雨不時若。』」帝用其言，卽罷昌朝等；尋復命育知許州。

以河陽三城節度使、同平章事、判大名府夏竦依前官充樞密使。故事，文臣自使相除樞相，必納節還舊官，獨竦不然。初，降制召竦爲宰相，諫官御史言：「大臣和則政事起，竦與陳執中論議素不合，不可使共事。」越三日，遂貼麻改命焉。【考異】竦以乙未日除宰相，丁酉日改樞密使，而實錄并書之。今從本紀，仍出其日。仁宗本紀云：乙未，以夏竦同中書門下平章事、集賢殿大學士。丁酉，以夏竦爲樞密使。

以知益州、樞密直學士文彥博爲右諫議大夫、樞密副使。

17 帝因李東之建議，再畋近郊。南城之役，衞士不及整馬而歸，夜，有雉殞于殿中，諫者以爲不祥。是月，將復出，諫者甚衆，御史成都何郯言尤切直，遂罷出獵。又詔停建州造龍鳳茶。

18 丁酉，改樞密副使文彥博參知政事，以權御史中丞高若訥爲樞密副使。

19 己亥，賜天章閣待制兼侍講曾公亮三品服。故事，待制入謝，未始賜服。至是帝御邇英閣面賜之。

公亮自修起居注，當遷知制誥，賈昌朝其友壻也，避嫌，故使待制天章閣。昌朝罷既半歲，乃命知制誥。

20 壬寅，降宰臣工部侍郎陳執中爲給事中，參知政事、給事中宋庠爲右諫議大夫，工部侍郎丁度爲中書舍人。先是賈昌朝引漢故事乞罷相，昌朝既罷，執中等復申前請，於是各降官一等而輔政如故。

21帝之幸西太一宮也，日方炎赫，卻蓋不御，及還而雨霑足。【考異】宋史作辛丑。今從長編。

22是日，遼大雪。

23（癸卯），詔權停貢舉。

續資治通鑑卷第四十九

賜進士及第兵部尚書兼都察院右都御史總督湖北湖南等處地方軍務兼理糧餉世襲二等輕車都尉畢沅編集

宋紀四十九 起強圉大淵獻（丁亥）四月，盡著雍困敦（戊子）三月，凡一年。

仁宗體天法道極功全德神文聖武睿哲明孝皇帝

慶曆七年 遼重熙十六年。（丁亥、一〇四七）

1 夏，四月，乙巳朔，遼主聞太后不豫，馳往視疾。丙午，太后愈，遼主復如黑水濼。

2 己酉，詔曰：「前京東轉運使薛紳，任文吏孔宗旦、尙同、徐程、李思道爲耳目，伺察州縣細過以滋刑獄，時號四瞪。前江東轉運使楊紘，判官王綽，提點刑獄王鼎，皆苛察相尙，時號三虎。是豈稱朕忠厚待人之意！紘既降知衡州，而紳等故在；其降紳知陝州，鼎知深州；綽方居喪，候服除日取旨。自今毋皆復用爲部使者。宗旦等四人，並與遠小處差遣。」綽，益都人；鼎，沿子，與紘三人者，皆范仲淹等所選用也。天章閣待制侍講楊安國，因講筵爲帝言三虎、四瞪事，故有是詔。

綽先爲刑部詳覆官，有廖均者，挾當路權勢雪罪，中書違舊例送刑部，官屬無敢違者，綽獨以爲赦一定而例有出入，今廢赦用例，非有司所敢聞也。執政雖深惡之，然卒不能屈。遷通判雄州，城久壞，守將慮違遼人誓書，不敢修，綽以爲今但修之而已，非有所增廣，於誓書固無害也。既興役，遼人果來問，綽報以前語，仍緩其使，及使反而役已畢，遼亦不復問。杜衍、富弼尤稱其才。及喪除，責通判萊州。

3 庚戌，以京東轉運使包拯爲直集賢院、陝西轉運使。

4 壬子，御正殿，復常膳，仍賜二府喜雨詩。

5 乙卯，陳執中、宋庠、丁度皆復所降官。

6 丁卯，上封者言：「諸路轉運司廣要出剩，求媚於上。民輸賦稅，已是太半之賦，又令加耗，謂之潤官。江西諸路州軍體例，百姓納米一石，出剩一斗，往往有聚斂之臣，加耗之外，更要一斗。江西一路，歲以百萬石爲準，每石取米一斗，以百萬石計之，所收已及十萬石，十萬石耗米入官，則下民必食貴米。此但粗引一路之弊耳，況天下之廣，賦稅之饒，其弊無極。臣恐諸路轉運司尚有似此無名刻削，願陛下閱其奏目，或有橫加收斂，名爲出剩，乞賜黜貶爲便。」帝覽之，曰：「古稱聚斂之臣過於盜賊，今如此掊斂，是爲朕結怨於民也。」亟下詔止絕之。

7 遼以太后疾愈，赦境內。

8 己巳，詔諫官除朝參外，非公事毋得出入請謁。

9 五月，丙子，以東頭供奉官李瑋爲左衞將軍、駙馬都尉，選尙福康公主。瑋，用和次子，帝追念章懿太后不已，顧無以厚其家，乃使長女降焉。

10 知諫院王贄言：「臣僚章疏內，有事合更張者，送兩制及臺諫官等同議，動經半年有餘，未見結絕，素無條約，務在因循。欲乞今後應批狀下兩制及臺諫等官同定者，乞限五日內聚議，半月內連書奏上；如議論不同，卽許別狀以聞。」從之。

11 戊寅，詔武臣非歷知州、軍無過者，毋授同提點刑獄。

12 己丑，補降猺唐和等爲峒主。（校者按：此條應移13後。）

13 （壬午），以知青州、翰林學士、戶部郎中葉清臣兼龍圖閣直學士爲永興軍路都部署兼本路安撫使、知永興軍。

帝初欲進清臣官爲諫議大夫，宰相陳執中曰：「此太優，乞且令兼龍圖閣（直）學士。」帝許之。故事，新除知永興軍者，當有錫賚，執中曰：「清臣近已得賜。」遂不與。清臣愈恨，過闕請對，於帝前數執中之短，且力辭龍圖閣直學士不拜，帝錫賚之，亦不受。然帝遇執中如故。

14水洛城都監劉滬卒。其弟淵將護喪東歸，居人遮道號泣，請留葬水洛，立祠城隅，歲時祀之。經略司言：「熟戶蕃官牛獎遁等願得滬子弟主其城。」乃復命滬弟淳爲水洛城都監。

15己亥，命翰林學士楊察除放天下欠負。

16辛丑，詔：「西北二邊有大事，自今令中書、樞密院召兩制以上同議之。」

17六月，戊申，遼主清暑於永安山。

18丁巳，準布舊作阻卜，今改。部長朝於遼，獻方物。

19戊午，遼詔士庶言事。

20壬戌，置北京留守司御史臺。

21詔：「臣僚移任求朝見者，留京師毋得過十日。」

22先是夏竦言石介實不死，富弼陰使入契丹謀起兵，朝廷疑之。弼時知鄆州，亟罷京西路安撫使。既而北邊安堵，竦讒不驗，弼自鄆州徙青州，仍領京東路安撫使。竦在樞府，又讒介說契丹弗從，更爲弼往登、萊結金坑凶惡數萬人欲作亂，請發棺驗視。侍御史知雜事韓城張昪【考異】宋史本紀宰輔表作「昪」，列傳作「昇」，長編或作「昪」，或作「昇」，前後互異。蓋「昪」、「昇」字形相似，易於譌混。東都事略正作「昪」，今從之。及御史何郯嘗極論其事。郯奏：「此事造端，全是夏竦，意本不在石介。緣范仲淹、富弼在兩府日，竦嘗有樞密使之命，以羣議不從，卽行罷退。竦疑仲淹等排擯，以介嘗被仲淹等薦引，故欲深致介惡以汚忠義之臣。皆由疇昔之憾未嘗獲逞，昨以方居要位，乃假朝廷之勢有所報耳。其石介存歿，乞更不根問，庶存大體。」帝不聽，復詔監司體量。

中使持詔至奉符，提點刑獄呂居簡曰：「今破冢發棺，而介實死，則將柰何？且喪葬非一家所能辦，必有親族門生及棺斂之人，苟召問無異，卽令具軍令狀保之，亦可應詔矣。」中使曰：「善！」及還奏，帝意果釋。介妻子初羈管他州，事既辨明，乃得還。

23 秋，七月，辛巳，詔兩制及太常禮院議增眞宗謚。

24 壬午，以戶部副使張堯佐爲河東都轉運使。

25 辛卯，遼主如慶州。

26 辛丑，禁貢餘物饋近臣。

27 八月，丁未，賜汝州龍興縣處士孔旼粟帛。旼，孔子四十六代孫，性孤潔，喜讀書。有田數百畝，賦稅常爲鄉里先；遇歲饑，分所餘周不足者，未嘗計有無。聞人之善，若出於己。動止必依禮法，環所居百里人皆愛慕，見旼於路，輒斂衽以避。葬其父，廬墓三年，臥破棺中，日食米一溢，壁間生紫芝數十本。州以行義聞，故有是賜，又詔給復其家。

28 丙辰，加眞宗謚曰膺符稽古成功讓德文明武定章聖元孝，從張方平等議也。

29戊午，改文明殿學士爲紫宸殿學士。文明殿，禁中已無之，學士自程羽、李昉後亦不以除授，而「文明」二字又同眞宗謚。用宋庠議也。

30初置天章閣直學士，位在龍圖閣直學士之下。

31乙丑，析河北爲四路，各置都部署。【考異】文獻通考：慶曆七年，析河北四路各置都總管一員，如無事，止以安撫使總制諸路，卽其事也。按宋初大將領兵在外者曰都部署，治平以後，避英宗諱，始改部署爲總管。此四路置都總管，乃史臣追稱，今改正之。四路者，大名、眞定、定州、瀛州也。

32九月，甲戌，降知渭州張亢知磁州。時三司給郊賞，州庫物良而估賤，三司所給物下而估高，亢命均其直以便軍人。轉運使奏亢擅減三司所估，樞密使夏竦挾故怨，因黜亢。御史宋禧繼言亢嘗以庫銀市易，復降知壽州。

33自七月至於是月，遼主日射獵於楚不溝、霞列、繫輪、石塔諸山。

34冬，十月，壬寅朔，以集賢殿修撰范陽張揆爲天章閣待制兼侍讀學士。揆著太玄集解，召見延和殿，令揲蓍，得斷首，且言：「斷首，準易之夬卦，蓋陽剛以決陰柔，君子進而小人退之象也。」帝悅，故有是命。

35辛亥，遼主如中京。

36太子太傅致仕李迪旣歸濮州，其子東之爲侍御史知雜事，奉迪來京師。帝數遣使勞問，欲召見，以羸疾辭。壬子，迪卒，贈司空、侍中，謚文定。帝篆其墓碑曰「遺直之碑」，又改迪所葬鄄城之（鄧侯）鄉曰遺直鄉。

37 丙辰，遼定公主行婦禮於舅姑。

38 乙丑，河陽、許州地震。

39 庚午，鐵驪仙門朝於遼，遼主以其始入貢，加其使爲右監門衞大將軍。

40 十一月，戊寅，遼主祀木葉山。己丑，如中京，朝太后。

41 壬辰，遼禁漏泄宮中事。

42 丙申，朝饗景靈宮。丁酉，饗太廟、奉慈廟。戊戌，冬至，祀天地於圜丘；大赦。

43 是日，貝州宣毅卒王則據城反。

則本涿州人，歲饑，流至貝州，自賣爲人牧羊，後隸宣毅軍爲小校。貝、冀俗妖幻，相與習五龍滴淚等經及圖讖諸書，言釋迦佛衰謝，彌勒佛當持世。初，則去涿，母與之訣別，刺福字於背以爲記，妖人因妄傳福字隱起，爭信事之。而州吏張巒、卜吉主其謀，黨連德、齊諸州，約以明年正旦斷澶州浮梁，亂河北。會其黨潘方淨，懷刃以書謁北京留守賈昌朝，事覺被執，不待期亟叛。

時知州張得一，方與官屬謁天慶觀，則率其徒劫庫兵，得一走保驍捷營。賊焚門，執得一，囚之。兵馬都監田斌以從卒巷鬭，不勝而出。城扉闔，提點刑獄田京、任黄裳持印棄其家縋城出，保南關。賊從通判東鹿董元亨取軍資庫鑰，元亨拒之，殺元亨。又出獄囚，囚有憾司理參軍王獎者，遂殺獎。既而節度判官李浩、清河令齊開、主簿王濼〔淡〕皆被害。則僭號東平郡王，以張巒爲宰相，卜吉爲樞密使，建國曰安陽，【考異】陳桱通鑑續編作「安楊」。今從長編。榜所居門曰中京，居室廐庫，皆立名號，改年曰得聖，【考異】宋史紀事本末作「德勝」。玉海亦云：王則改元「得聖」，亦作「德勝」。今從長編。以十二月爲正月。百姓年十二以上，七十以下，皆涅其面曰「義軍破趙得勝」。旗幟號令，率以佛爲稱。城以一樓爲一州，書州名，補其徒爲知州，每面置一總管。然縋城下者日衆，於是令守者五伍爲保，一人縋，餘悉斬。

賈昌朝遣大名府鈐轄郝質將兵趨貝州。十二月，辛丑朔，昌朝以貝州反書聞。內出劄子下中書、樞密院，亟擇將領往撲滅之，仍令澶州、孟州、定州、眞定府豫設守備，毋致奔逸。

壬寅，遣入內押班麥允言、西京作坊使王凱往貝州捕殺軍賊，仍詔賈昌朝發精兵衞之。

高陽關都部署王信，聞貝州亂，亟領本部兵傅城下。甲辰，以信爲貝州城下招捉都部署。

44 戊申，加恩百官，王貽永封遂國公，夏竦英國公，章得象郇國公，王德用祁國公。

舊制，將相食邑萬戶，卽封國公。王旦爲相，過萬戶，而謙抑不受。是歲，郊恩，中外將相唯竦滿萬戶，中書請封英國公，因詔節度使帶平章事未滿萬戶皆得封，於是貽永、得象、德用皆封國公。

45 庚戌，以權知開封府明鎬爲河北（體量）安撫使。

46 辛亥，遼主謁太祖廟，觀太宗收晉圖。

47 癸丑，遼主問太后安。

48 甲寅，徙知滄州高繼隆知貝州，遣內侍何誠用齎敕榜招安貝州軍賊。御史中丞高若訥言：「河朔重兵所積處，今釋貝州不討，後且啓亂階，爲遼人笑。」不聽。

49 乙卯，遼以太后疾愈，命雜犯死罪以下減一等論，徒以下免。

50 庚申，遼南府宰相杜防、韓紹榮奏事有誤，各以大杖決之，出防爲武定軍節度使。

51 三司使張方平言：「勘會陝西用兵以來，內外所增置禁軍八百六十餘指揮，約四十有餘萬人，內馬軍一百二十餘指揮，若馬數全足，計六萬有餘匹；其係三路保捷、振武、宣毅、武衞、清邊、蕃落等指揮幷本道土兵，連營仰給約二十餘萬人，比屯駐戍兵當四十萬人。又自慶曆三年以後，增添給送西北銀絹，內外文武冗官，日更增廣，所以三司經用不贍。天下山澤之利，茶鹽酒稅諸色課入，比之先朝以前，例皆大有增剩，可謂無遺利矣。而有司調度，交見匱乏，直以支費數廣，不量入爲出所致耳。方今急務，莫先食貨，食貨不足，何以爲國！伏望令中書、樞密院審加計議，裁於聖斷。早爲之所，猶須效在累年之後；如救焚援溺，則益不及矣。」

52 壬戌，高麗貢於遼。

八年 遼重熙十七年。（戊子、一〇四八）

1 春，正月，辛未，夏國主曩霄殂，僞謚曰武烈皇帝，廟號景宗，墓曰泰陵。

曩霄凡七娶：【考異】宋史夏國傳：元昊五娶：一曰遼興平公主，二曰宣穆惠文皇后沒藏氏，三曰憲成皇后野力氏，四曰妃沒喙氏，五曰索氏。與長編所載不同。今從長編。一曰米母氏，舅女也，生一子，以貌類他人，殺之。二曰索氏。三曰都羅氏，早死。四曰咩迷氏，生子阿理，謀殺曩霄，爲臥香乞所告，沈於河，殺咩迷氏。五曰雅爾舊作野利，今改。氏，裕勒且舊作遇乞，今改。從女也，頎長，有智謀，曩霄畏之，戴金起雲冠，令他人不得冠。生三子，曰寧明，喜方術，從道士學辟穀，氣忤而死。次寧令格，舊作甯令哥，今改。【考異】宋史：諒祚，小字甯令哥，國語謂歡嘉爲甯令，兩岔河名也，母沒藏氏，從元昊出獵至此而生諒祚，遂名焉。據長編，則寧令格與諒祚自是兩人。今從長編。曩霄以貌類己，特愛之，以爲太子。次薛埋，早死。後復納瑪伊克，舊作沒移，今改。皆山女，營天都山以居之。雅爾之族宣言，吾女嫁二十年，止故居，而得瑪伊克女，乃爲修內，曩霄怒。會有告裕勒且兄弟謀以寧令格娶婦之夕作亂，曩霄遂族裕勒且、剛哩、淩城逋等三家。既而雅爾氏訴，我兄弟無罪見殺，曩霄悔恨，下令訪遺口，得裕勒且妻闍于三香家，後與之私通，雅爾氏覺之，乃出之爲尼，號密藏（舊作沒藏。）大師。六曰耶律氏。七曰瑪伊克氏，初欲納爲寧令格妻，曩霄見其美，自娶之，號爲新皇后。寧令格憤而殺曩霄，不死，劓其鼻而去，匿黃蘆鄂特彭（舊作訛龐，今改。）家，爲鄂特彭所殺。曩霄遂因鼻創死，【考異】元昊之死，宋、遼二史俱不言爲其子所戕。蓋夏人紀事皆用本國書，國亡之後，罕有習其文字者，故事迹散落不備，唯長編敍次頗詳，今酌取之。年四十六。

密藏氏初爲尼，寓於興州之戒壇院，既娠而曩霄死。曩霄遺言，立從弟委格寧令。其大酋諾伊尙都等與密藏鄂特彭議所立。密藏，大族也，鄂特彭爲之長。衆欲如遺言立委格寧令。鄂特彭獨弗許，曰：「委格寧令非子，且無功，安得有國！」諾伊尙都曰：「國今無主，然則何所立？不然，爾欲之乎？爾能保有夏土，則亦衆所願也。」鄂特彭曰：「予何敢哉！夏自祖考以來，父死子繼，國人乃服。今密藏尼娠先王之遺腹，幸而生子，則可以嗣先王矣，誰敢不服！」衆曰：「然。」遂立密藏尼爲太后。曩霄死三月而生男，是爲諒祚，【考異】宋史載諒祚以慶曆七年二月六日生，八年正月，期歲即位，與長編異。今從長編。以毛惟昌、高懷正之妻更乳之，而政在密藏氏。惟昌、懷正，皆漢人，本裕勒且帳下，故親待之。已而懷正貸銀夏人，惟昌竊衣曩霄所與盤龍服，皆爲鄂特彭所族。

2 乙亥，明鎬以貝州城峻，不可攻，謀築距闉，度用工二萬人，期三十日可與城齊；而賊亦於城上設戰棚，與官軍相當，名曰喜相逢。距闉將成，爲賊所焚，火三日不滅。乃用軍校劉遵計，即南城鑿地道，而日攻其北以牽制之。

貝州民有汪文慶、郭斌、趙宗本、汪順者，自城上繫書射鎬帳，約爲內應，夜，縋絙以引官軍，既納數百人，焚樓櫓，賊覺，率衆拒戰。初，官軍既登，欲專其功，斷絙以絕後來者。及與賊戰，兵寡不敵，與文慶等復縋而下。是夜，城幾克。丙子，授文慶、斌西頭供奉官，宗本、順右侍禁。

丁丑，以參知政事文彥博爲河北宣撫使，本路體量安撫使明鎬副之。鎬督諸將攻貝州城，久不下，帝憂之，問輔臣策安出，彥博乞自往討賊，故遣彥博宣撫而改鎬爲副。先是樞密使夏竦惡鎬，恐其成功，凡鎬所奏請，輒從中沮之。彥博既受命，因言軍事中覆不及，願得專行。戊寅，詔許彥博以便宜從事。彥博請用將作監主簿鞠真卿等三人掌機宜文字，許之。鎬所奏辟殿中丞王起等四人，仍聽隨軍。

貝州賊謀竊出要劫遼使，明鎬諜知之，遣殿侍安素伏兵西門。壬午，賊果以三百人夜出，伏發，皆就獲。

3 是日，江寧府火。初，南唐大建宮室府寺，其制皆倣帝京。時營兵謀亂，事覺，伏誅。

既而火，知府事、集賢殿學士李宥懼有變，閽門不救，延燒幾盡，唯存一便廳，乃舊玉燭殿也。尋責宥爲祕書監，直令致仕。宥奏火事云：「不意禍起蕭牆，變生回祿。」會新有衞士之變，朝廷惡其言，故責特重。

4乙酉，降空名告敕宣頭劄子三百道，下河北宣撫使，以備賞戰功。是日，文彥博至貝州城。

5丁亥，遼主如春水。

6乙未，日赤無光。

7官軍攻貝州城北甚急，賊盡銳禦之；而南城所穴地道潛達城中，賊初不覺也。閏月，庚子朔，文彥博夜選壯士二百，銜枚由地道入，右班殿直曹竭等導之，既出，登城，殺守陴者，垂絙引官軍。賊縱火牛，官軍稍卻。軍校楊遂以槍中牛鼻，牛還走，賊衆驚潰，王則開東門遁，閤門祗候張絪緣壕與戰，死之。王信捕得則，餘黨保邨舍，皆焚死。則自反至敗，凡六十五日。

辛丑，文彥博遣李繼和來告貝州平，賜繼和錦袍、金帶。彥博請斬王則於大名府，夏竦言恐所獲非眞盜，當覆視之，詔以檻車送則京師。

8王則之以貝州反也，深州卒龐旦，與其徒謀以元日殺軍校，劫庫兵，應之。前一日，有告者，知州王鼎夜出，檄遣軍校攝事於外邑，而陰爲之備。翼日，會僚吏，置酒如常，叛黨愕不敢動。鼎刺得實，徐捕首謀十八人送獄，獄具，俟轉運使至審決。未至，軍中兇兇，謀劫囚，鼎謂僚吏曰：「吾不以累諸君。」獨命取囚桀驁者數人斬於市，衆皆失色，一郡帖然。轉運使至，囚未決者半，訊之，皆伏誅。

9 壬寅，升冀州爲安武軍。

10 甲辰，曲赦河北，賜平貝州將士緡錢，戰歿者官爲葬祭；兵所踐民田，除夏秋稅。改貝州爲恩州。

11 丁未，以祕閣校理張瓌爲兩浙轉運使。瓌十年不磨勘遷官，朝廷奬其退靜，故用之。

12 戊申，以文彥博爲禮部侍郎、平章事，明鎬爲端明殿學士、給事中，馬軍都虞候王信爲威德軍留後；自餘兵官各以功次遷轉及賜緡錢有差。

13 贈馬遂爲宮苑使。

遂，開封人，以三班奉職爲北京指使，聞王則叛，詣留守賈昌朝請擊賊。昌朝使持榜入城招降，則盛服見之，與飲茶。遂諭以禍福，輒不答，遂將殺則而無兵仗自隨，時張得一在側，遂欲其助己，目得一，得一不動。遂奮起，投杯抵則，扼其喉，擊之流血，而左右卒無助者。賊黨攢刃聚譟，至斷其一臂，猶詈則曰：「妖賊，恨不斬汝萬段！」賊執遂，縛而支解之。則倉猝被毆傷，病數日乃起。事聞，帝歎息久之。則既誅，乃追贈逐，封其妻爲旌忠縣君，賜冠帔，官其子五人。後得殺逐者，使其子剖心而祭之。

14 癸丑，遼主射虎於侯里吉。

15 乙卯，判大名府兼北京留守司賈昌朝加檢校太師，進封安國公，以恩州平也。翰林侍讀學士楊偕言：「賊發昌朝部中，至出大臣討之乃平。昌朝爲有罪，不當賞。」弗聽。

16 辛酉，崇政殿親從官顏秀、郭逵、王勝、孫利等四人謀爲變，殺軍校，劫兵仗，登延和殿屋，入禁中，至寢殿。時皇后侍帝，夜半，聞變，帝遽欲出，后閉閤抱持，遣宮人馳召都知王守忠等以兵入衛。賊至福寧殿下，斫宮人，傷臂，聲徹帝所。宦者何承用慮帝驚，紿奏宮人毆小女子，后叱之曰：「賊在殿下殺人，帝且欲出，敢妄言邪！」后知賊必縱火，乃遣宦者持水踵賊，賊果以燭焚簾，水隨滅之。是夕，所遣宦者，后親翦其髮以爲識，諭之曰：「賊平加賞，當以汝髮爲證。」故宦者爭盡死力。倉猝處置，一出於后。顏秀等三人尋爲宿衛兵所誅，王勝走匿宮城北樓，經日乃得，捕者卽支分之，卒不知其始所謀。

樞密使夏竦言於帝，請御史同宦官卽禁中鞫其事，且言不可滋蔓，使反側者不安。參知政事丁度曰：「宿衛有變，事關社稷，此而可忍，孰不可忍！」固請付外臺窮治黨與，自旦爭至食時，帝卒從竦議。甲子，降內侍楊景宗、鄧保吉、楊懷敏、劉永年、趙從約、王從善等五人皆外遷；獨懷敏領職如故，竦庇之也。

先是有詔釋景宗等罪，御史中丞魚周詢、侍御史知雜事張昪、御史何郯等言：「殿廷所置宿衞，本爲人主預備非常。今衞士所爲凶悖，意不可測，兼後來獲賊餘黨，累傳聖旨令未得殺死，而全不依稟，蓋是本管臣僚懼見捕獲之後，勘鞫得情，所以容衆毆死，以圖滅口，欲輕失職之罪。情狀如此，理無可恕。太祖朝，酒坊火發，本處兵士因便作過，太祖以本坊使副田處巖等不能部轄，並處極法。今乘輿咫尺，賊亂竊發，凶惡之狀，無大於此。而居職者既不能察舉，當宿者又不卽禽捕，未正典法，何以塞公議！伏乞重行黜降，用振威罰。」

景宗等既外遷，郯等又再具奏，乞黜懷敏。帝令中書召郯等，諭以獨寬假懷敏之故。郯等又言：「衞士持刃直入禁庭，欲淩犯乘輿，爲大臣者宜深責有司失察之罪，如楊景宗等，並當誅戮以謝天下；若以其過非自取，止可貸其正坐，並宜流竄以戒百職。景宗等罰既甚輕，懷敏又獨異衆，蓋兩府大臣畏陛下左右之怨怒，不能堅執祖宗之法也。伏望一例責授外任，以協公論。」

帝語輔臣以宮庭之變，美人張氏有扈蹕功，夏竦卽倡言宜講求所以尊異之禮。宰相陳執中不知所爲，翰林學士張方平見執中言：「漢馮婕妤身當猛獸，不聞有所尊異。且舍皇后而尊美人，古無是禮。若果行之，天下謗議必大萃於公，終身不可雪也。」執中瞿然而罷。

【考異】李燾曰：張美人此時未爲貴妃，墓誌及附傳皆云貴妃，誤也。

17初，諫官言：「江寧，上始封之地，守臣視火不謹，府寺悉焚，宜擇材臣繕治之。」命司農卿林濰代李宥，濰固辭不行，乃降濰知袁州，改命龍圖閣直學士張奎知江寧府。奎既至，簡材料工，一循舊制，不踰時復完。

18丙寅，磔王則於都市。

19以知洪州、直集賢院李絢爲荆湖南路轉運使。時五谿蠻寇湖南，擇轉運使，帝曰：「有館職善飲酒者爲誰？今安在？」輔臣未喻，帝曰：「是往歲城邠州者，其人才可用。」輔臣以絢對，遂除之。絢乘驛至邵州，戒諸部按兵無動，使人諭蠻以禍福。蠻悅，罷兵受約束。

初，元昊犯延州，並邊皆恐。絢通判邠州，城陴不完。絢方攝守，卽發兵治城，僚吏皆謂當言上待報，絢不聽。帝聞之，喜，因詔他州悉治守備。

20丁卯，誅張得一，其兄弟悉坐降官，妻子論如律。得一知貝州，視事八日而亂作。賊置得一州廨之西，日具食飲。初，賊取州印，語曰：「用訖卻見還。」每見賊，必呼曰大王，先揖而坐，坐必東向，又爲則草僭擬儀式。賊平，得一付御史臺劾治。獄具，朝廷議貸死，中丞高若訥謂：「守臣不死自當誅，況爲則屈乎！」於是坐棄市。得一，耆之子也。

21是月，臣僚上言：「皇城司在內中最爲繁劇，祖宗任爲耳目之司，句當官四員，多差親信有心力人。近年員數倍多，並不選擇。乞今後只差四員，選有心力沈厚之人，更不許人指射陳乞；如違，並以違制論。」從之。

22二月，癸酉，楊懷敏落入內副都知，復爲左藏庫使、滑州鈐轄，始從御史言也。何郯擊懷敏尤力，帝諭郯曰：「古之諫臣嘗有碎首者，卿能行此否？」對曰：「古者帝不從諫，故臣有碎首。今陛下從諫如流，何用如此！若必碎首，則美歸臣下而過在君上也。」帝欣納之。【考異】李燾曰：實錄云，諫官、御史，皆言懷敏。按此時諫官，惟吳鼎臣、王贄，又，鼎臣正月已出使，贄姦邪，必不敢觸懷敏，實錄必誤。今削去諫官二字。

23頒慶曆善救方。帝始閱福建奏獄，多以蠱毒害人者，福州醫工林士元能以藥下之，遂詔錄其方。又命太醫集諸方之善治蠱者爲一編，詔丁度爲序而頒之。

24丙子，翰林侍讀學士、左諫議大夫楊偕爲工部侍郎，致仕。召見，宴勞，賜不拜。及卒，遺奏上兵論一篇。帝憐之，特贈兵部侍郎。

偕性剛而忠朴，敢爲大言，數上書論天下事，議者以爲迂闊難用。與人少合，然亦能有所容。初，蔡襄等劾奏偕，出知杭州。會襄謁告過杭，而輒游里市，或誚偕，盍言於朝，答曰：「襄嘗以公事詆我，我豈可以私報邪！」

25（丁丑），夏遣楊守素來告其主曩霄之喪，命開封府判官曹穎叔爲祭奠使，六宅使鄧報〔保〕信爲弔慰使，賜絹布羊米麪酒如例。夏亦遣使告於遼，遼遣使如夏慰奠。

26戊寅，改知荆南范仲淹復知鄧州。仲淹在鄧二年，鄧人愛之。及徙荆南，衆遮使者請留仲淹，仲淹亦願留，詔從其請。

27己卯，賜瀛、莫、恩、冀州緡錢二萬，贖還飢民鬻子。

28壬午，貶三司戶部判官韓綜知滑州。綜前使遼，遼主問其家世，綜言父億在先朝已嘗持禮來使，遼主喜曰：「與中國通好久，父子相繼奉使，宜酌我酒。」綜率同使者五人起爲壽，遼主亦離席酬之，歡甚。旣還，宰相陳執中以爲生事，故責之。尋改知許州。

29乙未，以侍御史宋禧爲兵部員外郎、同知諫院。先是禧鞫衞士獄於內侍省，不能究其本謀。獄旣具，內侍又使禧自爲牒，稱無敢漏泄。已而乞徧於宮省置防謹火燭牌，及伐禁中臨簷巨木，畜羅江犬以備盜。朝論非笑，因號曰宋羅江。開封府判官曹穎叔言禧爲制使辱命，請置於法，不聽，至是又擢諫官。

30是月，遼命士庶言國家利便，不得及己事。奴婢所見，許白其主，不得自陳。

31三月，甲辰，詔禮部貢舉。

32以京西轉運使任顓權判三司都理欠憑由司。

初，夏遣呂你如來納款，要請凡十一事，其尤者欲去臣稱男。選顗押伴，一切責以大義，詞屈而去。及孫延壽再使，雖上表已稱臣，而猶欲以青鹽通中國及自買賣，又乞增歲賜至三十萬。詔惟許榷場及添賜五萬，其議多顗所陳者。曩霄既爲其下所殺，遣楊守素告哀，而守素乃康定中爲曩霄謀不稱臣，納所賜節者也。顗適奏計京師，帝留顗館伴。顗問守素，曩霄所以死，守素不能對，終其去，不敢桀驁。中書擬顗知鳳翔府，帝曰：「任顗應接楊守素事畢，宜備朝廷緩急委任，鳳翔不難得人。」執政有不悅顗者，因命以此官。

33 甲寅，幸龍圖、天章閣，召近臣、宗室觀太宗游藝集、眞宗幸澶州詩碑及三朝瑞物。又出手詔賜輔臣曰：「間者西垂備禦，天下繹騷，趣募兵師，急調軍食，雖常賦有增而經用不給。加以承平寖久，進仕多門，人浮政濫，員多缺少。又，牧宰罕聞奏最，將帥艱於稱職，豈制度未立，不能變通於時邪，簡擢靡臻，不能勸厲於下邪？西北多故，敵情靡常，獻奇譎空言者多，陳悠久實效者少，思濟此務，罔知所從，悉爲調畫之。」又詔翰林學士、三司使、知開封府、御史中丞曰：「欲聞朕躬闕失，左右朋邪，中外險詐，州郡暴虐，法令非便民者，及朝廷幾事，其悉以陳。」皆給筆札，令即坐上對。時樞密使夏竦知執中不學少文，故爲帝畫此謀，意欲困執中也。執中方力辭，未許。參知政事宋庠進曰：「兩漢對策，本延巖穴之士；今備位政府而自比書生，非所以尊朝廷，請至中書合議上對。」許之。論者以爲知體。

是日，翰林學士張方平既退朝，會鎖院草制，方平即條對所問，夜半，與制書俱上，曰：「向因夏人阻命，諸路增置禁軍約四十二萬餘人，通三朝舊兵且八九十萬人，其鄉軍義勇、州郡廂軍、諸軍小分剩員等不在此數。凡此冗兵，非惟困天下財用，方且成天下禍階，若不早圖，後無及矣。望嚴令天下禁止召募，命逐路轉運使、提點刑獄，分按所部，揀選疲老，便與放停。若雖係禁軍而羸弱願退就廂軍，亦聽從便。

今入官之路，徼倖攀援，日生新例，乞令中書、樞密院各具逐年諸色入仕名目及人數，取其徼倖弊濫尤甚者，逐色別立條約，稍加裁損。其屬三司、殿前司、羣牧司等處酬奬條貫，亦乞重行詳定。

臣聞先朝，雖將相大臣之子孫，猶多白衣未仕者。今自少卿監以上，輒每歲任一人，不亦過乎！祖宗之時，文武官不立磨勘年歲，不爲升遷資序，有才用名實之人，或從下位便見超擢；無才用名實之人，有守一官十餘年不改轉者，其任監當或知縣、通判、知州，有至數任不得遷者。故當時人皆自勉，非有勞效，知不得進。自祥符之後，朝議益循寬大，故令守官及三年，即例得磨勘，賢不肖莫知所勸。願陛下稍革此制，其應磨勘敍遷者，必有勞績可褒，或朝廷特敕擇官保任者，即與轉遷，足以見聖恩急才愛民之意也。

至於將帥之任，宜久於其職。祖宗任李漢超、郭進等，遠或二十年，近猶八九年，略其細故，不輕有移易。今則不然，武臣指邊郡，謂之邊任，借爲發身之地。歷邊任者，曾無寸勞，不數年徑列橫行、刺史、防、團、廉察，能飾廚傳，熟於人事者，卽以爲才。而又移換改易，地形山川未及知，軍員仕伍未及識，吏民士俗未及諳，已復去矣。願陛下鑒祖宗故事，重爵賞以待功勞，責久任以觀能效，亦馭將帥之一節也！」

帝覽奏驚異。詰旦，更賜手札，問詔所不及者。方平卽日復上對曰：「臣觀古今治亂之變，不在其他，只在上下之勢合，事無大不成；上下之勢離，事無小不敗。比年以來，朝廷頗引輕險之人，布之言路，違道干譽，利口爲賢，敗壞雅俗，遂成險薄。內則言事官，外則按察官，多發人閨門曖昧，年歲深遠累經赦宥之事。而又諸色小人，下至吏胥僮僕，觀時得逞，敢於犯上，創造詞說，朝廷便行，濟以愛憎，何所不至！故自將相而下，至於卿大夫，惴惴危恐，一動一爲，輒曰恐致人言，苟且因循，求免謗咎，何暇展布心體，爲國立事哉！願陛下留神，務在通上下之情，欲上下之情合，在審於聽受而已。」帝覽奏，益異之，書「文儒」二字以賜。【考異】方平墓誌銘，蘇軾所撰也，載此疏僅存大概；東都事略祇據墓誌銘，則更簡矣。今考樂全集所載二疏，摘取其要。墓誌銘又云：月餘，御迎陽門，召兩制近侍復賜問目，獨引公近御榻密訪之，且有大用語。公歎曰：「暴人之私，迫人於險，而攘之，我不爲也。」終無所言。李燾曰：方平與李淑、梁適、蘇紳好傾陷人，志銘恐飾說也。按方平好傾陷人，亦無確據，今並刪去。

34壬戌，以霖雨錄繫囚。

35癸亥，御迎陽門，召知制誥、待制、諫官、御史等詔之曰：「朕欲聞朝政得失，兵農要務，邊防備禦，將帥能否，財賦利害，錢法是非，與夫讒人害政，姦盜亂俗，及所以防微杜漸之策，悉對於篇。」是日，知制誥曾公亮以母病在告，亦遣內侍賜詔令上對。

殿中侍御史何郯既對詔所問，又言：「天下利害，非一日可盡條陳，欲乞特頒詔旨，告諭兩制、兩省臣僚，自今有聞朝政闕失，政令過差，軍機利害，雖非本職，並許上章論列，仍委中書置籍具錄所上章疏。遇欲進用臣僚，令取有裨補多者，用爲選首。所冀親侍之人，各知責任，務圖傾竭，以助政化。」

36翰林侍讀學士葉清臣在永興，條對甲寅詔書所問，其言多劘切權貴，且曰：「陛下欲抑奔競，此繫中書。若宰相裁抑奔競之流，則風俗敦厚，人知止足；宰相用險佞之士，則貪榮冒進，浸成波靡。向有職在營(管)庫，日趨走時相之門，入則取街談巷言以資耳目，出則竊廟謨朝論以驚流輩，一日皆擢職司以酬所任。比日人士，競踵此風，出入權要之家，時有三尸、五鬼之號，乃列館職，或置省曹。且臺諫爲天子耳目，今則盡爲宰相肘腋。宰相所惡，則捃以微瑕，公行擊搏；宰相所喜，則從而唱和，爲之先容。中書政令不平，賞罰不當，則箝口結舌，未嘗敢言；人主纖微過差或宮闈小事，卽極言過當，用爲訐直。供職未踰歲時，遷擢已加常等。宋禧爲御史，勸陛下宮中畜犬設棘以爲守衞，削弱朝體，取笑外國，不加訶譴，擢爲諫官。王逵兩爲湖南、江西轉運使，所至苛虐，誅剝百姓，徒配無辜，特以宰相故舊，不次拔擢，遂有河東之行。如此，是長奔競也。」其他所列利害甚衆。【考異】李燾曰：王逵正月戊戌爲河東漕司。按曾鞏銘逵墓及包拯彈逵章，並稱河東，淸臣稱有河北之行，恐誤，今改正。

續資治通鑑卷第五十

賜進士及第兵部尚書兼都察院右都御史總督湖北湖南等處地方軍務兼理糧餉世襲二等輕車都尉　畢沅　編集

宋紀五十　起著雍困敦（戊子）四月，盡屠維赤奮若（己丑）十二月，凡一年有奇。

仁宗體天法道極功全德神文聖武睿哲明孝皇帝

慶曆八年　遼重熙十七年。（戊子、一〇四八）

1夏，四月，己巳朔，封曩霄子諒祚爲夏國主，以祠部員外郎任顓等爲册禮使。諒祚生甫三月，諸將未和，議者謂可因此時，皆以節度使命諸將，使各統所部，分弱其勢，冀絕後患。判延州程琳言：「幸人之喪，非所以示德，不如因而撫之。」知慶州孫沔亦言伐喪非中國體，帝納其言，遂趣有司行册禮。然議者頗惜其失機會。【考異】李燾曰：程琳本傳云：朝廷既行册禮，夏人方圍慶陽，琳止詔使於鄜曰：「夷狄貪，此可紓慶陽之難。」乃具禮幣賜予之數移報之，果喜，即日迎册使，而慶陽圍亦解。按諒祚此時方自保不暇，何敢遽圍慶陽，本傳必誤。按附傳及歐陽修墓銘、神道碑亦不載此事。

2參知政事丁度數請罷，御史何郯又言：「度列在三事，於茲累年，上無所益國體，下不能服人心，伏乞斷在不疑，退之以禮。」辛未，度罷爲紫宸殿學士兼翰林侍讀學士。【考異】按宋史仁宗紀，壬申，丁度罷。今從宰執表及李燾長編。以端明殿學士、權三司使明鎬參知政事。文彥博自貝州入相，數推鎬功，故度罷而鎬代之。

[3]（甲戌），以知永興軍葉清臣爲翰林學士、權三司使。

[4]（丙子），詔：「科場舊條皆先朝所定，宜一切無易。」時禮部貢院言：「四年，宋祁等定貢舉新制，會明年詔下，且聽須後舉施行。今秋試有期，緣新制諸州軍發解，但令本處官屬保明行實，其封彌、謄錄，一切罷之。竊見外州解送舉人，自未彌封、謄錄以前，多采虛譽，即試官別無請託，亦止取本州曾經薦送舊人，其新人百不取一。彌封以後，攷官不見姓名，須實攷文藝，稍合至公。又，新制，進士先試策三道，次試論，次試詩賦。先攷策論定去留，然後與詩賦通定高下。然舉人每至尙書省，不下五七千人，及臨軒覆較，止及數百人，蓋詩賦以聲病雜犯，易爲去留，若專取策論，必難升黜。蓋詩賦雖名小巧，且須指題命事，若記問該當，則辭理自精。策論雖有問題，其間敷對，多挾他說，若對不及五通盡黜之，即與元定解額不敷，若精粗畢收，則濫進殊廣。所以自祖宗以來，未能猝更其制。兼聞舉人舉經史疑義可以出策論題目，凡數千條，謂之經史質疑。至於時務，亦鈔撮其要，浮僞滋甚，若〔難〕爲攷較。又舊制以詞賦聲病偶切之類，立爲攷試，今特許倣唐人賦體，及賦不限聯數，不限字

數。古今文章，務先體要，古未必悉是，今未必悉非。嘗觀唐人程試詩賦，與本朝所取名人詞藝，實亦工拙相半，俗儒是古非今，不爲通論。自二年以來，國子監生，詩賦卽以汗漫無體爲高，策論卽以激訐肆意爲工，非惟漸誤後學，實恐將來省試，其合格能幾何人！伏惟祖宗以來，得人不少，攷較文藝，固有規程，不須變更，以長浮薄，請並如舊制。」故降是詔。

【考異】李燾曰：五年，三月，詔貢院所試詩賦、經義並如舊制，本志以爲楊察建議。八年，四月，又下詔，乃其貢院申請。按察本傳，察權判貢院，初建此議。當五年三月，旣已施行，八年四月，貢院復有申請，其議則實察五年所建者，但不知此時察仍判貢院或已罷爾。今兩存之，仍依實錄，不出察主名。本志又於此詔後書張方平知舉，請下詔戒辭賦新體。按方平以六年二月知舉，本志誤矣。

初，詔外州發解到省，差官覆攷；尋罷之，蓋慮因此或致抑退寒士故也。

5 遼復以武定軍節度使杜防爲南府宰相。

6 丙子，高麗貢於遼。

7 辛卯，置河北四路安撫使。

初，賈昌朝判大名，已兼河北安撫使。至是以資政殿學士、給事中韓琦知定州，禮部侍郎王拱辰知瀛州，右諫議大夫魚周詢知成德軍，並兼本路安撫使。

8 御史何郯言紫宸不可爲官稱，五月，乙巳，詔改舊延恩殿爲觀文殿，仍改紫宸殿學士爲觀文殿學士，班次如舊制。

9乙卯，知諫院宋禧出爲江南東路轉運使；己未，改荆湖北路。禧雖罷諫職，猶得爲監司，議者非之。

10御史何郯言：「樞密使、平章事夏竦，學非而博，行僞而堅；有纖人善柔之質，無大臣鯁直之望；聚斂貨殖以逞貪婪，比周權倖以圖進取。近者衞兵爲亂，突入宮掖，凡在職守，失於防察，宜置大戮，而竦只緣管皇城司內臣楊懷敏素與交通，曲爲掩藏，但欲私相爲恩，未嘗公議其罪。千百具僚，皆謂懷敏失察賊亂，只緣官責，其罪小；夏竦多懷顧慕，不奮臣節，其罪大。今懷敏黜而竦獨留，中外之心，無不憤激。伏望與衆永棄，示人不私。」辛酉，竦罷樞密使，判河南府。

言者既數論竦姦邪，會京師同日無雲而震者五，帝方坐便殿，趣召翰林學士。俄頃，張方平至，帝謂曰：「夏竦姦邪，以致天變如此，亟草制出之！」方平請撰駁辭，帝意遽解，曰：「且以均勞逸命之。」

郯又言：「聞竦乞一殿學士職名，不顧廉恥，冒有陳請，陛下豈宜許其自便，留在朝廷！乞不改前命，仍指揮催促赴任。」從之。

11是日，參知政事宋庠，加檢校太傅，充樞密使。壬戌，以樞密副使龐籍參知政事。【考異】

籍自樞密副除參政，據宋史紀、表亦在辛酉日。今從長編。

12 六月，戊辰朔，詔近臣舉文武材堪將帥者。

13 癸酉，河決澶州商胡埽。

14 庚辰，準布舊作阻卜，今改。獻馬駝二萬於遼。

15 壬午，太子太師致仕徐國公張耆卒，贈太師兼侍中，謚榮僖。

耆爲人重密有智數，太后預政，寵遇最厚，安佚富盛，踰四十年；所歷藩鎮，人苦其擾。

16 癸巳，參知政事明鎬疽發背，帝親臨視；甲午，卒，贈禮部尚書，謚文烈。

鎬端挺寡言，所至安靜有體，而遇事能斷，爲世所推重。

17 乙未，詔：「館閣官須親民一任，方許入省府及轉運、提點刑獄差遣。」

18 丙申，司空致仕章得象卒。故事，致仕官乘輿不臨奠，帝特往奠之；贈太尉兼侍中，謚文憲。

19 民間盜鑄者衆，錢文大亂，物價翔涌，公私患之。於是河東都轉運使張奎奏：「晉、澤、石三州及威勝軍日鑄小鐵錢，獨留用河東。」鐵錢既行，而盜鑄者獲利十之六，錢輕貨重，言者皆以爲不便。知并州鄭戩請河東鐵錢且以二當銅錢一，行一年，以三當一或以五當一。罷官鑪日鑄，但行舊錢。知澤州李昭遘亦言：「河東民燒石炭，家有橐冶之具，盜鑄者莫可詰。而契丹亦能鑄鐵錢，以易並邊銅錢而去，所害尤大。」

是月，翰林學士張方平、宋祁、御史中丞楊察與三司使葉清臣先上陝西錢議，請以小鐵錢三當銅錢一，既而又請河東小鐵錢亦如之，且罷官所置鑪，朝廷皆施用其言。自是姦人稍無利，猶未能絕濫錢也。其後詔商州罷鑄清黃銅錢，又令陝西大銅錢、大鐵錢皆一當二，盜鑄乃止。然令數變，兵民耗於資用，類多咨怨，久之始定。

20 秋，七月，戊戌，以河北水，令州縣募飢民爲軍。

21 甲寅，遼錄囚，減雜犯死罪。

22 八月，丁丑，右諫議大夫·權御史中丞楊察、兵部員外郎兼侍御史知雜事張昪並落職，察知信州，昪知濠州。

察爲御史中丞，論事無所避。會詔舉御史，建言：「臺屬供奉殿中，巡糾不法，必得通古今治亂良直之臣。今舉格太密，坐細故皆置不取，恐英偉之士或有所遺。」何郯以論事不得實，中書問狀，察又言：「御史，故事許風聞，今以疑似之間，遽被詰問，臣恐臺諫官畏罪緘默，非所以廣言路也。」察數以言事忤宰相陳執中，故坐與昪俱黜。

其後監察御史建陽陳旭數言昪宜在朝廷，帝曰：「吾非不知昪賢，然言詞不擇輕重。」旭請其事，帝曰：「頃論張堯佐事，云『陛下勤身克己，欲致太平，柰何以一婦人壞之！』」旭曰：「此乃忠直之言，人臣所難也。」帝曰：「昪又論楊懷敏云，『懷敏苟得志，所爲不減劉季述。』何至於此！」旭曰：「昪志在去惡，言之不激，則聖意不回，亦不可深罪也。」

23知陝州吳育上言：「近傳三司判官楊儀下獄，自御史臺移劾都亭驛，械縛過市，萬目驚駭。及聞案具，乃止坐請求常事，非有枉法贓賄。又傳所斷罪名，法不至此，而出朝廷特旨；恐非恩歸主上、法在有司之意也。且儀身預朝行，職居館閣，任事省府，使有大罪，雖加誅斬，自有憲章。苟不然者，一旦至此，使士大夫不勝其辱，下民輕視其上，非所以養廉恥，示敦厚也。儀罪未斷，臣不敢言。今事已往，且無救解之嫌，止祈聖神此後詳審庶事，毋輕置詔獄。具案之上，自非情涉巨蠹，且從有司論讞，不必法外重行。如此，足以安人心，靜風俗，養廉恥，召和平，天下之幸也。」

24丙戌，遼復南京貧戶租稅。戊子，遼以殿前都點檢耶律義先爲行軍都部署，以中順軍（節度使）夏行美副之，伐富努里。（舊作蒲奴里。）

25己丑，以河北、京東、西水災，罷秋宴。

26甲午，御邇英閣，讀政要。

27是月，殿中侍御史何郯言：「臣昨於六月內曾具奏論，今歲災異，爲害甚大，陳執中首居相位，實任其責，因舉漢時以災異册免三公故事，乞因執中求退，從而罷免，以答天意，未蒙施行。今霖雨連晝夜不止，百姓憂愁，豈非大臣專恣，務爲壅蔽，陰盛侵陽所致！況執中所舉事，多不副天下人心，怨咨盈耳。如（向）傳〔傳〕式不才，累被人言，不可任以要劇，而執中以私恩用（傳）式至三司副使。呂昌齡曲事執中，執中寵嬖之，兄弟至爲三司判官。此皆聖意所明知，所以（傳）式、昌齡並罷要職；而執中則釋而不問，竊所未安。竊風聞執中以舊識寬減前京東轉運使張鑄，不按告孔宜溫謀反人狀罪犯，及以私憤降開封府界提點李肅之差遣，挾情高下，豈是至公！其他專權恣縱，不可盡數。伏望罷免執中，以慰天下之望。」

28九月，（戊午），詔三司以今年江、淮所運米二百萬斛轉給河北州軍。

29己未，殿中侍御史何郯言：「近年大臣罷兩府任，便陳乞子弟召試，充館職或出身，用爲恩例。望自今後，館閣不許臣僚陳乞子弟外，其陳乞及奏舉召試出身，候有科場與免取解及南省試，令赴御前與舉人同試，以塞私倖。」詔：「今後臣僚奏子孫弟姪等乞出身及館職，如有合該恩例者，類聚一處，候及三五人，送學士院試詩、賦、論三題，仍封彌、謄錄攷試；其試官，令中書具學士姓名進呈點定，仍精加攷試，候點到等第，臨時取旨。」

30癸亥，三司言韶州天興場銅歲采二十五萬斤，請置監鑄錢，詔以爲永通監。

31冬，十月，壬午，進美人張氏爲貴妃，仍令所司擇日備禮册命。先是夏竦倡議欲尊異美人，起居舍人、同知諫院王贄，因言賊根本起皇后閤前，請究其事，冀動搖中宮而陰爲美人地。御史何郯入見，帝以贄所言諭郯，郯曰：「此姦人之謀，不可不察。」帝悟，乃止。然美人卒用扈蹕功進妃位。

32 甲申，遼南院大王耶律罕班舊作韓八，今改。卒，年五十五。罕班平居不屑細務，喜怒不形。嘗失所乘馬，家僮以同色者代之，數月不覺。死之日，筐無舊儲，椸無新衣。遼主聞之悼惜，遣使祭弔，給葬具。

33 丁亥，以屯田員外郎邠州范祥提點陝西路刑獄兼制置解鹽。先是祥請變兩池鹽法，詔祥乘傳陝西，與都轉運使程戡共議。而戡與祥議不合，祥尋亦遭喪去。及是祥復申前議，故有是命，使推行之。

其法，舊禁鹽地一切通商，鹽入蜀者，亦恣不問。罷九州軍入中芻粟，令入實錢，以鹽償之，視入錢州軍遠近及所指東西南鹽，第優其直。東南鹽又聽入錢永興、鳳翔、河中，歲課入錢總爲鹽三十七萬五千大席。授以要券，即池驗券，按數而出，盡弛兵民輦運之役。又以延、慶、環、渭、原、保安、鎭戎、德順地近烏白池，姦人私以青白鹽入塞，侵利亂法，乃募人入中池鹽，予券，優其直，還以池鹽償之，以所入鹽，官自出鬻，禁人私售。峻青白鹽之禁，並邊舊令入中鐵炭瓦木之類，皆重爲法以絕之。其先以虛估受券及已受鹽未鬻者，悉計直使輸虧官錢。又令三京及河中、河陽、陝、虢、解、晉、絳、濮、慶成、廣濟，官仍鬻鹽，須商賈流通乃止，以所入緡錢市並邊九州軍芻粟，悉留榷貨務錢幣以實中都。行之數年，猾商貪賈無所僥倖，關內之民得安其業，公私以爲便云。

34 庚寅，翰林學士、知制誥宋祁，落職知許州。

故事，命妃皆發册，妃辭，則罷册禮；然告在有司，必俟旨而後進。又，凡制詞既授閤門宣讀，學士院受而書之，送中書，結三省銜，官告院用印，然後進內。張美人進號貴妃，祁適當制，不俟旨，寫告不送中書，徑取官告院印用之，亟封以進。妃方愛幸，冀行册禮，得告，大怒，擲地不肯受，祁坐是黜。初，祁疑進告爲非，謂李淑明於典故，因問之，淑心知其誤，謂祁曰：「第進，何所疑邪！」祁果得罪去。議者益惡淑傾險云。

35 甲午，遼主駐獨盧金。

36 十一月，乙未朔，遼遣使括馬，以將伐夏故也。

37 遼主將城西邊，命東路統軍使耶律多珍舊作鐸軫，今改。相地及造戰艦。多珍因成樓船百三十艘，上置兵，下立馬，規制堅壯，遼主嘉之。

38 戊戌，景福殿使、入內都知王守忠領武信留後；尋詔守忠如正任班，他無得援例。守忠遂移閤門，欲綴本品坐宴閤門，從之。

侍御史何郯言：「祖宗典法，未嘗有內臣殿上預宴之事，此弊一開，所損不細。伏望指揮下閤門速行改正，一遵舊制。」初，西上閤門使錢晦亦言：「天子大朝會，令宦官齒士大夫坐殿上，必爲四夷所笑。」然竟爲奏定坐圖。及鄭又言，守忠自知未允，宴日，辭而不赴。

39 己亥，作皇帝欽崇國祀之寶。眞宗嘗爲昭受乾符之寶，凡齋醮表章用焉。及大內火，寶焚，止用御前之寶。於是下學士院定其文，命宰相陳執中書付有司別刻之。

40 乙卯，以起居舍人、直史館、知諫院王贄爲天章閣待制。

張貴妃既得立，甚德贄，密賜贄金幣以巨萬計。嘗謂人曰：「我家諫官也。」及將受册禮，欲得贄捧册，中書言攝侍中，故事必用待制以上，於是驟進贄職。

41 以殿中侍御史何郯爲禮部員外郎兼侍御史知雜事。初，臺知雜闕，執政欲進其黨，帝特用郯，且諭郯曰：「卿不阿權勢，故越次用卿。」

42 詔：「河北水災，民流離道路，男女不能自存者，聽人收養之，後毋得復取；其傭雇者，自從私券。」

43 丁巳，李用和兼侍中。

44 遼封皇子和囉噶舊作和魯斡，今改。爲越王，阿倫舊作阿璉，今改。爲許王。賜太弟重元金券。重元子尼嚕古，舊作涅魯，今改。由安定郡王進封楚王。

遼主嘗與重元宴酣，許以千秋萬歲後傳位，重元甚喜，驕縱不法。又因雙陸賭居民城邑，遼主屢不競，前後已償數城。重元恃寵多過，朝臣無敢言者。一日，復博，伶人羅衣輕指其局曰：「雙陸休癡，和你都輸去也。」遼主始悟，不復戲。

45 壬戌，以畿內物價翔貴，於新城外置十二場，官出米，裁其價以濟貧民。

46 癸亥，賜王貽永、李用和笏頭金帶。故事，非二府大臣不賜，惟張耆在樞密院兼侍中嘗賜之。

47 時雨潦害稼，壞堤防，兩河間尤甚。十二月，乙丑朔，頒德音，改明年元曰皇祐，降天下四罪一等，徒以下釋之。

48 出內藏錢帛賜三司貿粟，以賑河北流民，所過，官爲舍止之，所齎物無收算。

49 丁卯，貴妃張氏行册禮，羣臣表賀。

50 丙子，詔三司：「河北沿邊州軍客人入中糧草，改作四說之法，每以一百貫爲率，在京支錢三十貫，香藥、象牙十五貫，在外支鹽十貫，茶四十貫。」用權發遣鹽鐵判官董沔請復行三說之言，而加以末鹽爲四說也。

51 庚辰，判大名府賈昌朝言：「自九河盡滅，獨存漯川，而歷代徙決不常，然不越鄆、濮之北，魏、博之東，即今澶、滑大河歷北京朝城，由蒲臺入海者也。國朝以來，開封、大名、懷、滑、澶、鄆、濮、棣、齊之境，河屢決，天禧三年至四年夏連決，天臺山旁尤甚，凡九載，乃塞之。天聖六年，又敗王楚。景祐初，潰於橫壠，出至平原，分金、赤、淤三河，經棣、濱之北入海。近歲海口壅閼，淖不可浚，是以去年河敗德、博間者凡二十一。今夏潰於商胡，經北都之東，至於武城，遂貫御河，歷冀、瀛二州之城，抵乾寧軍南，達於海。今橫壠故水，尚存三分，金、赤、淤河，皆已堙塞，惟出雍京口以東，大決民田，乃至於海。自古河決爲害，莫甚於此。朝廷以朔方根本之地，禦備契丹，取材用以饋軍師者，惟滄、棣、濱、齊最厚。自橫壠決，財利耗半，商胡之敗，十失其八九。況國家恃此大河，內固京師，外限戎馬，祖宗以來，留意河防，條禁嚴切者以此。今乃旁流散出，甚至有可涉之處。欲救其弊，莫若東復故道，盡塞諸口。按橫壠以東至鄆、濮間，堤埽具在，宜加完葺。其堙淺之處，可以時發近縣夫，開道至鄆州東界。謹繪漯川、橫壠、商胡三河爲一圖上進，惟陛下留省。」詔翰林學士郭勸、入內內侍省都知藍元用與河北、京東轉運使再行相度修復黃河故道利害以聞。

52 遼主姊秦晉國長公主，始嫁蕭特布，舊作啜不，今改。改適蕭哈里，舊作海里，今改。又適蕭呼敦，舊作胡覩，今改。俱以不諧離婚；是年，乃適韓國王蕭惠。

皇祐元年　遼重熙十八年。（己丑、一〇四九）

1 春，正月，甲午朔，日有食之。

2 遼將伐夏，留其賀正使不遣。己亥，遣使以伐夏來告。

3辛丑，命翰林學士虞城趙槩權知貢舉。

4丙午，遼主如鴛鴦濼。

5戊申，以河北水災，罷上元張燈，停作樂。

6庚戌，太傅致仕鄧國公張士遜卒。車駕臨奠，翼日，謂輔臣曰：「昨有言庚戌是朕本命，不宜臨喪；朕以師臣之舊，故不避。」文彥博曰：「唐太宗辰日哭張公謹，陛下過之遠矣。」贈士遜太師、中書令，謚文懿，御篆其墓碑曰「舊德之碑」。

7丙辰，遼主獵於霸特山。行軍都部署耶律義先遣人奏富努里之捷。

8己未，詔以緡錢二十萬市穀種，分給河北貧民。

9辛酉，詔曰：「自古爲治，必戒苛察，近歲風俗，爭事傾危，獄犴滋多，上下睽急，傷累和氣，朕甚悼焉！自今言事者，非朝廷得失，民間利病，毋得以風聞彈奏，違者坐之。」殿中侍御史餘杭張祹，言不當禁御史、諫官風聞言事，不報。

10癸亥，「鑄皇祐元寶」錢。

11二月，丁卯，彗出虛，晨見東方，西南指，歷紫微至婁，凡一百一十四日而沒。詔：「自今月五日不御正殿，其尙食所供常膳，亦宜減省，中外臣僚，極言當世切務。」【考異】李燾曰：皇祐元年二月四日丁卯彗星出，惟天文志有之，本紀及實錄、會要俱不載。而會要乃於皇祐二年，十二月二十四日載此詔，其詔文云：「邇歲於茲，上天譴見，良由時事乖舛，政化堙鬱，果測天心，遽垂星變。」按二年冬無星變，雖十二月嘗以愆亢減膳，十九日得雪即復常。細考之，此詔乃元年二月四日詔也，會要誤以元年爲二年，二月爲十二月，初四日爲二十四日耳。

12 以前刑部員外郎張友直爲史館修撰，用其父士遜遺奏也。御史何郯言：「史館修撰，故事皆試知制誥；友直素無學術，不當得。」乃改集英殿修撰。

13 戊辰，以河北疫，遣使頒藥。

14 己巳，以龍圖閣直學士崇安劉夔爲樞密直學士、知鄆州兼京東西路安撫使。

時民流京東，盜賊多起，帝將益兵爲備，問誰可守鄆者，宰相以夔對，遂擢用之。夔至鄆，發廩賑飢民，賴全活者甚衆，盜賊衰止。賜書褒諭。

15 辛未，以知青州、資政殿學士富弼爲禮部侍郎。

初，河北大水，流民入京東者不可勝數。弼擇所部豐稔者五州，勸民出粟，得十五萬斛，益以官廩，隨所在貯之；擇公私廬舍十餘萬區，散處其人，以便薪水。官吏自前資待闕寄居者，皆給其祿，使即民所聚，選老弱病瘠者廩之。山林陂澤之利，有可取以爲生者，聽流民取之，其主不得禁。官吏皆書其勞，約爲奏請，使他日得以次受賞於朝；率五日遣人以酒肉飯糗勞之，人人爲盡力。流民死者，爲大冢葬之，謂之叢冢，自爲文祭之。及流民將復其業，又各以遠近受糧歸。凡活五十餘萬人，募而爲兵者又萬餘人。帝聞之，遣使慰勞，就遷其秩。弼曰：「救災，守臣職也。」辭不受。前此救災者，皆聚民城郭中，煮粥食之，飢民聚爲疾疫及相蹈籍死，或待哺數日，不得粥而仆，名爲救而實殺之。弼所立法，簡便周至，天下傳以爲式。【考異】杜大圭名臣集載富弼墓志、神道碑云：弼先以救災加禮侍，辭不受；又以捕齊兵再加禮侍，亦不受。考其事迹，蓋顚倒也。先加禮侍在去年三月，乃捕齊兵，後加禮侍則救災之故。蓋河北大水，實錄去年六月河決商胡，民流當夏秋間，若春時，河北固未嘗有大水也。今從長編。

16 詔發京師禁軍十指揮赴京東西路駐泊，以備盜賊，京東西路鈐轄並兼本路安撫都監。京東安撫使富弼，言本路遽增屯禁軍，慮搖人心，欲量增一兩指揮。詔：「兵已就道，俟將來歲豐，令還京師。」

17 宣徽北院使、武昌節度使、判延州程琳請代，己卯，加同平章事，再判延州。

琳嘗獲戎酋，不殺，戒遣之，夏人亦相告毋捕漢民。久之，詐以五百戶驅牛羊叩邊請降，言遼兵至衙頭矣，國中亂，願自歸，琳曰：「遼至彼帳下，當舉國取之，豈容有來降者！吾聞夏人方捕叛者，此其是邪！不然，誘我也。」拒不受。已而賊果將騎三萬臨境上，以捕降者爲辭。琳先諜知之，閉壁倒旗，戒諸將勿動。賊以爲有備，遂引去。

18遼耶律義先之討富努里也，多所招降，乙酉，俘其酋長託德勒舊作陶得里，今改。以歸。遼主手詔褒獎，以功封武昌郡王，改南京統軍使。旋請統軍司錢營息以贍貧民，未及期而軍器完整，民得休息。

19自遼人以伐夏來告，邊候稍警，帝御便殿，訪近臣以備禦之策。權三司使葉清臣對曰：「陛下臨馭天下二十八年，未嘗一日自暇逸，而西北二邊，頻歲爲患，豈非將相大臣不得其人，不能爲陛下張威德以致此乎？慶曆初，劉六符來，執政不能折衝樽俎，只煩一介之使，坐致二十萬物，匱膏血以奉外敵，此有識之士所爲長太息也。今詔問北使詣闕，以西戎爲名，卽有邀求，何以答之。臣聞誓書所載，彼此無求；況元昊叛邊，累年致討，遼人豈有毫髮之助！今彼國出師，輒求我助，干盟違約，不亦甚乎！若使辯捷之人判其曲直，我直彼曲，豈不憚服！苟肆侵淩，方河朔災傷之餘，野無廬舍，我堅壁自守，縱令深入，其能久居！既無所因糧，則亟當遁去。然後選擇驍勇，遏絕歸師，設伏出奇，邀擊首尾，若不就禽，亦且大敗矣。」

20清井蠻寇邊。

21三月，庚子，御延和殿，召輔臣觀新造渾儀木樣，時命日官舒易簡、于淵、周琮等參用梁令瓚、李淳風舊制改鑄渾儀也。

22 辛丑，命戶部副使包拯往河北提舉計置糧草。

23 乙巳，高昌國貢於遼。

先是燕趙國王洪基有疾，遼主親詣其帳視之。壬子，以洪基疾愈，赦雜犯死罪以下。

24 癸丑，賜進士江夏馮京等一百七十四人及第、一百六十人出身、二百九人同出身於崇政殿。甲寅，賜諸科及第幷出身五百五十人於觀文殿。【考異】按宋史本紀，賜禮部奏名進士諸科及第出身千三百九人，今從長編。

25 詔徙河北闕糧處土兵及戍兵近南州軍，候經置邊儲有備，復令還屯，從包拯言也。廣平二監馬牧共占邢、洺、趙三州民田萬五千頃，前已廢其一，然漳河沃壤，民猶不得耕，拯請悉以賦民，從之。

26 丁巳，烏庫舊作烏古，今改。遣使送款於遼，五國節度使耶律珊圖舊作仙童，今改。所招徠也。

27 庚申，以遼人告伐夏，遣權知開封府錢明逸等報聘，且致贐禮。【考異】遼史作「錢逸」，蓋遼人避諱，故止稱一字。

28 夏，四月，甲子，御崇政殿，閱知澶州宋守信所獻衝陣無敵流星弩等器八種。

29 庚午，命包拯與河北四路安撫使、轉運司議省冗官及汰軍士之不任役者以聞。

30 癸酉，遼以南府宰相杲錫舊作高十，今改。爲南京統軍使。

31 癸未，梓州轉運司言淯井監夷人平。

32 丁亥，右司諫錢彥遠上勸農疏曰：「本朝轉運使、提點刑獄、知州、通判，皆帶勸農之職，徒有虛文，無勸導之實。謂宜置勸農司，以知州爲長官，通判爲佐官，舉清強幕職、州縣官爲判官，先以墾田頃畝及戶口數、陂塘、山澤、溝洫、桑柘著之於籍，然後委勸農官設法勸課，除害興利，俟歲終農隙，轉運司攷較而賞罰之。」帝嘉納焉。【考異】李燾曰：據政要云：仁宗覽疏曰：「堯、舜、三代皆以爲治天下之本，其令依此必行賞罰，庶幾海內家給人足。」然卒不見行此，今但云嘉納焉。

33 五月，丁酉，以祠部員外郎任顓爲河東轉運使。帝以河北嘗賜內庫金帛，今亦以五十萬濟河東闕乏。顓辭曰：「朝廷始命使，委以經制財用，而遽乞金帛以往，不可。」帝善之。

34 甲辰，五國酋長各率所部附於遼。

35 丙午，幸後苑寶岐殿，觀刈麥，顧謂輔臣曰：「朕新作此殿，不欲植花卉而歲以種麥，庶知稼穡事之不易也。」

36 執政龐籍言殿中丞、館閣校勘范鎮有異材，不汲汲於進取。丁巳，特遷直祕閣。

37 戊午，遼五國節度使耶律珊圖授左監門衞上將軍。

38 六月，壬戌朔，遼以韓國王蕭惠爲河南道行軍都統，趙王蕭孝友、漢王特布舊作貼不，今改。副之。時遼師分三道，惠等所將者爲南道，其北道則行軍都統耶律達和克舊作敵魯古，今改。

將之，中道則遼主自將，尙未發也。

39 甲子，蠲河北民復業者租賦二年。

40 乙丑，以太子右淸道率府率叔韶爲右領軍衞將軍，仍賜進士及第，尋加文州刺史。叔韶嘗獻所著文，召試學士院，入優等，特遷之。入謝，命坐賜茶，謂曰：「宗子好學無幾，爾獨以文章得進士第，前此蓋未有也。」又出九經賜之。後以圖書賜正刺史已上，叔韶不當得，獨賜及之。叔韶，德恭之曾孫也。宗室召試自叔韶始。

41 遼錄囚。

42 丙寅，遼行十二神纛禮。

43 甲戌，以賈昌朝爲觀文殿大學士、判都省，朝會班中書、門下，視其儀物。觀文殿置大學士自此始，仍詔自今非嘗爲宰相毋得除。

44 戊寅，詔中書、樞密非聚議，毋通賓客。

45 庚辰，準布貢馬駝珍玩於遼。

46 辛巳，夏貢於遼，遼人留其使不遣。

47 （壬午），改命同刊修唐書、翰林侍讀學士宋祁爲刊修官。

48 乙酉，同知諫院臨潁李兌、侍御史知雜事何郯、監察御史陳旭等言：「比歲臣僚有繳奏交親往還簡尺者，朝廷必推究其事而行之，遂使聖時成告訐之俗。自今非情涉不順，毋得繳簡尺以聞；其官司請求非法，自論如律。」從之。

49 丁亥，監察御史陳旭言：「三館職事，文儒之高選；近時用人益輕，遂爲貴游進取之津要。慶曆中嘗有詔旨，今後見任、前任兩省及兩大省〔大兩〕以上官，不得陳乞子弟、親戚入館閣職事。然撓於横恩，復寢不用。望申明前敕，嚴爲科禁，澂汰濫進，必淸其選，使在位者皆得文行充實之人。然後舉用故事，特因閒燕，延備訪問，於治體不爲無益。」詔：「今後近上臣僚，援例奏乞子孫得試者，如試中，只與轉官或出身，更不除館閣。」

50 遼主行再生禮。

51 戊子，太子少傅致仕李若谷卒。詔以子淑在近侍，優贈太子太傅，後毋得爲例。

52 詔：「轉運使、提點刑獄所捕〔補〕官吏受贓，失覺察者降黜。」

53 秋，七月，丙申，定州雨。

初，知定州韓琦言：「河朔久不雨，請祈無所應。若出自聖懷，禱於天地山川，宜獲嘉澤。」尋遣祕閣校理張子思持密詞禱於北岳。至是以雨足聞。

54 丁酉，詔臣僚毋得保薦要近内臣。

55 翰林侍讀學士、右諫議大夫張錫，講書禁中，帝歎其博學，飛白書「博學」二字賜之，因問治道，錫對曰：「節嗜欲者，治身之本；審刑罰者，治國之本。」時貴妃方寵幸，故錫以此諷。帝改容曰：「卿言甚嘉，恨用卿晚。」

56 戊戌，遼主親帥師伐夏，以太弟重元、北院大王耶律仁先爲前鋒。

57 辛丑，翰林侍讀學士、右諫議大夫張錫卒，以白金三百兩賻其家，贈工部侍郎。

58 戊申，以集賢校理李中師爲提點開封府界諸縣鎮公事。中師，開封人，宰相陳執中所薦也。

59 八月，辛酉朔，遼師渡河，不見敵而還。

遼主所御戰艦，卽耶律多珍所造之樓船也，遼主喜甚。其後嘗親賜巵酒，問其所欲，多珍曰：「臣幸被聖恩，得效駑力，萬死不能報國，又將何求！」遼主益喜，手書多珍衣裾曰：「勤國忠君，舉世無雙。」【考異】遼史耶律多珍傳云：西征，詔多珍由別道會於河濱。敵兵阻河而陣，帝御戰艦絕河擊之，大捷而歸。據本紀云：辛酉渡河，夏人遁，乃還，是當時未嘗大捷也，今不取。

60 壬戌，工部侍郎、平章事陳執中罷爲兵部尚書、知陳州。

先是河決民流，災異數見，執中無所建明，但延接卜相術士。言者屢攻之，因論執中越次用李中師爲府界提點及呂昌齡等出入門下，不協衆望，而執中亦以足疾辭位，詔從其請。翰林學士孫抃當制，遂除尚書左丞。文彥博、宋庠言恩禮太薄，乃下學士院貼麻，改命之。

61 以樞密使宋庠爲兵部侍郎、平章事，參知政事龐籍爲工部侍郎、充樞密使，樞密副使高若訥爲工部侍郎、參知政事，翰林侍讀學士梁適爲左諫議大夫、樞密副使。

62 甲申，御崇政殿，策試賢良方正能直言極諫，殿中丞吳奎所對入第四等，以奎爲太常博士、通判陳州。

奎，北海人，嘗爲廣信軍判官，晝則治事，夜輒讀書不寐。楊懷敏增廣北邊屯田，至奪民穀地，無敢與抗者。奎上書論其不便，知保州王果亦屢爭之；懷敏使人訟果他事，詔置獄推劾，奎爲果力辯，得免。慶曆中宿衞之變，懷敏當番直而得罪輕，奎時監京東排岸司，上疏曰：「臣聞句當皇城司六人，其五已被謫，獨懷敏尚留，人咸謂陛下私近倖而屈公法，臣竊爲陛下痛惜之！況中外傳聞，且獲賊之際，陛下宣令勿殺，而左右輒屠之，此必有同謀者，恐事泄露而殺之以滅口。不然，何以不奉詔也！」帝深器之。

63 衞士王安，與其黨相惡，陰置刃衣篋中，從句當引見司楊景宗入禁門。既，爲閽者所得，景宗輒隱不以聞。御史中丞郭勸請先治景宗罪，章再上，不聽，又廷爭累日。乙酉，責景宗均州安置。景宗乞盡納官爵，留居京師，御史何郯極言其不可。既踰月，乃自均州徙鄧州。

64 太子少師致仕石中立卒，贈太子太傅，謚文定。

中立好諧謔；然練習臺閣故事，不汲汲近名。初，家產歲入百萬錢，末年費幾盡。帝聞其病，賜銀三百兩，既歿，其家至不能辦喪。

65 九月，乙未，以權三司使張堯佐爲禮部侍郎、三司使。監察御史陳旭，言堯佐以後宮親，不宜使制國用，不聽。

66 詔河東、河北經略安撫司使〔使司〕：「遂舉兵討夏人，其邊要之地，選委將佐，嚴加備禦。」時司天言太陰犯畢宿，主邊兵，趙分有憂故也。

67 乙巳，廣南西路轉運司，言廣源州蠻寇邕州，詔江南、福建等路發兵備之。

廣源州在邕州西南，鬱江之原也，峭絕深阻，產黃金、丹沙，頗有邑居聚落。俗椎髻左衽，善戰鬭，輕死好亂。其先韋氏、黃氏、周氏、儂氏爲酋領，互相劫掠。唐邕管經略使徐申厚撫之，黃氏納職貢，而十三部、二十九州之蠻皆定。自交趾蠻據有安南，而廣源雖號邕管爲〔西〕羈縻州，其實服役於交趾。

初，有儂全福者，知儻猶州，其弟存祿知萬涯州，全福妻弟儂當道知武勒州。一日，全福殺存祿、當道，并有其地。交趾怒，舉兵擄全福及其子智聰以歸。其妻阿儂，本左江武勒族也，轉至儻猶州，全福納之。全福見擄，阿儂遂嫁商人，生子，名智高，年十三，殺其父商人，曰：「天下豈有二父邪！」因冒姓儂，與其母奔雷火洞。其母又嫁特磨道〔儂〕夏卿。久之，智高復與其母出據儻猶州，建國曰大曆。交趾復拔儻猶州，執智高，釋其罪，使知廣源州，又以雷火、頻婆四洞及思浪州附益之。然內怨交趾，居四年，遂襲據安德州，僭稱南天國，改年景瑞，於是始入寇。

68遼蕭惠之伐夏也，戰艦糧艘，綿亙數百里，既入敵境，偵候不遠，鎧甲載於車，軍士不得乘馬。諸將請備不虞，惠曰：「諒祚必自迎車駕，何暇及我！無故設備，徒自弊耳。」遼主既還，惠猶進師。丁未，營柵未立，夏人奄至，惠與麾下不及甲而走，追者射之，惠幾不能脫，士卒死傷不可勝計。

69戊午，太白犯南斗。

70己未，罷武舉。【考異】李燾曰：本志云：武舉取人，自吳育建請。其後大理寺丞馮繼思奏以策爲去留，弓馬爲高下，皇祐中罷，英宗復置。實錄、會要並不詳，亦不見吳育建請事迹，惟政要載育議立武學，非武舉也，恐本志誤。

71始，范祥議改鹽法，論者爭言其不便，朝廷獨以爲可用，委祥推行之。於是侍御史知雜事何郯言：「風聞改法以來，商旅爲官鹽長價，獲利既薄，少有算請。陝西一路，已虧損課利百餘萬貫，其餘諸路，比舊來亦皆頓減賣鹽見錢，甚妨支用。兼陝西民間官鹽價高，多以賣私鹽事敗，刑禁頗煩，官私俱不爲利，經久何以施行！臣謂事有百利始可議變，變不如前，即宜仍舊。」冬，十月，壬戌，遣戶部副使包拯與陝西轉運使議鹽法。

72丁丑，詔：「婦人所服冠，高無得過四寸，廣無得踰一尺，梳長無得踰四寸，仍無得以角爲之，犯者重致於法。」

先是宮中尙白角冠梳，人爭效之，謂之內樣。其冠名曰垂肩，至有長三尺者，梳長亦踰尺。御史劉元瑜以爲服妖，請禁止之，故有是詔。婦人多被刑責，大爲識者所嗤，都下作歌詞以嘲之。

73壬午，詔：「馬鋪以晝夜行四百里，急腳遞五百里。」

74侍御史知雜事何郯言：「陝西新置保捷兵士，年五十以上及短弱不及等之人，如不願在軍者，許令自陳，減放歸農。此等久習武藝，今若放罷，亦須置籍拘管。仍乞以所居鄉社相近處，如河北義勇，團作指揮，置人員節級管轄。其邊郡每歲以此軍番遞，防守處亦令比歲減數，非時邊上或有警急，其罷放之人尙可追集守城，卻代精兵出戰，於事又無廢闕。方今財力大屈，此亦省費之一端。」樞密使龐籍獨以其言爲是。省兵之議，實郯發之。

75是月，遼北道行軍都統耶律達和克率準布諸軍攻夏涼州，至賀蘭山，獲夏國主嫡母及其官僚家屬以歸。夏以三千人扼險力戰，破之，都監蕭慈氏努（舊作慈氏奴。）歿於陣。

76十一月，丙申，加贈虢州刺史种世衡爲成州團練使。

先是世衡長子古，【考異】涑水記聞「古」作「詁」。按世衡諸子名皆從言旁，記聞似可信。然長編、宋史皆作

「古」，今姑從之。詣闕自言：「父世衡在青澗城，嘗遣王嵩入夏國反間，其用事臣雅爾、舊作野利，今改。旺榮兄弟皆被誅，元昊由是勢衰，納款稱臣。經略使龐籍掩父功，自取兩府。」籍時在樞密院，具言：「嵩入虜境即被囚，元昊委任旺榮如故。元昊欲和，先令旺榮爲書遺邊將。元昊妻即旺榮妹，元昊黜其妻，旺榮兄弟怨望。元昊既稱臣後二年，旺榮謀殺元昊，事覺被誅，非因嵩反間。臣與范仲淹、韓琦，皆豫受中書劄子，候西事平除兩府，既而仲淹、琦先除，臣次之，非專以招懷之功，文書具在可驗。」朝廷雖知古妄言，猶念世衡舊勞，自東染院使贈刺史，錄其子之未仕者。古復上書訴賞薄，於是加贈團練使，特授古天興尉，令御史臺押出城，趣使之官。及籍罷，古復辯理，下御史攷實，以籍奏王嵩疏爲定。詔以其事付史官，聽古徙官便郡。

77 詔：「河北被災民年八十以上及篤疾、貧不能自存者，人賜米一石，酒一斗。」

78 辛丑，詔：「民有冤，貧不能詣闕者，聽訴於監司以聞。」

戊午，楊懷敏罷內侍副都知，爲三陵副使。

初，懷敏自高陽關鈐轄入奏事，除副都知。知制誥胡宿當制，因言：「懷敏以宿衞不謹，致逆徒竊入宮闈，又不能生致之。議者謂規滅姦人之口，罪在懷敏及楊景宗二人。得不窮治誅死，已爲幸矣，豈宜復在左右邪！臣不敢草制，輒封還以聞。」帝疑宿職不當言，翼日，謂宰相曰：「前代有此故事否？」文彥博對曰：「唐給事中袁高不草盧杞制書，近來富弼亦曾封還詞頭。」帝意解。諫官錢彥遠謂宿曰：「仁者必有勇，於公見之矣。」既而他舍人爲懷敏草制，彥遠及臺官論列不已，踰半月，卒罷之。

宿聞懷敏除三陵副使，謂人曰：「懷敏必死矣。祖宗神靈所在，大姦豈能逃乎！」無幾何，懷敏果卒。

79 十二月，壬戌，詔：「陝西保捷兵年五十以上及短弱不任役者，聽歸農；若無田園可歸者，減爲小分。」凡放歸者三萬五千餘人，皆歡呼反其家；在籍者尚五萬餘人，悲涕，恨不得俱去。陝西緣邊，計一歲費緡錢七十千養一保捷兵，自是歲省緡錢二百四十五萬，陝西之民力稍蘇。

初，樞密使龐籍與宰相文彥博，以國用不足，建議省兵，衆議紛然陳其不可，緣邊諸將爭之尤力。且言兵皆習弓刀，不樂歸農，一旦失衣糧，必相聚爲盜賊，帝亦疑焉。彥博與籍共奏：「今公私困竭，上下皇皇，其故非他，正由養兵太多耳；若不減放，無由蘇息。萬一果聚爲盜賊，臣請以死當之。」帝意乃決。既而判延州李昭亮復奏陝西所免保捷特多，往往縮頸曲膕，詐爲短小以欺官司，籍曰：「兵苟不樂歸農，何爲欺詐若此乎！」帝深然之。【考異】李燾曰：簡汰羸兵，無慮八萬餘人，此據稽古錄；放歸農者六萬餘，衣糧減半者二萬餘，及文彥博、龐籍首議并奏對，並據記聞。記聞又云施昌言、李昭亮言不可尤甚，按昌言此年正月，自河北漕徙爲江、淮發運，恐不復言及三路事；而昭亮此年三月方以北宣徽、武寧節、判延州，四月改天平節，仍判延州。今削去昌言姓名，但著昭亮。實錄、正史載省兵事極不詳。本志云：皇祐元年，揀河北、河東、陝西、京東、西禁廂諸軍，退其罷癃爲半分，甚者給糧遣還鄉里，係化外，若以罪隸軍或嘗有戰功者，悉以剩員處之。記聞惟不載剩員，然減衣糧之半，即剩員居其間矣。今悉用記聞，稍刪潤之。

80 甲子，遣入內供奉高懷政督捕邕州盜賊。

81 壬申，觀文殿大學士、右僕射、判都省賈昌朝，復爲山南東道節度使、同平章事、判鄭州。

82 戊寅，遼慶陵林木災。

83 己卯，遼錄囚，有弟從兄爲盜者，兄弟俱無子，特原其弟。

84 是歲，夏改元延嗣寧國。

續資治通鑑卷第五十一

賜進士及第兵部尙書兼都察院右都御史總督湖北湖南等處地方軍務兼理糧餉世襲二等輕車都尉畢沅編集

宋紀五十一 起上章攝提格(庚寅)正月，盡重光單閼(辛卯)五月，凡一年有奇。

仁宗體天法道極功全德神文聖武睿哲明孝皇帝

皇祐二年 遼重熙十九年。(庚寅、一〇五〇)

1 春，正月，庚寅，遼僧惠鑑加檢校太尉。

2 庚子，遼論伐夏諸將士功罪，封耶律達和克舊作敵魯古，今改。爲漆水郡王，其所屬將校及準布(舊作阻卜。)等部長各進爵有差。以蕭惠子慈氏努舊作慈氏奴，今改。戰歿，釋惠喪師之罪，贈慈氏努平章事。

3 辛丑，遼遣使問罪於夏。

4 壬寅，遼主如魚兒濼。

5 癸卯，以歲饑，罷上元觀燈。

6 壬子，命翰林學士承旨王堯臣、入內都知王守忠、右司諫陳旭與三司較天下每歲財賦出入之數以聞。

自康定元年，陝西募人入中並邊芻粟，始加數給東南鹽，而河北稍用三說法，亦以東南鹽代京師所給緡錢，數足卽止。及慶曆二年，三司又請如康定元年法募人入中，乃詔入中陝西、河東者，持券至京師，償以錢及金帛各半之；不願受金帛者，予香藥、茶、鹽，惟其所欲。而東南鹽利特厚，商旅不復受金帛，皆願得鹽。至八年，河北行四說法，鹽居其一，而並邊芻粟皆有虛數，騰躍至數倍，券至京師，反爲畜賈所抑。鹽八百斤舊售錢十萬，至是止六萬；商人以賤估券取鹽，不復入錢京師，帑藏益乏。於是詔三司詳定，堯臣等請復入錢京師法，視舊入錢數稍增予鹽，而並邊入中元得券受鹽者，河東、陝西入芻粟直錢十萬，止給鹽直七萬，河北又損爲六萬五千，且令入錢十萬於京師，乃聽兼給，謂之對貼。自是入錢京師稍復故。

7 二月，甲申，出內藏庫絹五十萬，下河北、陝西、河東路，以備軍賞。

8 丁亥，夏將攻遼金肅城，遼南面林牙杲嘉努舊作高家奴，今改。等擊破之，斬首萬餘級。

9 三月，戊子朔，詔罷今年冬至親祀南郊之禮，以九月擇日有事於明堂。

先是宋庠議，今年當郊而日至在晦，用建隆故事，宜有所避，因請季秋大享于明堂。帝謂輔臣曰：「明堂者，布政之宮，朝諸侯之位，天子之路寢，乃今大慶殿也，況明道初，合祀天地於此。今之親祀，不當因循，尙於郊壇寓祭。」己丑，詔以大慶殿爲明堂，仍令所司詳定儀注以聞。

10 甲午，遣官祈雨。

11 戊戌，詔：「（明堂禮成），羣臣毋得上尊號。」

12 遼殿前都點檢蕭迪里特舊作迭里得，今改。與夏人戰於三角川，敗之。

13 己亥，詔祀明堂，自乘輿服御諸物，務令有司裁簡之。

14 庚子，遼遣殿前副點檢耶律益等來告伐夏國還。

15 癸卯，遼遣西南招討使蕭蒲努（舊作蕭蒲奴。）等帥師伐夏。甲辰，遣同知北院樞密使蕭革按軍邊城，以爲聲援。

16 詔：「宗室子生四歲者，官爲給食。」初，詔五歲始給食，知大宗正事允讓請且仍舊以三歲，故裁定之。

17 己酉，以翰林學士趙槩爲遼國信使。遼主駐息雞淀，嘗因會獵，令槩賦信誓如山河詩，詩成，侑以玉杯。

18 詔：「兩浙流民，男女不能自存者，聽人收養，後不得復取。」

19 癸丑，詔以季秋辛亥大享明堂。

先是禮官議王者郊用辛，蓋取齋戒自新之義，又，通禮祀明堂亦用辛；遂下司天擇日，而得辛亥吉，蓋九月二十七日也。

20 丙辰，宋祁上明堂通議二篇。

21 知府州折繼閔卒；以其弟繼祖領府州軍事。

22 夏，四月，甲子，沙州符骨篤末、似婆溫等來貢玉。

23 乙丑，內出手詔言：「明堂之禮，前代並用鄭康成、王肅兩家義說，兼祭昊天上帝，已爲變禮。祖宗以來，三歲一親郊，合祭天地，祖宗並配，百神從祀。今祀明堂，正當親郊之期，而禮官所定，止祭昊天五帝，不及地祇，配坐不及祖宗，未合三朝之制。宜合祭地祇，奉太祖、太宗、眞宗並配，而五帝、神州亦親獻，日月河海諸神，悉如圜丘從祀。」因謂文彥博曰：「禮非天降地出，緣人情耳。禮官習拘儒之舊傳，捨三朝之成法，非朕所以昭孝息民也。」翼日，彥博奏：「詔書所定親獻之禮，周於五天帝、神州，比圜丘之位，陟降爲勞，請命官分獻。」帝曰：「朕於大祀，豈敢憚勞！」禮官議從祀神位未決，復諭曰：「郊壇第一龕者在堂，第二、第三龕者設於左右夾廡及龍墀上，在壝內外者列于堂東西廂及後廡，以象壇壝之制，仍先繪圖以聞。」

24 遼主如魚兒濼。

25 戊辰，降翰林學士、權知開封府錢明逸爲龍圖閣學士、知蔡州。

先是醫家子冷青自稱皇子，言其母嘗得幸掖廷，有娠而出，生青，都市聚觀。明逸捕得青，入府，叱明逸曰：「明逸安得不起！」明逸爲起坐。既而以爲狂，送汝州編管。推官韓絳言青留外將惑衆；翰林學士趙槩言青言不妄不當流，若詐當誅；卽詔槩與知諫院包拯追青窮治。蓋其母王氏嘗執役禁中，出嫁民冷緒，始生女，後生青。青漂泊廬山，數爲人言己實帝子，浮屠全大道挾之入京師，欲自言闕下。獄具，皆論不道，誅死。明逸坐尹京師無威望，故及於責。絳，億之子也。【考異】李燾曰：實錄云青與其黨高繼安皆處死，據明逸傳，乃云浮屠全大道，不知孰是。按何郯、包拯奏議並稱高繼安，拯稱繼安乃放停軍人，先因罪決配鼎州，尋卻入京，託病放停，專以幻術結交權貴，恐繼安卽全大道也。

26 甲申，高麗貢於遼。

27 五月，己丑，遼主如涼陘。

28 癸巳，遼蕭蒲努等入夏境，不見敵，縱掠而還。

29 甲午，禮院上明堂五室制度圖。

30 封兗州尼丘山神曰毓聖侯。

31丙申，詔國信司罷三番使臣。自與遼通好，其接送使人皆自京差三番使臣，沿路州軍，困於須索，諫官包拯、吳奎極言其擾。既罷遣三番，而頓置什物，並令沿路州、軍官自辦之。

32戊申，廣南西路轉運司言交阯發兵捕廣源州賊儂智高，其衆皆遁伏山林，詔本路嚴備之。

33六月，丙寅，翰林學士承旨王堯臣等言：「奉詔與太常參議阮逸所上編鐘四淸聲譜法，請用之于明堂者。竊以律呂旋宮之法，既定以管，又制十二鐘準爲十二正聲，以律計，自倍半。說者云：半者，準正聲之半以爲十二子聲之鐘，故有正聲、子聲各十二。子聲，卽淸聲也。其正管長者爲均，自用正聲；正管短者爲均，則通用子聲而成五音。然求聲之法，本之於鐘，故國語所謂『度律均鐘』者也。其編金石之法，則歷代不同，或以十九爲一虡，或以三十一爲一虡，或以十六爲一虡，或以二十四爲一虡。故唐制以十六數爲小架，二十四爲大架，天地、宗廟、朝會各有所施。今太常鐘縣十六者，舊傳正聲之外，有黃鍾至夾鍾四聲，蓋自夷則至應鍾四律爲均之時，若盡用正聲，則宮輕而商重。緣宮聲以下，不容更有濁聲。一均之中，宮弱商強，是謂陵僭，故須用子聲，乃得長短相敍。自角而下，亦循茲法。至他律爲宮，其長短尊卑自序者，不當更以淸聲間之。自唐末多故，樂文墜缺，考擊之法，久已不傳。今絲竹等諸器舊有淸聲者，令隨鐘石教習；本無淸聲者，未可創意求法，且當如舊。

其阮逸所上聲譜，以清濁相應，先後互擊，取音靡曼，近於鄭聲，不可用。」詔可。

34 遼主謁慶陵。

35 丁卯，以御撰黃鍾五音五曲凡五十七聲，下太常肄習之。

36 庚午，遼主謁大安殿。

37 壬申，遼以將策進士，命醫、卜、屠、販、奴隸及倍父母或犯事逃亡者，不得應舉。

38 丙子，諫官包拯、陳旭、吳奎等言：【考異】李燾云：實錄作知諫院包拯、陳旭、吳奎。按陳、吳此時實爲右司諫，十月壬申，乃以起居舍人知諫院。今但云諫官，庶不失事實。「三司使張堯佐，凡庸之人，徒緣寵私，驟階顯列，自任用以來，萬口交譏。陛下何庇一堯佐，上違天意，下咈人情，而稔成危機乎？實爲陛下痛之！」拯又言：「歷代后妃之族，雖有才者未嘗假以事權，況不才者乎！伏見祖宗以來，當帑廩豐盈，用度充足之際，尙乃精選計臣如陳恕、魏羽輩用之，其餘亦盡一時之選。況今上下窘迫，豈可專任此人！伏望特出宸斷，授以他職，別求才傑之士，委而任之。」

39 辛巳，以屯田員外郎呂公著同判吏部南曹。公著，夷簡子也，嘗召試館職，不就。於是帝諭曰：「知卿有恬退之節。」因賜五品服。

40 遼主策進士於金鑾殿。

41 是月，帝講書邇英閣，因謂侍臣曰：「古有遷民於寬閑之地者，今閩、蜀地狹，其民亦可遷乎？」丁度對曰：「律令故在，但有司不能舉行耳。太宗〔祖〕嘗徙太原民千餘家於山東，太宗又徙雲、應、寰、朔之民于京西諸州。西北之人，勤力謹儉，今富于其鄉里者，多當時所徙之民也。民固安土重遷，若地利既盡，要無可戀之理。今蜀民歲增，曠土盡闢，下戶才有田三十五畝或五七畝，而贍一家十數口，一不熟則轉死溝壑，誠可矜惻。臣以爲不但蜀民，凡似此狹鄉，皆宜徙之，計口給田，復其家如律令，實利農積穀之本也。」帝納其言，乃詔京西轉運司曉告益、梓、利、夔、福建路，民願徙者聽之。

42 秋，七月，丁亥，贈美人俞氏爲婉〔充〕儀。

43 壬辰，遼主駐括里蒲盌。

44 癸巳，遼以皇子燕趙國王洪基領北南樞密院。

45 丙申，幸彰信節度使兼侍中李用和第問疾，入見於臥內，擢其次子珣爲閤門使，以所居第賜之，并日給官舍僦錢五千。

用和緣帝舅，起民間，位將相，而能闔門謝客，推遠權勢。帝以章懿太后不逮養，故寵外家踰等。及卒，臨奠，哭之慟，贈太師、中書令、隴西郡王，特輟視朝五日，制服苑中，謚恭僖，御撰神道碑，仍篆曰「親賢之碑」。及其妻卒，亦輟朝成服。

46 戊戌，遼錄囚。

47 戊申，遼以左伊達（勒）希巴舊作夷离畢，今改。蕭唐括舊作唐古，今改。爲北院樞密副使。

48 壬子，遼主獵於侯里吉。

49 八月，己未，以侍御史知雜事何郯爲直龍圖閣、知漢州，郯以母老請外故也。

將行，上疏言：「三司使張堯佐，雖由進士登第，歷官無他故，然驟被寵用，人情皆以止緣後宮之親，非復以才能許之。踰年若大享訖事，衆議謂陛下以酬勞爲名，必當進用兩府。果如衆議，命行之日，言事之臣必以死爭。用堯佐而黜言者則累德，用言者而罷堯佐則傷恩。累德則損歸聖躬，傷恩則怨起近戚。莫若富貴堯佐而不假之以權，如李用和可也。」

50 乙丑，知杭州、資政殿學士范仲淹奏進建昌軍草澤李覯所撰明堂圖義，詔送兩制看詳，稱其學業優博，授試太學助教。覯嘗舉茂材異等，不中，親老，以教授自資，學者嘗數十百人。

51 丙寅，福州草澤鄭叔豹上宗祀書三卷，述明堂制度及配享冕服之義。

52 丁丑，詔立冬罷祭神州地祇。初，禮院以黑帝及神州地祇皆當合祭於明堂，請罷立冬之祭。帝以四時迎氣不可輟，故罷祭神州地祇。

53 九月，辛卯，詔明堂禮畢，並以襲衣、金帛、器幣、鞍勒馬賜夏竦、王德用、程琳、李昭亮。將相在外遇大禮有賜自此始。

54丙申，詔太子太保致仕杜衍、太子少傅致仕任布陪祀明堂，令應天府以禮敦遣，仍於都亭驛、錫慶院優備供帳几杖，待其至。衍手疏以疾辭，布將就道，始辭以疾，並遣中使齎賜醫藥。

55庚子，揭御篆「明堂」二字，飛白「明堂之門」四字，詔祀畢藏於宗正寺。

56壬寅，夏侵遼邊界，漆水郡王耶律達和克遣六院軍將諧里舊作海里，今改。擊敗之。夏人數不得志於遼，始議通使。【考異】遼史夏國傳不載此事，今從本紀。

57時積雨彌旬，帝請禱禁中。甲辰，齋於文德殿，天霽。己酉，朝享景靈宮。庚戌，享太廟。辛亥，大享天地於明堂，以太祖、太宗、真宗配。大赦。文武職官及分司、致仕者，並特與轉資；內臣入仕及十年，亦與遷改，不爲永例。

58詔：「內降指揮，百司執奏毋輒行；敢因緣干請者，諫官、御史察舉之。」初，議肆赦，帝謂輔臣曰：「比有貴戚近習，貪緣請託以圖內降，雖頗抑絕，然未免時有侵撓，可於赦文中嚴切禁止，示信天下。」輔臣對曰：「陛下躬行大祀，闢至公之路，杜私謁之蹊，天下幸甚。然載之赦條，恐未盡聖意。」乃別爲手詔，與赦同降。

先是屯田員外郎、知常州、廬陵彭思永入爲侍御史，極論內降之弊，以爲斜封非盛世所宜有。及祀明堂前一日，有傳赦書語百官皆遷官者，思永從駕宿景靈宮，亟上言不宜濫恩。時張堯佐以親連宮掖驟進，王守忠以出入禁闥被寵，參知政事缺員，堯佐朝暮待命，而守忠亦求爲節度使。思永欲率同列言之，或曰：「宜俟命出。」思永曰：「寧以先事得罪，命出而不可救，則爲朝廷失矣。」遂獨奏：「陛下覃此繆恩，豈爲孤寒，獨以堯佐、守忠故取悅衆人耳。外戚秉政，宦官用事，皆非宗社之福也。」疏入，帝震怒，詔詰思永：「安從得此？」諫官吳奎言：「御史許風聞，事有非實，朝廷當含容之，不能容，罪之可也，何必窮究主名！」中丞郭勸亦言思永不宜深罪，帝悟，不復致詰。思永尋罷侍御史，以司封員外郎知宣州，而堯佐、守忠之議遂格。【考異】長編引郭勸傳云：祀明堂，將加中外官。勸就齋次，率羣御史求對，不許，又極論之，思永傳乃云思永獨奏。或是思永獨奏堯佐、守忠，羣御史但泛論羣臣不當加官也，今兩存之。

59 (先是)入內都知麥允言卒，贈司徒、安武節度使。又詔：「允言有軍功，特給鹵簿，今後不得爲例。」同知禮院司馬光言：「孔子謂惟器與名不可以假人。夫爵位尊卑之謂名，車服等威之謂器。今允言近習之臣，非有元勳大勞過絕於人，贈以三公之官，給以一品鹵簿，其爲繁纓，不亦大乎！陛下欲寵秩其人，適足增其罪累耳。」光，池之子也。

60 冬，十月，丙辰，宰相文彥博以下，進官有差。樞密使王貽永，加鎮海節度使，進封鄧國公。

初，議覃恩，高若訥謂文彥博曰：「官濫久矣，未有以節止，今又啓之，何也？」彥博不聽。

61 丙寅，大宴集英殿，以明堂禮成飲福也。

62 庚午，遼主還上京。

63 辛未，詔文彥博、宋庠、高若訥、王洙編修大享明堂記。

64 夏國主諒祚母沒藏氏遣使于遼，乞依舊稱藩。遼因其使還，詔別遣信臣至，當徐圖之。

65 壬申，遼釋臨潢府徒役。

66 甲戌，遼主如中會川。

67 乙亥，宴京畿父老一百五十人于錫慶院。

68 是月，美人楊氏爲婕妤。景祐初，聽入道，居瑤華宮，至是復進位號。

69 詔：「自今諸處無得申奏及發遣念書童子赴闕。」【考異】按長編，是年十二月，即有賜念書童子會天麟等四人出身事。蓋天麟等四人先已申奏赴闕，故仍賜出身，此後更不得申奏也。

70 十一月，乙酉，召太子中舍致仕胡瑗赴大樂所，同定鐘磬制度。先是親閱大樂，言者以爲鎛鐘、特磬，大小與古制度未合；詔令改作，而太常言瑗素曉音律，故召之。

71 戊子，命權御史中丞郭勸、知諫院包拯放天下欠負。

72 壬辰，賜淮南、江、浙、荆湖制置發運使、金部員外郎許元進士出身。帝嘗謂執政曰：「發運使總領六路八十八州、軍之廣，其財貨調用，幣帛穀粟歲千百萬，宜得其人而久任。今許元累上章求去，朕思之，不若獎勵以盡其才。」故特有是賜。

73 戊戌，權御史中丞郭勸，罷爲翰林侍讀學士。勸初就明堂齋次，帥衆御史求對，論羣臣不當遷官，不許。又上疏極言之，訖不從。於是以老求解臺任，許之。

74 召知益州田況權御史中丞。益州守臣得便宜從事，多擅殺以爲威，雖小罪，輒幷妻子徙出蜀，至有流離死道路者。況在蜀踰二年，拊循敎誨，非有甚惡，不使東遷。蜀人愛之，以比張詠。

75 庚戌，遼錄囚。

76 壬子，遼以南府宰相韓知白、樞密副使楊績擅給進士堂帖，出知白爲武定軍節度使，績爲長寧軍節度使。

77 是月，詔：「觀察使已上，自今依大兩省、待制例，經兩次郊禮，許一次將弟姪子孫恩澤奏補異姓骨肉。」

78 閏月，乙卯，遼漢王特布舊作貼不，今改。爲中京留守。

79 丙辰，出內藏庫緡錢四十萬，紬絹六十萬，下河北使糴糧草。先是河北頻年水災，朝廷蠲民稅幾盡；至秋，禾稼將登，而鎭、定復大水，沿邊尤被其害。帝憂軍儲不給，故特出內府錢帛以助之。

80 戊午，河南府言前觀文殿學士、尙書左丞張觀卒。贈吏部尙書，謚文孝。及觀初爲祕書郎，其父居業從事坊州，因上言願以官授父，眞宗嘉之，以居業爲京官。觀貴，居業由恩至太府卿，嘗過洛，嘉其山川風物，曰：「吾得老於此足矣。」觀於是買田宅，營林樹以適其意。觀早起奉藥膳，然後出視事，未嘗一日易也。居喪，哀毀過人，旣練而卒。

81 己未，以三司使、戶部侍郎張堯佐爲宣徽南院使、淮康節度使、景靈宮使，以賚政殿學士、尙書左丞王舉正兼御史中丞，改命田況權三司使。是日，詔：「后妃之家，無得除二府職位。」庚申，又加堯佐同羣牧制置使。

82 辛酉，賜貴妃張氏從弟衞尉寺丞希甫、太常寺太祝及甫並進士出身，堯佐之子也。

83 是夜，秀州地震，有聲如雷。【考異】宋史作丙寅，今從長編。

84 癸亥，知諫院包拯等言：「陛下卽位僅三十年，未有失德。乃五六年間，超擢張堯佐，羣臣皆竊議於下；然而其過不在陛下，在女謁近習及執政大臣也。蓋女謁近習，動伺陛下之所爲，知陛下繼嗣未立而有所私，莫不潛有趨向而附結之。執政大臣不思規陛下以大誼，乃從諛順指，高官要職，惟恐堯佐不滿其意，使陛下有私昵後宮之過，此豈愛君之心哉！伏望斷以大義，追寢堯佐過越之恩；必不得已，宣徽、節度使擇與其一，仍罷羣牧制置使之命，畀之外郡以安全之。」

初，執政希上旨，一日除堯佐四使；又以王舉正重厚寡言，同日授御史中丞。朝議，意舉正或迤邐退避，動經旬浹，則堯佐之命必遂行，論諫弗及矣。甲子，舉正遂告謝上殿，力言擢用堯佐不當，其疏曰：「近者臺諫論列，陛下雖罷其使任，而復加崇寵，轉踰于前，併授四使，又賜二子科名，賢愚一詞，無不嗟駭。昔漢元帝時，馮野王以昭儀之兄，在位多舉其行能，帝曰：『吾用野王，後世必謂我私後宮親戚。』本朝太宗皇帝孫妃之父，止授南班散秩。蓋保全後宮戚屬，不令僭盛以取顛覆。伏望陛下遠鑒前古美事，近守太宗聖範，追取堯佐新命，除與一郡，以息中外之議。」不報。戊辰，朝退，舉正留百官班廷諍，復帥殿中侍御史益都張擇行、江陵唐介及諫官包拯、陳旭、吳奎于帝前極言，且于殿廡切責宰相。帝聞之，遣中使諭旨，百官乃退。【考異】長編引唐介傳云：堯佐一日除四使，介與諫官包拯等七人力爭，又請中丞王舉正留百官班，卒奪堯佐二使。所稱七人，蓋中丞王舉正、殿中張擇行、唐介、諫官包拯、陳旭、吳奎，餘一人未詳。時李兌實爲知雜御史，而兌本傳不載兌嘗有言，當考。又，張耒明道雜志云：嘉祐中，嘗欲除張堯佐節度使，陳秀公作中丞，與全臺上殿爭之。仁宗初怒，迎謂之曰：「豈欲論張堯佐乎？節度使粗官，何用爭！」唐質肅公作御史裏行，最在衆人後，越次而前曰：「節度使，太祖、太宗初曾爲之，恐非粗官。」上竦然，而堯佐之命竟罷。按陳升之此時作左司諫，不爲中丞，唐介實爲殿中侍御史裏行。而張堯臣〔佐〕卒除節度使，初除又不在嘉祐間，未所志差誤，今不取。

己巳，詔：「近者臺諫官累乞罷張堯佐三司使；又言親連宮掖，不可用爲執政，若優與官爵，于體差便，遂除宣徽使；兼已指揮：『自今后妃之家，毋得除兩府職任。』今臺諫官重有章疏，其言反覆，及進對之際，失于喧譁，在法當黜，朝廷特示含容。其令中書取戒厲，自今臺諫官相率上殿，並先申中書取旨。」時帝怒未解，大臣莫敢言，樞密副使梁適獨進曰：「臺諫官蓋有言責，其言雖過，惟陛下矜察。然寵堯佐太厚，恐非所以全之。」是日，堯佐亦奏辭宣徽使、景靈宮使。仍詔學士院貼麻處分，而取戒厲卒不行。【考異】李燾曰：中書取戒厲，據梁適本傳及王珪所作適墓誌。今正史並改作誡諭，雖稍文，然恐失事實，今特存本語。

85 辛未，遼以同知北院樞密使蕭革爲南院樞密使；以南院大王耶律仁先知北院樞密使事，封宋王。

86 十二月、甲申朔，詔班三品以上家廟之制。

初，宰臣宋庠請令諸臣建立家廟，下兩制與禮官詳定審度。翰林學士承旨王堯臣等定議：「官正一品、平章事以上，立四廟；樞密使、知樞密院事、參知政事、樞密副使、同知樞密院事、簽署院事，見任、前任同。宣徽使、尚書、節度使、東宮少保以上，皆立三廟；餘官祭于寢。凡得立廟者，許嫡子襲爵，世降一等。死即不得作主祔廟，別祭于寢；自當立廟者，即祔其主。其子孫承代，不計廟寢祭，祭並以世數親疏遷祧。始得立廟者不祧，以比始封；有不祧者，通祭四廟、五廟。廟因衆子立而嫡長子在，則祭以嫡長子主之；嫡長子死，即不傳其子，而傳立廟者之子。凡立廟，聽於京師或所居州縣；其在京師者，不得於裏城及南郊御路之側。仍別議襲爵之制。」其後終以有廟者之子孫或官微不可以承祭，而朝廷又難盡推襲爵之恩，遂不果行。

87 初，戎州人向吉等，操兵買販，恃其衆，所過不輸物稅，州縣捕逐，皆散走成都。鈐轄司奏請不以南郊赦除其罪，從之。逮捕親屬繫獄，至更兩赦。有詣闕告訐者，刑部詳覆官以爲特敕遇赦不原者，雖數赦猶論如法。同判刑部孫錫獨奏釋之，凡釋百二十三人。舊判刑部者多持事往決於中書，錫獨不往。錫，眞州人也。

88 丁亥，遼北府宰相趙王蕭孝友出爲東京留守。

89 庚戌，遼韓國王蕭惠請老，詔賜肩輿入朝，策杖上殿，再辭，乃許之；徙封魏王。詔冬夏赴行在參決疑議。

惠性寬厚，自奉儉薄。遼主嘗使其恣取珍物，惠曰：「臣以戚屬居要地，祿足養廉，奴婢千餘，不爲闕乏，陛下猶有所賜；貧於臣者，何以待之！」遼主以爲然。故爲將雖數敗衂，不之罪也。

90 壬子，夏國主諒祚遣使上表於遼，言遵母訓，乞依舊臣屬。

91 是歲，準布數貢於遼。

92 夏改元天祐垂聖。

三年遼重熙二十年。（辛卯、一〇五一）

1 春，正月，丙子，詔江寧府、揚州、廬州、洪州、福州並帶提轄本路兵甲賊盜公事，益屯禁兵；仍分淮南爲兩路：揚州爲東路，廬州爲西路。

2 戊戌，遼主如混同江。【考異】李銳云：是月癸丑朔，不當有戊戌日，恐遼史有誤。因無他書可證，姑仍之。

3 二月，壬午朔，以太子中舍致仕胡瑗爲大理評事兼太常寺主簿，固辭。

4 甲申，遼遣前北院都監蕭友括等使西夏，索党項叛戶。

5 丙戌，文彥博等進明堂大享記二十卷，紀要二卷；帝爲之序，鏤版以賜近臣。

6 己丑，詔徐、宿、泗、耀、江、鄭、淮陽七州軍采磬石，仍令諸路轉運司訪民間有藏古尺律者上之。

7 遼主如蒼耳濼。

8 己亥，詔三司，河北入中糧草復行見錢法。

9 甲辰，吐蕃貢於遼。

10 丙午，涇原經略使夏安期上弓箭手陣圖。初，安期選弓箭手萬三千人，分隸東西路都巡檢下。屬歲豐稔，召至州，大閱，技藝精強，且言可當正兵五七萬。既圖上陣法，乃降詔獎諭。

11 戊申，翰林侍讀學士、史館修撰宋祁，坐其子與張彥方遊，出知亳州。

張彥方者，貴妃母越國夫人曹氏客也，受富民金，爲僞告敕，事敗，繫開封府獄，語連越國夫人。知開封府劉沆論彥方死，不敢及曹氏；執政以妃故，亦不復詰。獄具，中書遣比部員外郎杜樞慮問，樞揚言將駁正，亟改用諫官陳旭。權倖切齒於樞。先是御史中丞王舉正留百官班，論張堯佐除宣徽使不當，樞獨出班問曰：「樞欲先問中丞所言何事而後敢留班。」舉正告之故，樞曰：「用此留樞可也。」至是蓋累月，執政白以爲罪，黜監衡州稅。樞，杞之弟也。

初，開封府寡婦胡氏，訴諸賈負息本錢，因盡抱券書至庭；其夫交遊書多知名士，沆止爲理所負欠而置其書不問。及彥方獄，沆又不問越國及所與交遊者。諫官、御史以爲言。帝問之，沆對：「胡氏夫，七品正員官；彥方舉進士，嘗廷試，雖交貴官，與公卿子弟遊，無害也。顧臣久在外,偶不識之耳。」帝然其言。

左正言賈黯,自以少年遭遇,果于言事,首論韓琦、富弼、范仲淹可大用。及杜樞貶黜,黯言樞無罪,且旨從中出,恐自此貴幸近習,陰肆讒毁,害及善良,不可不察。時言者或論事無狀,輒戒厲窮詰。黯奏:「諫官、御史,迹既疏遠,未嘗預聞時政,不免采於傳聞。一有失實,而詰難沮辱隨之,非所以廣開言路。請如唐太宗故事,每執政奏事,聽諫官一員隨入。」時執政患言事官旅進,論議帝前不肯止,遂詔:「凡欲合班上殿者,皆稟中書俟旨。」黯論以爲「今得進見言事者獨諫官、御史,若然,言路將壅,陛下不得聞外事矣。請如故便。」皆弗許。

12 三月,壬子朔,遼主如黑水。

13 乙卯,命知亳州宋祁就州修唐書,易史館修撰爲集英殿修撰。

14 (己未),諫官包拯、吳奎、陳旭,言工部尚書、平章事宋庠,不戢子弟,在政府無所建明;庠亦請去。又言庠聞有劾章,卽求退免;表既再上,乃不待答,復入視事。庚申,罷爲刑部尚書、觀文殿大學士、知河南府。以龍圖閣學士、權知開封府劉沆參知政事。議者謂沆不敢窮治張彥方獄,貴妃德之,坐此獲進。諫官、御史相繼論列,帝不聽。

15 癸酉,廣南西路轉運司言儂智高奉表獻馴象及生熟金銀,詔卻之。

16丙子，魏國大長公主薨。主，太宗第八女。太宗嘗發寶藏，令諸女擇取之，主獨無所取，太宗尤所鍾愛。下嫁李遵勖，時遵勖父繼昌亡恙，主因繼昌生日，以舅禮謁之。帝聞，密以衆衣、寶帶、器幣助以爲壽。故事，命婦皆服髮紒進見，章獻明肅太后命以珠錯羅巾縚之，又賜金龍小冠，辭不敢服。他日，固命之，然誕節稱壽，猶以髮紒入見。太后於政事有所訪逮，主多語祖宗舊事以諷。

居遵勖喪，衰麻未嘗去身，服除，不復御華麗。嘗宴禁中，帝親爲主簪花，主辭曰：「自誓不復爲此久矣。」嘗誡諸子以忠義自守，無恃吾以速悔尤。其視他子，與己出均。及病目，帝遣內侍挾太醫診視，禳禬無不至。車駕臨幸，侍者掖主迎之。帝命主先坐，設御坐於西，主固辭；乃移榻東南向，因親舐主目，左右皆感泣。帝亦悲痛曰：「先帝伯仲之籍十有四人，今獨存太〔大〕主，柰何嬰斯疾？」復顧問子孫所欲，主曰：「豈可以母病而邀賞邪！」賚白金三千兩，辭不受。帝因謂從臣曰：「大主之疾倘可移於朕，亦所不避也。」主雖喪明，平居隱几，沖澹自若。嘗戒諸子曰：「汝父遺令，柩中無藏金玉，時衣才數襲而已。吾歿後，當亦如是。」

初以暴疾聞，帝趣駕往，及道，奏不起，乃易服奠哭。追封齊國大長公主，謚獻穆。詔乾元節罷樂，宰臣固請，乃已。御製挽辭，仍篆碑首曰「褒親旌德之碑」。

17夏，四月，癸未，詔：「河北民流相屬，吏不加卹，而乃飭厨傳，交賂使客，以取虛名。自今非犒設兵校，其一切禁之。」

18甲申，知諫院吳奎言：「七十而致仕，載之禮經。臣下引年而自陳，分之常也；君上推恩而固留，權之至也。近日光祿卿句希仲、吏部郎中·直昭文館陸軫等，並以年高，特與分司，初欲風動羣倫，而在位殊未有引去者。乞早以臣前奏施行。」先是奎及包拯皆言：「在官年七十而不致仕者，並令御史臺以時按籍舉行。」知制誥胡宿獨以爲：「文吏當養其廉恥，武吏當念其功舊，今欲一切以吏議從事，殆非優老勸功之意。當少緩其法，武吏察其任事與否，勿斷以年，文吏使得自陳而全其節。」朝廷卒行宿言。

19辛丑，以河北轉運使呂公弼爲天章閣待制、河北都轉運使。公弼，夷簡子也，在職踰年，通御河，漕粟實塞下。又置鐵冶佐經用，減近邊屯兵，使就食京東以省支移。諸州增壯城兵，專給版築以寬民役。蠲冗賦及民負責不能償者數百萬計，而官用亦饒。帝以爲能，故加秩而因任之。

諫官陳旭言公弼藉父餘蔭，干求薦引，不當遽有此除，公弼因是乞罷。帝謂輔臣曰：

「古之君子，貴夫幾諫，今則務訐人陰私以沽直名，朕不取也。」【考異】李燾云：上以公弼爲能。據本傳云在部四年，恐誤。按皇祐二年二月，公弼始除河北漕。三年四月遂除都漕，在部才一年餘爾。

20 以刑部郎中、知制誥曾公亮爲翰林學士。公亮自爲集賢校理，即預經筵，凡十餘年，帝每厚遇之。及遷學士，管句三班，三班吏叢猥，老胥抱文書升堂取判者，皆高下在口，異時長官漫不省察，謹占署而已。公亮盡取前後條目置座側，按以從事，吏束手無能爲。後至者皆以爲法。

21 五月，庚戌朔，以恩、冀等州旱，詔長吏決繫獄。

22 癸丑，遼蕭友括自夏還。夏國主諒祚之母上表，乞如党項權進馬駝牛羊等物。

23 丁巳，詔：「中書堂後官，自今毋得佩魚；若士人選授至提點五房者，許之。」

24 己巳，夏遣使如遼求唐隆鎮及乞罷所建城邑，遼主以詔答之。

25 庚午，宰臣文彥博等言：「臣等每因進對，嘗聞德音，以搢紳之間，多務奔競，匪裁抑之則無以厚風俗。若恬退守道者稍加旌擢，躁求者庶幾知恥。伏見工部郎中、直史館張瓌，十餘年不磨勘，朝廷獎其退靜，特遷兩浙轉運使；代還，差知潁州，亦未嘗以資序自言。殿中丞王安石，進士第四人及第，舊制，一任還，進所業，求試館職。安石凡數任，並無所陳；朝廷特令召試，亦辭以家貧親老。館閣之職，士人所欲，而安石恬然自守，未易多得。大理評事韓維，嘗預南省高薦，好古嗜學，安于退靜。並乞特賜甄擢。」詔賜瓌三品服；召安石赴闕，俟試畢別取旨；維令學士院與試。安石、維並辭不就。安石，臨川人。維，億之子也。

26 壬申，初置河渠司，隸三司，命鹽鐵副使劉湜、判官邵飾領之。

27 丙戌，遼以所獲夏國主嫡母及前後所俘獲夏人安置蘇州。

續資治通鑑卷第五十二

賜進士及第兵部尚書兼都察院右都御史總督湖北湖南等處地方軍務兼理糧餉世襲二等輕車都尉 畢沅 編集

宋紀五十二 起重光單閼(辛卯)六月，盡玄黓執徐(壬辰)八月，凡一年有奇。

仁宗體天法道極功全德神文聖武睿哲明孝皇帝

皇祐三年 遼重熙二十年。(辛卯、一〇五一)

1 六月，丁亥，無爲軍獻芝草三百五十本。帝曰：「朕以豐年爲瑞，賢臣爲寶，至於草木蟲魚之異，焉足尚哉！知軍茹孝標特免罪，仍戒天下，自今毋得以聞。」

2 戊子，汝州部署楊景宗求爲郡，帝謂輔臣曰：「景宗，章惠太后之弟，朕豈不念之！然性貪虐，老而益甚，今與郡，則一方之民受禍矣。」不許。

3 丁酉，諫官包拯言：「頃歲以來，凡有才名之士，必假險薄之名以中傷之，擯棄不用。欲望聖慈申命宰執，應臣僚中素有才行，先以非辜被譴，如楊紘、王鼎、王綽等，曾敍用未復職任者，並乞復與甄擢，或委之繁劇，必有成效。」戊戌，徙知越州楊紘爲荊湖南路轉運使。王鼎先知深州，徙知建州，尋亦除提點河北刑獄。鼎前在江東，坐苛察免，及復起，治姦贓愈急，所舉劾，於貴勢無所避。時盜販茶鹽者衆，鼎一切杖遣之。監司屢以爲言，鼎不爲變。

4 秋，七月，壬子，詔：「太學生舊制二百人，如不能充數，止以百人爲限。」

5 癸丑，詔：「外任少卿監以下，年七十不任釐務者，其令轉運、提點刑獄司以聞；在京委御史臺、審官院；嘗任館閣、臺諫及提點刑獄，令中書裁處；待制以上，能自引年，則優加恩禮，不須用爲定制。」

6 甲寅，賜陝州草澤魏閑清逸處士。閑，野之子也，世有隱德，知州李昭遘上其行義，故有是賜。

7 丙辰，詔兗州仙源縣復以孔氏子孫知縣事。

8 丁巳，從翰林學士承旨王堯臣等議，雅樂名大安。

9 乙丑，帝諭輔臣曰：「近日職司，以長吏不理聞者多矣，中書未嘗施行。夫長吏者，民之性命所繫，宜擇其甚者罷之，小者易之。」文彥博等慚謝而退。於是鄂州王開、台州呂士宗等，或以衰老，或以弛慢，罷斥、對移者凡十六人。

10 丁卯，免天平軍節度推官鄞人沈起擅去官罪　起因父疾請解，不待報而歸。法官論以私罪，帝曰：「若此，何以厚風俗！其除之。」

11己巳，知制誥宋城王洙、直集賢院鄖城掌禹錫上皇祐方域圖誌五十卷。

12乙亥，知秦州呂公綽赴闕，已而中丞王舉正、知諫院包拯言：「公綽當其父夷簡執政時，多所干預，若遽令代還，恐更圖進用。」乃詔復任。公綽通敏有才，然其父執政時，常漏除拜以市恩，時人以比竇申。

13丙子，減湖南郴、永、桂陽監丁身米。

初，馬氏科民采木，不以貧富，皆科丁取數。國初，量給其直，令隨稅輸米，而重輕不等，貧者苦之。帝命三司取最下數爲準，凡歲減十餘萬石。

14是月，遼主如秋山。

15八月，辛巳，特贈給事中孔道輔爲工部侍郎。時龍圖閣直學士王素入對，語及道輔，帝思其忠，故有是命。

16癸未，知定州韓琦，加觀文殿學士，再任。

初，明鎬引諸州兵平恩州，獨定兵邀賞賚，出怨語，幾欲譟城下。琦素聞其事，以爲不治且亂，及至，即用軍制勒習，察其尤無良者，捽首斬軍門外；士死攻戰，則賻賞其家，籍其孤兒，使繼衣廩，威信並行。又倣古兵法，作方圓銳三陣，指授偏將，日月訓習之，由是定兵精勁冠河朔。京師發龍猛卒戍保州，在道竊取人衣履，或飯訖不與人直，至定，琦悉留不遺，曰：「保州極塞，嘗有叛者，豈可雜以驕兵戍之！」易素教者數百人以往。而所留卒，未踰月亦皆就律，不敢復犯法。歲大歉，賑之，活人數百萬。詔書褒美。

17 丙戌，遣使安撫京東、淮南、兩浙、荆湖、江南飢民。

18 辛卯，以張堯佐爲宣徽南院使、判河陽，中丞王舉正言此授非當，有損聖德，不報。

19 乙未，以知制誥王洙爲遼太后生辰使。至韡淀，遼使劉六符來伴宴，言耶律防善畫，向持禮南朝，寫聖容以歸，欲持至館中，王洙曰：「此非瞻拜之地也。」六符言恐未得其眞，欲遣防再往傳繪，洙力拒之。

20 御史中丞王舉正言「陛下濫賞堯佐，乞罷黜臣」，不報。知諫院包拯、陳旭、吳奎相繼言：「堯佐制命復下，物議沸騰，望檢會臣等前後奏劄，必賜施行。」庚子，詔：「自今張堯佐別有遷改，檢會此劄子進呈執奏。」仍詔：「除宣徽使自今不得過二員。」

21 乙巳，馮道曾孫舜卿上道官誥二十通，乞錄用，帝謂輔臣曰：「道相四朝，而偷生苟祿，無可旌之節；所上官誥，其給還之。」

22 是月，汴河絕流。

23 九月，（癸丑），賜李繼隆神道碑額曰「顯功」。

24 乙卯，武寧節度使兼侍中夏竦卒，贈太師，中書令，謚文獻。知制誥王洙當草制，封還其目曰：「臣下不當與僖祖同謚。」遂改文正。同知禮院司馬光言：「謚之美者極于文正，竦何人，乃得此謚？」判考功新喻劉敞言：「謚者，有司之事也；竦姦邪，而陛下謚之以正，不可也。」光疏再上，敞疏三上，詔更謚文莊。【考異】六一居士集王洙墓誌祇言竦初謚文獻，更謚文莊，而於改謚文正事則略之，今從長編。又，老學菴筆記引宋子京祭竦文有云天與其正，此偏私之議論，不足爲據也。

竦爲郡，喜作條教，立保伍之法，盜賊不敢發。治軍尤嚴，敢誅殺；而疾病死喪，拊循甚至。嘗有龍騎卒戍邊，羣聚剽劫，州郡莫能止，或密以告竦。竦時在關中，俟其至，召詰之，誅斬殆盡，軍中大震。其威略多類此。然性貪，數商販部中，在并州，使其僕貿易，爲所侵盜，至杖殺之。積家財累鉅萬，自奉尤侈，畜聲伎甚衆。所在陰間僚屬，使相猜阻，以鉤致其事；過〔遇〕家人亦然。

25 庚申，賜國子博士梅堯臣同進士出身，仍改太常博士。

堯臣，詢從子，工于詩，大臣屢薦堯臣宜在館閣，召試學士院，而有是命。

26 丙子，改太子太師王溥謚文獻爲文康，司空致仕章得象謚文憲爲文簡；以知制誥王洙言得象謚同周公，溥同僖祖故也。有欲改溥謚爲文忠者，天章閣待制兼侍讀張掞曰：「溥，周宰相，國亡不死，安得忠！」乃謚文康。

27 丁丑，詔邇英閣講讀官當講讀者，立侍敷對，餘皆賜坐侍于閣中。天聖以前，講讀官皆坐侍，自景祐以來皆立侍，至是帝屢面諭以經史義旨須詳悉詢說，因有是詔，遂爲制。

28教坊官王世昌，自陳年老，乞監永濟倉門。帝曰：「世昌本亦士人，以無行檢，遂充此職。倉門乃國家糧儲出入之所，豈可令此輩主之！宜與在京一廟令。」

29是月，遼更定條制。

30遼主駐中會川。

31冬，十月，己卯朔，詔三司：「解鹽聽通商，候二年較其增損以聞。」

初，包拯自陝西還，力主范祥所建通商法，朝廷既從之。已而判磨勘司李徽之又言不便，乃下其事三司，辟召詳〔祥〕，令與徽之及兩制共議。而議者皆以祥爲是，故有是詔。

32遼括諸道軍籍。

33甲申，大理寺言信州民有劫米而傷主者，法當死。帝謂輔臣曰：「飢而劫米則可哀，盜而傷主則難恕；然細民無知，終緣于飢耳。」遂貸之。又曰：「刑寬則民慢，猛則民殘，爲政常得寬猛之中，使上下無怨，則水旱不作。卿等宜戒之！」

34乙酉，新作隆儒殿，在邇英閣後。

35乙未，翰林學士兼禮部侍郎、知制誥李淑，落翰林學士。

淑初以端明、侍讀二學士奉朝請，尋復入翰林。諫官包拯、吳奎言：「淑性姦邪，嘗乞侍養其父而不及其母；既得侍養，又復出仕，有謀身之端，無事親之實。作周三陵詩，語涉怨憤，非所宜言。宜奪禁職，以戒懷姦隱慝之臣。」故有是命。

36 丁酉，殿中侍御史裏行唐介，責授春州別駕。

初，張堯佐除宣徽、節度、景靈、羣牧四使，介與包拯力爭，又請王舉正留百官班廷論，卒奪堯佐宣徽、景靈二使。頃之，復除宣徽使、知河陽。或謂補外不足爭，介以爲宣徽次二府，不計內外，獨爭之。帝諭介，除擬初出中書，介言當責執政。退，請全臺上殿，不許；自請貶，亦不報。于是劾宰相文彥博：「知益州日，作間金奇錦，因中人入獻宮掖，緣此擢執政。及恩州平賊，幸會明鎬成功，遂叨宰相。昨除張堯佐宣徽、節度使，臣累論奏，面奉德音，謂是中書進擬，以此知非陛下本意。蓋彥博姦謀迎合，顯用堯佐，陰結貴妃，外陷陛下有私後宮之名，內實自爲謀身之計。」又言：「彥博向求外任，諫官吳奎與彥博相爲表裏，言彥博有才，國家倚賴，未可罷去，臣見彥博自獨專大政，凡所除授，多非公議，恩賞之出，皆有夤緣。三司、開封、諫官、法寺、兩制、三館、諸司要職，皆出其門，更相援引，借助聲勢，欲威福出于己，使人不敢議其惡。乞斥罷彥博，以富弼代之。臣與弼亦昧平生，非敢私也。」帝怒，卻其奏不視，且言將加貶竄，介徐讀畢，曰：「臣忠義憤激，雖鼎鑊不避，敢辭貶竄！」帝于座急召二府，示以奏曰：「介言他事乃可，至謂彥博因貴妃得執政，此何言也！」進用冢司，豈應得預，而乃薦弼！」時彥博在帝前，介面質之，曰：「博彥宜自省，即有之，不可隱！」彥博拜謝不已。帝怒益甚。樞密副使梁適叱介下殿，帝令送御史臺劾介。彥博再拜言：「臺官，言事職也，願不加罪。」不許；乃召當制舍人即殿廬草制而責之。

時帝怒不測，羣臣莫敢諫，右正言蔡襄獨進言：「介誠狂直，然容受盡言，帝王盛德也。」己亥，中丞王舉正復上疏言責介太重。帝亦中悔，敕朝堂告諭百官，改介英州別駕，復取其奏以入。遣中使護送介至英州，且戒無令道死。知制誥胡宿言：「唐介改貶英州，聞專差中使押之貶所。竊尋曏前臺諫官貶黜，無此體制。一旦介若因霜露之病，死于道路，四海廣遠，不可家至戶曉，將使朝廷負謗于天下，其傷不小。就使介安全至于貶所，亦不可著爲後法。伏望追還使人，以全朝體。」殿中侍御史梁蒨亦言：「陛下愛介，故遣中使護送；即不幸介以疾死，天下後世能無以殺疑乎？」帝曰：「誠不思此。」亟追還中使。介直聲聞天下。

87庚子，禮部尚書、平章事文彥博，罷爲吏部尚書、觀文殿大學士、知許州。【考異】長編云：或言張堯佐，彥博父客也。彥博知益州，貴妃有力焉，因令彥博織燈籠錦以進，貴妃服之。帝驚顧曰：「何從得此？」妃正色曰：「文彥博所織也。彥博與妾父有舊，然妾烏能使之，特以陛下故耳。」帝悅，自是意屬彥博。及爲參知政事，明鎬討王則未克，帝甚憂之，語妃曰：「大臣無一人爲國了事者，日日上殿何益！」妃密令人語彥博。翼日，彥博入對，乞身往破賊，帝大喜。彥博至恩州十數日，賊果平，即軍中拜相。議者謂彥博因鎬以成功，其得相由妃力也。介既用事，深詆彥博，雖坐遠貶，彥博亦出。然事之有無，卒莫得而辨也。按長編所言，皆采碧雲騢之說，恐未確，今不取。邵氏見聞錄云：仁宗嘗幸貴妃閣，見定州紅瓷器，怪問曰：「安得此？」妃以王拱辰所獻爲對。帝怒曰：「戒汝勿通臣僚饋遺，不聽，何也？」因擊碎之。妃愧謝，良久乃已。妃又嘗侍上元宴於端門，服所謂燈籠錦者，帝亦怪問，妃曰：「文彥博以陛下眷妾，故有此獻。」上不樂。其後唐介彈彥博，介雖以對上失禮遠貶，彥博亦出守，蓋兩罷之也。或云：燈籠錦，乃彥博夫人遺妃，彥博不知也。今據宋史書之。

38 以樞密使龐籍同中書門下平章事，參知政事高若訥，以本官充樞密使。

39 辛丑，以樞密副使、給事中梁適參知政事，翰林學士承旨、知制誥王堯臣爲樞密副使。

40 起居舍人、知諫院吳奎，出知密州。包拯奏乞留奎，且言：「唐介因彈大臣，并以中奎，誣惑天聽。」帝曰：「介昨言奎、拯皆陰結文彥博，今觀此奏，則非誣也。」

41 乙巳，帝謂龐籍曰：「諫官、御史，必用忠直淳厚、通世務、明治體者，以革浮薄之弊。」籍既承聖諭，自是中書奉詔舉臺官，必以帝語載敕中。

42 十一月，辛亥，詔以「漳、泉州、興化軍，自五代以來，計丁出米甚重，或貧不能輸。自今泉州、興化軍舊納七斗五升者，主戶與減二斗五升，客戶減四斗五升；漳州納八斗八升八合者，主戶減三斗八升八合，客戶減五斗八升八合，爲定制。」初，龐籍爲福建轉運使，請罷漳、泉、興化軍丁米，有司持不可；及籍爲宰相，遂行之。

43 甲子，遼命東京留守司總領戶部內省事。

44 丁卯，遼罷中丞記錄職官過犯，令承旨總之。

45 乙亥，帝謂輔臣曰：「江、淮連年荒歉，如聞發運司惟務誅剝，以斂額爲能，雖名和糴，實抑配耳。其減今年上供米百萬石。」因詔免災傷人戶所輸鹽米。

先是河北饑，三司益增江、淮米以餉河北，及江、淮饑，有司責米數如常歲，度支副使梅摯奏減之。

46 十二月，庚辰，翰林天文院新作渾儀成，御撰渾儀總要十卷，論前代得失，已而留中不出。

47 乙酉，遼以太后行再生禮，肆赦。

48 戊子，中書言：「諸房人吏稽違案牘者，自來量行罰典，終未革心。欲籍其名目，以輕重爲差，其罰數多及情重者，取旨黜逐。」從之。

49 戊戌，以資政殿學士吳育知陝州。始，命育兼翰林侍讀學士，育辭以疾，固請便郡，帝謂近臣曰：「育剛正可用，但嫉惡太過耳，宜聽其便。」因遣中使賜以禁中良藥。不半歲，又徙汝州。

50 先是包拯請除范祥權本路轉運副使，令擘畫鹽法利害，計置沿邊斛斗；事歸一局，易爲辦集。而三司使田況亦請久任祥，使專其事。己亥，以祥爲陝西轉運副使，仍賜金紫服以寵之。

51 庚子，詔：「文武官年七十以上未致仕者，更不考課遷官；其有功于國，有惠于民，當加賞者，勿拘。」

52 以益州鄉貢進士房庶爲試校書郎。庶，成都人，宋祁嘗上其所著樂書補亡三卷，田況自蜀還，亦言其知音。既召赴闕，庶自言：「嘗得古本漢志云：『度起于黃鍾之長，以子穀秬黍中者，一黍之起，積一千二百黍之廣度之九十分，黃鍾之長一爲一分。』今文脫『之起積一千二百黍』八字。故自前世以來，累黍爲尺以制律，是律生于尺，尺非起于黃鍾也。且漢志『一爲一分』者，蓋九十分之一。後儒誤以一黍爲一分，其法非是。當以秬黍中者一千二百實管中黍盡得九十分，爲黃鍾之長，九寸加一以爲尺，則律定矣。」直祕閣范鎭是之，乃言曰：「李照以縱黍累尺管，空徑三分，容黍千七百三十；胡瑗以橫黍累尺管，容黍一千二百，而空徑三分四釐六豪；是皆以尺生律，不合古法。今庶所言，實千二百黍于管，以爲黃鍾之長，就取三分以爲空徑，則無容受不合之差。校前三說爲是。請如其法，試造尺律，更以古器參攷，當得其眞。」乃詔王洙與鎭，同于修制所依庶說造律尺籥，上之。帝召輔臣同觀，又令庶自陳其法，因問律呂旋相爲宫事，令撰圖以進。是時胡瑗等制樂已有定議，特推恩而遣之。鎭爲論于執政曰：「今律之與尺，所以不得其眞，由累黍爲之也。累黍爲之者，史之脱文也。古人豈以難曉不合之法書之于史，以爲後世惑乎！易曉而必合者，房庶之法是矣。今庶自言其法，依古以律而起尺，其長與空徑、與容受、與一千二百黍之數，無不合之差。誠如庶言，此至眞之法也。」執政不聽。

四年遼重熙二十一年。（壬辰、一〇五二）

1春，正月，辛亥，徙英州別駕唐介爲全州團練副使、監郴州酒税。

2遼主如混同江。

3王堯臣、王守忠、陳旭等，校慶曆、皇祐總四年天下財賦出入，凡金帛絲纊薪芻之類，皆在其數，參相耗登，皇祐元年入一億二千六百二十五萬有奇，而所出亡餘；爲書七卷，丙辰，上之。詔送三司，取一歲中數以爲定式。

4庚申，乾寧軍獻古鐘，詔送詳定大樂所。

5丙寅，聽吉州司理參軍祝紳持兄服。紳幼亡父母，養于兄嫂，已嘗爲嫂服，至是又請解官持兄喪，帝曰：「近蓋有匿父母喪而干進者，今紳雖所服非禮，然不忘鞠養恩，亦可勸也，可聽之。仍俟服闋日，與幕職官、知縣。」

6詔：「昨爲唐介顯涉結附，合行降黜，亦慮言路或阻，尋與除遷。倘恐言事之臣有所顧忌，御史臺、諫院，其務盡鯁直以箴闕失。」

7二月，戊寅，帝謂輔臣曰：「東南歲比不登，民力匱乏，嘗詔蠲歲漕百萬石。今發運使施昌言、許元乃欲分往兩浙、江南調發軍儲，是必謀誅剝疲民，求羨餘以希進耳，宜約束之。」因詔昌言等遵前詔，毋得輒有科率。

8庚辰，以兵部郎中考城傅求爲戶部副使。【考異】長編作傅永，今從宋史。

慶曆末，求自梓州路轉運使移陝西。時關中用當十鐵錢，盜鑄不可勝計，求獻策請變錢法。至境，問民所乏，貸以種糧錢，令麥熟納償，而薄取其息，民大悅。求急檄州縣，凡散二百八十萬緡。已而朝廷變法，遂下令，以小鐵錢三折大鐵錢一，民出不意，破產失業，自經者衆，而盜鑄亦衰止。所貸得麥四十萬斛，商人入粟于邊而受錢于中都，歲五百萬緡。時河北奏乞錢，朝廷未有以給，求言本道倉廩實，請以所當受錢畀之，帝嗟賞。自康定用兵，陝、華以西移稅輸于邊，民力大困，求令輸本郡，而轉錢以供邊糴，民受其惠而兵食亦足。王堯臣詳定課績，上其事實，賜詔褒之。尋召入，權糾察在京刑獄，于是擢副三司。

【考異】李燾曰：傅求傳云：求獻策請變法，既悉貸民大鐵錢，遂下令，以一折三，民多破產失業，而盜鑄亦止。按變法在慶曆八年六月，乃用三司議，或因求獻策亦不可知。若謂求遂下令以一折三，則是求自擅作法罔民，初非朝廷變法也。朝廷變法，適與求貸民大鐵錢相先後。蓋求益貸民大鐵錢，大錢雖折小錢，而小錢十可改鑄大錢五且有餘，即鄭戩所云盜鑄獲利十之六也。求前貸民大錢，今但取小錢，又以小錢二折當十大錢一，其名似優貸者，其實陰奪盜鑄之利也。

9 癸未，命御史中丞王舉正與三司同詳定冗費。

10 是月，遼主如魚兒濼。

11 三月，丁未，以知諫院包拯爲龍圖閣學士、河北都轉運使。居數月，徙爲高陽關路安撫使，因籍一路吏民積歲所負公錢十餘萬，悉除之。

12 丙辰，蠲江南東、西路民所貸種糧。

初，帝謂輔臣曰：「頃江南歲饑，貸種糧數十萬斛，且屢經寢閣，而轉運司督索不已。比聞民貧不能盡償，非遣使安撫遠方，無由上達，其蠲之。」

13 壬戌，出內藏庫絹十萬，下三司以助軍費。

14 丙寅，河東、陝西都部署司言郭諮所進獨轅衝陣無敵流星弩，可以備軍用，詔弓弩院如樣置之。尋以諮爲鄜延路鈐轄，給所制弩五百，募士兵教之。既成，經略使夏安期言其便，詔置獨轅弩車。

15 （戊辰），以全州團練副使、監郴州稅唐介爲祕書丞。

16辛未，詔雜買務：「自今凡宮禁所市物，皆給實直，其非所闕者，勿得市。」初，帝謂輔臣曰：「國朝鑒唐宮市之患，特置此務，以京朝官、內侍參主之，且防擾人。近歲物非所急者一切收市，擾人甚矣。」故降是詔。

17夏，四月，戊寅，禁內宿臣寮聚會。

18先是內出欹器一，陳于邇英閣御坐前，諭丁度等曰：「朕思古欹器之法，試令宮人制之，以示卿等。」命以水注之，中則正，滿則覆，虛則欹，率如家語、荀卿、淮南之說。帝曰：「日中則昃，月盈則虧；朕欲以中正臨天下，當與列辟共守此道。」度拜曰：「臣等亦願無傾滿以事陛下。」因言太宗嘗作此器，眞宗亦嘗著論。庚辰，帝製後述以賜度等。

19丙戌，遼遣使來賀乾元節，其國書始去國號，稱南、北朝；且言書稱大宋、大契丹非兄弟之義。帝召二府議之，參知政事梁適曰：「宋之爲宋，受之于天，不可改。契丹亦其國名。自古豈有無名之國！」又下兩制、臺諫官議，皆以講和以來，國書有定式，不可輒許。乃詔學士院答遼書，仍舊稱大契丹、大宋。其後遼復有書，亦自稱大契丹如故。

初，知制誥韓綜爲館伴，北使欲復書如其國但稱南、北朝。綜謂曰：「自古未有建國而無號者。」北使慚，遂不復言。其後北使來，朝廷擇館伴者，時綜已卒，帝曰：「孰有如韓綜者乎！」

20初，儂智高貢方物，求內屬，朝廷拒之。後復貢金函書以請，知邕州陳珙上聞，不報。智高既不得請，又與交趾爲仇，且擅廣源山澤之利，遂納亡命，數出斂衣易穀，紿言峒中饑，部落離散，邕州信其微弱，不設備。乃與廣州進士黃瑋、黃師宓及其黨儂建中、儂智忠等【考異】「建中」或作「建侯」，「智忠」或作「志中」，或又作「知忠」，皆傳聞互異。予嘗見石刻平蠻三將題名，以儂智高爲知高，蓋蠻酋無定字也。日夜謀入寇。一夕，焚其巢穴，紿其衆曰：「平生積聚，今爲天火所焚，生計窮矣。當拔邕州，據廣州以自王，否則必死。」是日，率衆五千沿鬱江東下，攻破橫山寨，寨主張日新、邕州都巡檢高士安、欽、橫州同巡檢吳香死之。

五月，乙巳朔，儂智高破邕州，執知州陳珙，通判王乾祐，廣西都監張立。初，賊圍城，珙令乾祐守來遠門，權都監李肅守大安門，指使武吉守朝天門。張立自賓州來援，既入，珙犒軍城上，酒行而城破。珙、立、乾祐及節度推官陳輔堯、觀察推官唐鑑、司戶參軍孔宗旦皆被執，兵死者千餘人。智高閱軍資庫，得所上金函，怒謂珙曰：「我請內屬，求一官以統攝諸部，汝不以聞，何也？」珙對嘗奏不報，索奏章，不獲，遂扶珙出。珙病目，不能視，惶恐呼萬歲，求自效，不聽，并立、乾祐、輔堯、鑑、宗旦害之。立臨刑，大罵不屈，踰月，得其尸如生。

當智高未反時，邕州有白氣出庭中，江水溢，宗旦以爲兵象，度智高必反，以書告珙，珙怒，詆之曰：「司戶狂邪！」及智高破橫山寨，宗旦即載其親詣桂州，曰：「吾有官守不得去，無爲俱死也。」既而賊執宗旦，欲任以事，宗旦叱賊，且大罵，遂被害。

智高既得邕州，即僞建大南國，僭號仁惠皇帝，改年啓曆，赦境內，師宓以下皆稱中國官名。【考異】會要云改年端懿，今從宋史。孔宗旦傳云：及智高破橫州，即載其親詣桂州。李燾曰：五月一日，邕州破，宗旦被殺，後八日乃破橫州，傳誤也，當作橫山寨。隆平集亦稱橫山寨，不云橫州，不知何以如此誤，今改之。

21 丙午，以太常丞致仕導江代淵爲祠部員外郎。

淵事親孝，舉進士甲科，得清水主簿，歎曰：「祿不及親，何以爲！」即還家教授，坐席常滿。王拱辰安撫兩川，遺書欲起之，託疾不往見。楊日嚴知益州，又薦之，遂以太子中允致仕。謝絕諸生，著周易旨要、老佛雜說數十篇。至是翰林學士田況上其書，詔優加兩官。

22 庚戌，詔：「國子監直講，自今選通經有行實、年四十以上者爲之。」時侍御史梁蒨言：「近日薦楊忱爲學官，忱年少輕肆，不可用。」故降是詔。忱，偕之子也。

23 癸丑，儂智高入橫州；丙辰，入貴州；【考異】長編作「費州」。按宋史地理志，廣南西路無費州，蓋轉寫之誤，今改正。庚申，入龔州；辛酉，入藤州；又入梧州、封州，知封州曹覲死之。

時嶺南州縣無備，守將多棄城走。封州士卒才百人，又無城隍以守，或勸覲避賊，覲正色叱之曰：「吾守臣也，有死而已，敢言避賊者斬！」賊至，覲率從卒決戰，不勝，被執。賊捽使拜，且誘之曰：「從我得美官，以女妻汝。」覲詈曰：「人臣惟北面拜天子，我豈從爾苟生邪！」賊猶惜不殺，徙置舟中。覲不食者兩日，探懷中印章授其從卒曰：「我且死，若求間道，以此上官。」賊知其無降意，害之，至死罵賊不絕。

壬戌，儂智高入康州，知州趙師旦、監押馬貴死之。師旦，稹從子也。

賊既破邕州，順流東下，師旦使人覘賊，還報曰：「諸州守皆棄城走矣。」師旦叱曰：「汝亦欲吾走邪！」乃大索，得諜三人，斬以徇。而賊已薄城下，師旦止有兵三百，開門迎戰，殺數十人。會暮，賊稍卻，師旦語其妻，取州印佩之，使負其子以匿，曰：「明日賊必大至，吾知不敵，然不可以去，爾留死，無益也。」遂與貴部士卒固守州城。召貴食，貴不能食，師旦獨飽如平時。遲明，賊攻城愈急，左右請少避，師旦曰：「戰死與戮死何如？」衆皆曰：「願爲國家死。」至城破，無一人逃者。矢盡，與貴俱還，據堂而坐。智高麾兵入，脅師旦，師旦大罵。智高怒，并貴害之。

癸亥，入端州，知州丁寶臣棄城走。【考異】六一居士集、王臨川集撰丁寶臣墓碑，皆稱寶臣嘗出戰，有所斬捕，卒不勝，乃去，蓋止據其家狀也。今從長編。

24 甲子，知潁州、資政殿學士、戶部侍郎范仲淹行至徐州而卒。

仲淹少有大志，於富貴、貧賤、毁譽、歡戚，不一動其心，而慨然有志于天下，常自誦曰：「士當先天下之憂而憂，後天下之樂而樂也。」每感激論天下事，奮不顧身，一時士大夫矯厲尙風節，自仲淹創之。性至孝，以母在時方貧，其後雖貴，非賓客不重肉，妻子衣食僅能自充；而好施予，置義莊里中，以贍族人。守杭之日，子弟知其有退志，乘間請治第洛陽，樹園圃，爲逸老地。仲淹曰：「人苟有道義之樂，形骸可外，況居室乎！吾今年踰六十，生且無幾，乃謀治第樹園圃，顧何待而居乎！吾所患在位高而艱退，不患退而無居也。且西都士大夫園林相望，爲主人者莫得常游，而誰獨障吾游者！豈必有諸己而後爲樂邪！」及卒，贈兵部尙書，謚文正，又遣使就問其家。既葬，帝親書其碑曰「褒賢之碑」。

仲淹爲政主忠厚，所至有恩，邠、慶二州之民與屬羌皆畫像立生祠事之。其卒也，羌酋數百人哭之如父，齋三日而去。

25 丙寅，儂智高圍廣州。前二日，有告急者，知州江都仲簡以爲妄，囚之，下令曰：「有言賊至者斬！」以故民不爲備。及賊至，始令民入城，民爭以金貝遺閽者求先入，踐死者甚衆，餘皆附賊，賊勢益張。

命知韶州【考異】宋史作知桂林。陳曙領兵討儂智高。

朝廷初聞智高反，詔進奏院不得輒報。知制誥呂溱言：「邊防警急，一方有盜賊，宜令諸路聞之，共得爲備。今欲人不知，此何意也！」

六月，乙亥，起復前衞尉卿余靖爲祕書監、知潭州；前屯田員外郞、直史館楊畋爲廣南西路體量安撫提舉經制賊盜。靖及畋各居父喪。先是靖與知韶州者結緝農兵，完葺保障，共爲守禦計，朝廷聞而嘉之；又以畋素習蠻事，故有是命。尋改靖廣南西路安撫使、知桂州。畋被召，至都門外，辭以喪服不敢見；帝賜以所服御巾，入對便殿，卽日加起居舍人、同知諫院而遣之。

甲申，徙知廣州仲簡知荆南。朝廷但以簡能守城，故有是命，不知廣人怨之深也。

[26]（丙戌），詔：「諸州軍里正、押司、錄事，已代而令輸錢免役者，以違制論。」先是王逵爲荆湖南路轉運使，率民輸錢免役，得緡錢三十萬，進爲羡餘，朝廷降詔獎諭。由是諸路盡爲掊克，至破產不能償所負。朝廷知其弊，故條約之。

[27]丁亥，以太子太師致仕王德用爲河陽三城節度使、同平章事、判鄭州。

時將相王姓者數人，而閭閻婦女小兒皆號德用爲黑王相公。德用雖致仕，乾元節上壽，預班廷中，遼使曰：「黑王相公乃復起邪？」帝聞之，遂更付以方鎭。

[28]以彰化節度使、知延州狄青爲樞密副使。御史中丞王舉正，言青出兵伍爲執政，本朝所無，恐四方輕朝廷；左司諫賈黯、御史韓贄亦以爲言，皆不聽。青面涅猶存，帝嘗敕青傅

藥除字，青指其面曰：「陛下擢臣以功，不問門第。臣所以有今日，由面涅耳，願留此以勸軍中，不敢奉詔。」

29 壬辰，以祕書丞、監郴州稅唐介爲主客員外郎、通判潭州。

30 己亥，置廣南東、西路、湖南、江西轉運判官各一員。

庚子，以知宿州朱壽隆提點廣南西路刑獄。朝廷懲嶺表無備，命完城，貴州守者虐用其人，人不堪命。壽隆馳至州，械守送獄，奏黜之，州人爲立生祠。壽隆，台符子也。

31 秋，七月，乙巳，出內藏庫錢三十萬緡、絹十萬匹，下河北助糴軍糧。

32 丙午，命知桂州余靖經制廣南東、西路盜賊。

時諫官賈黯言：「靖及楊畋皆許便宜從事，若兩人指蹤不一，則下將無所適從。又，靖專制西路，若賊東嚮，則非靖所統，無以使衆，不若并付靖經制兩路。」靖亦自言：「賊在東而使臣西，非臣志也。」帝從其言，故有是命。

33 初，魏瓘築廣州城，鑿井蓄水，作大弩爲守備。及儂智高攻城甚急，且斷流水，而城堅，井飲不竭，弩發輒洞中，賊勢稍屈。

知英州晉江蘇緘，始聞廣州被圍，謂其衆曰：「廣與吾州密邇，今城危在旦暮，而恬不往救，非義也。」乃蒐募壯勇合數千人，委州印于提點刑獄鮑軻，夜行赴難，去廣二十里駐兵。

黃師宓爲賊謀主，緘使縛其父，斬以徇，賊聞之喪氣。時郡民皆旁緣爲盜，緘得六十餘人，斬之；招懷其驅脅詿誤，使復故業者，凡六千八百餘人。

城被圍日久，戰數不勝。賊方舟數百，急攻南城，番禺令新喻蕭注，先自圍中出，募得海上強壯二千餘人，以海船集上流，未發；會颶風夜起，縱火焚賊船，烟熖燭天，大破之。即日發縣門諸路援兵及民戶牛酒芻糧，相繼入城。而轉運使成都王罕，亦自外募民兵入城，益修守備。賊知不可拔，圍五十七日，壬戌，解去，由清遠縣濟江，擁婦女作樂而行。

攻賀州，不克。遇廣東都監張忠于白田，忠戰死，虔州巡檢董玉、康州巡檢王懿、連州巡檢張宿、合州巡檢趙允明、監押張全、司理參軍鄧冕皆歿。先是緘與洪州都監蔡保恭，以兵八千人據邊渡邨，扼賊歸路，忠自京師至，奪而將之。臨戰，謂其下曰：「我十年前一健兒，以戰功爲團練使，爾曹勉之！」于是不介馬而前。先鋒遇賊奔，忠手拉賊帥二人，馬陷濘，不能奮，遂中標槍死。

甲子，廣東鈐轄蔣偕擊賊于路田，兵敗，南恩州巡檢楊逵、南安軍巡檢邵餘慶、權宜州巡檢馮岳、西路捉賊王興、萇用和皆歿。【考異】李燾云：實錄稱偕歿于路田，本紀亦云。按本傳及智高傳，則太平場也，實錄、本紀並誤，今改之。

84 考功議上故司空致仕張齊賢謚曰文定，右僕射陳堯叟曰文忠，太子太傅致仕辛仲甫謚曰康節，贈吏部尙書溫仲舒謚曰恭肅，贈戶部尙書錢若水謚曰宣靖，贈刑部尙書宋湜謚曰恭質，右屯衞上將軍王嗣宗謚曰景莊，威塞節度使馮守信謚曰勤威。自齊賢而下，皆祖宗舊臣也，已葬而未謚，至是其家始請之。

35 八月，丁丑，以監新淦縣稅丘濬簽署滁州判官事。

濬坐作詩刺譏時事，謫官久之。至是淮南安撫陳旭、湖北提點刑獄祖無擇表薦之。帝曰：「濬無雅行，惟以口舌動人。今旭等稱其才，無乃長浮薄！」輔臣言：「濬所坐已更赦，宜使自新。」故內徙之。

36 楊畋既趨廣南，又奏請删康定行軍約束及賞罰格頒下，并置檢法官。己卯，詔諭畋曰：「智高乘颶鋭竊發，二廣之民日徯官軍至，故委卿節制，以殲賊爲期。臨機趨變，安用中覆！今甲兵大集，不能度形勢一舉撲滅，乃奏請頒格令，置檢法官，此豈應速計邪！賊或順風下海，掠瓊管及海壖諸州，厚戍則兵不足，無備則寇乘之。如能斷海道，則不以日月淹滯可也。」

37 乙酉，降廣南東路轉運使王罕官，監信州酒稅。

初，罕往潮州議鹽事，聞儂智高圍廣州，卽領兵還，入城爲守禦備，城得不陷者，罕有力焉，而朝廷未知也。提點刑獄鮑軻自英州挈其孥欲過嶺北，至雄州，知州蕭勃留之，乃具奏，召罕至雄州計事，罕輒不至。諫官李兌遂劾罕怯懦避賊，端居廣州，朝廷亦以罕奏不時達，故及于責。

38 丙戌，贈張忠爲感德節度使，錄其父餘慶爲左監門衞大將軍，賜第一區，給半俸終其身。

39 丁亥，以蕭注爲禮賓副使，仍權發遣番禺縣事。

40 戊子，以資政殿學士兼翰林侍讀學士、吏部尚書、知汝州吳育爲集賢院學士、判西京留守御史臺，以育固稱疾，求居散地故也。

留臺舊不領民事，時張堯佐判河陽，民訟久不決者，多詣育，育爲辨曲直，判書狀尾，堯佐畏恐奉行。

41 鄜州兵廣銳、振武二指揮戍延州，聞其家被水災，詣副都署王興求還，不能得，乃相率逃歸，至則家人無在者，于是聚謀爲盜，州人震恐。知州薛向遣親吏諭之曰：「冒法以救父母妻子，乃人之常情；而不聽汝歸，乃武帥不知變之故耳。汝聽吾言，亟歸收親屬之尸，貸汝擅還之罪；不聽吾言，汝無噍類矣。」衆徑入，拜庭下泣謝，境內以安。向，顏之孫也。

42 辛卯，改知秦州孫沔爲湖南、江西路安撫使，入內押班石全彬【考異】宋史作「全斌」。今從長編。副之。

沔初入見，帝以秦州事勉之，對曰：「臣雖老，然秦州不足煩聖慮，當以嶺南爲憂也。」

臣觀賊勢方張，官軍朝夕當有敗奏。」既而聞張忠死，蔣偕敗，帝諭執政曰：「南事誠如沔料。」宰相龐籍因奏遣沔行，仍許沔便宜從事。沔以南方兵連爲賊破，氣懾不可用，請益發騎兵，且增選偏裨二十人，求武庫精甲五千。參知政事梁適謂沔曰：「毋張皇。」沔曰：「前日惟無備，故至此。今指期滅賊，非可以僥倖，乃欲示鎮靜邪！」居二日促行，才與兵七百。沔憂賊度嶺而北，乃檄湖南、江西曰：「大兵且至，其繕治營壘，多具燕犒。」賊疑，不敢北侵。沔行至鼎州，復詔加廣南東、西路安撫使。

43以知英州祕書丞蘇緘爲供備庫使。

初，廣州以賊遽至，不及清野，故賊得肆略。後緘知賊將走，分兵扼其歸路，布槎木、巨石凡四十里。賊至，果不得前，乃繞出數舍，入沙頭渡江，由清遠縣道連、賀州西歸，擒傷甚衆，緘盡得賊所略去物。

續資治通鑑卷第五十三

賜進士及第兵部尚書兼都察院右都御史總督湖北湖南等處地方軍務兼理糧餉世襲二等輕車都尉畢沅編集

宋紀五十三 起玄黓執徐(壬辰)九月，盡昭陽大荒落(癸巳)七月，凡十一月。

仁宗體天法道極功全德神文聖武睿哲明孝皇帝

皇祐四年 遼重熙二十一年。(壬辰、一〇五二)

1 九月，戊申，儂智高殺廣南鈐轄蔣偕於賀州太平場，莊宅副使何宗古、右侍禁張達、三班奉職唐峴皆歿。

偕始受命討賊，馳驛十七日，至廣州城下，入城，數知州仲簡曰：「君留兵自守，不襲賊，又縱部兵馘平民以幸賞，可斬也！」仲簡曰：「安有團練使欲斬侍從官！」偕曰：「斬諸侯劍在吾手，何論侍從！」左右解之，乃止。及賊去廣州，楊畋檄偕焚儲糧，退保韶州。軍次賀州，賊夜入其營，襲殺之。偕舉動輕肆，卒以此敗。

2 山南東道節度使、同平章事賈昌朝初除母喪，乙卯，召赴邇英閣講乾卦，帝曰：「將相侍講，天下盛事。」昌朝稽首謝。尋命昌朝判許州，將行，詔講讀官餞於資善堂。

3 丙辰，降廣南東、西路體量安撫經制賊盜楊畋知鄂州，同體量安撫經制賊盜曹修爲荆南都監，廣南東路鈐轄兼捉殺蠻賊蔣偕爲潭州都監。

初，畋與修聞儂智高徙軍沙頭，將濟江，卽命偕棄英州，焚儲糧，乃召內殿承制丌贇、岑宗閔、閤門祗候開封王從政退保韶州，仍移文御史臺及諫院，故并責之。時偕死已九日矣。

4 馬軍副都指揮使、耀州觀察使周美卒。駕臨奠，輟朝一日，贈忠武節度使，謚忠毅。自陝西用兵，美前後十餘戰，平族帳二百，焚寨二十四〔一〕，招種落內附者十一族，復故城堡甚衆。在軍中所得俸祿賞賜，多分其麾下，有餘悉以饗勞之，及卒，家無餘資。

5 丁巳，命知桂州余靖提舉廣南東路兵甲、經制賊盜。

6 己未，贈嶺南諸州死事者官有差，知封州曹覲爲太常少卿，知康州趙師旦爲光祿少卿。始，師旦嘗知江山縣，斷治出於己，吏不能得民一錢，棄物道上，人無敢取。及是喪過江山，江山人哭祭於路，數百里不絕，康州立廟祭之。及田瑜安撫廣南，亦爲覲立廟封州。

7 庚申，儂智高破昭州，知州柳應辰棄城走，廣西鈐轄王正倫與賊鬬於館門驛，死之，閤門祗候王從政、三班奉職徐守一、借職文海皆被害。從政罵賊不絕口，至以湯沃之，終不屈而死。

8 辛酉，以太常博士韓絳爲右正言。帝面諭曰：「卿朕所選用，言事不宜沽激，當存朝廷事體，務令可行，毋使朕爲不聽諫者。」

絳前使江南，所寬減財力、賑救全活十數事；創爲五則，以均衙役；斥陂湖利，奪其錮者予貧民；罷信州（民）鹽運〔運鹽〕，趣發運司以時輸送；宣州守貪暴不法，收以付獄，州人相賀。使還稱旨，故有是命。

9 癸亥，詔：「外官有所陳事，並附遞聞朝廷，毋得申御史臺。」時州郡多以狀申御史臺，欲其繳奏而行之。

10 楊畋、曹修經制蠻事，師久無功，改命孫沔及余靖等，帝猶以爲憂。或言儂智高欲得邕、桂七州節度使即降，樞密副使梁適曰：「若爾，嶺外非朝廷有矣！」

帝問宰相龐籍，誰可將者，籍薦樞密副使狄青。青亦上表請行；翼日，入對，自言：「臣起行伍，非戰伐無以報國，願得蕃落騎數百，益以禁兵，羈賊首至闕下。」帝壯其言。庚午，改宣徽南院使、荆湖南、北路宣撫使、提舉廣南東、西路經制賊盜事。初，欲用入內都知任守忠爲青副，諫官李兌，言唐以宦官觀軍容，致主將掣肘，是不足法，遂罷守忠。

11 是月，遼主謁懷陵，追上嗣聖皇帝、天順皇帝尊謚，更謚彰德皇后曰靖安，謚齊天皇后曰仁德。旋謁祖陵，增太祖謚曰大聖大明神烈天皇帝，更謚貞烈皇后曰淳欽，恭順皇帝曰章肅，后蕭氏曰和敬。

12冬，十月，甲戌，殿中丞胡瑗落致仕，爲光祿寺丞、國子監直講，同議大樂。

13丙子，詔鄜延、環慶、涇原路擇蕃落廣鋭軍曾經戰鬭者各五千人，仍逐路遣使臣一員，押赴廣南行營，從狄青請也。青言：「賊便於乘高履險，步兵力不能抗，故每戰必敗。願得西邊蕃落兵自從。」或謂南方非騎兵所宜，樞密使高若訥言：「蕃落善射，耐艱苦，上下山如平地，當乘瘴未發時，疾馳破之，必勝之道也。」青卒用騎兵破賊。

14丁丑，儂智高入賓州，知州陳東美棄城。

15戊寅，遼主駐中會川。

16己卯，降空名宣頭、劄子各一百道，錦襖子、金銀帶各二百，下狄青以備賞軍功。

17兵部郎中、天章閣待制仲簡，落職知筠州。

18庚辰，狄青辭，置酒垂拱殿。青既行，帝謂輔臣曰：「青有威名，賊必畏其來，左右使令，非親信者不可，雖飲食臥起，皆宜防竊發。」因馳使戒之。

19辛巳，內降手詔付狄青：「應避賊在山林者，速招令復業。其乘賊勢爲盜，但非殺人，及賊所脅從能逃歸者，並釋其罪。已嘗刺面，令取字給公憑自便。若爲人所殺而冒稱賊首級，令識驗，給錢米賙之。其被焚劫者，權免戶下差役；見役，仍寬與假，使營葺室居。凡墟壁嘗經焚毁，若初無城及雖有城而不固，並加完築。器甲朽敝不可用者，繕治之。」

右正言韓絳，言青武人，不可獨任，帝以問龐籍，籍曰：「青起行伍，若用文臣副之，必爲所制，而號令不專，不如不遣。」乃詔廣南將佐皆稟青節制；若孫沔、余靖分路討擊，亦各聽沔等指揮。

20 甲申，儂智高復入邕州，知州宋克隆棄城。

克隆承賊踐蹂之後，不營葺守備，頗縱士卒下諸山寨，殺逃民，詐爲獲盜，一級賞錢十千文，詐給親兵帖，以爲嘗有功。及智高再至，克隆無以禦賊，遂遁去。

21 丁亥，夏主遣使如遼，乞弛邊備，遼主卽遣蕭友恬〔括〕往諭之。

22 戊子，遼主如顯、懿二州。

23 庚寅，帝謂輔臣曰：「比日言政事得失者少，豈非言路壅塞所致乎！其下閤門、通進·銀臺司、登聞理·檢院、進奏院，自今州縣奏請及臣僚表疏，毋得輒有阻留。」

24 甲午，詔：「比有軍卒邀車駕進狀而衞士失呵止者，其貸之。」

帝初幸景靈宮，既登輦，因戒衞士：「今歲天下舉人皆集京師，如有投訴者，勿呵止之。」及軍卒進狀，衞士亦不之禁，有司欲論罪，帝具以其事語輔臣而貸之。

25 遼以南院大王潞王札拉舊作查葛，今改。爲南院樞密使，進封越國王；遼興軍節度使蕭虛烈封鄭王。

26 戊戌，遼主射虎於南撒葛柏。

27 十一月，壬寅朔，日有食之。【考異】遼史失書，今從長編及宋史。

28 遼增謚文獻皇帝爲文獻欽義皇帝，及謚二后曰端順，曰柔貞，復更謚世宗孝烈皇后爲懷節　丁未，增孝成皇帝謚曰孝成康靖皇帝，更謚聖神宣獻皇后爲睿智。

29 先是以知制誥長社何中立知秦州，諫官御史皆言中立非邊才；己酉，改知慶州。中立奏曰：「臣不堪於秦，則不堪於慶矣，願守汝州。」不報。

會戍卒有告大校受贓者，中立曰：「是必挾他怨也。」鞭告者，竄之。或謂：「貸姦可乎？」中立曰：「部曲得持短長以制其上，則人不安矣。」

30 癸丑，以都官員外郎大名郭申錫爲侍御史。

申錫嘗知博州，戍兵出巡，有欲脅聚爲亂者，申錫戮一人，黥二人，乃定。奏至，帝謂執政曰：「申錫小官，臨事如此，豈易得也！」京東盜執濮州通判井淵，詔移申錫知濮州。至未閱月，凶黨悉獲。

31 戊午，詔免江西、湖南、廣南民供軍需者今年秋稅十之三。

32 庚申，賜故參知政事蔡齊墓次所建佛祠曰寶嚴。

初，齊母張氏請賜，中書以爲無例，帝特賜之，因謂輔臣曰：「朕臨御以來，命參知政事多矣，其間忠純可紀者，蔡齊、魯宗道、薛奎而已。宰臣如王曾、張知白，皆履行忠謹，雖時有小失，而終無大過。李迪心亦忠朴，但言多輕發耳。」龐籍等對曰：「才難，自古然也。」帝復曰：「朕記其大，不記其小，然皆近名臣也。」

33 諫官韓贄言：「發運使舊例雖嘗入奏，不聞逐次改官。乞今每歲更不許赴京奏事，只差一人附奏年額足數。」詔：「發運使自今押米運至京城外，更不朝見。」

34 甲子，遼主次中會川。

35 回鶻遣使貢名馬、文豹於遼。

36 丙寅，遼錄囚。

37 十二月，壬申朔，廣西鈐轄陳曙擊儂智高，兵敗於金城驛，東頭供奉官王承吉、白州長史徐噩死之。

曙素無威令，既與賊遇，士卒猶聚博營中，使承吉將宜州忠敢兵五百爲先鋒，倉卒被甲以前，遂致覆軍。

38 丁丑，以樞密直學士程戡爲端明殿學士、知益州。

初，孟知祥據蜀，李順起爲盜，歲皆在甲午。或言明年甲午，蜀且有變，帝謂龐籍曰：

「朕擇重臣鎮撫西南，莫如戩者。」遂再使守蜀。前守多以嫌不治城，戩獨修築之。

39戊子，知桂州余靖言：「交趾累移文乞會兵討賊，而朝廷久未報。觀其要約甚誠，縱未能滅賊，亦可使相離貳。」朝廷從其請。已而狄青奏：「李德政聲言將步兵五萬、騎一千赴援，此非情實；且假兵於外以除內寇，非我利也。以一智高橫蹂二廣，力不能討，乃假蠻夷兵。蠻夷貪得忘義，因而啓亂，何以禦之！願罷交趾兵勿用，且檄靖無通交趾使。」人咸服青有遠略云。

40先是邇英閣講尙書無逸。帝曰：「朕深知享國之君宜戒逸豫。」楊安國言：「舊有無逸圖，請列屏間。」帝曰：「朕不欲坐席背聖人之言，當別書置之左方。」因令丁度取孝經之天子、孝治、聖治、廣要道四章對爲右圖，命王洙書無逸，知制誥蔡襄書孝經，又命翰林學士承旨王拱辰爲二圖序，而襄書之。甲午，洙、襄皆以所書來上。

41乙未，錄顏眞卿後。

42戊戌，遼以鄭王盧烈爲北府宰相，以契丹行宮都部署耶律義先爲特里袞，舊作「惕隱」，今改。釋役徒限年者。

43庚子，諫官韓絳因對而言曰：「天下柄不下移，事當簡出睿斷。」帝曰：「朕固不憚處分，所慮未中於理，故每欲先盡大臣之慮而後行之。」絳又言：「林獻可遣其子以書抵臣，多斥中外大臣過失，臣不敢不以聞。」帝曰：「朕不欲留中，恐開告訐之路。第持歸焚之。」

五年　遼重熙二十二年。（癸巳、一〇五三）

1春，正月，壬寅朔，御大慶殿受朝。

2乙巳，遼主如混同江。

3丁未，詔廣南西路轉運使移文止交趾助兵，從狄青之請也。

青合孫沔、余靖兵自桂州次賓州。先是張忠、蔣偕皆輕敵取死，軍聲大沮。青戒諸將：「無得妄與賊鬭，聽吾所爲。」陳曙恐青獨有功，乘青未至，輒以步卒八千犯賊，潰於崑崙關，其下殿直袁用等皆遁。青曰：「令之不齊，兵所以敗。」己酉晨，會諸將堂上，揖曙起，幷召用等三十二人，按所以敗亡狀，驅出軍門斬之，沔、靖相顧愕然。靖嘗迫曙出戰，因離席而拜曰：「曙失律，亦靖節制之罪。」青曰：「舍人文臣，軍旅非所任也。」諸將皆股栗。

4詔：「廣南東、西、湖南、江西路新置轉運判官四員，蓋緣嶺表用兵，均漕輓之勞，非久制也；候在任滿三年，具逐人勞績取旨，罷不復置。」

5辛亥，觀文殿學士兼翰林侍讀學士、尚書右丞丁度卒。是日旬休，駕臨奠，贈吏部尚書，諡文簡。

度性純質，左右無姬侍，常語諸子曰：「王旦爲宰相十五年，卒之日，子猶布衣，汝曹宜自力，吾不復有請也。」

6丙辰，以廣南用兵，罷上元張燈。【考異】宋史仁宗紀繫此事於庚戌日，長編作丙辰。按是月壬寅朔，庚戌乃月之九日，丙辰則十五日也。今從長編。

7丁巳，會靈觀火。道士飲酒殿廬，既醉而火發。居宇神像悉焚，獨三聖御容得存，乃詔權奉安於景靈宮。諫官賈黯言：「天意所欲廢，當罷營繕，赦守衞罪，以示儆懼修省之意。」

8狄青既戮陳曙，乃按軍不動，更令調十日糧，衆莫測。賊覘者還，以爲軍未即進。翼日，遂進軍，青將前陣，孫沔將次陣，余靖將後陣，以一晝夜絕崑崙關。時值上元節，令大張燈燭，首夜宴將佐，次夜宴從軍官，三夜享軍校。首夜，樂飲徹曉。次夜二鼓，青忽稱疾，暫起入內；久之，又諭沔主席行酒，少服藥乃出，數勸勞坐客。至曉，各未敢退，忽有馳報者，云「三鼓已奪崑崙關矣」。

初，賊諜知青宴樂，不爲備。是夜，大風雨，青既度關，喜曰：「賊不知守此，無能爲矣。彼謂夜半風雨，吾不敢來也。」遂出歸仁鋪爲陣。戊午，賊悉其衆列三銳陣以拒官軍，執大盾、標槍，衣絳衣，望之如火。及戰，前軍稍卻，右將開封孫節死之。【考異】李燾云：武貴傳稱前軍孫節，賈逵傳稱右將孫節，而狄青傳乃稱前鋒孫節，蓋爲前軍之右將，當軍鋒最前耳。張玉實將先鋒，實錄即稱節爲先鋒，恐誤，玉傳可考也。今於此削先鋒字，仍詳列先鋒左右將於後。賊氣銳甚，沔等懼失色。青起，自執白旗麾蕃落騎兵，張左右翼，出賊後交擊，左者右，右者左，已而左者復左，右者復右，賊衆不知所爲，大敗走。儂智高復趨邕州，追奔五十里，捕斬二千二百級，其黨黄師宓、儂建中、智忠并僞官屬，死者五十七人，生禽五百餘人。智高夜縱火燒城遁，由合江入大理國。遲明，青按兵入城，獲金帛巨萬，雜畜數千，招復老壯七千二百嘗爲賊所脅者，慰遣使歸。梟師宓等首於邕州城下，得尸五千三百四十一，築京觀城北隅。時有賊尸衣金龍衣，衆以爲智高已死，欲具奏，青曰：「安知非詐邪！寧失智高，不敢誣朝廷以貪功也。」

青始至邕州，會瘴霧昏塞，或謂賊毒水下流，士卒飲者多死，青甚憂之。一夕，有泉湧寨下，汲之甘，衆遂以濟。智高自起至平，幾一年，暴踐一方，如行無人之境，吏民不勝其毒。先是謠言「農家種，糴家收」，已而智高爲青所破，果如其謠。

當戰於歸仁也，右班殿直張玉爲先鋒，如京副使賈逵將左，西京左藏庫副使孫節將右。既陣，青誓曰：「不待令而舉者斬！」及節搏賊死山下，逵私念：「所部忠敢、澄海皆士兵，數困易衄，苟待令，必爲賊所薄。且兵法，先據高者勝。」乃引軍疾趨山立，立始定而賊至。逵擁衆而下，揮劍大呼，斷賊陣爲二，玉以先鋒突出陣前，而青指麾蕃落騎兵出賊後，賊遂大潰。逵乃詣帳下請罪，青拊逵背曰：「違令而勝，權也，何罪之有！」

9 壬戌，以知定州韓琦爲武康節度使、知并州，徙判并州李昭亮判成德軍，知成德軍宋祁知定州。

琦至幷州，首罷昭亮所興不急之役。走馬承受廖浩然，怙中官勢，旣誣奏昭亮，所爲益不法，琦奏還之，帝命鞭諸本省。

10 命知制誥王洙修纂地理書。

11 甲子，遣使撫問廣南將校，賜軍士緡錢。

12 二月，庚辰，遼主如春水。

13 癸未，以宣徽南院使、彰化節度使狄青爲護國節度使、樞密副使，依前宣徽南院使。初，廣西捷書至，帝大喜，謂宰相龐籍曰：「青破賊，卿議之力也。」遂欲擢青樞密使、同平章事。籍以爲不可，力爭之，乃罷。

14 甲申，赦廣南。凡戰歿者，給槥櫝護送還家，無主者葬祭之。免賊所過州縣田賦一年，死事科徭二年；貢舉人免解至禮部不預奏名者，亦以名聞。

15 乙酉，以孫沔、余靖並爲給事中，仍詔靖留屯邕州，經制餘黨，候處置畢，乃還桂州。

狄青嘗問沔何以破賊，沔曰：「使賊出上計，取其保聚，退守巢穴，當徐圖之。據邕州以拒我師，猶爲中計。若恃勝求戰，此計最下。然賊有輕我心，必出下計，將成禽耳。」已而果然。沔與青夜謀幄中，晝則惟青治事，附賊者多誅殺。沔請與青分治，所免釋數百人。

命軍中制長刀巨斧，人謂刀斧非所用，及戰，賊皆翳大盾，翼兩標，置陣甚堅，矢石不可動，竟賴刀斧雜短兵搏擊，陣乃破。衆皆歎服。

16 廣南東、西、湖南、江西路安撫副使、入內押班石全彬及閤門祗候狄諮、右侍禁狄詠並進官。諮、詠，皆青子也。賜青敦教坊第一區。

17 丙戌，詔廣西都監蕭注等追捕儂智高。

18 丁亥，下德音，減江西、湖南繫囚罪一等，徒以下釋之；丁壯饋運廣南軍需者，減夏稅之半，仍免科徭一年。

19 戊子，詔：「文武官遇南郊，得奏薦子孫，而年老無子孫者，聽奏期親一人。」從知諫院李兌請也。

20 論廣西棄城罪，（壬辰），貸知邕州宋克隆死，除名，杖脊，刺配沙門島。谿洞都巡檢劉莊，除名，杖脊，刺配福建牢城。賓州推官·權通判王方、靈山縣主簿·權推官楊德言，並除名免杖，刺配湖南本城，永不錄用。

21 乙未，詔大宗正司，宗室有能習詩賦文詞者以名聞。後二日，又詔通經者差官試驗，慮其專尙華藻，不留意典籍也。

22 贈荊湖北路都監孫節爲忠武軍留後，官其子二人，從子三人，給諸司副使俸終喪。

23三月，庚戌，右龍武大將軍克悚上擬試詩、賦、論十卷，且請隨舉人赴殿試。帝曰：「宗子好學，亦朝廷美事也。」令學士院召試三題，旣中等，遷左衞大將軍。

24古渭州距秦州三百里，道經啞兒峽，邊臣屢欲城之，朝廷以艱於饋餉，不許。陝西轉運使范祥，狃於功利，權領州事，遽請修築，未得報，輒自興役。蕃部驚擾，青唐族羌攻破廣吳嶺堡，圍啞兒峽寨，殺官軍千餘人。

25辛酉，賜進士安陸鄭獬等及第出身、同出身。壬戌，賜諸科及第、出身。丙寅，賜特奏名進士、諸科與廣南特奏名出身及試銜文學、長史。

26遼主如黑水濼。

27夏，四月，庚午朔，陝西轉運使、度支員外郎范祥降爲屯田員外郎、知唐州，坐擅興古渭之役也。議者謂責祥太輕云。

28命陝西轉運使須城李參制置解鹽，代范祥也。

時參爲陝西轉運使，閱五年矣。自軍興，諸路經略使多貸三司錢以佐軍，謂之隨軍錢；軍罷乃償〔仍貸〕。參權慶州，鉤考得所貸八萬緡，悉償之，遂廢其庫。又，戍兵多而食苦不足，參視民闕乏，時令自隱度穀麥之入，預貸以官錢，穀麥熟則償，謂之青苗錢。數年，兵食常有餘。其後青苗法蓋取諸此。【考異】瞿中溶云：今偃師縣有皇祐二年重修仙鶴觀碑云：郭下安中來舍施地基二十八畝三分，係正稅絹七尺外，別無青苗稅數，亦無官私地課。是青苗之名，其來已久，亦不始於李參也。

朝廷患入中法歲費增廣，參請立飛錢於邊郡以平估糴，權罷入中。比參之法行，省権貨錢以二千萬計。

29 壬申，狄青還朝，置酒垂拱殿。

30 庚辰，御崇政殿，令蕃落騎兵布陣，如歸仁鋪破賊之勢，觀其馳逐擊刺，等第推賞，仍以拱聖馬三百補其闕。都大提舉教閱陣法、右班殿直張玉，遷內殿承制。

31 樞密直學士、給事中孫沔還自嶺南，帝問勞，解所御服帶賜之。壬午，命知杭州，沔自請也。

32 戊子，遼主獵於鶴淀。

33 庚寅，詔毋得連用太宗、眞宗舊名。

甲午，命參知政事劉沆、梁適監議大樂。

34 (五月)，乙巳，樞密使、戶部侍郎高若訥，罷爲尙書左丞、觀文殿學士。

帝復欲用狄靑爲樞密使、同平章事，宰臣龐籍曰：「昔太祖時，慕容延釗將兵，一舉得荊南、湖南之地方數千里，兵不血刃，不過遷官加爵邑，錫金帛，不用爲樞密使。曹彬平江南，禽李煜，欲求使相，太祖不與，曰：『今西有汾晉，北有幽薊，汝爲使相，那肯復爲朕死戰邪！』賜錢二十萬貫而已。祖宗重名器如山岳，輕金帛如糞壤，此陛下所當法也。青奉陛下威靈，殄戮凶醜，誠可褒賞。然比於延釗與彬之功，不逮遠矣。若遂用爲樞密使、同平章事，則青名位已極，萬一他日更立大功，欲以何官賞之？且樞密使高若訥無過，若何罷之？不若且與移鎭，加檢校官，多賜金帛，亦足以酬青功矣。」帝曰：「向者諫官、御史言若訥舉胡恢書石經，恢狂險無行；又，若訥前導者毆人致死，何爲無過？」籍曰：「今之庶僚舉選人充京官，未遷官者猶不坐，況若訥大臣，舉恢以本官書石經，未嘗有所遷也，柰何以此解其樞密哉！若訥居馬上，前導去之里餘，不幸毆人致死，若訥尋執之以付開封正其法，若訥何罪！且陛下既已赦之，今乃追舉以爲罪，無乃不可乎！」參知政事梁適曰：「王則止據貝州一城，文彥博攻而拔之，還爲宰相。儂智高擾廣南兩路，青討而平之，爲樞密使，何足爲過哉！」籍曰：「貝州之賞，論者已嫌其太厚。然彥博爲參知政事，若宰相有闕次補，亦當爲之，況有功乎！又，國朝文臣爲宰相，出入無常；武臣爲樞密使，非有大過，不可罷也。且臣不欲青爲樞密使者，非徒爲國家惜名器，亦欲保全青之功名耳。青起於行伍，擢爲樞密副使，中外咸以爲國朝未有此比。今青立功，言者方息，若又賞之太過，是復召衆言也。」爭之累日，帝乃從之，曰：「然則吏與其諸子官，如何？」籍曰：「昔衞青有功，四子皆封侯，前世有之，無傷也。」帝既從籍言，後數日，兩府奏事，帝顧籍笑曰：「卿前日商量除青官，深合事宜，爲慮遠矣。」

是時適以若訥爲樞密使，位在己上，宰相有缺當次補；青武臣，雖爲樞密使，不妨己塗轍，故於帝前爭之。既不得，退，甚不懌，乃密爲奏言：「狄青功大賞薄，無以勸後。」又密使人以帝前之語告青，又使人語入內押班石全彬，使於禁中自頌其功，極言青與孫沔褒賞太薄。帝既日聞之，不能無信，於是兩府進對，帝忽謂籍曰：「平南之功，前者賞之太薄，今以狄青爲樞密使，孫沔爲副；石全彬先給觀察使俸，更俟一年除觀察使；高若訥遷一官加近上學士，置之經筵；召張堯佐歸宣徽院。」聲色俱厲。籍錯愕，對曰：「容臣等退至中書商議，明日再奏。」帝曰：「只於殿門閤內議之，朕坐於此以俟。」籍乃與同列議奏，皆如聖旨。復入對，帝容色乃和。因詔：「軍國大政、邊防重事，候前殿退，請對後殿，先一日具所陳以聞。」故事，樞密使罷，必學士院降制，及罷若訥，止命舍人草詞，後遂爲例。

丙午，詔判河陽、宣徽南院使張堯佐歸院供職。

丁未，以樞密直學士、給事中、知杭州孫沔爲樞密副使。沔行至南京，召還。

以給事中、知桂州余靖爲工部侍郎。時御史梁蒨數言靖賞薄，孫沔既與狄青繼踐二府，故靖亦加秩。

35 戊申，詔曰：「聞諸路轉運使多掊克於民，以官錢爲羨餘，入助三司經費，又高估夏秋諸物，抑人戶輸見錢，並宜禁絕之。」時三司常責諸道羨餘，淮南轉運使張瓌獨上金九錢，三司怒，移文詆之甚急。瓌以賦數民貧爲對，卒不能奪。

36（戊午），翰林學士承旨王拱辰言：「奉詔詳定大樂，比臣至局，鐘磬已成。竊緣律有長短，磬有大小。黃鍾九寸最長，其氣陽，其象土，其正聲爲宮，爲諸律之首，蓋君德之象，不可並也。今十二鐘磬，一以黃鍾爲率，與古爲異。臣亦嘗詢阮逸、胡瑗等，皆言依律大小，則聲不能諧。臣竊有疑，請下詳定大樂所，更稽古義參定之。」

辛酉，知諫院李兌言：「曩者紫宸殿閱太常新樂，議者以鐘之形制未中律度，遂斥而不用，復詔近侍詳定。竊聞崇文院聚議，而王拱辰欲更前史文義，王洙不從，語言往復，殆至諠譁。夫樂之道，廣大微妙，非知音入神，豈可輕議！阮逸罪廢之人，務爲異說，欲規恩賞。朝廷制樂數年，當國賦匱乏之時，煩費甚廣；器既成矣，又欲改爲，雖命兩府大臣監議，然未能裁定得當。請以新成鐘磬與祖宗舊樂參校其聲，但取諧和近雅者合用之。」

洙既與瑗、逸更造鐘磬，而無形制容受之別，又數勸帝用新樂於南郊，而議者多以爲非，後亦不復用。

37癸亥，御史中丞王舉正罷爲觀文殿學士、知通進、銀臺司兼門下封駁事。

初，狄青遷樞密使，舉正力爭之，既不能得，因請解言職。帝稱其有風憲體，遣使就第賜白金三百兩，而有是命。

38以翰林學士孫抃權御史中丞。諫官韓絳論奏抃非糾繩才，不可任風憲。抃卽手疏曰：「臣觀方今士人，趨進者多，廉退者少，以善求事爲精神，以能訐人爲風采，捷給若嗇夫者謂之有議論，刻深若酷吏者謂之有政事；諫官所謂才者，無乃謂是乎！若然，臣誠不能也。」帝察其言，趣令視事，且命知審官院。抃辭以任言責不當兼事局，乃止。

39甲子，詔：「諫官、御史上章論事，毋或朋比以中傷善良。」

40六月，辛未，還曹利用所籍樂游第宅。帝閔利用死非辜，既賜謚立碑，至是又以其第還之。

41壬申，遼主駐胡呂山。

42乙亥，御紫宸殿，奏太常寺新定大安之樂，召輔臣至省府館閣學官預觀之。仍觀宗廟祭器，賜詳定官器幣有差。

43壬午，右武衞大將軍宗諤上治原十五卷，降詔獎諭。宗諤，允寧子也。

44丙戌，新修集禧觀成。初，會靈觀火，更名曰集禧，卽舊址西偏復建一殿，共祀五岳，名曰奉神殿。

45壬辰，詔：「諸路轉運使上供斛斗，依時估收市物，毋得抑配人戶；仍停攷課賞罰之制。」先是三司與發運使謀聚斂，奏諸路轉運使上供不足者皆行責降，有餘則加升擢，由是貪進者競爲誅剝，民不堪命。帝聞之，特降是詔。

46甲午，贈邕州司戶參軍孔宗旦爲太子中允，知袁州祖無擇始以宗旦死事聞故也。

47乙未，詔：「河北荐饑，轉運使察州縣長吏能招輯勞徠者上其狀，不稱職者舉劾之。」

48秋，七月，乙巳，詔：「荊湖北路民因災傷，所貸常平倉米免償。」

49己酉，詔曰：「朕思得賢才，故開薦舉之路，虛心納用。而比年以來，率多繆濫，或人才庸下而褒引乖實，或宿負醜慫而亟請湔洗，或職任疏遠而推授過重，攷其心迹，非衒鬻祟私，何以臻此！自今所舉非其人者，其令御史臺彈奏，當置於法。見任監司以上，毋得論薦。」

50準布舊作阻卜，今改。大王率諸部長獻馬駝於遼。

51庚戌，帝謂輔臣曰：「頃聞諸州軍常於夏秋之際，先奏時雨霑足，田稼登茂，後或災傷，遂不敢奏，致使民稅不得蠲除，甚非長吏愛民之意，宜申飭之。」

52戊午，詔太常定謚毋溢美。

53庚申，以莊宅副使開封趙滋權并代鈐轄。

初，滋授定州路駐泊都監，常因給軍食，同列言粟不善，滋叱之曰：「爾欲以是怒衆邪！

使衆有一言，當先斬爾以徇！」韓琦聞而壯之，以爲眞將相材。滋有是命，從琦所奏也。

54 遼主如黑嶺

55 閏月，戊辰朔，詔內侍省：「自今內侍供奉官至黃門，以一百八十人爲額。」

56 詔：「廣南經蠻寇所踐而民逃未復者，限一年復業，仍免兩歲催科及蠲其徭役三年。」從體量安撫周沆所奏也。

先是民避賊，多棄田里遠去；吏以常法，滿半載不還，聽他人占佃。沆曰：「是豈可與凶年逃租役者同科！」乃奏延期一年，已占佃仍舊還之，貧者官貸以種糧。初，帝詔沆：「廣南地惡，非賊所至處不必往。」沆曰：「遠民新罹荼毒，當布宣天子德澤。」遂徧行州縣。

57 庚午，烏庫舊作烏古，今改。貢於遼。

58 辛未，徙知青州文彥博知秦州，【考異】宋史彥博傳不載知青州與秦州事，殆以其未到任，故略之也。知秦州張昪知青州。時方城古渭州，昪議不合故也。

御史中丞孫抃言：「朝廷昨者築城境外，衆蕃之心已皆不安。今又特命舊相臨邊，事異常例，是必轉增疑慮，或生他變。聞知永興軍晏殊秩將滿，不若遣鎭關中，兼制秦鳳事宜，庶蕃部不至驚擾，在於國體，實爲至便。」

59 壬申，戶部侍郎、平章事龐籍罷，以本官知鄆州。

初，齊州學究皇甫淵獲賊，法當得賞錢，淵上書願易一官。道士趙清貺者，籍甥也，給爲淵白籍，而與堂吏共受淵賂。淵數詣待漏院自言，籍乃勒淵歸齊州。有小吏告清貺等受賂事，籍卽捕送開封府，清貺及堂吏皆坐贓刺配嶺外，行至許州死。諫官韓絳言籍陰諷府杖殺清貺以滅口，又言事當付樞密院，不當中書自行，故罷之。然謂籍陰諷開封，覆之無實也。

60 以判大名府陳執中爲吏部尙書、平章事，給事中參知政事梁適爲吏部侍郎、平章事。

61 甲戌，贈祕書監致仕胡旦爲工部侍郎，仍賜其家錢三十萬，令襄州爲營葬事。知州項城馬尋，言旦家貧，久不克葬，故䘏之。

尋以明習法律稱，其在襄州，會歲饑，或羣入富家掠囷粟，獄吏鞫以強盜，尋曰：「此迫於飢耳，其情與強盜異。」奏，得減死論，遂著爲例。

62 乙亥，詔：「諸路知州軍武臣，並須與僚屬參議公事，毋得專決，仍令安撫、轉運使、提點刑獄司常檢察之。」

63 丙子，以集賢校理李中師爲淮南轉運使。中師入辭，帝謂曰：「比聞諸路轉運使多獻羨餘以希進，然遇災傷，不免暴取於民，此朕所不取也，其戒之。」

64 出內藏庫緡錢十萬，紬絹二十萬，綿十萬，下河北助糴軍儲。

65庚辰，秦鳳路言部署劉渙等破蕃部，斬首二千餘級。

66戊子，詔禮部貢院：「自今諸科舉人，終場問大義十道，每道舉科首一兩句爲問，能以本經注疏對而加以文詞潤色發明之者爲上，或不指明義理而且引注疏備者次之，並爲通；若引注疏及六分者爲粗；不識本義或連引他經而文意乖戾、章句斷絕者爲不通。並以四通爲合格。九經止問大義，不須註疏全備；其九經場數並各減二場，仍不問兼經。」又詔：「開封府、國子監進士，自今每一百人解十五人，其試官親嫌，令府、監互相送；若兩處俱有親嫌，即送別頭。」

67己丑，詔：「古渭寨修城卒，權給保捷請給，仍以蕃官左班殿直訥支藺氈爲本地分巡檢，月俸錢五千，候一年，能彈壓蕃部，即與除順州刺史。」

藺氈世居古渭州，密邇夏境。夏人牧牛羊於境上，藺氈掠取之，夏人怒，欲攻之，藺氈懼力不敵，因獻其地，冀得戍兵以敵夏人。范祥欲立奇功，亟往城之。藺氈先世跨有九谷，後浸衰，僅保三谷，餘悉爲他族所據。青唐族最強，據其鹽井，日獲利，可市馬八百匹。藺氈白祥：「此本我地，亦乞漢家取之。」祥又多奪諸族地以招弓箭手，故青唐及諸族皆怒，舉兵叛。

祥既坐責黜，張昪請棄古渭勿城。夏人復來言：「古渭州本我地，今朝廷置州於彼，違誓詔。」帝違傳求制置糧草，專度其利害，求言：「今棄勿城，夏人必據其地，更爲秦州患。且已得而棄之，非所以強國威。按藺氈祖父皆受漢官，其地非夏人所有明甚，但當更名古渭寨，不爲州，以應誓詔耳。」卽召靑唐等族會，諭以「朝廷今築城，實爲汝諸族守衞，而汝叛，何也？」皆言：「官奪我鹽井及地，我無以爲生。」求曰：「今不取汝鹽井及地則如何？」衆皆喜，聽命，遂罷兵。求乃割其地四分之一以畀靑唐等族，卒城古渭，始加藺氈以爵秩。

68 癸巳，遼於長春州置錢帛司。

續資治通鑑卷第五十四

賜進士及第兵部尚書兼都察院右都御史總督湖北湖南等處地方軍務兼理糧餉世襲二等輕車都尉　畢沅　編集

宋紀五十四 起昭陽大荒落（癸巳）八月，盡閼逢敦牂（甲午）十月，凡一年有奇。

仁宗體天法道極功全德神文聖武睿哲明孝皇帝

皇祐五年 遼重熙二十二年。（癸巳、一〇五三）

1 八月，丁酉朔，詔：「民訴災傷而監司不受者，聽州軍以狀聞。」

2 丁未，以通判潭州唐介爲殿中侍御史裏行、知復州。

3 戊申，以知秦州文彥博爲忠武節度使、知永興軍兼秦鳳路兵馬事，始用孫抃言也。

4 傳求言古渭寨方發兵戍守，不宜更易主將；己酉，命知青州張昪復知秦州。

5 庚申，以知復州唐介爲殿中侍御史，充言事御史，遣內侍齎敕告賜之。介貶斥不二歲復召，議者謂帝能優容言事之臣，近代所希。

6 辛酉，策試賢良方正能直言極諫太常寺太祝趙彥若。彥若所對策疏闊，下有司，攷不中等，罷之。先是制舉就祕閣試者凡十八人，有司獨取彥若，於是又被黜，議者謂宰相陳執中不由科第以進，故陰諷有司抑之也。

7 壬戌，詔：「今後每遇南郊，以太祖、太宗、眞宗並配。」

8 九月，庚午，以東上閤門使錢晦知河中府。帝戒曰：「陝西兵方解，民困久矣，卿爲朕愛撫。無縱酒作樂，使人謂爲貴戚子弟。」晦頓首謝。

9 乙酉，御崇政殿，召近臣、宗室、臺諫官、省府推、判官觀新樂。

先是鐘律之音未協古法，詔中書門下集兩制及太常禮官與知鐘律者攷定。其當議者各安所習，久而不決，乃命諸家各作鐘律以獻，親臨視之。然古者黃鐘爲萬事根本，故尺量權衡皆起於黃鐘。至隋，用黍累爲尺而制律，容受卒不能合；及平陳，得古樂，遂用之。唐興，因其聲以制樂，其器無法，而其聲猶不失於古。五代大樂淪散，王朴始用尺定律，而聲與器皆失之，故太祖患其聲高，特減一律，至是又減半。然太常樂比唐聲尤高五律，比今燕樂高三律。帝雖勤勞制作，未能得其當者，有司失之於以尺生律也。

庚寅，以國子監直講胡瑗爲大理寺丞，復勒停人阮逸爲戶部員外郎，並以制鐘律成，特遷之。

10 壬辰，罷三司提舉司句當公事官，從宰臣陳執中所奏也。

11 夏主遣使進降表於遼。甲午，遼使南面林牙高嘉努舊作家奴，今改。等奉詔撫諭夏國。

【考異】遼史西夏傳作七月諒祚進降表，本紀作九月，蓋七月遣使，九月始至耳。今從本紀。

12 冬，十月，丙申朔，日有食之。

13 戊戌，徐州錄事參軍路盛，追一官勒停。盛馬斃，怒廐人芻秣失時，杖之，令抱石立五晝夜，又杖之。大理寺斷杖八十私罪。帝以盛所爲苛暴，貴畜而賤人，特貶之。

14 （己亥），判大宗正司允讓言：「宗室生子，須五歲然後賜名受官，毋得依長子例不限年。」從之。

15 壬子，作鎭國神寶。

16 丙辰，御延和殿，召輔臣觀指南車。

17 丁巳，以殿中侍御史唐介爲工部員外郎、直集賢院。介始入見，帝曰：「聞卿遷謫以來，未嘗有私書至京師，可謂不易所守。」介頓首謝。後數論得失，因言於帝曰：「臣繼今言不行，必將固爭，爭之急，或更坐黜，是臣重累陛下，願聽解言職。」許之。御史中丞孫抃奏留介，或補諫署，不報。尋以爲開封府判官。

18 詔以蝗旱，令監司諭親民官上民間利害。

19 甲子，避神寶名，改鎭國軍爲鎭潼軍。

20 十一月，丁卯，朝享景靈宮。戊辰，享太廟、奉慈廟。己巳，合祭天地於圜丘，大赦。

21 先是張方平言王畿賦斂之重，於是詔開封府諸縣兩稅，務於元額上減三分，永爲定式。

22 丁丑，加恩百官。戊子，放天下逋負。

23 庚寅，罷荆湖南路、江南西路、廣南東、西路轉運判官。

24 辛卯，遼命諸職事官以禮受代及以罪去者置籍，歲申樞密院。

25 十二月，丙申朔，遼以契丹人充回鶻部副使。

26 丁酉，廣西安撫使言捕獲儂智高母阿儂及智高弟智光、子繼宗、繼封，詔護送京師。阿儂有智謀，智高攻陷城邑，多用其策，僭號太后。天資慘毒，嗜小兒，每食必殺小兒。智高敗走，阿儂入保特磨，依其夫儂夏卿，收殘衆約三千餘人，復欲入寇。余靖督部吏黄汾、黄獻珪、石鑑、進士吳舜舉發峒兵入特磨掩襲，并智高弟、子皆獲之。

27 庚子，張方平加翰林侍讀學士、知秦州，代張昪也。

初，昪命部署劉渙討叛羌，渙逗遛不進，昪奏以郭恩代之。恩既多所斬馘，渙疾恩出己上，遂誣奏恩所殺皆老稚。朝廷疑焉，故罷昪而遣方平往帥，亦徙渙涇原。方平力辭，曰：「渙與昪有階級，今互言而兩罷，帥不可訓〔爲〕也。」昪以故得不罷。尋命方平知滑州。

28 遼以應聖節曲赦徒以下罪。

29 癸丑，詔：「入內內侍省都知、押班，非年五十以上，歷任無贓私罪，勿除。」

30 戊午，詔曰：「轉運之職，本以澂清官吏，綏撫人民，豈特事誅求以刻下乎！有能盡歲入以致增盈者，留為本路多〔移〕用，毋得進羨餘。務寬民力，以稱朕懷。」

31 庚申，以太常博士興國吳中復為監察御史裏行，用中丞孫抃薦也。中復嘗知犍為縣，有善政。抃未始識其面，即奏為臺屬，或問之，抃曰：「昔人恥為呈身御史，今豈薦識面臺郎邪！」【考異】李燾曰：張唐英政要以為仁宗親問，然政要多誤，今不取。

32 辛酉，遼賀正旦使請觀廟樂，帝以問，宰相陳執中曰：「樂非祠享不作，請以是告之。」樞密副使孫沔曰：「此可告而未能止也。當告之曰：『廟樂之作，以祖有功、宗有德而歌詠之也。使者能留與吾祭則可觀。』」帝從之，使者乃退。

23 初，賈昌朝建議：「漢、唐都雍，置輔郡，內翼京師。國朝都汴，而近京諸郡皆屬他道，制度不稱王畿。請析京東之曹州、京西之陳、許、鄭、滑州并開封府總四十二縣為京畿。」帝納之。壬戌，詔：「以曹、陳、許、鄭、滑五州為輔郡，隸畿內，置京畿轉運使。五州各增鈐轄一員，曹州更增都監一員，留屯兵三千人，以時教閱。若出戍，即於開封府近縣或鄰州徙兵足之。」以王贄為樞密直學士、京畿水陸計度轉運使。

34 左司諫賈黯建言：「臣嘗讀隋史，見所謂立民社義倉者，取之以時而藏之於民，下足以備凶災而上實無所利焉。願倣隋制，詔天下州軍，遇年穀豐熟，立法勸課蓄積以備災。」卽下其說司農寺，且命李兌與黯合議以聞。乃下諸路度可否，而以爲可行者纔四路，餘或謂賦稅之外兩重供輸，或謂恐招賊盜，或謂已有常平足以贍給，或謂置倉煩擾。於是黯復上奏，一一辨之。然當時牽於衆論，終不果行。

35 是歲，夏改元福聖承道。

至和元年 遼重熙二十三年。（甲午、一〇五四）

1 春，正月，己巳，遼主如混同江。

2 辛未，京師大寒，詔有司卹民之凍死者。

3 壬申，碎通天犀，和藥以療民病。時京師大疫，太醫進方，內出犀牛角二本，析而觀之，其一通天犀也。內侍李舜卿請留供帝服御，帝曰：「吾豈貴異物而賤百姓哉！」立命碎之。

4 建寧留後楊景宗卒，贈武安節度使兼太尉，謚莊定。景宗起徒中，以外戚故至顯官。然性暴戾；使酒任氣；知滑州，嘗毆通判王述仆地。帝深戒毋飮酒，景宗雖書其戒坐右，頃之輒復醉，其奉賜亦隨費無餘。始，宰相丁謂第敦教坊，景宗爲役卒，負土第中。後謂敗，帝以其第賜景宗，居之三十年乃終。

5 癸酉，貴妃張氏薨。

妃寵愛日盛，出入車御華楚，頗侵后飾。嘗議用紅繖，增兵衞數；有司以一品青蓋奏，兵衞準常儀。帝守法度，事無大小，悉付外廷議，凡宮禁干請，雖已賜可，或輒中卻；妃嬖幸少比，然終不得豫政。及薨，帝悲悼不已，謂左右曰：「昔者殿廬徼衞卒夜入宮，妃挺身從別寢來衞朕。嘗禱雨宮中，妃刺臂血書祝詞，外皆不得聞，宜有以追賁之。」入內押班石全彬探帝意，請用后禮於皇儀殿治喪，諸宦者皆以爲可，入內都知張惟吉獨言此事須翼日問宰相。既而判太常寺·翰林學士承旨王拱辰、知制誥王洙等皆附全彬議，宰相陳執中不能正，遂詔近臣、宗室入奠於皇儀殿，移班慰上於殿東楹。特輟視朝七日，命參知政事劉沆爲監護使，全彬及句當御藥院劉保信爲監護都監。凡過禮，皆全彬與沆合謀處置，而洙等奏行之。

【考異】李燾曰：石全彬傳云：王拱辰請治喪皇儀殿，全彬以爲當問大臣，宰相陳執中不能正之，遂詔近臣宗室皆入奠，移班慰於殿東楹，皆劉沆及洙與全彬合謀爲之。按張惟吉傳，治喪皇儀，諸宦者皆以爲可，獨惟吉言，此當問宰相。然則言當問宰相者，獨惟吉也。全彬實與劉沆、王洙等合謀，又安得有此言！而全彬傳乃掇取以爲出自全彬，今不取。且妃喪那得關學士院！其實全彬所請也。事下禮官，而拱辰判太常寺，遂與王洙等附會全彬議。朝廷既用禮官議，故當時皆謂拱辰請之，其實不自拱辰也，拱辰特俯從石全彬者耳。

初，有司請依荆王故事輟視朝五日，或欲更增日，請上裁，乃增置七日。殿中侍御史酸棗呂景初言：「貴妃一品，當輟朝三日。禮官希旨，使恩禮過荆王，不可以示天下。」不報。

丁丑，追册貴妃張氏爲皇后，賜謚溫成。御史中丞孫抃三奏請罷追册，不報。初，賜謚曰恭德，樞密副使孫沔言：「太宗四后皆謚曰德，從廟謚也。今恭德之謚，其法何從？且張、郭二后不聞有謚，此雖禮官之罪，實貽譏於陛下，不可不改。」因改謚溫成。抃及侍御史毋湜、殿中侍御史俞希孟等皆求補外，知雜事郭申錫請長告，皆以言不用故也。

禁京城樂一月。己卯，殯溫成皇后於皇儀殿之西階，宰臣率百官詣殿門進名奉慰。壬午，遣官告太廟、皇后廟、奉慈廟。

甲申，宰臣梁適奉溫成皇后謚册於皇儀殿，百官詣西上閤門進名奉慰。是夕，設警場於右掖門外，帝宿於皇儀殿。

乙酉，帝成服於殿幄，百官詣殿門進名奉慰。是日，殯溫成皇后於奉先寺，輴車發引由右昇龍門出右掖門，升大昇轝，設遣奠。

先是詔樞密副使孫沔讀哀册，孫沔奏：「章穆皇后喪，比葬，行事皆兩制官，今溫成追謚，反詔二府大臣行事，不可。」於是執册立帝前陳故事，且曰：「以臣孫沔讀册則可，以樞密使讀册則不可。」置册而退。宰相陳執中取而讀之。既殯，百官復詣西上閤門進名奉慰。

6戊子，夏遣使貢方物於遼。

7壬辰，遼主如春水。

8 詔：「待制以下丁父母憂，已聽解官行服，今滿百日猶起復，其罷之。」（校者按：此條應移7前。）

9 癸巳，延福宮使、武信留後、入內內侍省都知王守忠，罷延福宮使，爲武信留後，他毋得援例。故事，宦官未有眞爲留後者，守忠介東宮恩，數求之。帝欲從其請；時高若訥爲樞密使，持不可，故止。及是守忠疾，復求爲節度使。宰相梁適曰：「宦官不除眞刺史，況眞節度使乎！」帝曰：「朕嘗許守忠矣。」適曰：「臣今日備位宰相，明日除一內臣爲節度使，臣雖死有餘責。」御史中丞孫抃亦奏疏力諫，乃罷節度使不除，然猶得眞爲留後。守忠謹愿細密，故眷遇最厚。方在疾告，帝令用浮屠法，集僧於其家，凡四十九日，爲之禬禳。既卒，贈太尉、昭德節度使，謚安僖，特給鹵簿以葬。

10 遼主先獵於雙子淀，甲午，復獵於盤直坡。先是牌印郎君耶律陳嘉努舊作陳家奴，今改。逐鹿圍內，鞭之二百。會耶律仁先薦陳嘉努健捷比海東青鶻，授御盞郎君。

11 二月，丁酉，詔禮院，孝惠、孝章、淑德、章懷皇后、章惠皇太后、溫成皇后皆立小忌。先是有請立溫成忌者，直集賢院劉敞言：「太祖以來，后廟四室，陛下之妣也，猶不立忌，豈可以私昵之愛至變古越禮乎！」於是幷四后及章惠皆詔立忌。樞密副使孫沔極陳其不可，中丞孫抃累奏論列，而禮院官亦以爲言，皆不聽。尋罷之。

12 庚子，詔：「治河隄民有疫死者，蠲戶稅一年；無戶稅者，給其家錢三千。」

13 戊申，太常博士、史館檢討鄄人張芻，落職監潭州稅。

詔立溫成忌，禮官列言其不可，宰相患之。或謂宰相曰：「芻獨主茲議，他人皆不得已從之耳。」芻父太祝牧，當任蜀官，芻嘗奏乞代其父，且求知廣安軍，執政謂曰：「故事，史館檢討不爲外官，若舍去此職則可往。」芻始謂必換職名，及知弗得，乃言父欲自行，仍願留史館。無何，牧至京師，復上書乞免入蜀。宰相既惡芻，因追罪芻奏事前後異同而黜之。

14 戊午，詔乾元節度僧尼。

15 己未，以直史館張掞爲戶部副使。

16 樞密副使孫沔，數言追册溫成於禮不可，且曰：「皆由佞臣贊茲過舉。」宰相陳執中等甚銜之。沔不自安，力求解職。壬戌，授資政殿學士、知杭州。浙俗貴僧，或縱婦女與交，沔嚴察之，杖配者甚衆。

17 以三司使、禮部侍郎田況爲樞密副使。

18 樞密使、彰德節度使、同平章事王貽永，數以疾求罷；三月，己巳，罷爲景靈宮使、加右僕射兼侍中，仍詔特依宗室例，歲賜在京公使錢五千緡，其進奉聽如兩府例。

貽永性淸謹寡言，頗通書，不爲聲伎之樂。舊制，外姻未有輔政者，貽永在樞密十五年，歸第則杜門謝客，人稱其謙靜。慶曆間，貽永位冠兩（西）府，楊懷敏自河朔入奏塘泊事，欲升黜者數十人。兩府聚議，宰相賈昌朝見懷敏爲興，呼押班太傅，懷敏稱説云云。獨貽永怒曰：「押班如此，騰倒人太多，寧謂穩便！」懷敏縮頸而退，昌朝大慚。龐籍、吳育時爲樞密副使，相謂曰：「常得此老發怒，大是佳事！」

19 以河陽三城節度使、同平章事、判鄭州王德用爲樞密使。

20 （辛未），詔：「諸路提點刑獄朝臣，自今三歲一代。」

21 （壬申），置提點京畿刑獄官，以度支員外郎蔡挺爲之。

22 乙亥，司天監言四月朔日當食。庚辰，德音，改元，降天下死罪一等，流以下釋之。癸未，易服，避正殿，減常膳。

23 丁亥，遼主幸皇太弟重元帳。

24 夏，四月，甲午朔，日有食之。遣官祀社以救日。是日，雷雨至申時，見所食九分之餘。丙申，宰相以日食不及算分率，百官表賀。【考異】契丹國志云：日食正陽，宋著作佐郎劉羲叟曰：「遼主其死乎！」次年，果驗。按遼史不載是年日食，國志所載蓋附會之詞，今不取。

25 （戊戌），詔三司鑄「至和元寶」錢。【考異】宋史紀、志俱失載。今從長編。

26 辛丑，御正殿，復常膳。

27 祥源觀火。

先是知制誥胡宿言：「臣竊以國家乘火而王，火於五行屬禮。古者祭天神無二主，禮專一配，所以奉天帝之尊，明不敢瀆。唐初始有兼配之事。垂拱中，禮官希旨，郊丘諸祠遂有三祖同配之禮。開元十一年，明皇親享圜丘，禮官建議，遂罷三祖同配。國家至道三年，詔書親郊圜丘，以太祖、太宗並配。陛下即位，景祐二年，詔禮官詳按典禮，辨崇配之序。詔書節文：『自今以往，太祖定配，二宗迭侑。』去年八月八日詔書：『今次南郊，三聖並侑，後次卻依舊禮。』未踰旬日，復有『今後每遇南郊三聖並侑』之詔。竊尋詔旨，先後不同。臣愚欲望今後南郊，且依景祐二年禮官所定太祖定配之典，追寢去年『每遇南郊三聖並侑』之詔，告謝天地，以順火性。」不報。【考異】李燾曰：按胡宗愈作宿行狀云：宿因旱災奏章，未幾，祥源觀火，乃下宿章。禮官以郊廟事重，未敢議。宿復上章，始從之。然實錄都不見此。其後嘉祐六年正月，罷三聖並侑，蓋用楊畋議也。今姑附宿章於祥源火之後。

28 癸卯，高麗遣使貢於遼。

29 癸丑，遼主獵於合只忽里。

30 五月，己巳，夏乞進馬駝於遼，遼主命歲貢之。

31 乙亥，以馬軍副都指揮使、昭信留後張茂實爲寧遠節度使、知潞州。

茂實之母微，既生茂實，入宮乳悼獻太子。茂實方襁褓，眞宗以付內侍張景宗曰：「此兒貌厚，汝養視之。」景宗遂以爲子。於是開封民繁用扣茂實馬首，言茂實乃眞宗子，茂實執以聞。事下開封府，用蓋病狂易。事既明，言者以嫌請罷茂實兵柄。帝察其無他故，擢節度使出守。用坐配竇州牢城。

32 己丑，客星出天關之東南可數寸。

33 庚寅，遼主如永安山。

34 壬辰，夏遣使貢於遼。

35 六月，乙未，詔益州路鈐轄司：「應蠻人出入處，皆預擇人爲備禦。」時黎州言儂智高自廣源州遁入雲南故也。

36 丙申，遼主如慶州。己亥，謁慶陵。

37 辛亥，吐蕃遣使貢於遼。

38 癸丑，殿中侍御史裏行吳中復上殿彈宰相梁適姦邪，帝曰：「近馬遵亦有彈疏，且言唐室自天寶而後治亂分，何也？」中復對曰：「明皇初任姚崇、宋璟、張九齡爲宰相，遂致太平。及李林甫用事，紀綱大壞，治亂於此分矣。雖威福在於人主，而治亂要在輔臣。」帝曰：「朕每進用大臣，未嘗不采公議，顧知人亦未易耳。」遵，樂平人也。

39甲寅，出內藏庫紬絹五十萬緡，錢三十萬，下河北助糴軍儲。

40秋，七月，丁卯，以端明殿學士、給事中、知益州程戡參知政事。

41禮院言：「奉詔參定卽溫成皇后舊宅立廟及四時享祀之制。檢詳國朝孝惠皇后，太祖嫡配，止卽陵所置祠殿以安神主，四時惟設常饌，無薦享之禮。今溫成皇后宜就葬所立祠殿，參酌孝惠故事施行，仍請題葬所曰『溫成皇后園』。」從之。

42戊辰，禮部侍郎、平章事梁適罷，以本官知鄭州。

先是殿中侍御史馬遵等彈適姦邪貪黷，任情徇私，且弗戢子弟，不宜久居重位，適表乞與遵等辨。遵等卽疏言：「光祿少卿向傳〔傳〕師，前淮南轉運使張可久，嘗以贓廢，乃授左曹郎中；又，留豪民郭秉，在家賣買，奏與恩澤；張掞還自益州，賂適得三司副使，故王逵於文德殿廷厲聲言：『空手冷面，如何得好差遣！』」中丞孫抃亦言：「適爲宰相，上不能持平權衡，下不能訓督子弟，言事官數論奏，非罷適無以慰清議。」帝不得已，乃罷之。

43己巳，夏遣使求婚於遼。

44殿中侍御史馬遵知宣州，呂景初通判江寧府，殿中侍御史裏行吳中復通判虔州。

梁適之得政也，中官有力焉。及馬遵等彈適，左右或言：「御史捃拾宰相，自今誰敢當其任者！」適既罷，左右欲幷遵等去之。始，遵等言：「鹽鐵判官李虞卿，嘗推按茶賈李士宗負貼納錢十四萬緡，法當倍輸。而士宗與司門員外郎劉宗孟共商販，宗孟與適連親，適遽出虞卿提點陝西刑獄。」下開封府鞫其事，宗孟實未嘗與士宗共商販，且非適親，遵等皆坐是黜，而中復又落裏行。知制誥蔡襄，以三人者無罪，繳還詞頭；改付他舍人，亦莫敢當者，遂用熟狀降敕。虞卿，昌齡子也。【考異】李燾曰：梁適因中官得相，此據碧雲騢，他書並無之。然適嘗使石全彬訴狄青等賞薄，而青遂爲樞密使，則適固交結中官者也。碧雲騢所載，或亦過當。

45御史中丞孫抃言：「臣等昨論列宰相梁適事，今日風聞呂景初以下並議譴責。臣詳觀朝旨，必是姦人以巧言移人主意，遂使邪正曲直，潰然倒置。況威賞二字，帝王之權，古先聖人尤所謹重。今梁適內恃私邪，外恃勢力，重輕高下，皆在其手，嗟怨之聲，沸騰中外，陛下庇而不問。臣恐緣此之後，朝廷事事盡由柄臣，臺諫之官，噤口結舌，畏不敢言，陛下深居九重，何從而知之！臣居風憲之長，既不能警策權臣，致令放縱私徇，又不能防閑姦人，致令惑誤聖聽，臣之罪多矣。乞奪臣官爵，竄臣遠方，以謝天下。」又言：「臣前與郭申錫等全臺上殿論列朝廷事，陛下亦優容不罪。今止言梁適，遽有此行遣，顯是犯天子之顏者其過輕，言宰相之事者其過重。方今幅員數萬里，生齒至夥，治亂安危之要，係執政數人而已。既有過咎，臺官不得言，諫署不得奏，朝廷其如何哉！伏望念祖宗大業而謹重之，無使威賞二柄盡假於下。」又累奏乞召還遵等，皆不報。翰林學士胡宿，因召對乞留馬遵等，退，又上言：「剛猛御史，自古難得。近日讒見未息，姦宄須防。古人有言，『猛虎在深山，藜藿爲之不采。』欲乞降旨留三御史在朝，以警姦邪。」亦不報。

46 以權知開封府龍圖閣直學士呂公弼爲樞密直學士、知益州。

先是帝每念呂夷簡，聞公弼有才，書其名於殿柱。公弼奏事，帝目送之，語宰相曰：「公弼甚似其父。」既召程戡入輔，因使公弼代戡。公弼固辭，乃復授龍圖閣直學士、同知（校者按：知字衍。）羣牧使。甲戌，以知滑州張方平爲戶部郎中（侍郎）、知益州。

47 遼主如秋山。己卯，詔八房族皆加巾幘。

48 戊子，以龍圖閣直學士、吏部郎中歐陽修知同州。

先是修守南京，以母憂去，服除入見，帝惻然憐修髮白，問在外幾年，今年幾何，恩意甚至，命判吏部流內銓。小人恐修復用，乃僞爲修奏，乞汰內侍挾恩令爲姦利者，宦官忿怨，陰求所以中修者。會選人張俅、胡宗堯例改京官，宗堯前任常州推官，知州以官舟假人，宗堯連坐。及引對，修奏宗堯所坐薄，且更赦去官，於法當選。讒者因是言宗堯翰林學士宿子，故修特庇之，奪人主權，修坐是出。修在銓曹未浹旬也。

八月，癸巳，以判吏部南曹吳充同知太常禮院，同判吏部南曹馮京同判登聞鼓院。二人皆以胡宗堯故易任。充上疏爲歐陽修辨，不報。

49出內藏庫錢二百萬緡，令入內供奉官張茂則置司以市河北入中軍糧鈔。先是上封者言：「河北入中軍糧，京師給還緡錢、紬絹，商人以算清〔請〕，久未能得，其鈔每百千止鬻六十千，今若出內藏庫錢二百萬緡量增價收市之，歲可得遺利五十萬。」帝以爲然，故委茂則幹其事。既而知諫院范鎮言：「內藏庫、榷貨務同是國家之物，豈有榷貨務固欲滯商人算鈔，而令內藏庫乘錢以買之！與民爭利，傷體壞法，莫此爲甚。」帝是鎮言，遽罷之。

50甲午，以知制誥賈黯權判吏部流內銓。

時承平日久，百官樂於因循，黯始欲以風義整救其弊。益州推官桑澤，在蜀三年，不知其父死，後代還，應格當遷，投牒自陳，人皆知其嘗喪父，莫肯爲作文書，澤知不可，乃去，發喪制服，以不得家問爲解。澤既除喪，求磨勘。黯以爲澤三年不與其父通問，雖非匿喪，猶爲不孝也，言之於朝，澤坐廢，歸田里，不齒終身。晉州推官李亢，故嘗入錢得官，已而有私罪，默自引去，匿所得官，以白衣應舉及第，積十年，當磨勘，乃自首，言其初事。黯以爲此律所謂罔冒也，奏罷之，奪其勞考。

51丁酉，詔：「前代帝王後，嘗仕本朝官八品以下，其祖父母妻子犯流以下罪，聽贖；未仕而嘗受朝廷賜者，所犯非凶惡，亦聽贖。」

52丙午，工部侍郎、參知政事劉沆依前官平章事。

53 以知鄭州梁適爲觀文殿大學士、知秦州。御史中丞孫抃再疏言舊相不當臨邊，不報。

初，古渭寨爲蕃部所擾，及益兵拒守，而他族多驚疑。適具牛酒召其酋長默羅多尼等撫定之，罷所益兵。終適之去，蕃部不爲寇。【考異】李燾曰：碧雲騢言適除觀文殿大學士由內降。按舊相爲觀文殿大學士，非異恩也，疑碧雲騢所載或毀適過甚，今不取。

54 丁未，徙知宣州、殿中侍御史馬遵爲京東轉運使，通判江寧府、殿中侍御史呂景初知衢州，通判虔州、主客員外郎吳中復知池州。

55 初，歐陽修罷判流內銓，吳充、馮京罷判南曹，知諫院范鎭言：「銓曹承禁中批旨，疑則奏稟，此有司之常也。今讒人以爲撓權，竊恐上下更相疑畏，誰敢復論是非！請出言者主名，正其罪，復修等職任。」言之至再，帝意乃解；而宰臣劉沆亦請留修。戊申，命修刊修唐書。

56 詔學士院：「自今當宿學士以故請告者，令以次遞宿。」前一夕，命劉沆爲宰相，召當宿學士楊偉草麻，不至，乃更自外召趙槩草之，故有是詔。

57 戊午，知制誥賈黯言：「陛下日御邇英閣，召侍臣講讀經史，其咨訪之際，動關政體，而史臣不得預聞；欲乞令修起居注官入侍閣中，事有可書，隨即紀錄。」從之，賜坐於御坐西南。

58詔：「自今將相遷拜見辭之禮，令閤門以故事舉行。」從知制誥韓絳言也。

59九月，辛酉朔，以權三司使、翰林學士楊察爲戶部侍郎、提舉集禧觀事。

內侍楊永德建請於蔡汴河置水遞鋪，察條不便，罷之；永德毀察於帝。三司有獄，辭連衞士，皇城司不即遣，而有詔移開封府鞫之。察由是乞罷，帝從其請。

知諫院范鎭言：「外議皆謂察近因點檢內衣庫積尺羅帛及建水遞鋪非便，內藏庫不當買交鈔，香場人吏取乞錢物，皇城司占護親從官不以付外勘鞫。此等事皆是害政傷理之大者，三司義當論列，而讒邪小人，多方沮毀，使其請解使權，朝廷因遂其請，臣竊爲陛下惜之！夫邪正之辨，不可不審，陛下以察之所陳是邪非邪？以爲是，則宜使察主大計，以塞姦倖之路；以爲非，則不當改官，使自暇逸。累日以來，日色不光，天氣沈陰，欲雨而不雨，此邪人用事之應，而忠良之情不得上通也。陛下宜以察所爭四事下中書、樞密大臣詳正是非，付有司依公施行，復察所任，庶幾上應天變，下塞人言。」殿中侍御史西安趙抃亦言：「察若有罪，不當更轉官資；若本無罪，不當改任。乞追還新命。」不報。抃爲御史，彈劾不避權倖，時號鐵面御史。

先是鹽鐵判官王鼎爲淮南、江、浙、荆湖制置發運副使，永德請沿汴置鋪挽漕舟，歲可省卒六萬，鼎議以爲不可。永德橫滑，執政重違其奏，乃令三司判官一員將永德就鼎議。

鼎發八難，永德不能復。鼎因疏言：「陛下幸用臣，不宜過聽小人，妄有所改，以誤國計。」於是永德言不用。居二年，遂以爲使。前使者多漁市南方物，因奏計京師，持遺權貴。鼎一無所市，事無大小，必出於己。凡調發綱吏，度漕路遠近定先後，爲成法，於是勞逸均，吏不能爲輕重。官舟禁私載，舟兵無以自給，則盜官米爲姦。有能居販自贍者，市人持以法，不肯償所逋，鼎爲移州縣督償之。舟人有以自給，不爲姦，而所運米未嘗不足也。

60 以殿中丞王安石爲羣牧判官。安石力辭召試，有詔與在京差遣。及除羣牧判官，安石猶力辭，歐陽修諭之，乃就職。館閣校勘沈康，詣宰相陳執中求爲羣牧判官，執中曰：「安石辭讓召試，故朝廷優與差遣。且朝廷設館閣以待天下賢才，當以德讓爲先，而爭奪如此，公視安石，顏何厚也！」康慚沮而退。

61 癸亥，起居舍人、知制誥呂溱，工部郎中、知制誥兼侍講、史館修撰王洙，並爲翰林學士。

故事，翰林學士六員，時楊察、趙槩、楊偉、胡宿、歐陽修並爲學士，於是察加承旨，溱及洙復同除學士，洙蓋第七員也。溫成皇后之喪，洙與石全彬附會時事，陳執中、劉沆在中書，喜其助己，故員外擢洙。議者非之。

62 甲子，以直集賢院、同修起居注吳奎、劉敞並知制誥，仍以敞爲右正言。陳執中言奎、儆修注未一月，不應驟遷，帝不聽，曰：「此豈計算日月邪！」謝日，帝面諭以「外間事不便，有聞當一一語朕也。」

63丙寅，翰林學士王洙上周禮禮器圖。先是洙讀周禮，帝命畫車服、冠冕、籩豆、簠簋之制，及是圖成，上之。

64樞密副使王堯臣，務裁抑僥倖，於是有鏤匿名書布京城以搖軍情者，帝不信。丁卯，詔開封府揭榜募告者，賞錢二千緡。

65己巳，邇英閣講周禮「大荒大札，則薄征緩刑」，楊安國曰：「所謂緩刑者，乃過誤之民耳，當歲歉則赦之，閔其窮也。今衆持兵仗，劫糧廩，一切寬之，恐不足以禁姦。」帝曰：「不然，天下皆吾赤子也。一遇饑饉，州縣不能存卹，餓莩所迫，遂致爲盜，又捕而殺之，不亦甚乎！」

66先是遼主欲見帝容像，以耶律防善畫，因其來使，竊畫帝容以歸，然以爲未得其眞。上年，遼主諭其大臣曰：「朕與宋皇帝約爲兄弟歡，故欲見其畫像，可告來使。」至是遼使蕭德、吳湛以爲請，又乞進本國酒饌，不許。【考異】遼史耶律褭履傳云：使宋賀正，寫宋主容以歸，是竊寫宋帝之容者，乃褭履也。傳又云：清寧間復使宋，宋主賜宴，瓶花隔面，未得其眞，陛辭，僅一視，及境，以像示餞者，駭其神妙，是竊寫非一次矣。長編引趙抃、孫抃議慮，今不取。

67丁丑，詔開封府：「自今凡決大辟囚，並覆奏之。」初，開封府言得樞密院劄子，軍人犯大辟無可疑者，更不以聞，其百姓則未有明文。帝重人命，至是軍人亦令覆奏。

68辛巳，以三司使王拱辰爲回謝使，德州刺史李珣副之，使於遼。

69癸未，禮院言溫成皇后葬所，請稱園陵，從之。乙酉，溫成皇后啓殯，帝不御前後殿，百官進名奉慰。御史中丞孫抃率其屬言劉沆既爲宰相，不當領溫成皇后監護使，且言立廟建陵皆非禮。章累上，不報。因相與請對，固爭不能得，抃伏地不起；帝爲改容遣之。【考異】長編云：臺官諫宰相護喪，實錄止載孫抃及侍御史范鎭。按趙抃時爲殿中侍御史，亦同論列，實錄偶遺之。今但云率其屬，則臺官俱在矣。

70庚寅，遼主出獵，遇三虎，縱犬獲之。

71冬，十月，辛卯朔，太白晝見。

72壬辰，詔：「士庶之家嘗更傭雇之人，自今毋得與主人同居親爲婚；違者離之。」

73丁酉，葬溫成皇后。帝御西樓，望柩以送，自製輓歌詞，宰相率百官進名奉慰。知諫院范鎭言：「太常議溫成皇后葬禮，前謂之溫成園，後謂之園陵；宰相劉沆前爲監護使，後爲園陵使；如聞此議皆出禮官，前日是則今日非，今日是則前日非，必有一非於是矣。古者法吏舞法，而今世禮官舞禮。若不加詰問，恐朝廷典章寖壞而不可救。乞下臣章，劾禮官前後異狀，以正中外之惑。」不報。鎮又請葬溫成皇后罷焚瘞錦繡、珠玉以舒國用，從之。

74 遼主如中京，戊戌，幸新建祕書省。

75 先是都官員外郎燕度議，川峽選人遭父母喪，須代者至，然後聽去官；知制誥、同判流內銓劉敞言，此非所以全人子之孝也。辛丑，詔自今並聽奔喪。敞嘗建議曰：「竊見舊制官自三司副使以上及班行使臣，不論高低，遭父母喪者，例皆百日公除。孝子雖有思慕之心，逼於王命，不得遂行，此誠傷教害禮，無取於今。伏以三年之喪，通於天下。以義制恩，古人有之，自謂身在軍旅，躬備金革者，不敢以私事辭王事耳；本非承平侍從之臣所當行，又非班行宂下之職所當預。習俗既久，寖以成風，其賢者則以不即人心爲悲，其不肖者則以當喪墨縗爲榮；以之錫類，是爲傷恩，以之教民，是爲忘孝。今天下往往有聞哀不舉，廢哀圖仕，原自此始，不可不慮。竊謂惟在軍中者可從權變禮，其舊制三司副使以上及班行使臣百日公除，不合禮意，宜聽行三年之服，以崇孝悌之風。臣又聞，古者大夫去國，三年然後收其田里，明有恩也。今丁憂臣僚，即日絕其俸祿，亦爲太薄，豈有行禮之人，反不及被放之臣乎！臣往見丁憂者家貧無食，乞丐餬口，其皇皇傷孝子之心，非所以化民成俗也。臣以爲文官兩制、武官自諸司使以上，與給全俸，其餘京朝官、班行使臣，與給半俸，以明朝廷篤於禮，而厚於教也。乞下近臣商量可否。」又言：「陛下幸加恩令諸近臣得爲親服三年，又不奪其俸，至仁至惠，不可尚矣，然常參京朝官、班行使臣猶不用此令。臣以爲名位不同，尊親一也。苟取周急，不宜分別。書云：『無偏無黨，王道蕩蕩。無黨無偏，王道平平。』惟陛下留意。」

76 遼有事於太廟。

77 癸丑，遼以開泰寺鑄銀佛像，曲赦在京囚。

78 丙辰，以太常少卿穰人周湛爲淮南、江、浙、荆湖制置發運使。湛入辭，帝諭曰：「朝廷遴選此職，不可陰致苞苴於京師。」湛惶恐對曰：「臣蒙聖訓，不敢苟附權要以謀進身也。」

79 戊午，幸城北礮場觀發礮，宴從臣，賜衞士緡錢。

80 是月，夏進誓表於遼。【考異】遼史興宗紀繫於丙子日。考是月辛卯朔，不得有丙子，今闕其日。

續資治通鑑卷第五十五

賜進士及第兵部尚書兼都察院右都御史總督湖北
湖南等處地方軍務兼理糧餉世襲二等輕車都尉　畢　沅　編集

宋紀五十五 起閼逢敦牂（甲午）十一月，盡旃蒙協洽（乙未）十二月，凡一年有奇。

仁宗體天法道極功全德神文聖武睿哲明孝皇帝

至和元年 遼重熙二十三年。（甲午、一〇五四）

1 十一月，辛酉，以同知太常禮院吳充知高郵軍，太常寺太祝鞠眞卿知淮陽軍。

禮院故事，常須爲印狀，列署衆銜；或非時中旨訪問，不暇徧白禮官，則白判寺一人書塡印狀，通進施行。及追贈溫成皇后日，有中旨訪問禮典，判寺王洙兼判少府監，廨舍最近，故吏多以事白洙。洙常希望上旨，以意裁定，塡印狀進內。事既施行，而論者皆責禮官，禮官無以自明，乃召禮直官戒曰：「自今凡朝廷訪問禮典，無得輒以印狀申發，仍責取知委。」後數日，有詔問溫成皇后應如他廟用樂舞否，禮直官李亶以事白洙，洙卽塡印狀奏云：「當用樂舞。」事下禮院。充、眞卿怒，卽牒送亶於開封府，使按其罪。洙抱案卷以示知府事蔡襄曰：「印狀行之久矣，禮直官何罪！」襄患之，乃復牒送亶於禮院，禮院吏相率逃去。殿中侍御史趙抃奏蔡襄不按治禮直官罪，畏懦觀望，執政以爲充教抃上言。又，禮直官日在溫成葬所，訴於內臣云：「欲送開封府按罪者，充與眞卿也。」明日，詔禮直官贖銅八斤，充、眞卿俱補外。抃及諫官范鎭等皆言充等無罪，不當降黜，不報。

2甲子，出太廟禘祫時享及溫成皇后樂章，肄於太常。

3乙丑，太常丞、同修起居注馮京，落同修起居注。時臺諫官言吳充、鞠眞卿不當補外，京最後上疏，言愈切。宰相劉沆怒，請出京知濠州，帝曰：「京何罪！」然猶落修注。臺諫又爭言京不當奪職，不報。

4準布舊作阻卜，今改。部長貢於遼。

5丙寅，徙淮南、江、浙、荆湖制置發運使許元知揚州。元在江、淮十三年，以聚斂刻剝爲能，急於進取，多聚珍奇以賂遺京師權貴，尤爲王堯臣所知。在眞州，衣冠之求官舟者日數十輩，元視勢家要族，立檥巨艦與之；即小官惸獨，伺候歲月，有不能得。人以是憤怨，而元自謂當然，無所愧憚。

6己巳，秦鳳經略安撫司言城秦州古渭寨畢工。初，築城費百萬緡，其後留兵戍守，每歲費十萬緡。

7壬申，遼主率羣臣上太后尊號曰仁慈聖善欽孝廣德安靜貞純懿和寬厚崇覺儀天皇太后，大赦，內外官進秩有差。先是太后生辰，詳袞舊作詳穩，今改。耶律陳嘉努舊作陳家奴，今改。進詩，獻馴鹿，太后嘉獎，賜珠二琲，雜采二百段。

8辛巳，詔宰相劉沆子太常寺太祝瑾，令學士院召試館職。溫成皇后旣葬，賜后閤中金器數百兩，沆力辭，而爲瑾請之。

9壬午，以入內押班石全彬爲入內副都知，知制誥劉敞封還詞頭，奏曰：「全彬昨已有制旨除宮苑使、利州觀察使，未能三日，復換此命。朝令夕改，古人所非，臣不敢輒撰誥詞。」從之。後三月，全彬卒爲入內副都知。

10癸未，遼錄囚。

11甲申，遼羣臣上遼主尊號曰欽天奉道祐世興曆武定文成聖神仁孝皇帝；后蕭氏曰貞懿慈和文惠孝敬廣愛崇聖皇后。

12丙戌，詔宗正寺：「故事，屬籍十年一修。今雖及八年，而宗支蕃衍，其增修之！」

13知制誥劉敞言：「臣昨聞吳充出外，馮京落職，將謂其人所行實有過當，所言實有不可，是以觸忤聖意。及延和殿奏事，面奏〔奉〕宣詔，充乃是盡職，京意亦無他，中書惡其太直，不與含容，臣竊驚駭。前古以來，惟有人主不能容受直言，（或致竄謫臣下。）今陛下寬大如此，不知中書何故須要排逐言者！」又言：「臣前論吳充、馮京謫官，面蒙宣諭本末，臣即言：若如此，則是大臣蔽君之明，專君之權，而擅作威福也。必恐感動陰陽，有地震、日食、風霧之異。今臣竊聞鎮戎軍地震一夕三發，去臣所言五日之內耳；又，京師雪後昏霧累日，復多風埃，太陽黃濁，此皆變異之可戒懼者。陛下宜深究天地之意，收攬威權，無使聰明蔽塞，法令不行，則足以消伏災異矣。」

14 十二月，丙申，遼主如中會川。

15 庚子，翰林學士王洙、直集賢院掌禹錫上皇祐方域繪圖。

16 知并州韓琦，以疾奏乞太醫齊士明，翰林醫官言士明當診御脈，不可遣，帝立命內侍押士明往視之。

17 丙午，詔：「司天監天文算術官毋得出入臣僚家。」

18 丁未，殿中丞、直祕閣司馬光上古文孝經，詔送祕閣。

19 己酉，如京使、果州團練使、入內都知張惟吉卒，贈保順軍節度使，謚忠安。惟吉任事久，頗見親信，而言弗阿徇。溫成治喪皇儀殿，宰相既導諛，惟吉爭不能得，至頓首泣下。

20 殿中侍御史趙抃言：「宰相陳執中家，捶撻女奴迎兒致死，一云執中親行杖楚，以致斃踣，一云嬖妾阿張酷虐毆殺。臣謂二者有一於此，執中不能無罪。若女使本有過犯，自當送官斷遣，豈宜違朝廷之法，立私門之威！若女使果爲阿張所殺，自當禽付所司以正典刑，豈宜公爲之庇！夫正家而天下定，執中家不克正，陛下倚以望天下之治定，是猶卻行而求前也。」執中亦自請置獄。已而有詔罷獄，臺官皆謂不可，翰林學士歐陽修亦以爲言。逮執中去位，言者乃止。

21 丙辰，睦州防禦使宗諤上所撰太平盤維錄，降敕褒諭。

22 帝春秋高，未有繼嗣。皇祐末，太常博士張述上書請：「遴選宗親才而賢者，異其禮秩，試以職務，俾內外知聖心有所屬，則天下大幸。」是歲，復上疏言：「嗣不早定，則有一旦之憂而貽萬世之患。歷觀前世，事出倉卒，則或宮闈出令，或宦官主謀，或姦臣首議，貪孩孺以久其政，冀暗昧以竊其權。安危之機，發於頃刻，而朝議恬不爲計，豈不危哉！」述前後七上疏，最後語尤激切，帝終不以爲罪。述，小谿人也。【考異】李燾曰：皇祐五年，仁宗春秋四十四，述疏即以五年上。傳云皇祐中，誤也。

23 融州大丘洞蠻楊光朝內附。

二年 遼重熙二十四年，八月後爲清寧元年。（乙未、一〇五五）

1 春，正月，癸亥，遼主如混同江。

2戊辰，邕州言蘇茂州蠻內寇，詔廣西發兵討之。

3辛未，幸奉先資福禪院，謁宣祖神御殿。先是議者謂帝特行此禮，因欲致奠溫成陵廟。御史中丞孫抃言：「陛下臨御以來，未嘗朝謁祖宗山陵，今若以溫成故特行此禮，虧損聖德，莫此爲大。」翰林學士歐陽修亦論諫，帝從之，不復至溫成陵廟。

4丁亥，觀文殿大學士、兵部尚書晏殊病劇，乘輿將往視之，卽馳奏曰：「臣老病，行愈矣，不足爲陛下憂。」已而卒，帝雖臨奠，以不視疾爲恨，特罷朝二日，贈司空兼侍中，謚元獻。旣葬，篆其碑首曰「舊學之碑」。

殊善知人，如孔道輔、范仲淹，皆出其門，富弼、楊察，其壻也。

5初，命張方平知益州，未行，而程戡已先入爲參知政事，轉運使高良夫攝守事。時西南夷有邛部川首領者，妄言蠻賊儂智高在南詔，欲來寇蜀。良夫亟移兵屯邊郡，益調額外弓手，發民築城，日夜不得休息，民大驚擾。詔促方平行，且許以便宜從事。方平言：「南詔去蜀二千餘里，道險不通，其間皆雜種，不相役屬，安能舉兵與智高爲寇哉！此必妄也。臣當以靜鎭之。」

道遇戍卒兵仗，輒遣還。入境，下令邛部川曰：「寇來，我自當之，妄言者斬！」悉歸所調兵，散遣弓手，罷築城之役。會上元張燈，城門三夕不閉，人心稍定。已而得邛部川譯人始爲此謀者，斬之，梟首境上，而配流其餘黨於湖南，蜀人遂安。

二月，壬辰，以汾州團練推官郭固爲衞尉寺丞。知幷州韓琦言：「固嘗造車陣法，其車前銳後方，上置七槍以爲前後二拒，可用於平川之地，一則臨陣以折奔衝，二則下營以爲寨脚。今令固自齎車式詣闕進呈。」既試用之，而有是命。

7廣州司理參軍陳仲約，誤入人罪死，有司當仲約公罪，應贖。帝謂知審刑院張揆曰：「死者不可復生，而獄吏雖暫廢，他日復得敍官，可不重其罰邪！」癸巳，詔仲約特勒停，會赦不許敍用。

8遼主如長春河。

9給事中崔嶧，受詔按治陳執中縱嬖妾殺婢事。嶧以爲執中自以婢不恪，笞之死，非嬖妾殺之，頗左右執中。甲午，授嶧龍圖閣待制、知慶州。

10庚子，殿中侍御史趙抃言：「臣嘗言宰相陳執中不學無術，措置顚倒，引用邪佞，招延卜祝，私讎嫌隙，排斥良善，很愎任情，家聲狼籍八事。伏恐陛下猶以臣言爲虛，至今未賜省納。臣若不概舉一二，明白條陳，卽是負陛下耳目徽察之任，又得憲臺鰥寡失職之罪，臣不忍爲也。

去年春正以後，制度禮法，率多非宜，蓋執中不知典故，惟務阿諛，敗壞國體。又，翰林學士素有定制，執中愚暗自用，遂除至七員，此執中空疏，宜罷免者一也。

執中賞罰在手，率意卷舒，如劉湜自江寧府移知廣州煙瘴之地，而待制之職仍舊，及向傅〔傳〕式自南京移知江寧府近便之任，乃轉龍圖閣直學士。又，吳充、鞠眞卿摘發禮院生代署文字等事，人吏則贖金免決，充、眞卿並降軍壘，此執中繆戾宜罷免者二也。

館閣清官，豈容纖巧！而執中樹恩私黨，如崔嶧非次除給事中、知鄭州，既罷而給事中不奪，故嶧治執中之獄，依違中罷以酬私恩。又，執中嘗寄孌人於周豫之家，而豫姦謟，受知執中，遂舉豫召試館職，此執中朋附宜罷免者三也。

執中之門，未嘗待一俊傑，禮一才能，所與語者苗達、劉祐、劉希叟之徒，所預坐者〔普〕元、李寧、程惟象之輩，且處台鼎之重，測候災變，窮占吉凶，意將奚爲！此執中頗僻宜罷免者四也。

邵必知常州日，詿誤決人徒刑，既自舉覺，復會赦宥，又該去官，執中素惡必，乃罷必開封府推官，落館職，降充邵武軍監當。後有汀州石民英勘入使臣犯贓，杖背、黥面，配廣南牢城，本家訴雪，悉是虛枉，卻只降民英差遣。以邵必比之民英，則民英所犯重而斷罪反輕，邵必所犯輕而斷罪反重，此執中舞法宜罷免者五也。

呂景初、馬遵、吳中復彈奏梁適，既得罪，出知鄭州，呂景初尋隨又逐去，有『行將及我』之語。馮京疏言吳充、鞠眞卿、刁約不當以無罪黜，充等尋押發出門，又落京修起居注，使朝廷有罪忠拒諫之名，此執中嫉賢宜罷免者六也。女奴迎兒才十三歲，既累行箠撻，從嬖人阿張之言，窮冬裸凍，封縛手腕，絕其飲食，遂致斃踣。又海棠者，因阿張決打逼脅，既而自縊。又女使一名，髡髮杖背，自經不殊。凡一月之內，殘忍事發者三名，前後幽冤，聞固不少，此執中酷虐宜罷免者七也。執中帷簿醜穢，門闈混淆，放縱嬖人，信任胥吏，而又身貴室富，藏鏹巨萬，視姻族輩如行路人，雖甚貧窘，不一豪賑卹，此執中鄙惡宜罷免者八也。願陛下爲社稷生靈計，正執中之罪，早賜降黜。」

尋有詔：「邵必復職，知高郵軍，吳充、鞠眞卿、刁約、呂景初、馬遵召還，馮京候修注有闕，吳中復候臺官有闕，並牽復。」

11甲辰，趙抃言：「臣近累次彈奏宰臣陳執中之罪，未蒙施行。風聞知諫院范鎭妄行營救，伏望陛下開日月之明，判忠邪之路，取公議，立大法，則天下幸甚！」

先是知諫院范鎭言：「去年十二月，熒惑犯房上相，未幾，陳執中家決殺婢使，議者以爲天變應此。臣竊謂爲不然。執中再入相，未及二年，變祖宗大樂，隳朝廷典故，緣葬事除宰相，除翰林學士，除觀察使，其餘僭賞，不可悉紀。自陛下罷內降，五六年來，政事清明。近日稍復奉行，至有侍從臣僚之子，亦求內降，內臣無名，超資改轉，月須數人。又，今天下民困，正爲兵多而益兵不已，執中身爲首相，義當論執，而因循苟簡，曾不建言。天變之發，實爲此事。陛下釋此不問，御史又專治其私，舍大責細，臣恐雖退執中，未當天變。乞以臣章宣示執中，宣示御史，然後降付學士草詔，使天下之人，知陛下退大臣，不以家事而以其職事，後來執政，不敢卹其家事而盡心於陛下職事。」

至是鎮又言：「御史以諫院不論奏陳執中家事，乞加罪諫官。臣聞執中狀奏，女使有過，指揮決杖，因風致死，而外議謂阿張決死。臣再三思維，就(使)阿張下獄，自承非執中指揮，有司亦可結案。須執中證辨，乃是爲一婢子令宰相下獄，國體亦似未便，所以不敢雷同上言。然臣有不言之罪二而御史不知。初，朝廷爲禮直官逐禮官，而臣再奏論列，及爲一婢子因辱宰相而反無一言，臣之罪一也。臣不及衆議未定時辨理執中，至執中勢去已決，始入文字，臣之罪二也。乞以臣章下御史臺，榜於朝堂，使士大夫知臣之罪，臣雖就死，無所憾也。」

12 乙巳，以觀文殿學士、戶部侍郎、知河陽富弼爲宣徽南院使、判幷州。

13 丙午，徙知幷州武康軍節度使韓琦知相州，琦以疾自請也。先是潘美帥河東，避寇鈔爲已累，令民內徙，空塞下不耕，號禁地，而忻、代州、寧化、火山軍廢田甚廣。歐陽修嘗奏乞耕之，詔范仲淹相視，請如修奏；尋爲明鎬阻撓，不得行。及琦至，遣人行視，曰：「此皆我腴田，民居舊迹猶存。今不耕，適留以資敵，後且皆爲敵有矣。」遂奏代州、寧化軍宜如岢嵐軍例，距北界十里爲禁地，餘則募弓箭手居之。會琦去，卽詔弼議，請如琦奏，凡得戶四千，墾地九千六百頃。

14 初，翰林學士呂溱上疏，論陳執中外雖強項，內實姦邪，又歷數其過惡十餘事，帝還其疏，溱進曰：「若止用口陳，是陰中大臣也，請付執中令自辨。」於是溱改翰林侍讀學士、知徐州。辭日，特賜宴資善堂，遣使諭曰：「此會特爲卿設，可盡醉也。」仍詔自今由經筵出者亦如例。

15 宰臣劉沆言：「面奉德音，『凡傳宣內降，其當行者自依法律賞罰外，餘令二府與所屬官司執奏。』蓋欲杜請託僥倖之路也。」因陳三弊：一曰近臣保薦官吏之弊，二曰近臣陳丐親屬之弊，三曰敍勞干進之弊。「願詔中書、樞密，凡三事毋得用例，餘聽如舊事。」既施行而衆頗不悅，未幾，復故。

16 甲寅，夏遣使如遼，賀加尊號。

17 乙卯，流內銓引對前雍丘縣主簿陳琪改京官，帝謂判銓賈黯曰：「琪雖無他過，而歷三任，皆因緣陳乞，不由有司奏擬。琪乃龐籍女壻，今保薦多至二十四人，得非專欲諂附大臣故爾邪！且與幕職官、知縣。」琪，鹽鐵副使洎之子也。

18 知諫院范鎮等言：「恩州自皇祐五年秋至去年冬，知州凡換七人，河北諸州，大率如此。欲望兵馬練習，固不可得。伏見雄州馬懷德、恩州劉渙、冀州王德恭，皆有材勇智慮，可責以辦治，乞令久任。」從之。

19 三月，癸亥，遼主以皇太弟重元生日，曲赦行在及長春、鎮北二州徒以下罪。

20 丁卯，詔：「修起居注，自今每御邇英閣，立於講讀官之次。」初，賈黯請左右史入閣記事，帝賜坐於御榻西南。至是修起居注石揚休言，恐上時有宣諭咨訪，而坐遠不悉聞，因令立侍焉。

21 丙子，詔封孔子後爲衍聖公。

初，太常博士祖無擇言：「文宣王四十七代孫孔宗愿襲封文宣公。按前史，孔子之後襲封者，在漢、魏曰褒成、宗聖，在晉、宋曰奉聖，後魏曰崇聖，北齊曰恭聖，後周及隋並封以鄒國公，唐初曰褒聖，開元初，始追謚孔子爲文宣王，又以其後爲文宣公。然祖謚不可加後嗣，乞詔有司更定美號。」乃下兩制定議，更封宗愿而令世襲焉。

22 翰林學士、羣牧司〔使〕楊偉等，言判官、殿中丞王安石，文行頗高，乞除職名。中書檢會安石累召試不赴，詔特授集賢校理，安石又固辭不拜。

23癸未，以權知開封府蔡襄爲樞密直學士、知泉州，以母老自請也。襄工筆札，帝尤愛之，御製李用和碑文，詔使襄書。後又敕襄書溫成皇后父清河郡王碑，襄曰：「此待詔職也。」卒辭之。

24丙戌，邇英閣王洙講周官典瑞含玉，帝曰：「若使人用此而骨不朽，豈如功名之不朽哉！」

25丁亥，知審刑院張揆，言知虢州周日宣妄言澗水衝注城郭，當坐不實之罪，帝曰：「州郡多奏祥瑞，至水旱之災，或抑而不聞。今守臣自陳墊壞官私廬舍，意亦在民，當恕其罪。」

26翰林學士歐陽修言：「朝廷欲俟秋興大役，塞商胡，開橫隴，回大河於故道。夫動大衆必順天時，量人力，謀於其始而審於其終，然後必行，計其所利者多，乃可無悔。往年河決商胡，執政之臣，不審計慮，遽謀修塞，凡科配稍〔梢〕芟一千八百萬，騷動六路百餘州軍，官吏催驅，急若星火，虛費民財，爲國斂怨。今又聞復有修河之役，聚三十萬人之衆，開一千餘里之長河，計其所用物力，數倍往年。當此天災歲旱，民困國貧之際，不量人力，不順天時，知其有大不可者五：蓋自去秋至春，半天下苦旱，而京東尤甚，河北次之，國家常務安靜，賑卹之猶恐民起爲盜，況於兩路聚大衆，興大役乎！此其必不可者一也。河北自恩州用兵之後，繼以凶年，人戶流亡，十失八九，數年以來，稍稍歸復，而物力未充。又，京東自去冬無雨雪，麥不生苗，將踰暮春，粟未布種，農心焦勞，所向無望。若別路差夫，又遠者難爲赴役，一出諸近，則兩路力所不任，此其必不可者二也。往年議塞滑州決河，儲積物料，誘率民財，數年之間，始能興役。今國用方乏，民力方疲，且合商胡，塞大決之洪流，此一大役也；鑿橫隴，開久廢之故道，又一大役也；自橫隴至海千餘里，埽岸久已廢頓，須興緝，又一大役也。往年公私有力之時，興一大役尚須數年，今猝興三大役於災旱貧虛之際，此其必不可者三也。就令商胡可塞，故道未必可開。鯀障洪水，九年無功，禹因水之流，疏而就下，水患乃息。今欲逆水之性，障而塞之，奪洪河之正流，使人力斡而回注，此其必不可者四也。橫隴湮塞已二十年，商胡決又數歲，故道已平而難鑿，安流已久而難回，此其必不可者五也。宜速止罷，用安人心。」

27是月，以旱除畿內民逋租及去年秋逋稅，罷營繕諸役。

詔中外咸言得失。龐籍密疏曰：「太子天下本，今陛下春秋固方盛，然太子不豫建，使四方無所係心。願擇宗室之宜爲嗣者早決之，羣情既安，則災異可塞矣。」

28夏，四月，丙申，上封者言：「有蔭子孫犯杖以上私罪，情理重者，令州縣批所犯於用蔭官誥之後；若三犯，奏聽裁。」從之。

29 宰臣陳執中，初爲御史所劾，卽家居待罪不敢出，庚戌，復入中書視事。

30 辛亥，罷諸路里正衙前。

先是知幷州韓琦言：「州縣生民之苦，無重於里正衙前。自兵興以來，殘剝尤甚，至有孀母改嫁，親族分居，或棄田與人，以免上等，或非命求死，以就單丁，規圖百端，苟脫溝壑之患，殊可痛傷。自今罷差里正衙前，只差鄉戶衙前，令於一縣諸鄉中第一等，選一戶物力最高者爲之。」於是下京畿、河北、河東、陝西、京西轉運使相度利害，皆謂如琦所議便。又，知制誥韓絳言：「臣嘗安撫江南東、西路，見兩路衙前應役不均，請行鄉戶五則之法。」又，知制誥蔡襄言：「臣嘗爲福建路轉運使，見一縣之中，所差里正衙前有三四年或五七年輪差一次者，一百貫至十貫，皆入十分重難。請止以產錢多少定其所入重難之等。」乃命絳、襄與三司使、副、判官置司同定奪。遣都官員外郞吳幾復往江東，殿中丞蔡稾往江西，與本路長吏、轉運使相度；因請行五則法，更著淮南、兩浙、荆湖、福建之法，下三司頒行之。其法雖逐路小有不同，然大率得免里正衙前之役，民甚便之。

31 乙卯，詔三司出米，京城諸門裁其價以濟流民。

32 知諫院范鎭言：「竊以水旱之作，由民之不足而怨，民之不足，由有司之重斂，有司之重斂，由官冗兵多，與土木之費廣而經制不立也。國家自陝西用兵增兵以來，賦役煩重，及近年不惜高爵重祿，假借匪人，轉運使復於常賦外進羨錢以助南郊，其餘無名斂率，不可勝計，皆貪政也。貪政之發，發於掊克暴虐，此民所以怨，干天地之和而水旱作也。臣欲乞使中書、樞密院通知兵民財利大計，與三司量其出入，制爲國用，天下民力，庶幾少寬，以副陛下憂勞之心。」自天聖以來，帝每以經費爲慮，命官裁節，臣下亦屢以爲言，而有司不能承上之意，牽於習俗，卒無所建明，議者以爲恨焉。

33 丙辰，殿中侍御史趙抃言：「宰相陳執中，退處私第，不赴朝請，前後數月，外議謂陛下不卽降黜，是欲使全而退之。今執中遽然趨朝，再入中書，不知陛下以臣言爲是邪，爲非邪？執中之罪爲有邪，爲無邪？陛下若以執中爲非，卽乞罷免相位，以從公議。若以臣言爲非，亦乞竄臣遠方，以誡後來。」不報。

34 五月，己未，錄囚。

35 辛酉，詔：「中書公事，自今並用祖宗故事施行。」初，宰臣劉沆建言中書不用例，議者皆以爲非便，左司諫賈黯奏罷之。

36 戊寅，詔曰：「朕祗紹駿謨，厲精庶政，吁惟近歲，荐至煩言，以爲參顧問者間忱於私，尸言職者或失於當，涖官無匪懈之恪，專覬謬恩，薦士乖責實之誠，時容私謝。至於命令之下，以及詔除之行，論議所移，綱條益紊，爰申戒告，以厲浚明。苟迷修省之方，寖長澆浮之俗，必從吏議，以正邦彝。」

時上封者言：「古之取士以德行，故淳明朴茂之人用，後世取士以辭章，故浮薄纖巧之人進。望條列弊事，申戒百官。」故降是詔。

37 御史中丞孫抃與其屬乞正陳執中之罪，以塞中外公議，不報。於是抃與知雜事郭申錫、侍御史毋湜、范師道、殿中侍御史趙抃同乞上殿，閤門以違近制，不許。壬午，詔抃等輪日入對。知諫院范鎮言：「御史全臺請對，陛下何不延問，聽其所陳，別白是非，可行則行，其不可亦當明諭其故，使知自省。今拒其請，非所以開言路也。」旋命孫抃、郭申錫、趙抃以次入對，皆以罷執中爲請。

38 是月，遼主駐南崖。

39 六月，己丑，以翰林學士歐陽修爲翰林侍讀學士、知蔡州，知制誥賈黯知荊南，皆從所乞也。

先是修奏疏言：「伏見宰臣陳執中，自執政以來，不協人望，累有過惡，招致人言；而執中遷延，尙玷宰府。陛下憂勤恭儉，仁愛寬慈，堯、舜之用心也，而紀綱日壞，政令日乖，國用益困，流民滿野，濫官滿朝，此由用相不得其人也。近年宰相多以過失，因言者罷去。陛下不悟，以爲宰相當由人主自去，不可因言者而罷之，故宰相雖有大惡，而屈意以容之；彼雖惶恐求去，而屈意以留之；雖天災水旱，飢民流離死亡道路，皆不暇顧，而屈意以用之。其故非他，直欲拒言事者耳。夫言事者何負於陛下哉！使陛下上不顧天災，下不卹人言，以天下之事，委一不學無識、諂邪很愎之執中而甘心焉，言事者本欲益於陛下而反損聖德者多矣。然而言事者之用心，本不圖至於此也，由陛下好疑自用而自損也。今陛下用執中之意益堅，言事者攻之愈切，陛下方思有以取勝於言事者。而邪佞之臣，希合上意，將曰執中宰相，不可以小事逐，不可使小臣動搖，甚則誣言事者欲逐執中而引用他人。陛下樂聞斯言，不復察其邪佞，所以拒言事者益峻，用執中益堅。夫以萬乘之尊，與三數言事小臣角必勝之力，萬一聖意必不可回，則言事者亦當知難而止矣。然天下之人與後世之議者，謂陛下拒忠言，庇愚相，以陛下爲何如主也！前日御史論梁適罪惡，陛下赫怒，空臺而逐之。而今日御史又復敢論宰相，不避雷霆之威，不畏權臣之禍，此乃臣能忘其身而愛陛下者也，陛下嫉之，惡之，拒之，絕之。執中不學無識，憎愛挾情，除改差繆，取笑中外，家私穢惡，流聞道路，阿意順旨，專事逢君，此乃諂上傲下愎戾之臣也，陛下愛之，重之，不忍去之。陛下睿智聰明，羣臣善惡，無不照見，不應倒置如此，直由言事者太切，而激成陛下之疑惑耳。執中不知廉恥，復出視事，此不足論，陛下豈忍因執中上累聖德，而使忠臣直士卷舌於明時也！願陛下廓然回心，釋去疑慮，法成湯改過之恩，遵仲虺自用之戒，盡以御史前後章疏出付外廷，罷其政事，別用賢才，以康時務，則天下幸甚！」

已而修及黯皆補外，殿中侍御史趙抃言：「竊見近日以來，所謂正人賢士者，紛紛引去，如呂溱知徐州，蔡襄知泉州，吳奎被黜知壽州，韓絳知河陽，此皆衆所共惜其去。又聞歐陽修乞知秦（蔡）州，賈黯乞知荊南府。侍從之賢，如修輩無幾，今堅欲請郡者，非他，蓋不能曲奉權要，日虞中傷，皆欲效溱、襄、奎、絳而去耳。今陛下又從其請而外補之，萬一有緩急事，陛下何從而詢訪，何從而質正也！伏望陛下勿使修等去職，留爲羽翼，以自輔助。」知制誥劉敞亦以爲言，修、黯遂復留。

40戊戌，吏部尙書、平章事陳執中，罷爲鎭海節度使、同平章事，判亳州。孫抃等既入對，極言執中過惡，請罷之。退，又交章論列，抃最後乞解憲職補外，以避執中。於是執中卒罷，抃尋改翰林學士承旨。

始，御史因執中殺婢事，欲擊去之，帝未聽。而諫官初無論列者，御史幷以爲言。而趙抃攻范鎭尤力，鎭累奏乞與御史辨，不報。及御史入對，又言執中私其女子，傷化不道。執中旣罷，帝以諭鎭，鎭復言：「朝廷置御史以防讒慝，非使其爲讒慝也。審如御史言，則執中可誅；如其不然，亦當誅御史。」幷繳前五奏，乞宣示執政，相與廷辨之，卒不報。鎭由是與趙抃有隙。

41 以忠武節度使、知永興軍文彥博爲吏部尚書、平章事、昭文館大學士，宣徽南院使、判幷州富弼爲戶部侍郎、平章事。是日宣制，帝遣小黃門數輩覘於庭，士大夫相慶得人。後數日，翰林學士歐陽修奏事殿上，帝具以語修，且曰：「古之求相者，或得於夢卜，今朕用二相，人情如此，豈不賢於夢卜哉！」修頓首稱賀。

42 癸卯，以龍圖閣直學士張昪權御史中丞。

帝嘗諭執政，以昪清直，可任風憲，故使代孫抃。時富弼初入相，歐陽修復爲翰林學士，士大夫咸謂三得人云。

43 甲辰，以觀文殿大學士知鄆州龐籍爲昭德節度使、知永興軍，尋改知幷州。

籍過京師，入對，帝新相文彥博、富弼，意甚自得，謂籍曰：「朕用二相何如？」籍曰：「二臣皆朝廷高選，陛下拔之，甚副天下望。」帝曰：「誠如卿言。文彥博猶多私；至於富弼，萬口一詞，皆曰賢相也。」籍曰：「文彥博臣頃與同在中書，詳知其所爲，實無所私，但惡之者毀之耳。況前者被謗而出，今當愈畏謹矣。富弼頃爲樞密副使，未執大政，朝士大夫未有與之爲怨，故交口譽之，冀其進用而已，亦有所利焉。若弼以陛下爵祿樹私恩，則非忠臣，何足賢！若一以公議概之，則向之譽者將轉而爲毀矣，陛下所宜深察也。且陛下既知二臣之賢而用之，則當信之堅，任之久，然後可以責其成功。若以一人言進之，未幾又以一人言疑之，臣恐太平之功未易卒致也。」帝曰：「卿言是也。」

44 乙巳，儂智高母阿儂、弟智光、子繼宗、繼封伏誅。

45 以工部侍郎知桂州余靖爲戶部侍郎，知邕州蕭注爲引進副使，留再任。注募死士使大理國，購智高。南詔久與中國絕，林箐險深，界接生蠻，語皆重譯，行百日乃通。智高亦自爲大理所殺，函其首至京師。【考異】李燾曰：大理國函智高首送京師，此據蕭注傳。然智高本傳云：智高卒不出，其存亡莫可知，未知孰是。又，司馬光百官表、大事記，至和二年四月，亦書儂智高死於大理。

46 秋，七月，癸亥，翰林學士歐陽修請自今兩制、兩省以上，非因公事不得與執政相見，及不許臺諫官往還。詔，如有公事，許就白於中書、樞密院。

47 甲子，詔：「凡宰相召自外者，令百官班迎之；自內拜者，聽行上事儀。」國朝待宰相蓋有故事，其後多承例辭，至是文彥博、富弼入相，御史梁蒨請班迎於國門，范師道又請行上事禮，然亦卒辭之。師道，長洲人。

48 戊辰，以資政殿大學士兼翰林侍讀學士吳育爲宣徽南院使、判延州。育侍讀禁中，帝因語及臣下毀譽，多出愛憎，育曰：「聖言要切，實四海之幸。然知而形之於言，不若察而行之於事。自古人君，因信讒邪而致亂，察姦險而致治，至於安危萬端，不出愛憎二字，達之則羣書不足觀，不達雖博覽無益也。蓋人主事有不可不密者，有不可不明者。語及軍國幾微，或於權要，不可不密也。若指人姓名，陰言其罪而事狀未見者，不可不明也。若不明，則讒邪得計，忠正難立，曲直莫辨，愛憎遂行。故曰偏聽生姦，獨任成亂。是故聖王之行，如天地日月，坦然明白，進一人使天下皆知其善，黜一人使天下皆曉其惡，則邪險不能陷害，公正可以立身，此百王之要道也。」帝數欲大用之，而諫官或誣奏育在河南嘗貸民出息錢，久之，遂命出師。【考異】李燾曰：育正傳云爲諫官劉元瑜誣奏，按元瑜此時實知潭州，必非元瑜也。今沒其姓名，當徐考之。又，蘇軾嘗記王鞏云：陳執中罷相，仁宗問誰可代者，執中舉吳育，上即召赴闕。會乾元節，侍宴偶醉，坐睡，忽驚顧，拊牀呼其從者。上愕然，即除西京留臺。鞏父素爲鞏言此。按育自陝州召入，至和二年二月判都省，此時陳執中方家居待罪，不知何時薦育。所云醉拊御牀，仁宗愕然，因不復相育。育有心疾，當得事實，足見非劉元瑜誣奏也。然育爲執中所薦，亦未可曉。又育出知延州，非西京留臺，嘉祐元年五月，乃自延州徙河中，二年八月，自河中徙河南，鞏所云差誤。

49 己巳，罷三司市御箭翎。

初，三司言：「御箭翎皆以兩末黑中白羽爲之。今監錮市人，求之不可得。」帝曰：「箭之傳黑白羽，但取其文采耳，然不若雞翎之勁也。」因令罷市。

50 翰林學士歐陽修奏疏言：「近者爲京師土木興作處多，乞減罷。尋準敕，差臣與三司相度減定，續具奏聞。今又聞旨下三司重修慶基殿及奉先寺。伏見近年民力困貧，國用窘急，小人不識大計，但欲廣耗國財，務爲己利，託名祖宗，張大事體。況諸處神御殿，棟宇堅固，未必損動。昨開先殿只因兩柱損，遂損〔換〕一十三柱，廣張工料，以圖酬奬恩澤。臣竊見累年火災，自玉淸昭應、洞眞、上淸、鴻慶、壽寧、祥源、會靈七宮，開寶、興國兩寺塔殿，皆焚燒蕩盡，足見天意厭土木之侈，爲陛下惜國力民財，譴戒丁寧，前後非一。與其廣興土木以事神，不若畏懼天戒而修省。其已興作者既不可及，其未修者宜速停。」

51 壬午，遼主如秋山，次南崖之北峪，有疾。八月，丁亥，病甚，召皇子燕趙國王洪基，諭以治國之要。戊子，大赦，縱五坊鷹鶻，焚釣魚之具。己丑，遼主殂，年四十，諡爲神聖孝章皇帝，廟號興宗。【考異】興宗之年，東都事略作四十三，李燾長編作四十一。興宗之諡，契丹國志及事略、長編並作文成皇帝。今俱從遼史。

興宗初立，受制於生母欽哀太后，致嫡母無罪被弒，論者譏其虧王者之孝。其後還欽哀而復迎奉，頗盡孝養。而欽哀以不得干預朝政，意常不懌，臨興宗之喪，無戚容；見皇后悲泣如禮，乃曰：「汝年尚幼，何悲痛乃爾！」其很戾如此。

興宗多酒失，然能感富弼之言，罷南伐之師；用兵西夏，旋許乞盟，邊鄙不聳，遼人安之。

皇子燕趙國王洪基，奉遺詔卽位柩前，哀慟不聽政，羣臣上表固請，許之。遼主詔曰：「朕以菲德，託居士民之上，第恐智識有不及，羣下有未信，賦斂妄興，賞罰不中，上恩不能及下，下情不能達上。凡爾士庶，直言無諱，可則擇用，否則不以爲愆，卿等其體朕意。」

52 庚寅，詔流內銓：「臣僚陳乞子孫當得試銜知縣者，自今並與權注初等幕職官，仍著爲令。」

53 壬辰，遼以皇太弟重元爲皇太叔，免漢拜，不名。

54 癸巳，知諫院范鎭言：「比者京師及輔郡歲一赦，去歲再赦，今歲三赦；又，在京諸軍歲再賜緡錢；姑息之政，無甚於此。夫歲一赦者，細民謂之熱恩，以其必在五月、六月間也。猾胥姦盜，倚爲過惡，指以待免，況再赦至三赦乎！今防秋備塞之人，無慮五六十萬，使聞京師端坐而受賜者，能不動心哉！請自今，罷所謂一赦以摧姦猾，而使善良得以立；罷兵士之特賜錢以均內外，而使民力得以寬。」

55 甲午，遼遣皇太叔重元安撫南京軍民。

56 乙未，知諫院范鎭言：「先朝以御寶印紙給言事官，使以時奏上，所以知言者得失而殿最之。今陛下雖喜聞諫諍，然考其施行，其實無幾，豈大臣因循而多廢格乎？請據今御史、諫官具員，置章奏簿於禁中，時時觀省；仍以尚書省所置簿具言行否，每季錄付史官。」詔中書置臺官言事簿，令以時檢勾銷注之，仍錄與樞密院。

57 戊戌，遼主以遺詔命西北路詔討使、西平郡王蕭阿喇（舊作阿剌。）爲北府宰相，仍權知南院樞密使事；北府宰相蕭虛烈爲武定軍節度使。

辛丑，改元淸寧，大赦。

58 壬子，詔曰：「任職之臣，則有考課遷官之法。而宗姓不預吏事，先朝著格，使十八年一遷，所以隆族示愛，敎忠厚也。朕尙念夫本支之秀，昭穆之近，而有耆老久次者，其令中書、樞密院第其服屬，自明堂覃恩後及十年，咸與進官；近緣特恩改轉者，須更十年。」

59 乙卯，觀文殿學士、尙書左丞高若訥卒，車駕臨奠，贈右僕射，謚文莊。

60 九月，戊午，遼告哀使至，帝爲發哀，成服於內東門幕次，遣使祭奠弔慰及賀卽位。

61 遼主詔所幸圍場外毋禁。

庚申，詔：「除護衞士，餘不得佩刀入宮，非勳戚後及承應諸執事人不得冠巾。」

62 癸亥，詔學士、舍人院：「自今召試，未有科名人，復試三題。」

63 乙丑，遼賜內外臣僚爵賞有差。

庚午，尊皇太后爲太皇太后。丙子，尊皇后爲皇太后。宴菆塗殿。

以上京留守宿國王陳留爲南京留守。

64 冬，十月，丁亥，遼有司請以遼主生日爲天安節，從之。

以吳王耶律仁先同知南京留守事。

65 己丑，詔京畿毋領輔郡，罷京畿轉運使、提點刑獄。

66 乙未，出內藏庫錢百萬下河北市糴軍儲。

67 丙申，以主客員外郎吳中復爲殿中侍御史裏行。

68 戊戌，監修南京鴻慶宮內臣請於本宮隙地建皇帝本命殿，帝曰：「建宮觀，所以爲民祈福，豈可勞民自爲邪！其遇本命道場日，止令設板位祠之。」

69 己亥，以開封府判官、殿中侍御史俞希孟爲言事御史。御史中丞張昪等言：「希孟自入臺以來，論事私邪，動多迎合。前年內臣王守忠請節度使俸給，諫官韓絳力言不可，希孟輒上言稱恩命已行，只乞後不得爲例。又，中書劄子下御史臺同刑法寺定百官行馬失序事，同時聚議，皆云臣子對君失儀，尚蒙矜恕，豈爲偶近兩府，行馬趨朝，旣已贖銅，又作過犯！希孟承望大臣風旨，不肯同署奏狀，而乃獨入文字，乞理爲過犯。此皆姦邪，迹狀明白。後因全臺上殿奏事，陛下面責希孟，不踰兩月，除開封府判官，中外咸謂公明。今卻自府判復除言事臺官，伏乞別與一差遣。」壬寅，改希孟爲祠部員外郎、荊湖南路轉運使。

70 癸卯，侍御史梁蒨言：「近制，兩府大臣遇假休日，方許一見賓客，非所以廣朝廷聰明，其開禁使接士如故。」從之。【考異】李燾曰：御史臺記云：蒨欲結交富弼，上言乞舉班迎故事，朝議哂之。又希執政意，上言乞兩府私第不許接見賓客。蒨性諂諛，所言大抵類此。按實錄十月癸卯所書，則蒨乃乞開兩府私第見客之錄，與御史臺記不同，恐馮潔亦私有好惡也，今不取。此雖云從禕所請，然賈黯明年自知制誥出知許州，猶以容禁爲言，則禕所請初亦未從也。

71 乙巳，禮部貢院上刪定貢舉條制十二卷。

72 庚戌，翰林學士、刊修唐書歐陽修言：「自武宗以下，並無實錄，以傳記、別說考正虛實，尙慮闕略。聞西京內中省寺、留司御史臺及鑾和諸庫有唐朝至五代以來奏牘、案簿尙存，欲差編修官呂夏卿詣彼檢討。」從之。夏卿，晉江人。

73 癸丑，下溪州蠻彭仕羲入寇。

下溪州自彭允林至仕羲，相繼爲刺史者五世矣，至是，仕羲子師寶怨父取其妻，來奔長〔辰〕州，訴仕羲嘗殺誓下十三州，將奪其印符而幷其地，自號如意大王，補置官屬，將起爲亂。知長〔辰〕州宋守信聞之，乃以師寶爲鄉導，帥兵數千深入討之。仕羲遁入地洞，不可得，俘其孥，而官軍戰死者十六七。守信等皆坐貶。自是蠻獠數入寇掠，邊吏不能制矣。

74 十一月，丙辰，出內藏庫絹三十萬，下幷州市糴軍儲。

75 初，虞部郎中薛向言河北糴法之弊，以爲：「被邊十四州，悉仰食度支，歲費錢五十萬緡，得粟百六十萬斛，其實才直二百萬緡耳，而歲常虛費三百萬緡，入於商賈蓄販之家。今既用見錢實價，革去三百萬虛估之弊矣，然必有以佐之，則其法可行。故邊穀貴，則糴澶、魏粟，漕黃、御河以給邊；新陳未交，則散糴減價以救民乏；軍食有餘，則坐倉收糴以待不足。使見錢行而三利舉，則河北之穀不可勝食矣。」於是詔置河北都大提舉使〔便〕糴糧草及催遣黃、御河綱運公事。己未，以向爲之，行並邊見錢和糴法。

76 甲子，遼葬興宗於慶陵，名其山曰定興。

77 丙寅，北府宰相、西平郡王蕭阿喇進封韓王。

78 己巳，交趾來告其王李德政卒，【考異】宋史仁宗紀載此事於乙卯日，今據長編，安南告喪實在己巳日。但宋初沿唐制，授以靜海節度使、安南都護、交趾郡王，初未有安南王之稱，長編稱爲安南王，則失之不考矣。贈官在癸酉日，封日尊在乙亥日，今并及之。詔贈侍中、南越王，以其子日尊（爲）靜海節度使、安南都護、交趾郡王。

79 壬申，遼主如懷州，有事於太宗、穆宗廟。甲戌，謁祖陵。戊寅，冬至，有事於太祖、景宗、興宗廟，不受羣臣賀。

80 十二月，丙戌，遼主詔內外百官秩滿各言一事，仍轉諭所部，無貴賤老幼，皆得直言無諱。

81 丁亥，修六塔河。先是河決大名、館陶，殿中丞李仲昌請自澶州商胡河穿六塔渠入橫隴故道，以披其勢，富弼是其策。詔發三十萬丁修六塔河以回河道，以仲昌提舉河渠。仲昌，垂子也。

翰林學士歐陽修，以嘗奉使河北，知河決根本，復上疏言：「河水重濁，理無不淤，淤從下流；下流既淤，上流必決；水性避高，決必趨下。以近事驗之，決河非不能力塞，故道非不能力復，但勢不能久，必決於上流耳。橫隴功大難成，雖成必有復決之患。六塔狹小，不能容受大河，以全河注之，濱、棣、德、博必被其害。不若因水所趨，增治隄防，疏其下流，浚之入海，則河無決溢散漫之憂，數十年之利也。」帝不聽。

82 戊子，遼以應聖節上太皇太后壽，宴羣臣、命婦。册妃蕭氏爲皇后。后，樞密使惠之女也。進封皇弟和囉噶（舊作魯斡。）爲魯國王，阿璉爲陳國王。

83 辛卯，遼詔部署院：「事有機密卽奏，其投謗訕書輒受及讀者，並棄市。」

84 甲午，遼以樞密副使姚景行爲參知政事，翰林學士吳湛爲樞密副使，參知政事、同知樞密院事韓紹文爲上京留守。

85 知制誥劉敞使於遼，素習知山川道徑，遼人道之行，自古北至柳河，回互（屈）殆千里，欲夸示險遠。敞質譯人曰：「自松亭趨柳河，甚逕且易，不數日可抵中京，何爲故道此？」譯相顧駭愧曰：「實然，但通好以來，置驛如是，不敢變也。」【考異】宋史閻詢傳：使契丹，迓者王惠導詢由松亭往。詢曰：「此松亭路也，胡不徑葱嶺，而迂枉若是，豈非誇大國地廣以相欺邪？」惠慚不能對。與敞傳所載略同。敵奉使在至和二年，而詢使在嘉祐五年。即使詢有此言，亦是襲取敵意。況葱嶺在西域，與遼之上京遠不相涉，蓋傳聞附會之說，殊不足信。今因敵事而辨正之。

86 丁酉，詔：「武臣有贓濫者毋得轉橫行，其立戰功者許之。」

87 戊戌，遼主命設學養士，頒五經傳疏，置博士、助教各一員。

88 庚子，遼遣使致興宗遺留物及謝弔祭。

89 遼以知涿州楊績參知政事兼同知樞密院。

90 庚戌，太白晝見。

91 遼以聖宗在時生辰，赦上京囚。

92 壬子，新修醴泉觀成，卽祥源觀也，因火更其名。

93 是歲，遼主御淸涼殿，策進士張孝傑等四十四人。

續資治通鑑卷第五十六

賜進士及第兵部尚書兼都察院右都御史總督湖北湖南等處地方軍務兼理糧餉世襲二等輕車都尉畢沅編集

宋紀五十六 起柔兆涒灘(丙申)正月，盡強圉作噩(丁酉)七月，凡一年有奇。

仁宗體天法道極功全德神文聖武睿哲明孝皇帝

嘉祐元年遼清寧二年。(丙申、一〇五六)

1春，正月，甲寅朔，帝御大慶殿受朝。前一夕，大雪；帝在禁庭，跣足禱天，及旦而霽。百官就列，帝暴感風眩，冠冕欹側，左右或以指抉帝口出涎，乃小愈，趣行禮而罷。

2丙辰，遼主命諸郡長吏如諸部例，與僚屬同決罪囚，無令瘐死獄中。詔曰：「先時諸路死刑，皆待決于朝，故獄訟留滯；自今凡強盜得實者，聽即決之。」

3戊午，宴遼使于紫宸殿，宰相文彥博奉觴詣御榻上壽。帝顧曰：「不樂邪？」彥博知帝有疾，錯愕無以對；然尚能終宴。己未，遼使入辭，置酒紫宸殿，使者入至庭中，帝疾作，扶入禁中。彥博以上旨諭遼使，遣大臣就驛賜宴，仍授國書。

彥博與兩府俟于殿閤，久之，召入內副都知史志聰等問帝起居狀，志聰等對以禁中事不敢泄，彥博怒叱之曰：「上暴疾，惟汝曹得入禁闥，不令宰相知天子起居，欲何爲邪？自今疾勢小有增損必白。」仍命引至中書取軍令狀，志聰等皆聽命。及夕，皇城諸門白當下鎖，志聰曰：「汝白宰相，我不任受其軍令。」由是禁中事，宰相無不知者。

庚申，詣內東門小殿問起居，帝自禁中大呼而出。宮人扶侍者皆隨出，謂彥博等曰：「相公且肆赦消災。」彥博等退，始議降赦。

帝既不省事，兩府但相與議定，稱詔行之。兩府欲留宿禁中而無名，辛酉，彥博與富弼建議，設醮祈福于大慶殿，兩府監之，晝夜焚香，設幄宿于殿西廡。志聰等白故事兩府無留宿殿中者，彥博曰：「此豈論故事時邪！」遣近臣禱于在京寺觀，天下長吏禱于岳瀆諸祠。

壬戌，帝疾小間，暫御崇政殿以安衆心。

癸亥，兩府求詣寢殿見帝，史志聰難之。富弼責之曰：「宰相安可一日不見天子！」志聰等不敢違。是日，兩府始入福康〔寧〕殿臥內奏事，兩制近臣日詣內東門問起居，百官五日一入。

甲子，大赦，蠲被災田租及倚閣稅。

戊辰，罷上元張燈。自是帝神思漸清，然不能語，輔臣奏事，大抵首肯而已。

己巳，命輔臣禱天地、宗廟、社稷。

壬申，罷醮，兩府始分番歸第，不歸者各宿于其府。

知開封府王素嘗夜叩宮門，求見執政白事，彥博曰：「此際宮門何可夜開！」詰旦，素入白，有禁卒告都虞候欲爲變者，欲收捕治狀，彥博曰：「如此則張皇矣。」乃召殿前都指揮使許懷德，問都虞候某者何如人，懷德稱其良謹可保，彥博曰：「此卒有怨，誣之耳，當亟誅以靖衆。」衆以爲然。時富弼以疾謁告，彥博請劉沆判狀尾，斬于軍門。彥博初欲自判，王堯臣捏其膝，彥博悟，因請沆判之。及帝疾愈，沆譖彥博曰：「陛下違豫時，彥博斬告反者。」彥博以沆判呈帝，帝意乃解。【考異】蘇頌作孫抃行狀云：禁門不開幾旬日，雖執政大臣不得進見，但通名于內東門候起居。抃率同列謂宰相不宜坐待，宰相因抃言，乃叩閤入禁中。李燾曰：上以元日不安，初七日宰相即入禁中，此云禁門幾旬日不開，誤也。東都事略載富弼切責史志聰，蓋據范純仁行狀。今附載。

4 壬午，大雨雪，木冰。

5 遼主如魚兒濼。

6 二月，乙酉，遼以左伊勒希巴舊作夷离畢，今改。蕭瑪嚕舊作謨魯，今改。知西南面招討都監事。

7 甲午，詔兩制以上問候于內東門，餘皆罷之。

8甲辰，帝疾愈，御延和殿。丙午，宰臣率百官拜表稱賀。

9三月，丁巳，詔禮部貢舉。

10遼以應聖節曲赦百里內囚。

11辛未，司天監言，自至和元年五月，客星晨出東方，守天關，至是沒。

12己卯，遼主製放鷹賦賜羣臣，示委任臣僚之意。

13先是興宗以耶律伊遜舊作乙辛，今改。爲護衞太保。伊遜，本妻人子，嘗牧羊，自言夢中食月昭日，方半而寤，頗以自負。比長，美風儀，外和內狡。初爲文班吏，掌太保印，陪從入宮，仁懿皇后見其詳雅如素宦，令補筆硯吏，興宗亦愛之。遼主卽位，以伊遜先朝所任，使同知點檢司事，常召決疑議。伊遜被委任自此始。

14閏月，癸未朔，以樞密副使王堯臣爲戶部侍郎、參知政事，參知政事程戡爲戶部侍郎、樞密副使，以戡與文彥博姻家故也。

15詔閤門，自今前後殿間日視事。

16辛卯，以翰林學士王洙爲翰林侍讀學士兼侍講學士，出知制誥劉敞知揚州。敞，王堯臣姑子；洙，堯臣從父；堯臣執政，兩人皆避親也。

知諫院范鎭言：「洙在太常，壞陛下禮樂，爲學士時，進不由道，資性姦回，恐終累堯臣。」章六上，卒不報。

17 鎮安節度使、同平章事程琳既歸本鎮，上書言：「臣雖老，尚能爲國守邊。」未報，得疾，遽卒。丁酉，贈中書令，諡文簡。

18 遼自聖宗時鑄太平錢，新舊互用，由是錢法演迤域中。開泰中，每歲春秋以官錢宴饗將士，錢不勝多。己亥，始行東京所鑄錢。

19 乙巳，遼南京獄空，進留守以下官。

20 夏，四月，壬子朔，六塔河復決。

21 丙辰，召知鄭州曾公亮爲翰林學士兼侍讀學士。公亮治郡有能名，盜賊悉竄他境，至外戶不閉，民呼爲「曾開門」。

22 甲子，遼主詔曰：「方夏長養，鳥獸孳育之時，不得縱火于郊。」

23 己卯，以右司諫、知制誥賈黯知陳州，以父疾自請也；尋改許州。

24 五月，甲申，詔以九月於大慶殿行恭謝禮。

25 初，左千牛衞大將軍宗實，幼養於宮中，帝及皇后鞠視如子。既出，還第，問勞賞賜不絕。及帝得疾，不視朝，中外憂恐。宰相文彥博、劉沆、富弼勸早立嗣，帝可之。參知政事王堯臣之弟純臣爲王府官，數與堯臣言宗實之賢，堯臣以告彥博等。彥博等亦知宗實帝意所屬，乃定議，乞立宗實爲嗣，旣具稿，未及進，而帝疾有瘳，其事中輟。【考異】李燾曰：至和議立嗣，諸家各有記述，要當以龍川別志爲得實。蓋彥博等私議英宗當立，已曾具奏，但未及上耳，其詔草亦非僞也。蓋當日羣臣預爲此奏，可卽降詔，事不容緩，其理勢亦當耳。今國史及文氏私記，皆云已奏詔草，則恐未然。今從別志，止稱奏議，不載詔草。別志乃云事在嘉祐二年，且謂韓琦與彥博、弼同爲宰相，則誤。

26 知諫院范鎭疏曰：「昔太祖舍其子而立太宗，天下之大公也。眞宗以周王薨，養宗子于宮中，天下之大慮也。願陛下以太祖之心行眞宗故事，拔近族之尤賢者，優其禮秩，置之左右，與圖天下事，以繫億兆人心。」疏奏，文彥博使提點開封府界諸縣公事蔡挺問鎭何所言，鎭以實對。明日，挺謂鎭曰：「言如是事，何不與執政謀？」鎭曰：「鎭自分必死，乃敢言。若謀之執政，或以爲不可，豈得中輟乎！」

27 戊戌，遼主謁慶陵；甲辰，有事於興宗廟。

28 丙午，以龍圖閣直學士夏安期知延州。州東北阻山，無城，敵騎嘗乘之。安期至，卽命大築城。方暑，諸將白士卒有怨言，安期益廣計數百步，令其下曰：「敢有一言動衆者斬！」躬自督役，不踰月而就，袤延六里。

29 六月，辛亥朔，詔雙日不御殿，伏終如舊。

30 丁巳，遼命宰相舉才能之士。

31 戊午，遼命有司籍軍補邊戍。

32 己未，殿中侍御史趙抃疏曰：「今上有謫見之文，下有妖言之俗，天其或者以皇嗣未立，人心未有所係，丁寧警戒，欲陛下深思遠圖，亟有所爲而然也。願陛下擇用宗室賢善子弟，或教育宮闈，或封建任使，左右以良士，輔導以正人，磐石維城，根本深固，惟陛下以至公而裁擇焉。」

33 辛酉，準布舊作阻卜，今改。部長朝於遼，貢方物。

34 癸亥，中丞張昪等言：「臣等累次奏乞許臺諫官依例上殿，聞已降付中書；至今踰月，未蒙施行，乃是執政大臣不欲臣等進對，故爲沮遏。伏望陛下指揮中書，許令臺諫官上殿，臣等必不敢以瑣細事務上煩聖聽。」尋有詔，許中丞上殿。

35 丁卯，高麗遣使貢於遼。

36 庚午，集賢校理、通判并州司馬光上疏曰：「儲貳者，天下之根本，根本未定則衆心未安。夫細民之家，有百金之寶，猶擇親戚可信任者，使謹守之，況天下之大乎！今陛下未有皇嗣，人心憂危。伏望斷自聖志，遴選宗室之中聰明、剛正、孝友、仁慈者，使攝儲貳之位，以俟皇嗣之生，退居藩服。倘未欲然，且使之輔政，或典宿衛，或尹京邑，亦足以鎭安天下之心。」

帝在位久，國嗣未立，及不豫，天下寒心，而莫敢言。惟諫官范鎮首發其議，光繼之；又與鎮書言：「此大事，不言則已，言一出豈可復反顧！願公以死爭之。」于是鎮言益力。

87 遼舊制，史官得與聞朝議；辛未，遼主命罷之，俾史官問宰相而後書。

88 時京師自五月大雨不止，水冒安上門，門關折，壞官私廬舍數萬區，城中繫栰渡人，命輔臣分行諸門。而諸路亦奏江河決溢，河北尤甚，民多流亡，令所在賑救之。

水始發，馬軍都指揮使范恪受詔障朱雀門，知開封府王素違詔止之，曰：「方上不豫，軍民廬舍多覆壓，柰何障門以惑衆，且使後來者不入邪！」

知諫院范鎮言：「臣伏見諸路州郡俱奏水災，京師積雨，社稷壇壝輒壞，其爲災變，可謂大矣。伏乞陛下問大臣災變所起之因及所謂消伏之術，仍詔兩制、臺閣常參官極言得失，躬親裁擇，以塞天變。」

39 乙亥，遼南京蝗蝻爲災。

40 丁丑，遼以南院樞密使趙王扎拉（舊作查葛，今改。）爲上京留守、同知南京留守事，吳王耶律仁先爲南院樞密使，秦王蕭孝友爲北府宰相。遼主親製誥詞，褒賜孝友。

41 己卯，詔羣臣實封言時政闕失。范鎮又言：「傳曰：『簡宗廟，不禱祀，廢祭祀，逆天時，則水不潤下。』陛下恭事天地神祇，肅祀祖宗，山川之祠，罔不秩舉；至于號令，必順天時。

然而上天出此變者，蓋曉諭陛下以簡宗廟也。宗廟以承祧爲重，故古先帝王，即位之始，必有副貳，以重宗廟也。陛下即位以來，虛副貳之位三十五年矣。臣近奏，擇宗子賢者，優其禮數，試之以政，俟有聖嗣，復遣還邸，及今兩月餘而不決，此天變所以發也。伏惟陛下深念宗廟之重，以臣前一章降付執政大臣，速爲裁定。」

42秋，七月，辛巳朔，詔三司、開封府、臺諫官、審刑院復上殿奏事，仍日引一班。自帝不豫，惟兩府得奏事，至是始引對羣臣。

43乙酉，詔京東、西、荆湖北路轉運使、提點刑獄公事，分行賑貸水災州軍，若漂蕩廬舍，聽于寺院及官屋寓止；仍遣官體量放今年稅，其已倚閣者勿復檢覆。

44遼遣使分道平賦稅，繕戎器，勸農桑，禁盜賊。

45丙戌，賜河北路諸州軍因水災而徙他處者米，一人五斗；其壓溺死者，父、母、妻賜錢三千，餘二千。

46文彥博、富弼等之共議建儲，未嘗與兩府謀也，樞密使王德用聞之，合掌加額。于是翰林學士歐陽修上疏曰：「陛下臨御三十餘年，而儲副未立，臣僚多以此事爲言，大臣亦嘗進議，聖意久而未決，而庸臣愚士，遂生嫌疑之論，此不思之甚也。禮曰：『一人元良，萬國以正。』蓋謂定天下之根本，上承宗廟之重，亦所以絕臣下之邪謀。伏望擇宗室之賢者，依古禮文，且以爲子，既可徐察其賢否，亦可俟皇子之生。臣又見樞密使狄青，出自行伍，遂掌樞密，三四年間，雖未見過失，而不幸有得軍情之名，武臣掌國機密而得軍情，豈是國家之利！欲乞且罷青樞務，任以一州，既以保全之，亦爲國家消未萌之患。」疏凡再上，留中不出。【考異】李燾曰：韓琦舊傳云：歐陽修因水災再上疏，皆留中。所云水災，即嘉祐元年事，而修傳乃于作樞密副使後載之，誤也。修奏議自有月日。王德用事，據江氏雜志云富、范，蓋誤以文爲范也，今改之。

知制誥吳奎言：「王者以社稷爲本，宗廟爲重。社稷必有奉，宗廟必有主。禮，大宗無嗣，則擇支子之賢者。以昭穆言之，則太祖、太宗之曾孫，陛下所宜建立，用以繫四海之心者也。況陛下春秋猶盛，俟有皇子，則退所爲後者，頗優其禮數，使不與他宗室等，亦何爲而不可！」

殿中侍御史呂景初亦言：「商、周之盛，並建同姓，國朝二宗，相繼尹京，是欲本支盛強，有磐石之安，而天下有所係望矣。願擇宗子之賢者，使得問安侍膳于宮中，以消姦萌，或尹京典郡，爲夾輔之勢。」

景初又數詣中書白執政，請出狄青。文彥博以青素忠謹，外言不足置意，景初曰：「青雖忠，如衆心何！大臣爲朝廷慮，毋牽閭里恩也。」

47 己丑，出內藏庫銀絹三十萬賑貸河北。

48 辛丑，三司使、戶部侍郎楊察卒，贈禮部尚書，謚宣懿。察勤于吏職，癰方作，猶入對，商榷財利，歸而大頓，人以爲用神太竭云。

49 癸卯，以武康節度使、知相州韓琦爲工部尚書、三司使。唐制，節度使納節，不降麻。本朝丁謂自節度使爲參知政事，止舍人院命詞。今除琦三司使降麻，非故事也。

50 乙巳，貸被水災民麥種。

51 是月，彗出紫微垣，歷七星，其色白，長丈餘。

52 八月，庚戌朔，日有食之。【考異】遼史不書是月日食。契丹國志與宋史同，今從之。

53 司馬光又上疏請早擇宗室之賢，使攝居儲位，不報。

54 癸丑，復知池州包拯爲刑部郎中、知江寧府，江南東路轉運使唐介爲戶部員外郎。時侍御史裏行吳中復乞包拯、唐介還朝，宰臣文彥博因言：「介頃爲御史，言事多中臣病，其間雖有風聞之誤，然當時責之太深，請如中復所奏用之。」故有是命。

55 詔：「大臣自今無得乞子弟及親舊賜進士出身。」

56 知諫院范鎭言：「近日彗出東方，孛於七星，其色正白。七星主急兵，色白亦主兵。陛下宜與大臣相救警以求消復之術。」且曰：「陛下以臣言爲然，乞以臣前所上章與大臣速定大議；以臣言爲不然，乞加臣萬死之罪。」甲寅，鎭復與執政書，言：「古之人三諫而不從則去，今鎮已六諫矣。願諸公攜鎮之書言于上前，速定大計；如其不然，即賜鎮歸田，或解鎮之職而置之散外，皆諸公之賜。」鎮又兩上疏，言早定大計。庚申，以鎮爲戶部員外郎兼侍御史知雜事，鎮固辭不受。

57 癸亥，樞密使、護國節度使狄青，罷樞密使，加同平章事、判陳州。青在西府四年，京城小民推其材武，青每出入輒聚觀，至壅路不得行。帝自正月不豫，青益爲都人所指目。又，青家犬生角，數有光怪。知制誥劉敞請出青以保全之，未聽；敞出知揚州，又言及之。及京師大水，青避水，徙家于相國寺，行止殿上，都下喧然；執政聞之始懼，以熟狀出青判陳州。

58 以三司使、工部尚書韓琦爲樞密使，召端明殿學士、知益州張方平爲三司使。自西鄙用兵，兩蜀多所調發。方平還自益州，奏免橫賦四十萬貫匹，及減興、嘉、邛州鑄錢十餘萬，蜀人便之。

始，方平主計京師，有三年糧，而馬粟倍之，至是馬粟僅足一歲，而糧亦減半，因建言：「今之京師，古所謂陳留，天下四衝八達之地，非如雍、洛有山河形勢足恃也，特依重兵以立國耳。兵恃食，食恃漕運，汴河控引江、淮，利盡南海。天聖以前，歲發民浚之，故河行地中。有張君平者，以疏導京東積水，始輟用汴夫，其後淺妄者爭以裁減費役爲功，河日以湮塞。今仰而望河，非祖宗之舊也。」遂畫漕運十四策。宰相富弼讀方平奏帝前，晝漏盡十刻，侍御〔衞〕皆跛倚；帝太息稱善。弼曰：「此國計之大本，非常奏也。」悉如所欲施行。其後未期年，京師有五年之蓄。

59先是樞密直學士、權知開封府王素，數與歐陽修稱譽富弼于帝前，弼入相，素頗有力焉，意弼引己登兩府，既不如志，因求外官，于是改龍圖閣學士、知定州。

60是夕，彗星滅。

61翰林學士胡宿知審刑院，詳議官闕，判院者當擇人薦於帝，宿與同列得二人。一人者監稅河北，以水災虧課，同列曰：「小失不足以白上。」宿至帝前，悉白之，且曰：「此人小累，才足惜。」帝曰：「果得才，小累何恤乎！」遂除詳議官。同列退，誚曰：「詳議欲得人，公固欲白上，倘緣是不用，柰何？」宿曰：「彼得與不得，不過一詳議官耳。宿以誠事主，今白首矣，不忍絲髮欺君，喪平生節；爲之開陳，聽主上自擇耳。」

62初，李照斥王朴樂音高，乃作新樂，下其聲。太常歌工病其太濁，歌不成聲，私賂鑄工使減銅齊而聲稍清，歌乃協，然照卒莫之辨。又，朴所製編鐘皆側垂，照及胡瑗皆非之。及照將鑄鐘，給銅于鑄瀉〔寫〕務，得古編鐘一，工不敢毀，乃藏于太常。鐘不知何代所作，其銘云：「粵朕皇祖寶龢鐘，粵斯萬年子子孫孫永寶用。」叩其聲，與朴鐘夷則清聲合，而其形則〔側〕垂。瑗後改鑄，正其鈕使下垂，叩之，弇鬱而不揚。其鎛鐘又長角而震掉，聲不和。著作佐郞劉羲叟謂人曰：「此與周景王無射鐘無異，上將有眩惑之疾。」已而果然。

于是范鎭言：「國家自用新樂，日食，星變，冬雷，秋雹，大雨不時，寒暑不節，不和之氣，莫甚此者。去年十二月晦，大雨雪，大風，宮架輒壞；元日大朝會，樂作而陛下疾作。臣恐天意以爲陛下不應變祖宗舊樂而輕用新樂也。乞下執政大臣參議，且用祖宗舊樂，以俟異時別加制作。」

丁丑，詔太常恭謝，用舊樂。

63 戊寅，詔招撫彭仕羲。

64 是月，遼主如秋山，后從行，至殺虎林，命后賦詩，后應聲而成；遼主大喜，出示羣臣。次日，行獵，有虎突出，遼主一發殪之，謂羣臣曰：「力能伏虎，不愧皇后詩矣。」

65 遼魏國王蕭忠〔惠〕卒，年七十四，后之父也。遺命家人薄葬。訃聞，遼主輟朝三日。

66 九月，壬午，司馬光又上疏曰：「自古帝王，即位則立太子，此不易之道。其或撝謙未暇，則有司爲請之，所以尊社稷，重宗廟，未聞人主以爲諱也。及唐中葉，人主始有惡聞立嗣者，羣臣莫敢發言，言則刑戮隨之，是以禍患相尋，不可復振。不知本強則茂，基壯則安。今日公卿至庶人，皆知當今之務，無此爲大，而莫敢進言。向以水災親下明詔，勤求得失，臣安敢舍此大節，隱而不言，其餘瑣碎，豈足道哉！」時范鎮亦屢奏辭所除官，且乞因恭謝大禮決定大議。

67 庚寅，命宰臣富弼攝事于太廟，樞密副使田況于皇后廟，程戡于奉慈廟。辛卯，恭謝天地于大慶殿，大赦，改元。丁酉，加恩百官。

68 庚子，遼主如中京，祭聖宗、興宗於會安殿。

69 癸卯，以侍御史范師道知常州，殿中侍御史趙抃知睦州。

先是宰相劉沆進不以道，深疾言事官，因舉行御史遷次之格，滿三歲者與知州。師道及抃嘗攻沆之短，至是抃等又乞避范鎮，各請補外，沆遂引格出之。中丞張昪等言沆挾私出御史，請留抃及師道，不報。

70 甲辰，詔三司置司編祿令，以知制誥吳奎、右司諫馬遵、殿中侍御史呂景初爲編定官，從樞密使韓琦言也。

71 冬，十月，丁卯，出內藏庫銀十萬兩，絹二十萬匹，錢十萬貫，下河北市糴軍儲。

72 辛未，以草澤雙流宋堂爲國子四門助教。堂著書頗究時務，數爲近臣所薦；至是翰林學士趙槩又言其所著書，特錄之。

73 丙子，遼主如中會川。

74十一月，辛巳，王德用罷爲山南東道節度使兼侍中，以判大名府賈昌朝爲樞密使。翰林學士歐陽修言：「昌朝稟性回邪，頗知經術，能緣飾姦言，善爲陰謀以陷害良士，小人朋附者衆，皆樂爲其用。臣願速罷昌朝，還其舊任，天下幸甚！」

75是日，范鎮入對垂拱殿。鎮前後上章凡十九次，待罪幾百日，鬚髮爲白，至是泣以請。帝亦泣曰：「朕知卿言是也，當更俟三二年。」鎮由是卒辭言職，朝廷不能奪也。己丑，鎮復爲起居舍人、充集賢殿修撰。

76庚寅，錄潭州進士楊謂爲郊社齋郎。先是蠻猺數寇邊，史館檢討張芻責監潭州稅；及天章閣待制劉元瑜知潭州，芻遂以說于元瑜，使謂入梅山招諭，其酋長四百餘人，皆出聽命，因厚犒之，籍以爲民，凡千一百戶，故朝廷特錄爲功。通梅山蓋自此始。

77癸巳，以草澤建安黃晞爲大學助教，致仕。晞少通經，著聱隅書十卷。慶曆中，聘召不至。至是樞密使韓琦表薦之，受命，一夕而卒。

78戊戌，遼以知左伊勒希巴（舊作夷离畢。）事耶律囉勒（舊作劃里，今改。）爲伊勒希巴，以北院大王耶律仙通（舊作仙童，今改。）知黃龍府事。都監耶律哈里齊（舊作合里只，今改。）先以使宋失辭免官，至是起爲懷化軍節度使。

79遼主之爲燕趙國王也，興宗以左中丞蕭惟信資性沈毅，篤志好學，徙爲燕趙王傅，諭之曰：「燕趙左右多面諛，不聞忠言。汝當以道規誨，使知君臣之義，有不處王邸者，以名聞。」惟信輔導以禮，後遷北院樞密副使，坐事免官，至是復爲樞密副使。

80甲辰，遼羣臣上遼主尊號曰天祐皇帝，后曰懿德皇后。大赦。乙巳，遼主以皇太叔重元爲天下兵馬大元帥，徙封趙國王扎拉（舊作查葛。）爲魏國王，吳王尼嚕古舊作涅魯古，今改。進封楚國王，百官進遷有差。

81遼主謂南府宰相杜防曰：「朕以卿年老嗜酒，不欲煩以劇務，朝廷之事，總綱而已。」頃之，拜右丞相，加尚父。防旋卒，遼主歎悼，賵賻加等，官給葬具，贈中書令，謚元肅。

82帝之得疾也，賈昌朝陰結右班副都知武繼隆，令司天官二人于大慶殿庭兩府聚處，執狀抗言：「國家不當穿河于北方，致上體不安。」文彥博知其意，顧未有以制。數日，二人又上請皇后同聽政，亦繼隆所教也。史志聰等以狀白執政，彥博召二人詰之曰：「天之變異，汝職所當言也，何得輒預國家大事！汝罪當族！」二人懼，色變，彥博曰：「觀汝，真狂愚耳，未忍治汝罪，自今無得復爾！」

及議遣司天官定六塔于京師方位，彥博復遣二人往。繼隆請留之，彥博曰：「彼何敢妄言，有人教之耳。」繼隆不敢對。二人至六塔，恐治前罪，乃更言：「六塔在東北，非正北，無害也。」

83十二月，戊申朔，右司諫呂景初言：「伏覩詔書，今後雖遇辰牌，當留一班，令臺官上殿，欲望諫官同此。」從之。

84遼以韓王蕭阿喇舊作阿剌，今改。爲北院樞密使，徙王陳，與蕭革同掌國政。革謟諛不法，阿喇爭之不得，遽告歸，遼主由是惡之；旋除東京留守。

85壬子，兵部侍郎、平章事劉沆，罷爲工部尚書、觀文殿大學士、知應天府。范師道、趙抃既出，御史中丞張昪言：「天子耳目之官，用舍進退，必由陛下，柰何以宰相怒斥之！」又請與其屬俱出。吳中復指沆治溫成喪，天下謂之「劉鑾」，俗謂鬻棺者爲鑾，則沆素行可知；沆亦極詆臺官朋黨。先是狄青以御史言罷樞密使，沆因奏：「御史削陛下爪牙，將有不測之憂。」而昪等亦辨論不已，凡上十七章。沆知不勝，乃自請以本官兼一學士，守南京。尋詔沆遇大朝會，綴中書班。昪爲中丞，彈劾無所避，帝謂昪曰：「卿孤立，乃能如是！」昪曰：「臣樸學愚忠，仰託聖主，是爲不孤。今陛下之臣，持祿養交者多，忠心謀國者少，竊以爲陛下乃孤立耳。」帝爲之感動。

86以翰林學士、權知開封府曾公亮爲給事中、參知政事，龍圖閣學士、知江寧府包拯爲右司郎中，權知開封府。

拯立朝剛嚴，聞者皆憚之，至于童稚婦女亦知其名，貴戚、宦官爲之斂手。舊制，凡訟訴，不得徑造庭下，府吏坐門，先收狀牒，謂之牌司。拯開正門，徑使至庭自言曲直，吏不敢欺。時京師大水，因言中官、勢族築園榭多跨惠民河，故河塞不通，乃悉毁去。或持地券自言，有僞增步數者，皆審驗，劾奏之。

87甲寅，遼上太后尊號曰慈懿仁和文惠孝敬廣愛宗天皇太后。

88乙卯，以太子中允、天章閣侍講胡瑗管句太學。

始，瑗以保寧節度推官教授湖州，科條纖悉備具，以身先之，雖盛暑必公服坐堂上。嚴師弟子之禮，視諸生如其子弟，諸生亦親愛如其父兄，從游者常數百人。慶曆中，興太學，下湖州取其法，著爲令。瑗既爲學官，其徒益衆，太學至不能容。瑗教人，隨材高下，衣服容止有度，人遇之，雖不識，皆知其爲瑗弟子也。于是擢爲（與）經筵，治太學如故。【考異】實錄稱瑗以天章閣侍講管句太學。按墓表，嘉祐七年遷太子中允、天章閣侍講，仍居太學，然無除天章閣侍講日月。今從長編。

89甲子，夏國主諒祚遣使來告其母密藏舊作沒藏，今改。氏卒。

初，密藏氏通于李守貴，又通吃多已。守貴憤怒，于是殺吃多已及密藏氏。諒祚母族鄂特彭舊作訛龐，今改。乃族殺守貴，保養諒祚，以其女妻焉，時諒祚生九歲矣。

乙丑，輟視朝，以諒祚母喪故也。

二年遼淸寧三年。（丁酉、一〇五七）

1春，正月，庚辰，遼主如鴨子河。

2癸未，翰林學士歐陽修權知貢舉。時士子尙爲險怪奇澀之文，號太學體；修痛排抑之。榜出，囂薄之士，候修晨朝，羣聚詆斥，或爲祭文投其家。然文體自是遂變。

3丙戌，遼置倒塌嶺節度使。

4乙未，五國部長貢方物於遼。

5己亥，天章閣待制兼侍讀孫甫卒，特贈右諫議大夫。甫善持論，著唐史記，每言唐人行事以推見當時治亂，若身履其間。詔藏其書祕閣。

6二月，己酉，梓夔路三里邨夷人寇淯井監。

7庚戌，遣使錄三京輔郡繫囚。

8己未，遼主如大魚濼。

9壬戌，太子太師致仕杜衍卒。

衍退寓南京凡十年，性不植產，第室卑漏，才數十楹，居之裕如也。出入從者十許人，烏帽皁履，綈袍革帶。親故或言宜爲居士服，衍曰：「老而謝事，尚可竊高士名乎！」王洙謁告歸應天府，有詔撫問。及病，帝遣中使賜藥，挾醫往視，不及，卒，年八十，贈司徒兼侍中，謚正獻。

衍臨終戒其子薄葬，自作遺疏，其略曰：「無以久安而忽邊防，無以既富而輕財用，宜早建儲副以安人心。」語不及私。

10 澧州羅城洞蠻內寇，發兵擊走之。

11 癸酉，山南東道節度使兼侍中王德用卒。德用，將家子，習知軍中情僞，以恩撫下，故多得士心，名聞外國，雖閭閻婦女小兒亦呼爲黑王相公云。

12 是月，雄、霸州地震。

13 三月，辛巳，遼以楚國王尼嚕古爲武定軍節度使。

14 丁亥，賜進士建安章衡等及第、出身、同出身。是歲，進士與殿試者始皆不落。己丑，賜諸科及第，又賜特奏名進士諸科同出身，補諸州長史、文學。【考異】李復圭記聞云：是春，以進士羣辱歐陽修之故，殿試並賜及第，不落一人。今從長編。

15乙未，遼遣林牙耶律防等來請御容。戊戌，以御史中丞張昪爲回謝使，單州防禦使劉永年副之。

初，遼興宗致其畫像及聖宗畫像凡二軸，請易眞宗及帝御容，旣許之；會興宗晏駕，遂寢。至是遣使再請，故命昪等傳命，令更持新主畫像來，卽予之。翰林學士胡宿草國書，奏曰：「陛下先已許之，今不與，則傷信矣。」不從。昪等至遼，遼主欲先得聖容。昪曰：「昔興宗弟也，弟先面兄，於理爲順。況今南朝乃伯父之尊，當先致恭。」遼人不能對。

16庚子，判陳州、護國節度使、同平章事狄青卒。帝發哀苑中，贈中書令，謚武襄。

青爲人，謹密寡言，計事必審中機會而後發。師行，先正部伍，明賞罰，與士卒同甘苦，雖敵卒犯之，無一人敢先後者，故其出常有功。尤喜推其功以與將佐，始與孫沔破賊，謀一出靑，賊已平，經制餘事悉以委沔，退然如不用意者。沔始服其勇，既又服其爲人，自以爲莫及也。尹洙以貶死，青悉力賙其家事。嘗有持狄梁公畫像及告身詣青，以爲青遠祖，青謝曰：「一時遭際，安敢自附梁公！」厚贈其人而遣之。

17夏，四月，丙辰，遼主淸暑永安山。

18丁巳，徙知常州、侍御史范師道爲廣南東路轉運使。舊補攝官皆委吏胥，無先後遠近之差，師道始置籍次第之。

19 己巳，以殿中侍御史裏行吳中復爲殿中侍御史、充言事御史，從中丞張昪言也。

20 辛未，通判黃州趙至忠上遼地圖及雜記十卷。

21 癸酉，以彭仕羲未降，遣官安撫湖北。

22 甲戌，司天監言：「據崇天曆，己亥年日當食正月朔，乞定戊戌年十二月爲閏以避之。」詔不許。

23 火峒蠻儂宗旦聚衆入寇。【考異】宋史仁宗紀書於是月己巳，今從長編，繫於甲戌日。宗旦者，智高之族也。

知邕州蕭注欲大發峒丁擊之，知桂州蕭固獨請以敕招降。轉運使王罕以爲宗旦保山溪篁竹間，苟設伏要我，軍未可必勝，徒滋邊患，乃獨領兵次境上，使人招宗旦子日新，謂曰：「汝父內爲交趾所仇，外爲邊臣希賞之餌。歸報汝父，可擇利而行。」于是宗旦父子皆降，南事遂定。以宗旦爲忠武將軍，日新爲三班奉職。

24 五月，庚辰，幷代鈐轄、管句麟府軍馬開封郭恩與夏人戰于斷道塢，死之。走馬承受黃道元、府州寧府寨監押劉慶被執，死傷數百人，亡失器甲馬匹甚衆。詔贈恩同州觀察使，封其妻，官其子弟有差，給舊俸三年。

25 癸未，賜國子博士寇諲銀絹五十兩匹，諲上其祖準所著文集也。

26 甲申，改築禖壇于圜丘東南。

27 己亥，遼主如慶陵，獻酎於金殿、同天殿。

28 六月，壬子，以汝州龍山孔旼爲校書郎，致仕，絳州稷山韓退爲安逸處士，翰林學士承旨孫抃等薦二人有行義故也。

29 自趙彥若制策不入等，閱四年，遂無應科者。帝曰：「豈朕待之不至邪？」丁巳，詔：「朝廷設制科以取天下美異之士，嘗以推恩過厚而難其選，所取不過三二人，甚非所以廣詳延之路也。其令兩制以上同議之！」既而孫抃等言：「太常博士以下至選人、草澤人應制科者，並聽待制以上奏舉，無得自陳，內草澤人亦許本路轉運使奏舉。其行不如所學，並坐舉者。其進用差次，不得引舊例超擢。」從之。

30 戊午，夏國主諒祚遣人來謝弔祭。

31 戊辰，以淑妃苗氏爲貴妃，兖國公主之母也。公主將出降，故有是命。舊時公主受封降制，有册命之文，不行禮，只以綸告進內。于是翰林學士胡宿疏論之，不從。

32 辛未，遼以魏國王扎拉爲特里袞、舊作惕隱，今改。同知樞密院事。

33 秋，七月，辛巳，詔河北諸道部署，分遣兵官教閱所部軍。

34甲申，遼南京地震，赦其境內。【考異】長編載四月丙寅，契丹幽州地震，大壞城郭，覆壓死者萬人，與遼史所載日月前後不同，今從遼史。

35乙酉，遼主如秋山。

36辛卯，令翰林學士承旨孫抃、御史中丞張昪磨勘轉運使及提點刑獄課績。初，知諫院陳旭，言朝廷有意天下之治，宜自轉運使始，因上選用、責任、考課三法，故以命昪等，然卒亦無所進退焉。

37壬辰，知麟州武勘（戡），除名，江州編管，坐與夏人戰斷道塢而棄軍先入城也。

續資治通鑑卷第五十七

賜進士及第兵部尚書兼都察院右都御史總督湖北湖南等處地方軍務兼理糧餉世襲二等輕車都尉畢沅編集

宋紀五十七 起強圉作噩(丁酉)八月，盡屠維大淵獻(己亥)三月，凡一年有奇。

仁宗體天法道極功全德神文聖武睿哲明孝皇帝

嘉祐二年 遼清寧三年。(丁酉、一〇五七)

1 八月，乙巳朔，知襄州、兵部員外郎、知制誥賈黯，降知郢州。黯請解官就養，不報，乃棄官去，爲御史吳中復所劾，故降。

2 詔編集樞密院機要文字，樞密副使程戡提舉，從樞密使韓琦言也。丁未，琦又言：「天下見行編敕，自慶曆四年以後，距今十五年，續降四千三百餘件，前後多抵牾，請加刪定。」乃詔宰臣富弼等及參知政事曾公亮同提點詳定編敕。

3 戊申，兗國公主出降。己酉，駙馬都尉李瑋入謝，宴于禁中。

4 辛亥，遼主作君臣同志華夷同風詩，后亦屬和，並進於太后。

5丁卯，建廣惠倉。初，韓琦請罷鬻諸路戶絕田，募人承佃，以夏秋所輸之課給在城老幼貧乏不能自存者。既建倉，乃詔逐路提點刑獄司專領之，歲終，具所支納上三司。

6戊辰，知諫院陳旭言：「比日內降營求恩賞者甚多，請令中書、樞密院推劾，以正干請之罪。」從之，仍榜御史臺、閤門。

7是月，翰林學士歐陽修奏疏言：「陛下向未有皇嗣，倘有公主之愛，上慰聖顏。今既出降，漸疏左右，則陛下萬幾之暇，處深宮之中，誰可與語言，誰可承顏色！臣愚亦謂宜因此時，出自聖意，于宗室中選材賢可喜者錄以爲皇子，使其出入左右，問安視膳，以慰聖情。」

8翰林侍讀學士兼侍講學士、吏部郎中王洙，病踰月，帝遣使問。九月，甲戌朔，洙卒，賜謚曰文，御史吳中復言洙官不應謚，乃止。

9庚辰，詔內臣爲鈐轄、都監者，逐路止置一員。【考異】李燾曰：李復圭記聞云：嘉祐以前，每路管兵內臣或至三四員，循法者少。復圭奏請每路止限一員，詔如所請，遂爲定制。復圭自記如此，朱墨附傳及墓誌並不及之。按此時復圭實知涇州，不知此詔果是從復圭所請否。

10乙酉，樞密院言：「自今舉使臣，須本路安撫、轉運使、提點刑獄、知州、通判方爲舉主；其在京文臣非知雜御史、武臣非觀察使以上所舉，毋得施行。」從之。

11庚子，遼主幸中會川。

12（遼）遣樞密使蕭扈等來請御容。冬，十月，己酉，以翰林學士胡宿爲回謝使，使於遼，禮賓使李璲〔綬〕副之，且許以御容，約賀正使置衣篋中交致焉。【考異】李燾曰：張唐英云：遣張昇送御容，遼主具儀仗，拜謁驚歎。按昇非送御容者，今不取。

13遼主謁祖陵。庚申，謁讓國皇帝及世宗廟。辛酉，奠酎於玉殿。

14辛未，贈太尉兼侍中劉平謚曰壯武。【考異】長編作「壯愍」，今從宋史本傳。

15初，三司言：「商旅于榷貨務入見錢算東南鹽，歲課四百萬緡，諸路般運不足而課益虧，請選官置司以主之。」十一月，癸酉朔，置江、淮南、荆湖制置司句當運鹽公事一員。

16丙子，遼以左伊勒希巴舊作夷离畢，今改。瑪嚕（舊作謨魯。）爲（契丹）行宮都部署。

17丁丑，以禮部員外郎兼侍御史知雜事馬遵爲吏部員外郎、直龍圖閣，以疾自請也。遵尋卒，錄其子姪二人。

遵性樂易，言時政得失，不爲激訐，故多見推行，杜衍、范仲淹皆稱道之。

18己卯，以河北提舉使〔便〕糴糧草薛向提點河北刑獄，仍兼提舉使〔便〕糴糧草。當河北大水，民乏食，詔輟太倉米六十萬斛以賑之；向以爲北人不便食秔，且漕路回遠不時至，請出本司米四十萬石以代之。

19丙申，詔三司使、副，體量在省判官才否以聞，從知諫院陳旭言也。

20 戊戌，以昭德軍節度使、知幷州龐籍爲觀文殿大學士、戶部侍郎、知靑州。初，司馬光建議築堡，籍檄麟州如光議。及郭恩等敗歿，詔侍御史張伯玉按鞫，籍匿光初所陳事，故光得以去官免責。而籍爲御史劾奏，罷節度使，光不自安，三上書乞獨坐其罪，不報。

21 己亥，殿中丞、國子監直講孫復，治春秋，著聞於時。旣疾，韓琦言：「請選書吏給紙札，命其門人祖無擇卽家錄之。」書藏祕閣，特官其子。復卒，又賜錢十萬。復惡胡瑗爲人，在太學常相避。瑗治經不如復，而教養諸生過之。

22 庚子，高麗貢於遼。

23 先是王洙侍邇英閣，講周禮至三年大比，帝曰：「古者選士如此，今率四五歲一下詔，故士有抑而不進者。爲今之計，孰若裁其數而屢舉也！」下有司議，咸請易以間歲之法，則無滯才之歎；薦舉數旣減半，主司易以詳較，得士必精。十二月，戊申，詔：「自今間歲貢舉，進士、諸科，悉解舊額之半；又別置明經科；舊置說書舉，今罷之。其不還鄉里而寓戶他州以應選者，嚴其法。每秋試，自縣令、佐察行義，保任之，上于州；州長、貳復審察得實，然後上本道使者類試。已保任而後有缺行，則州、縣皆坐罪；若省試而文紕繆，坐元考官。」又用孫抃奏，諸州解試額多而中程少者，不必足額。

24 庚戌，遼禁職官於部內假貸貿易。

25 辛亥，立內降關白二府法。

26 癸丑，詔：「大臣所舉館職，自今令中書籍記姓名，候在官員數稍少，即選文行爲衆所推者與試，其考校無得假借等第。」從知諫院陳旭言也。

27 戊辰，遼以太皇太后不豫，曲赦行在五百里內囚。己巳，太皇太后殂，謚欽哀。欽哀自聽政，弒其嫡后，爲國人所不服。旣廢而復迎，以不得顓政，猜忌興宗，然猶干預政事。郡王特布舊作貼不，今改。家奴濟哩節舊作彌里吉，今改。告其主，言涉怨望，鞫之無驗，當反坐，以欽哀言，竟不加罪，亦不斷付其主，僅籍沒焉。寧遠軍節度使蕭白掠烏庫德哷勒舊作烏古敵烈，今改。都詳袞舊作詳穩，今改。迪嚕舊作敵魯，今改。之女，強爲妻，亦因欽哀言，僅杖而奪其官。興宗末年，政刑廢弛，亦多由欽哀使然。時欽哀諸弟唯孝友尙存，先以柴册恩遙授洛京留守，致仕，至是進封豐國王。

28 是歲，夏改元鐸都。

三年遼淸寧四年。（戊戌、一〇五八）

1 春，正月，壬申朔，遼主如鴨子河。

2 己卯，以福州進士陳烈爲安州司戶參軍。

烈篤於孝友，從學者數百人。天章閣待制曹穎叔知福州，薦之，授本州州學教授。於是翰林學士歐陽修又薦之，故有是命。烈皆辭不受。

3 甲申，封江夏民妻張氏爲旌德縣君，表其墓曰「烈女」。初，里中惡少謝師乞過其家，持刀逼張，欲與爲亂，張大罵，至以刃斷其喉，猶能走禽師乞以告鄰人。事聞，特褒異之。

4 丁亥，遼知易州事耶律普德舊作頗德，今改。秩滿，部民請留，許之。

5 二月，癸卯，遼遣林牙蕭福延來告喪，帝爲發哀于內東門幄殿，輟視朝七日。

6 先是太常博士吳及既除喪，擢祕閣校理。乙巳，改右正言、諫院供職，復上疏請擇宗室子以備儲副。既又言：「開寶詔書，內侍年三十，聽養一子爲嗣，幷以名上宣徽院，違者抵死。比年此禁益弛，夭絕人理，陰累聖嗣，願詔大臣明示舊制，上順天意，以綏福祐。」帝嘉納之。

7 丙午，遼詔伊勒希巴諸路鞫死罪，獄雖具，仍令別州縣覆按，無冤然後決之，稱冤者即具奏。

8 庚戌，遼主如魚兒濼。

9 三月，辛未朔，命翰林學士歐陽修兼侍讀學士，修以侍讀多冗員，固辭不拜。

10甲戌，詔禮部貢舉。

11戊寅，遼募天德、鎮武、東勝諸處之勇健者，籍之爲軍。

12己卯，以起居舍人范鎮知制誥。鎮自罷言職，每因事未嘗不以儲嗣爲言。及知制誥，正謝，又面論曰：「陛下許臣復三年矣，願早定大計。」

13甲午，遼肆赦。

14丙申，詔三司編天下驛券則例，從樞密使韓琦請也。

15夏，四月，甲辰，遼主謁慶陵。

16甲子，資政殿大學士吳育卒，贈吏部尚書，謚正肅。

17乙丑，罷修睦親宅祖宗神御殿，初從歐陽修言也。

18五月，癸酉，右正言吳及言：「太宗朝嘗給三司判官御前印紙曆子，令批書課績。今其書雖存，而無考校之法。請自今，歲終按功過而升黜之。」詔以及所言錄示三司使張方平。

19遼葬欽哀太后於慶陵。

20初，鹽鐵副使郭申錫，受詔視河，與河北都轉運使李參論議不相中，訟參遣小吏高守忠齎河圖屬宰相文彥博；御史張伯玉，亦奏參朋邪，結託有狀。以事連宰相，乃詔天章閣待制盧士宗、右司諫吳中復推劾，而申錫、伯玉皆不實。伯玉以風聞免劾；乙酉，降申錫知滁州，尋改知濠州。

21 遼主如永安山清暑。

22 六月，丙午，吏部尚書、平章事文彥博，罷爲河陽三城節度使、同平章事、判河南府。郭申錫、張伯玉攻彥博雖不勝，彥博亦不自安，數求退，帝許之。

以樞密使、工部尚書韓琦依前官平章事、集賢殿大學士。

樞密使、山南東道節度使、同平章事賈昌朝罷爲鎭東節度使、右僕射兼侍中、景靈宮使。

文彥博始求退，諫官陳旭等恐昌朝代之，乃疏昌朝交通女謁，建大第，別爲客位以待宦官；又，宦官有矯制者，樞密院釋弗治。昌朝由此罷。初，溫成皇后乳母賈氏，宮中謂之賈婆婆，昌朝以姑事之；諫官劾昌朝交通女謁，指賈氏也。

以觀文殿大學士、兵部尚書宋庠，樞密副使、禮部侍郎田況，並爲樞密使。帝初欲用王堯臣爲樞密使，當制學士胡宿固抑之，乃止。

以右諫議大夫、權御史中丞張昪爲樞密副使。

23 庚戌，以權知開封府包拯爲右諫議大夫、權御史中丞。拯言：「東宮虛位，羣臣數有言者，未審聖意何久不決？」帝曰：「卿欲誰立？」拯曰：「臣爲宗廟萬世計耳，陛下問臣欲誰立，是疑臣也。臣行年七十，且無子，非邀後福者。」帝喜曰：「徐當議之。」拯又言：「近年內臣祿秩、權任，優崇稍過，惟陛下裁抑。」又言：「累年以來，制敕纔下，未踰月而輒更，奏語方行，又隨時而追改。民知命令之不足信，則賞罰何以沮勸！欲乞今後臣僚上言利害，並請先下兩制集議，如可經久，方許頒行，不可數有更易。」又陳教養宗室之法；請條責諸路監司及御史府自舉屬官；諫官、御史不避二府薦舉者，聽兩制得至執政私第。事多施行。

24 以翰林學士歐陽修權知開封府。修承包拯威嚴之後，一切循理，不事風采。或以爲言，修曰：「人各有短長，不能舍所長強所短也。」

25 甲寅，詔學士院編錄國初以來所撰制誥，從歐陽修請也。

26 乙丑，遼以北院樞密使蕭革爲南院樞密使，徙封楚王，以南院樞密使吳王耶律仁先爲北院樞密使。

革先以姦佞得幸於興宗；旋奉遺詔立遼主，遼主寵禮不衰。仁先嘗爲東京留守，通山開道，控制女直以安邊民，甚有威望，遼主待之不如革。

27 丁卯，交趾貢異獸二物，本國稱貢麟，狀如水牛，身被肉甲，鼻端有角，食生芻果瓜，必先以杖擊然後食。知虔州杜植奏：「廣州嘗有番商辨之曰：『此乃山犀也。』」謹按符瑞圖，麟，仁獸也，麕身、牛尾、一角，角端有肉。今交趾所獻不類麕身而有甲，必知非麟，但不能識其名，請宣諭交趾進奉人及回降詔書，但云得所進異獸，不言麒麟，足使殊俗不能我欺，又不失朝廷懷遠之意。」乃詔止稱異獸云。

28 是月，提點荊湖北路刑獄、司勳員外郎潘夙權本路轉運使。

時蠻反邵州，殺隊將及其部兵，故委夙經制蠻事。夙駐兵貲木寨，親督兵援所遣將，破團峒九十餘。夙，美之從曾孫也。【考異】范祖禹撰郭逵墓誌云：邵州武岡楊昌透反，詔以逵爲湖南鈐轄兼知邵州。至則潛師夜起，徑至賊壘，黎明圍數帀。昌透登柵大呼，逵命焚柵，斬其將，諭昌透令降。是以平邵州蠻爲郭逵事也。長編據潘夙傳作潘夙事，今從之。

29 秋，七月，癸酉，以福州進士周希孟爲國子監四門助教、本州州學教授，以知州蔡襄薦也。往時閩人專用賦以應舉，襄得希孟，專以經術傳授。襄親至學舍，執經講問，爲諸生先；延見處士陳烈，尊以師禮。州人陳襄、鄭穆，學行著稱，襄皆折節待之。閩俗治喪尚浮屠，務豐侈，往往破家，襄下令禁止；至於巫覡主病、蠱毒殺人之類，皆痛斷絕之。閩俗以變。

30 辛巳，遼制：「諸掌內藏庫官盜兩貫以上者，許奴婢告。」

31 壬午，遼主獵於黑嶺。先是伊實（舊作乙室。）部人蕭巖壽，剛直尙氣，重熙末始仕，無所知名。及遼主卽位，太后屢稱其賢，由是進用。遼主出獵，命巖壽典其事，未嘗高下於心，遼主益重之，旋歷文班太保、同知樞密院事。

32 丙戌，詔：「廣濟河溢，原武縣河決，遣官行視民田，賑卹被水害者。」

33 丁亥，命權御史中丞包拯領轉運使、提點刑獄考課院。

34 壬辰，復以度支員外郎范祥制置解鹽，從張方平、包拯言也。

35 權御史中丞包拯言：「右正言吳及，立身有守，遇事敢言，緣與樞密副使張昪妻是親，奏乞外郡；然昪妻亡已久，理不當避，乞令依舊供職。」許之。

36 權知開封府歐陽修言：「近依諫官陳旭所請，倖求內降之人，委二府劾奏其罪。臣自權知開封府未及兩月，十次承準內降，本府具奏，至于再三，而內降不已。乞根究因緣干求之人，奏攝下府勘劾，重行責罰。」

37 八月，己亥朔，日有食之。【考異】遼史失書，今從長編及宋史。

38 甲辰，詔禮部貢院，宗室壻不許鎖廳應舉。

39 丁未，詔三司：「京師比歲旱，屢蠲民租，其以緡錢十萬下本路助糴軍儲。」

40 辛亥，以度支副使周湛爲遼太后生辰使。湛辭不行，乃命權鹽鐵副使王鼎代往。

41 己未，參知政事王堯臣卒，輟視朝一日，贈左僕射，謚文安。

42庚申，下溪蠻彭仕羲率衆降，歸連歲折〔所〕掠甲仗士卒，詔辰州還其孥及銅柱；自是復通中國，然桀驁益甚。

43辛酉，封左屯衞大將軍、秀州團練使從信爲榮國公，吳懿王德昭孫；舒國公惟忠子也。

44知鄆州劉敞言：「昔周公作無逸以戒成王，其言曰：『商王中宗及高宗及祖甲及文王皆以無淫于觀、于逸、于游、于田，是以膺無疆之福，子孫蕃昌。』此聖人之至言也。陛下臨政三十七年矣，百姓賴陛下之德，養老慈幼，人遂其性；願陛下日謹一日，與天無極。比聞車駕數臨苑圃，置酒觀樂，聖心自有常節，而議者謂其太頻。臣恐近習苟於承意而不能諫，大臣限以體貌而不得言，傳聞四方，未副盛德。外之則嫌怠於政事，有游觀之好；內之則疑酣於酒德，違攝生之理。願陛下玩心神明，養以清淨，聽止於中聲，毋以煩耳，味止於實氣，毋以爽口，則自天祐之，吉無不利矣。」

45初，官既榷茶，民私蓄販皆有禁，臘茶之禁尤嚴，犯者其罰倍，凡告捕私茶皆有賞。然約束愈密而冒禁愈蕃，歲報刑辟，不可勝數。園戶困於征取，官司旁緣侵擾，因而陷於罪戾以至破產、逃匿者，歲比有之。官茶所在陳積，縣官獲利無幾，論者皆謂宜弛禁便。景祐中，葉清臣嘗上疏乞弛禁，三司議皆以爲不可。至是著作佐郎何鬲、三班奉職王嘉麟又皆上書，請罷給茶本錢，縱園戶貿易，而官收其租錢，與所在征算歸榷貨物，以償邊糴之費，可以疏利源而寬民力。嘉麟爲登平致頌書十卷，隆衍視成策二卷，上之。淮南轉運副使沈立，亦集茶法利害爲十卷，陳通商之利。宰相富弼、韓琦、曾公亮等決意嚮之，力言於帝。九月，癸酉，命翰林學士韓絳、知諫院陳旭及知雜御史呂景初卽三司置局議之。

46 丙子，以屯田員外郎李師中提點廣南西路刑獄。

師中建言：「嶺南自古不利戍兵，乞置土丁，募敢勇，家丁至四五則籍一人。總爲五番，上州教閱，不及五百人爲四番；利器械，農隙訓之，禁一切他役。上番則給糧免稅，校長免二丁稅。」於是一路得四萬餘人。又請通鹽商以便民，復邕州和市場以實邊，事多施行。桂州興安縣有靈渠，北通江、湖，南入海，自秦、漢通舟楫，皆石底淺狹，十八里內置三十六斗門，一舟所載不過百斛，乘漲水則可行。師中積薪焚其石，募工鑿之，廢斗門二十六，役三旬而成，舟楫以通。

47 辛巳，天平節度使、宣徽南院使張堯佐卒，贈太師。

堯佐持身謹畏，頗通吏治。晚節以戚里進，遽至崇顯，戀嫪恩寵，爲世所鄙。

48 冬，十月，乙巳，出內藏庫紬絹十萬，下河東轉運司助糴軍儲。

49 癸亥，除河北坊郭客戶乾食鹽錢。

50 甲子，以提點江南東路刑獄王安石爲度支判官。

安石獻書萬言，極陳當世之務，其略曰：「今天下之財力日以困窮，而風俗日以衰壞，患在不知法度故也。法先王之政者，當法其意而已。法其意，則吾所改易更革，不至乎傾駭天下之耳目，囂天下之口，而固已合乎先王之政矣。」又曰：「方天下之人才，未嘗不自人主陶冶而成之，所謂陶冶而成之者，亦教之，養之，取之，任之有其道而已。今之教者非特不能成人之才，又從而困苦毁壞之，使不得成才。」又曰：「困(因)天下之力以生天下之財，取天下之財以供天下之費，自古治世，未嘗以財不足爲公患也，患在治財無其道耳。」又曰：「在位之人才既不足矣，而閭巷草野之間亦少可用之才。非特行先王之政而不得也，社稷之託，封疆之守，陛下其能久以天幸爲常而無一旦之憂乎！臣願陛下鑒漢、唐、五代之所以亂亡，懲晉武苟且因循之禍，明詔大臣，思所以陶成天下人才，慮之以謀，計之以數，爲之以漸，期合於當世之變而無負於先王之意，則天下之人才不勝用矣。」又曰：「臣之所稱，流俗之所不講，而今之議者以謂迂闊而熟爛者也，惟陛下留神而察之！」【考異】大事記曰：安石上書於嘉祐，亦謂方今法度不合先王之政，朝廷欲有所施爲變革，一有流俗僥倖之人不悦而非之，遂止而不敢爲，蓋指慶曆而言。而安石變法之藴，亦略見於此書，特安石更變之説與仲淹同，而更變之意則與仲淹異耳。嗚呼！使慶曆之法盡行，則熙豐之法不變；使仲淹之言得用，則安石之言可塞。今仲淹之志不盡行於慶曆，安石之學不用於嘉祐，而乃盡用于熙寧，世道升降之機，識者又於此而三致意焉。

51 十一月，癸酉，命翰林學士韓絳、諫官陳旭、御史呂景初同三司詳定省減冗費。

初，樞密副使張昇請罷民間科率及營造不急之務，其諸場庫務物之闕供者，令所在以官錢收市之。於是置省減司於三司，自是多所裁損云。

52 是日，遼主行再生禮及柴册禮，宴羣臣於八方陂。

先是遼主將行大册禮，南院樞密使蕭革曰：「行大禮備儀物，必擇廣地，莫若黃川。」三司使劉六符曰：「不然，禮儀國之大體，帝王之樂不奏于野。今中京四方之極，朝覲各得其所，宜中京行之。」遼主從六符議。

戊寅，御清風殿受大册禮，大赦。吳王耶律仁先徙封隋王，出爲南京副元帥，以耶律華格舊作化哥，今改。譖之也。

53 壬午，遼主謁太祖及諸帝宮。丙戌，祠木葉山。禁造玉器。

54 己丑，詔（置在京都水監），罷三司河渠司，以御史知雜呂景初（判監），領河渠司事楊佐同判，河渠司句當公事孫琳、王叔夏知監丞事。

55 江、湖上供米，舊轉運使以本路綱輸眞、楚、泗州轉般倉，載鹽以歸，舟還其郡，卒還其家。而汴舟詣轉般倉運米輸京師，歲摺運者四。河冬涸，舟卒亦還營，至春復集，名曰放凍；卒得番休，逃亡者少，而汴船不涉江路，無風波沈溺之患。其後發運使權益重，六路上供米團綱發船，不復委本路，獨發運使專其任。文移坌并，事日〔目〕繁夥，有不能檢察，則吏胥可以用意于其間，操舟者賕諸吏，輒得詣富饒郡，市賤貿貴，以趨京師。自是江、汴之舟混轉無辨，挽舟卒有終身不還其家、老死河路者，籍多空名，漕事大敝。皇祐中，發運使許元奏：「近歲諸路因循，糧綱法壞，遂令汴綱至冬出江爲他路轉漕，兵不得息。宜敕諸路增船載米，輸轉般倉，充歲計如故事。」於是言利者多以元說爲然，詔如元奏，會元去，不果行。既而諸路綱不集，庚寅，復下詔切責有司，江、淮、兩浙轉運司期以期年，各造船補卒團本路綱，自嘉祐五年，汴綱不得復出江。

56 遼三司使劉六符卒。六符有志操，能文章，遼人重之。

57 十二月，乙巳，【考異】宋史仁宗紀作己巳。按是歲閏十二月丁卯朔，則是月不得有己巳，今從長編。詔三司：「每歲上天下歲賦之數，自今三歲一會其虧贏以聞。」

58 遼弛士庶畜鷹之禁。

59 辛亥，南院樞密使楚王蕭革復爲北院樞密使。

60 翰林院學士韓絳言：「中書門下，宰相所職，而以他官判省，名不相稱，宜更定其制，依周禮、唐六典爲一書。」詔翰林學士胡宿、知制誥劉敞詳定以聞。敞等條列，刊正裁損，申明十事，後不果行。

61辛酉，詔：「年七十而居官犯事，或以不治爲所屬體量若衝替而未致仕者，吏不推恩子孫。」

62閏月，丁卯朔，詔：「嘗爲中書、樞密院諸司吏人及技術官職，無得任提點刑獄及知州軍，自軍班出至正任者，方得知邊要州軍。」

63己巳，遼賜皇太叔重元金券。

會皇子濬生，重元妻入賀，以豔冶自矜，皇后素端重，見之弗喜，戒曰：「爲大家婦，何必如此！」重元妻歸，詈重元曰：「汝是聖宗兒，乃使人以哈屯（舊作可敦，今改。）加我！汝若有志，當笞此婢。」重元子尼嚕古（舊作涅魯古。）素有異志，故婦言如此。

64先是朝議以科舉既數，則高第之人倍衆，其擢任恩典，宜損於故，詔中書門下裁之。丁丑，詔：「自今制科入第三等與進士第一，除大理評事，簽署兩使幕職官事，代還，升通判，再任滿，試館職；制科入第四等與進士第二、第三，除兩使幕職官，代還，改次等京官；制科入第五等與進士第四、第五，除試銜知縣，代還，遷兩使幕職官。鎖廳人視此。」自是驟顯者鮮，而所得人才及其風迹，比舊亦寖衰。

65己卯，詔：「明年正旦日食，其自丁亥避正殿，減常膳。」【考異】宋史紀載此詔於庚辰，今從長編。知制誥劉敞言：「三代之典，日食無預避之事。先王制禮，過之者猶不及。其制法，先時者與不及時者，均貴得中而已。漢、唐素服寢兵，卻朝會不視事及求直言，大率皆在合朔之辰，未有先時旬日者也。兆憂太過，春秋所譏。乞詳求舊典，折衷於禮。」

66 己丑，詔中書五房編總例，從韓琦請也。

67 是歲，應天府失入平民死罪，未決，通判孫世寧辨正之；吏當坐法，知府劉沆縱弗治。提點刑獄韓宗彥往按舉，沆復沮止之；宗彥疏于朝，卒抵吏罪。宗彥，綱之子也。

四年遼清寧五年。（己亥、一〇五九）

1 春，正月，丙申朔，日有食之。【考異】遼史不載是年日食，契丹國志與宋史同。遣官祭社，帝避殿，不視朝。

知制誥劉敞言：「臣前論先期避殿不中古典，未蒙省察。今又聞遣官祭社，稽之於經，亦未見此禮。蓋社者，上公之神，羣陰之長，故曰日食則伐鼓于社，所以責上公，退羣陰。今反祠而請之，是屈天子之禮，從諸侯之制，抑陽扶陰，降尊貶重，非承天戒、尊朝廷之意也。」

右正言吳及言：「日食者，陰陽之戒，在人事之失。陛下淵默臨朝，陰邪未能盡屏，左右親倖，驕縱亡節，將帥非其人，爲外所輕，此其失也。」因言孫沔在并州，苛暴不法，燕飲無度；龐籍前在并州，輕動寡謀，輒興堡寨，屈野之衄，爲國深恥。沔卒坐廢。

丁酉，羣臣表請御殿，復常膳，三請，乃許。

2自去年雨雪不止，民飢寒，死道路甚衆，詔遣官分行京城賑恤。知開封府歐陽修請罷上元放燈，從之。壬寅，賜在京諸軍班特支錢，因賑卹而兼及於諸軍也。

3三司使張方平上所編驛券則例三卷，賜名曰嘉祐驛令。

4甲辰，翰林學士胡宿權知貢舉。

5太子中允、天章閣侍講、管句太學胡瑗，病不能朝，戊午〔申〕，授太常博士，致仕，歸海陵，諸生與朝士祖餞東門外，時以爲榮。及卒，詔賻其家。集賢校理錢公輔，率太學諸生百餘人即佛舍爲位哭，又自陳師喪，給假二日。

6始命韓絳、陳旭、呂景初即三司置局議弛茶禁。三司言：「宜約至和後一歲之數，以所得息錢均賦茶民，恣其買賣，所在收算。請遣官詢察利害以聞。」詔遣司封員外郎王靖等分行六路，及還，皆言如三司議便。二月，己巳，下詔弛茶禁。

初，所遣官既議弛禁，因以三司歲課均賦茶戶，凡爲緡錢六十八萬有奇，使歲輸縣官，比輸茶時，其出幾倍。朝廷難之，爲損其半，歲輸緡錢三十三萬八千有奇，謂之租錢，與諸路本錢悉儲以待邊糴。自是唯臘茶禁如舊，餘茶肆行天下矣。

7乙亥，詔三司：「以天下廣惠倉隸司農寺，逐州選幕職、曹官各一人專監之。每歲十月，別差官檢視，老弱病不能自給之人，籍定姓名，自次月一日給米一升，幼者半升，每三日一給，至明年二月止；有餘，卽量縣大小而均給之。」

8丁丑，置館閣編定書籍官，以祕閣校理蔡抗、陳襄、集賢校理蘇頌、館閣校勘陳繹分昭文、史館、集賢院、祕閣書而編定之。抗，挺之兄；頌，紳之子；繹，開封人也。

初，祕閣校理吳及言：「近年用內臣監館閣書庫，借出書籍，亡失已多。又，簡編脫略，書吏補寫不精，非國家崇尙儒學之意。請選館職三兩人，分館閣人吏編寫書籍，其私借出與借之者，並以法坐之，仍請求訪所遺之書。」乃命抗等仍不兼他局，二年一代，別用黃紙印寫元本，以防蠹敗。

9庚寅，詔禮部貢院：「進士曾經御試五舉、諸科六舉，進士省試六舉、諸科七舉，年五十以上者，具名以聞。」癸巳，御崇政殿，試禮部奏名進士及明經、諸科及特奏名進士、諸科。

10交趾寇欽州。

11三月，戊戌，命翰林學士韓絳、權知開封府陳旭、天章閣待制唐介與三司減定民間科率以聞。

12己亥，以三司使張方平爲端明殿學士、知陳州。

先是京城富民劉保衡開酒場，負官麴錢百餘萬，三司遣吏督之，保衡賣產以償。方平因買其邸舍，保衡得錢卽輸官，不復入家。會保衡姑訟保衡非劉氏子，壞劉氏產，下吏按驗，具對以實。御史中丞包拯，遂劾方平乘勢賤買所監臨富民邸舍，不可處大位，故命出守，尋改知應天府。以端明殿學士宋祁爲三司使。

13 丁未，賜進士鉛山劉輝等一百三十(一)人及第，三十二人同出身；諸科一百七十六人及第、同出身；特奏名進士、諸科六十五人同出身及諸州文學長史；授官如三年閏十二月丁丑詔書。【考異】按宋本紀云：賜進士諸科及第同出身三百三十九人，今從長編。

14 己未，以三司使宋祁爲端明殿學士、知鄭州，權御史中丞包拯爲樞密直學士、權三司使。

先是右司諫吳及言祁在定州不治，縱家人貸公使錢數千緡，及在蜀奢侈過度；而拯亦言祁在益部多游宴，且其兄庠方執政，不可任三司，論之不已。庠因乞除祁外官，故命祁出守而拯代居其位。翰林學士歐陽修言：「近除包拯爲三司使，命下之日，外議諠然，以爲朝廷貪拯之材而不爲拯惜名節。然猶冀拯能堅讓以避嫌疑，而數日之間，拯已受命，是可惜也！拯天姿峭直，然素少學問，朝廷事體，或有不思，至如逐其人而代其位，嫌疑之迹，常人皆知，拯豈獨不思哉！拯在臺日，嘗指陳前三司使張方平過失，方平由此罷去，以宋祁代之；又聞拯彈祁過失，祁亦因此罷，而拯遂代其任。此所謂蹊田奪牛，豈得謂無過！而整冠納履，當避嫌疑者也。」疏奏，拯即家避命，不許；久之，乃就職。

15初，王禹偁奏：「天下僧尼，日增月益，不可卒去，宜詔天下州軍，凡僧百人得歲度弟子一人，久而自消之勢也。」詔從之。至和初，陳執中執政，因乾元節，聽僧五十人度弟子一人；既而言者以爲不可，復行舊制。賈昌朝在北京，奏：「京師僧寺多招納亡賴游民爲弟子，乞皆取鄉貫保任，方聽收納。」詔從之，京師尼僧大以爲患。至是有中旨，復令五十僧度一弟子，及京師僧寺弟子不復更取保任，僧徒大喜，爭爲道場以答上恩。【考異】李燾曰：此當在三月丁巳，而實錄無之。按王禹偁所請亦不見於國史，唯日記稱執中因南郊赦，聽五十僧度一弟子。按至和元年二月戊午有此指揮，不緣南郊，且至和凡二年，並無南郊及降赦事，日記誤矣，今改正。

16有上封者，論：「河北義勇，有事則集于戰陣，無事散歸田里，以時講習，無待儲廩，得古寓兵於農之意；惜其束於列郡，止以爲城守之備。誠能於邢、冀二州分東西兩路，命二郡守臣分領，寇至即兩路義勇之師，翔進赴援，傍出掩擊，使其腹背受敵，則河北二十餘所常伏銳兵矣。」議下河北路帥臣等。

時大名府李昭亮、定州龐籍、眞定府錢明逸、高陽關王贄等上議曰：「唐澤潞留後李抱眞籍戶丁男，三選其一，農隙則分曹角射，歲終都試，以示賞罰，三年，皆善射，舉部內得勁卒二萬，既無廩費，府庫益實，乃繕甲兵爲戰具，遂雄視山東。是時天下稱昭義步兵冠於諸軍，此近代之顯效。而或者謂民兵祇可城守，難備戰陣，誠非通論。但當無事時，便分兩路，置官統領，以張用兵之勢，外使敵人疑而生謀，內亦搖動衆心，非計之得。姑令在所點集訓練，三二年間，武藝稍精，漸習行陣，遇有警，得將臣如抱眞者統馭，制其陣隊，示以賞罰，何戰之不可哉！至於部分布列，量敵應機，繫於臨時便宜，亦難預圖。況河北本皆邊胡之地，自置義勇，州縣以時按閱，耳目已熟，行固無疑。」詔如所議，歲閱，以新舊籍并闕數聞。

17 是春，遼主如春州。

續資治通鑑卷第五十八

賜進士及第兵部尚書兼都察院右都御史總督湖北湖南等處地方軍務兼理糧餉世襲二等輕車都尉畢沅編集

宋紀五十八 起屠維大淵獻（己亥）四月，盡上章困敦（庚子）五月，凡一年有奇。

仁宗體天法道極功全德神文聖武睿哲明孝皇帝

嘉祐四年遼清寧五年。（己亥、一〇五九）

1夏，四月，戊辰，詔：「諸路提點刑獄朝臣、使臣，並帶兼提舉河渠公事。」從判都水監吳中復請也。

2壬申，端明殿學士、戶部侍郎李淑卒，贈尚書右丞。淑詳練朝廷典故，凡有沿革，帝必咨訪。然喜傾詖，故屢爲言者所斥，訖不得志，抑鬱以死。

3初，著作佐郎何鬲，以皇嗣未立，疏請訪唐、周苗裔，備二王後，禮院議：「唐世數已遠；周室子孫，宜授官爵，專奉廟享。」癸酉，詔有司取柴氏譜系，推最長一人奉周祀。於是封周世宗後柴詠爲崇義公，與河南府、鄭州合入差遣，給公田十頃，專管勾陵廟。

4 丙子，以天章閣待制何郯同知通進銀臺司兼門下封駁事。時封駁職久廢，郯上言：「本朝設此司，實代給事中之職；乞準王曾、王嗣宗故事，凡有詔敕，並由銀臺司。」從之。

5 癸未，司徒致仕陳執中卒。帝幸其第臨奠，贈太師兼侍中。禮官韓維議其謚曰：「皇祐之末，天子以後宮之喪，問所以葬祭之禮，執中爲上相，不能攷正儀典，如治喪皇儀，非嬪御之禮；追册位號，與宮闈有嫌；建廟用樂，踰祖宗舊制。閨門之內，禮分不明。謹按謚法：『寵祿光大曰榮，不勤成名曰靈。』請謚曰榮靈。」判太常寺孫抃等請謚恭，判尚書考功楊南仲覆議，請謚恭襄。詔謚曰恭。維累疏論列，以爲「責難於君謂之恭，臣之議執中，正以其不恭。」因乞罷禮官，不報。既而帝又爲執中篆其墓碑曰「褒忠」。

6 己丑，後宮董氏生皇第九女，旋晉董氏爲貴人。

7 壬辰，御崇政殿，錄繫囚，雜犯死罪以下遞降一等，徒以下釋之。

知制誥劉敞言：「疏決在京繫囚，雖恩出一時，然在外羣情，皆云聖意以皇女生，故施慶澤，恐非令典。去年閏月，已嘗減降，尚未半年，復行此恩。傳稱民之多幸，則於國不幸，一歲再赦，好人喑啞，前世論之詳矣。雖成事不說，臣願朝廷戒之。又聞多作金銀、犀象、玉石、琥珀、玳瑁、檀香等錢及鑄金銀爲花果，賜予臣下，自宰相、臺諫，皆受此賜。無益之費，無名之賞，無甚於此，非所以軌物訓儉也。望陛下深執恭儉以答天貺，不宜行姑息之恩，出浮沈之費，以墮儉德。」【考異】長編云：五月戊午，周氏又生女。又引江氏雜志云：公主誕慶三日，宰臣以下有金銀、玳瑁、犀角、檀香、象牙錢，三舍人獨二權修注得之，四待制獨三講筵得之，劉敞、何郯不與；臺中自獨坐至監察一等受賜，館中惟吳及正言得之；蓋內官懼臺諫也。蓋以劉敞所言爲周氏生女而發也。按宋史，周貴妃生兩公主，下嫁錢景臻、郭獻卿。嫁錢景臻者卽慶壽公主，乃仁宗第十女也；適郭獻卿者卽寶壽公主，乃仁宗第十二女也。此時賞賜之濫，自因董氏生第九女，非周氏生女也，長編誤。

8 五月，戊戌，詔曰：「君臣同德，而過設禁防，非朕意也。舊制，臣僚不許詣執政，嘗所薦舉不得爲御史，其悉除之。」始用包拯議也。

9 庚子，詔：「入內內侍省內臣員多，權罷進養子入內。」用吳及議也。【考異】宋會要以爲從翰林學士韓絳之奏，今從長編。

10 度支判官、祠部員外郎王安石累除館職，並辭不受，中書門下具以聞。（壬子），詔令直集賢院，安石上章辭，至八九，猶累辭，乃拜。

11 壬子，（校者按：壬子二字衍。）遣官經界河北牧地，餘募民種藝。

12 樞密使、禮部侍郎田況，暴中風瘖，十上章求去，丙辰，罷爲尙書右丞、觀文殿學士、翰林侍讀學士、提舉景靈宮。

13 戊午，後宮周氏生皇第十女。

初，董氏及周氏有娠，內外皆冀生皇子，內侍省多具金帛器皿雜物備賜予，又修潛龍宮。潛龍宮者，眞宗爲府尹時廨舍也。皆生皇女，其賜予之數，猶數倍於兗國公主出降時。

14 六月，甲子，遼主如納葛濼。【考異】遼史本紀作甲子朔。瞿中溶據朔考，是月宋曆乃是癸亥朔，較遼先一日。其時南北各置司天官，朔閏不無互異，而宋曆較遼爲密。今依宋朔爲準，故去「朔」字。

15 自溫成之歿，後宮得幸者凡十人，謂之十閤，周氏、董氏、溫成之妹皆與焉。周、董以生皇女進秩，諸閤皆求遷改，詔中書出敕誥；中書以其無名，覆奏罷之。求者不已，乃皆以手詔授焉。溫成之妹獨固辭不受。

同知諫院范師道上疏曰：「禮以制情，義以奪愛，常人之所難，惟明哲之主然後能之。竊聞諸閤女御以周、董育公主，御寶白劄並爲才人，不自中書出誥，而掖廷覬覦遷拜者甚多。周、董之遷可矣，女御何名而遷乎？夫寵幸太過，則瀆慢之心生，恩澤不節，則無厭之怨起，御之不可不以其道也。且用度太煩，須索太廣，一才人之俸，月直中戶百家之賦，歲時賜予不在焉。況誥命之出，不自有司，豈盛時之事邪！恐斜封墨敕，復見於今日矣。」

16 戊辰，光祿卿、直祕閣、同判宗正寺趙良規言：「國家乘百年之運，崇七世之靈，追孝不爲不嚴，奉先不爲不至，然而祭祀之秩舉，間以公卿而攝行，雖神主有合食之名，而太祖虛東向之位。伏請講求定儀，爲一代不刊之典。」下太常禮院議，又詔待制以上及臺諫官同議。

禮部尚書王舉正等議曰：「大祫之祭，所以合昭穆，辨尊卑，必以受命之祖居東向之位。本朝太祖實爲受命之君，然僖祖以降，四廟在上，故每遇大祫，止列昭穆而虛東向。魏、晉以來，亦用此禮。今親享之盛，謂宜如舊爲便。」從之。

17己巳，宰臣富弼等請加尊號曰「大仁至治」，詔不許。故事，每三歲，躬行大禮畢，輒受尊號，自康定以來罷之，至是執政復舉故事以請。知諫院范師道言：「比災異數出而崇尚虛文，非所以答天戒。」知制誥劉敞言：「尊號非古也，陛下不受徽號已二十年，柰何一旦增虛名而損實德！」帝曰：「朕意亦謂當如此。」弼等表五上，卒不許。【考異】曲洧舊聞以仁宗卻尊號爲四年孟冬事，又以「受虛名而損實美」爲宋景文語，今從長編。

18以太子中允王陶、大理評事趙彥若、國子博士傅卞、於潛縣令孫洙並爲館閣編校書籍官。館閣編校書籍自此始。

19丁丑，詔：「諸路轉運司（校者按：司字衍。）使，凡鄰路鄰州災傷而輒閉糴者，以違制坐之。」從諫官吳及言也。

20戊寅，月食幾盡。　己卯，放宮人二百一十四人。【考異】東都事略作六月辛亥放宮女二百一十四人，宋史本紀繫於辛卯，書日互異。長編從日記作己卯，以爲應天變也，今仍之。

21己丑，遼以南院樞密使蕭阿蘇（舊作阿速，今改。）爲北府宰相，以樞密副使耶律伊遜（舊作乙辛。）爲南院樞密使，以特里袞（舊作惕隱。）札拉（舊作查葛。）爲遼興軍節度使，以魯王色嘉努（舊作謝家奴，今改。）爲武定軍節度使，以東京留守吳王特布（舊作貼不。）爲西京留守。

22秋，七月，丙申，以太子中允王陶爲監察御史裏行。

初，詔中丞韓絳舉御史，而限以資任，屢舉不應格。於是絳請舉裏行，以陶爲之，詔可。陶辭不受，詔強之，乃就職。【考異】李燾云：景祐元年四月，中丞韓億請復置殿中侍御史、監察御史裏行，詔從之。是年五月，張宗誼、孫沔並爲監察御史裏行。慶曆三年十二月，李京、包拯又並爲監察御史裏行。今實錄云初以陶爲裏行，恐誤也。會要亦同實錄，今並不取。陶傳云：時狄青罷樞密爲使相，陶上言：「祖宗以來，未有軍伍之人在此位者，宜著爲令，使後毋復然。」按青罷樞密爲使相前此矣，今不取。

23丁酉，遼以烏庫德哷勒（舊作烏古敵烈。）詳袞瑪嚕（舊作謨魯。）爲左伊勒希巴。（舊作夷离畢。）

24甲辰，貶觀文殿學士、禮部侍郎、知壽州孫沔爲檢校工部尙書、寧國節度副使。　初，臺諫交論沔淫縱不法事，令使者按之得實，故貶。

25丙午，出後宮彭城縣君劉氏於洞眞宮，爲法正虛妙大師，賜名道一。　後又坐罪削髮爲妙法院尼。

初，劉氏在掖廷，通請謁爲姦，御史中丞韓絳密以聞，帝曰：「非卿言，朕不知此。」後數日，有是命。劉氏及黃氏，在十閤中尤驕恣，於是幷黃氏皆出之。

[26]丁未，放宮女二百三十六人。

[27]甲寅，以校書郎致仕孔旼爲國子監直講，揚州進士孫侔爲試校書郎、本州州學教授，皆以近臣薦其行義也。兩人卒辭不受。

[28]有御營卒桑達等數十人，酗酒鬭呼，指斥乘輿，有司不之覺。皇城使以旨捕送開封府推鞫，案成，棄達市。

糾察刑獄劉敞，移府問所以不經審訊之由，府報曰：「近例，凡聖旨，中書門下、樞密院所鞫獄，皆不慮問。」敞曰：「此豈可行邪！」遂奏請自今一準定格。樞密使以開封府有例，不復論可否進呈報，敞爭之曰：「先帝仁聖欽卹，以京師刑獄最繁，故建糾察一司，澄審眞僞。今乃曲忤聖旨，中書門下、樞密院所鞫公事，不復審察，未見所以尊朝廷，審刑罰，而適足啓府縣弛慢，獄吏侵侮，罪人銜冤不得告訴之弊。又，舊法不許用例破條，今於刑獄至重，而廢條用例，此臣所不諭也。」帝乃以敞章下開封，令著爲令。

[29]帝始欲於景靈宮建郭皇后影殿，禮官言其不可，遂寢之。既而翰林侍講學士楊安國請

建影殿於洪福院。禮官言:「影殿非古,若謂郭皇后本無大過,今既幸復位號,則宜賜謚册,祔於后廟,以正典禮。」

八月,甲戌,知制誥劉敞言:「伏聞禮官倡議,欲祔郭氏於廟,臣竊惑之。昔春秋之義:『夫人不薨于寢,不赴于同,不反哭于廟,則不言夫人,不稱小君。』徒以禮不足,故名號闕然。然則名與禮非同物也,名號存而禮不足,因不敢正其稱,況敢正其儀者乎!郭后之廢,雖云無大罪,然亦旣廢矣。及其追復也,許其號而不許其禮且二十餘年,一旦欲以嫡后之儀致之于廟,然則郭后之殂也,爲薨于寢乎,赴于同乎,反哭于廟乎,羣臣百姓亦嘗以母之義爲之齊衰乎?恐其未安于春秋也。春秋,夫人於彼三者一不備則不正,其稱郭氏,於三者無一焉,而欲正其禮,恐未安於義也。『禘於太廟,用致夫人,』蓋謂致者,不宜致也,不宜致者,以其不薨於寢,不祔於姑也。古者不二嫡,則萬世之後,宗廟之禮,豈臣子所當擅輕重哉!謹按景祐詔書,本不許郭氏祔廟,義已決矣,無爲復紛紜以亂大禮。議者或謂旣復其號,不得不異其禮;譬猶大臣坐非辜而貶者,苟明其非辜,則復用之,豈得遂不使爲大臣!夫臣之與妻,其義雖均,然逐臣可以復歸,放妻不可復合,臣衆而妻一也。故春秋公孫嬰齊卒于貍脤,君曰:『吾固許之反爲大夫。』此逐臣可以復歸也。杞伯來逆叔姬之喪以歸。夫無逆出妻之喪而爲之者,此放妻不可復合也。今追祔郭氏,得無近於此乎!乞令諸儒博議以求折衷於禮。」詔下學士院詳定。【考異】李燾曰：據蘇頌所作孫抃行狀，則倡議祔后廟乃抃也。又據汪藻所編詔，有蘇頌傳，頌實倡議者，頌以至和元年十一月同知禮院。頌行狀是曾肇作。

30 乙亥，御崇政殿，策試應才識兼茂明於體用科明州觀察推官陳舜俞、賢良方正直言極諫旌德縣尉錢藻、汪輔之。舜俞、藻所對策並入第四等，授舜俞著作佐郎、簽署忠正軍節度判官事，藻試校書郎、無爲軍判官。輔之亦入等，監察御史裏行沈起言其無行，罷之。輔之躁忿，因以書誚讓富弼曰：「公爲宰相，但奉行臺諫風旨而已。」弼不能答。舜俞，烏程人；藻，鏐五世孫也。

31 庚辰，詔學士院趣上郭皇后祔廟議。先是禮官祥符張洞駁劉敞議曰：「郭氏正位中宮，無大過惡，陛下閔其偶失謙恭，旋復位號。位號既復，則謚册、祔廟，安得並停！況引春秋『禘于太廟，用致夫人』之例，據左氏，則哀姜之惡所不忍道，攷二傳之說，復有非嫡之辭。以此證本廟之事，恐非其當。若曰『不薨于寢，不赴于同，不祔于姑』，則郭后之歿不得其所，責當歸于朝廷，死者何罪！儻以杞伯來逆叔姬之喪質之，議其既棄而復逆，則天子之后，萬方兆姓之母，非有極惡，又可棄之乎？既追復曰皇后，可絕其祭享乎？議者欲用後漢、東晉故事，或祭於陵寢，或築宮於外。稽攷二史，皆稱曰母后，況之于今，亦未見其合也。惟唐創立別廟，遇禘祫則奉以入享，於義爲允。」敞復奏曰：「臣前奏最要切者，以爲人君無二嫡，恐萬世之後禮分不明也。洞既不以此爲辯，若不幸朝廷過聽之，是雖自以能訐上起廢爲功，而猶且陰偪母后，妄瀆禮典，臣以爲非臣子之義。乞幷下臣章，令兩制詳議。」洞復疏難敞說。其後學士院卒不上議。

32 癸未，賜殿中丞致仕龍昌期五品服，絹百匹。

昌期，陵州人，上所著書百餘卷；詔下兩制看詳，兩制言：「昌期詭誕穿鑿，指周公爲大姦，不可以訓。乞令益州毁棄所刻版本。」昌期年幾九十，詣闕自辯。文彥博少從昌期學，因力薦之，故有是賜。翰林學士歐陽修、知制誥劉敞等劾昌期異端害道，當伏少正卯之誅，不宜推奬。同知通進銀臺司兼門下封駁事何郯亦封還詔書，乃追奪昌期所賜，遣歸。

33 先是禮官張洞、韓維言：「國朝每遇禘祫，奉別廟四后之主，合食太廟。據唐郊祀志載禘祫祝文，自獻祖至肅宗凡十一帝，所配皆一后，其間惟睿宗二后，蓋昭成，明皇之母也。續曲臺禮有別廟皇后合食之文，蓋未有本室，遇祫饗卽祔於祖姑之下，所以大順中以三太后配列禘祭。博士商盈孫【考異】殷盈孫，唐時博士也。宋人章疏避諱，改「殷」爲「商」。今仍其本文。以誤認曲臺禮意，當時不能改正，議者譏其非禮。臣等伏思每室既有定配，則餘后於禮不當升祔，遂從別廟之祭，而禘祫之日復來參列，與郊祀志、曲臺禮相戾。今親行盛禮，義當革正。其皇后廟，伏請依奉慈廟例遣官致祭。」詔待制以上議。

翰林學士承旨孫抃、學士胡宿、侍讀學士李昭述、侍講學士向傳式、知制誥劉敞、王疇、天章閣待制何郯等議曰:「春秋傳曰:『大祫者何?合祭也。』未毀廟之主,皆升合食于太祖。是以國朝事宗廟百有餘年,至祫之日,別廟后主皆升合食,遵用以爲典制,非無據也。大中祥符五年,已曾定議,于時禮官著酌中之論,而先帝有恭依之詔。且行之已久,祝嘏宗史既守以爲常,一旦輕議損益,恐神靈不安,亦未必當先帝意也。宗廟之禮,至尊至重,苟未能盡祖宗之意,則莫若守其舊禮。臣等以謂如其故便。」

翰林學士歐陽修、吳奎、樞密直學士陳旭、包拯、權御史中丞韓絳、知制誥范鎭、天章閣待制錢象先、唐介、盧士宗議曰:「古者宗廟之制,皆一帝一后,後世有以子貴者,始著並祔之文,其不當祔者,則又有別廟之祭。本廟禘祫,乃以別廟之后列於配后之下,非惟於古無文;於今爲不可者,又有四焉:淑德皇后,太宗之元配也,列於元德之下,章懷皇后,眞宗之元配也,列於章懿之下,其位序先後不倫,一也。升祔之后,統以帝樂;別廟諸后,則以本室樂章自隨,二也。升祔之后,同牢而祭,牲器祝册亦統於帝,別廟諸后乃從專饗,三也。升祔之后,聯席而坐,別廟諸后,位乃相絕,四也。章獻、章懿在奉慈廟,每遇禘祫,本廟致饗,最爲得禮。若四后各祭於其廟,則其尊自申而於禮無失。議者以爲行之已久,重於改作,則是失禮之舉無復是正也。臣等請從禮官議。」久之,不能決。

劉敞又獨上奏言：「羣臣不務推原春秋之法，而獨引後儒疑似之說，欲擯隔四后，使永不得合食，臣竊恨之。夫宗廟之禮，神靈之位，豈可使數有後悔哉！」

丁亥，詔：「孝惠、孝章、淑德、章懷皇后祫享且依舊，須大禮畢別加討論。」【考異】李燾曰：劉攽作劉敞行狀云：初，上春秋高，朝議或有恐勞上拜起者，而禮官承旨，遂造此議。上微聞之，又得敞奏，謂近臣曰：「朕初謂禮當然，苟以拜起爲煩，吾猶能之，何憚也！」按建此議者張洞、韓維等，必不然；敞係議郭后祔廟事，與洞有隙，攽云爾，以誣洞也，今不取。

34 自郭諮均稅之法罷，論者謂朝廷徒卹一時之勞而失經遠之慮。至皇祐中，天下墾田視景德增四十一萬七千餘頃，而歲入九穀乃減七十一萬八千餘石，蓋田賦不均，其弊如此。其後田京知滄州均無棣田，蔡挺知博州均聊城、高唐田，歲增賦穀帛之類，而滄州之民不以爲便，詔諭如舊。是日，復遣職方員外郎孫琳、都官員外郎林之純、屯田員外郎席汝言、虞部員外郎李鳳、祕書丞高本分往諸路均田。本獨以爲田稅之制，其廢已久，不可復均，纔均數郡田而止。【考異】李燾曰：實錄在五年四月丙戌，今從會要及司馬光記聞。按會要云四年八月二十七日，與記聞所書己丑相合也。

35 九月，甲午，以權發遣度支判官、太常博士澶淵張田知蘄州。田初爲廣信軍通判，夏竦與楊懷敏建議增廣信等七州軍塘水，詔田聚議，田獨曰：「塘水不足以禦邊，而壞民良田，浸人冢墓，非便。」奏疏極言之，坐徙通判均州，又責監郢州稅；久之，復通判冀州。中官張宗禮迎遼使過郡，使酒自恣，郡將畏憚不敢發，田發之。詔置獄，配宗禮西京洒掃班。

三司使包拯薦田攝其屬，執政難之。田乃貽富弼書，數其過失五事曰：「公負天下重望數十年，今爲元宰，而舉措如此，甚可惜也。」拯由是得請。田因建議：「郊賚非古也，軍賞或不可遽廢，願自執政以下小損之。」章五上。諫官唐介劾「田內挾姦心，外夸敢言，陰附宗室宦官，不敢裁減，而刻剝其餘，使國家虧恩傷體，乞加貶黜！」故有是命。

36丙午，詔：「帶閤門祗候使臣、內殿崇班以上，太子率府率及正刺史以上，遭父母喪及嫡子孫承重者，並聽解官行服；其元係軍班出職及見管軍若路分部署、鈐轄、都監、極邊知州、軍、縣、城、寨主、都監、同巡檢，並給假百日，追起之；供奉官以下仍舊制；願行服者聽。宗室解官給全俸。」先是判三班院韓縝言：「今武臣遭父母喪不解官行服，非通制。」下臺諫官詳定，而具爲令。

37戊申，提點廣南西路刑獄李師中言：「知邕州蕭注欲伐交趾，知宜州張師正欲取安化軍，恐遠人聞之不自安，請戒注等毋得生事。」從之。

注在邕州久，陰以利啗廣源諸蠻，密繕兵甲，乃奏曰：「交趾外奉朝供，中包禍心，臣今盡得其腹心，周知要害之地，此時不取，他日爲患不細，願得馳至闕下，面陳方略。」論者以注爲國生事，不省。

38 甲寅，以戶部郎中張瓌同判太常寺兼禮儀使事。瓌再上疏乞毀溫成廟，皆不報。

39 史館修撰歐陽修言：「史書宜藏之有司。往時李淑以本朝正史進入禁中而焚其草，今史院但守空司而已。乞詔龍圖閣別寫一本下編修院，備檢閱故事。」從之。

40 丙辰，降禮部郎中、分司南京呂溱爲兵部員外郎，以前責尙輕也。

初，陝西用兵，朝廷多假借邊帥，及孫沔與溱相繼得罪，自是守帥之權益微。

41 詔：「享景靈宮、太廟習儀，自今並於尙書省。」

先是集賢校理邵必言：「周官小宗伯之職，凡王之會同、甸役、禱祠，肄儀爲位。鄭氏注云：『若今時肄儀司徒府。』今習宮廟儀而啓室登殿，拜則小挹，奠則虛爵，樂舉柷敔，舞備行綴，慢褻神靈，莫斯爲甚。宜移尙書省，以比漢司徒府。」從之。

42 冬，十月，壬戌朔，遼主如南京，祭興宗於嘉寧殿。

43 甲子，百官赴尙書省習儀。尙書省門庭迫狹，僕馬壅塞，自宰相親王以下，至日昳不能出。

44 壬申，朝饗景靈宮。【考異】長編引實錄云：車輅入景靈宮，雪驟作，及出，行禮，雪乃止。明日五鼓，有黃雲捧月。江休復云：祫享行禮之際，雪寒特甚，上秉圭露腕。助祭諸臣見上恭虔，衆手執笏者揚然揎袖。癸酉，大祫于太廟，大赦。以益州爲成都府，并州爲太原府。始，中書進擬赦書條目極多，專務惠澤及民，既宣赦畢，咸稱前後赦恩未嘗如此也。

韓琦之在太原也，乞復并州爲節鎮。翰林學士胡宿以爲：「商爲宋星，參爲晉星，國家受命始於商丘，又京師當宋分野，而并爲晉地；參商，仇讎之星；今欲崇晉，非國之利也。自宋興，并最後服，太宗削之，不使列於鎮幾八十年，宜如舊制。」帝是宿議。及琦秉政，因祫饗赦書，卒復之，宿又以爲言，不報。

45 戊寅，文武百官並以祫饗赦書加恩。

始，百官致齋朝堂，翰林侍讀學士、尚書左丞李昭述，暴得疾輿歸，遣醫診視，存問甚厚。是日（甲申）卒，贈禮部尚書，諡恪。方李氏居城北崇慶里，凡七世不異爨，士大夫多推之。至昭述，稍封殖，與從子不相中，家法頗衰。

46 十一月，乙未，命天章閣待制兼侍讀（講）錢象先、盧士宗、右司諫吳及定奪該恩敍雪人。自後每降赦，即命官定奪，事蓋始此。

47 己亥，以河南處士邵雍爲將作監主簿，本府以遺逸薦，故有是命。後再命爲潁州團練推官，皆辭疾不起。

48庚子，汝南郡王允讓薨。

王性至孝，母楚國太夫人感寒疾，方盛暑猶處密室，欲鑿牖爲明，恐匠氏弗謹，以斤斸驚夫人，因自撤牖，始庀工。及喪，過自哀毀。帝親臨奠，賻白金三千兩，王伏泣曰：「親喪受重賜，是子終不能以己力辦喪而負誠孝也。」固辭。葬日，徒跣攀柩行十餘里。帝聞，亟詔就乘，再三，始奉詔。王始病，帝憂見于色，敕醫診療，日問疾增損。既臨奠，詔特屏桃茢祓滌，以示親厚，賻卹加等，罷朝五日，贈太尉、中書令，追封濮王，謚安懿。王天資渾厚，內仁而外莊，雖左右未嘗見喜慍之色；爲大宗正二十年，宗族懷其恩而畏其嚴重。

49是月，賜果州草澤何羣號安逸處士，益州草澤章詧號沖退處士，以轉運使言其有行義也。

羣，西充人，嘗遊太學。石介語諸生曰：「羣日思爲仁義而已，不知飢寒之切己也。」嘗上書請復鄉里舉選而罷詩賦，兩制詘其議，遂歸，不復舉進士。詧，雙流人，長於易、太玄，嘗以薦授本州教授，辭不拜。

50遼禁民私獵。

51十二月，壬戌朔，遼以北院林牙瑪陸舊作馬六，今改。爲右伊勒希巴。（舊作夷离畢。）參知政事吳湛以弟洵冒入仕籍，削籍爲民。

52初，右諫議大夫周湛知襄州。襄人不用陶瓦，率爲竹屋，歲久，侵據官道，簷廡相逼，故火數爲害。湛至，度其所侵，悉毀撤之，自是無火患。然豪姓不便，提點刑獄李穆奏湛所毀撤民屋，老幼失業，乞特行責降，或令致仕。詔轉運司察實。甲子，徙湛知相州。右司諫吳及言湛不宜被責，穆聽讒言爲權豪報怨。明年，六月，湛卒于相州。【考異】長編引湛附傳云：轉運使陳希亮言湛爲民息災，不爲擾，與正傳不同，今從正傳。

53己卯，觀文殿學士兼翰林侍讀學士王舉正爲太子少傅，致仕。

54宰相富弼，自祫饗禮成，以母老累章求退，帝不許，仍斷來章。弼又上劄子，一留中，一封還。又稱疾臥家，帝遣中使召出之，乃復視事。

55知制誥劉敞言：「伏見故事，諸讓官者，或一讓，或再讓，或三讓，皆有品秩。頃來士大夫每有除命，不問高下，例輒累讓，雖有出於至誠，恬於勢利者，然亦已踰典制。若習俗逐巧，流風稍敝，必且挾僞采名，要上迷衆，更以此爲進取之捷徑，奔競之祕策，甚可惡也。臣言似迂而慮實遠，望賜裁察！」時士大夫稍矜虛名，每得官輒讓，或四五讓以至七八，天子常優容之。下至布衣陳烈等，初除官亦讓，賜之粟帛亦讓，故敞有此疏。

56是歲，遼放進士梁援等一百一十五人。

五年遼清寧六年。（庚子、一〇六〇）

1春，正月，辛卯朔，白虹貫日。

2己亥，錄劉繼元後。

3乙卯，省御書院幷翰林圖畫待詔以下額外所增員。

4是月，鑿二股河。

自李仲昌貶，河事久無議者。河北都轉運使韓贄言：「四界首，古大河所經，宜浚二股渠，分河流入金赤河，可以紓決溢之患。」朝廷如其策，役三千人，幾月而成。未幾，又幷五股河浚之。（校者按：此條應移下卷17後。）

5有大星墜西南，光燭地，有聲如雷，占者曰天狗。同知諫院范師道言：「天狗所下爲破軍殺將，宜擇將帥，訓練士卒。」詔天下預爲備禦。

6二月，壬戌，錄繫囚。

7丙寅，禮部貢院請增江、浙、福建、川、廣諸州軍解額凡一百三十五人，從之。

8戊辰，以太常丞、監察御史裏行王陶爲右正言，諫院供職。

帝自服丹藥，寡於言語，羣臣奏事，領之而已。陶言：「王者之言，羣臣皆稟受以施於天下者也。今政事無小大，皆決於中書、樞密，陛下一無所可否，豈爲人主之道哉！」又言：「皇嗣未立，宜擇宗子昭穆同者育之。」以同列志趣不合，數請監靈仙觀，不許。

9 三月，壬辰，詔禮部貢舉。

10 癸巳，觀文殿大學士、刑部尚書劉沆卒，贈左僕射兼侍中。知制誥張瓌，草詞詆沆，其子館閣校勘瑾訴於朝，帝爲改命詞臣。其家不敢請謚。帝又爲作挽辭，且篆其墓碑曰「思賢」。沆性豪率，少儀矩；然任數，善刺取權近過失，陰持之，故雖以高科仕，其進用多由此。

11 乙未，歲星晝見。

12 戊戌，詔流內銓：「自今歸明人年二十五以上聽注官。」

13 丙午，詔：「廣南東、西路攝官處，皆荒遠炎瘴之地，而月俸不足以自給，其月增錢千五百。」

14 初，御史中丞韓絳言：「諸路災傷，朝廷雖行賑䘏，而監司親民官未盡究心，致民之流徙者衆。」壬子，下詔訓敕。

15 甲寅，詔登州改配沙門寨罪人三十二人於諸州牢城。

16 自詔弛茶禁，論者復言不便，知制誥劉敞、翰林學士歐陽修頗論其事。敞疏云：「朝廷變更茶法，由東南來者更言不便。大要謂先時百姓之摘山者，受錢於官，而今也顧使之納錢於官，受納之間，利害百倍。先時百姓冒法販茶者被罰耳，今悉均賦於民，賦不時入，刑亦及之，是良民代冒法者受罪，子子孫孫未見其已。先時大商富賈爲國貿遷，而州郡收其稅，今大商富賈不行，則稅額不登，且乏國用。望朝廷因臣言，求便國惠民之策。」修疏云：「臣聞議者謂茶之新法既行，而民無私販之罪，歲省刑人甚多，此一利也。然而爲害者五焉：民舊納茶稅，今變租錢，一害也。小商所販至少，大商絕不通行，二害也。茶稅不登，頓虧國用，三害也。往時官茶容民入糴，故茶多而賤；今民自買賣，須用眞茶，眞茶不多，其價遂貴，四害也。河北和糴，實要見錢，不惟商旅得錢艱於移用，兼自京師歲歲輦錢於河北，理必不能，五害也。一利不足以補五害，乞除前令，許人獻說，詳定精當，庶不失祖宗舊制。」不聽。

17 遼主如鴛鴦濼。

18 夏，四月，庚申，權同判尙書刑部李綖言：「刑部一歲中，殺父母、叔伯、兄弟之妻，殺夫、殺妻、殺妻之父母，凡百四十；劫盜九百七十。夫風俗之薄，無甚於骨肉相殘；衣食之窮，莫急於盜賊。今犯法者衆，豈刑罰不足以止姦，而教化未能導其爲善歟？願令刑部類天下所斷大辟罪，歲上朝廷，以助觀省。」從之。

19 己卯，命度支判官、祠部員外郎、直集賢院王安石同修起居注。安石以入館才數月，館中先進甚多，不當超處其右，固辭。

20程戩與宋庠不合，數爭議帝前，臺諫以爲言，帝不悅。殿中侍御史呂誨復論戩結貴倖，癸未，乃罷戩爲翰林學士承旨兼侍讀學士，以禮部侍郎知制誥孫抃爲樞密副使。

21甲申，降右司諫、祕閣校理吳及爲工部員外郎、知廬州；太常博士、監察御史裏行沈起落裏行，通判越州。

初，諫官陳旭建議裁節班行補授之法，下兩制臺諫官集議。已定稿，及與起輒增注：「興軍國〔國軍〕磁湖鐵冶仍舊與班行。」主磁湖鐵冶者，大姓程叔良也。翰林學士胡宿等劾及等職在臺諫，而爲程氏經營，占錮恩澤，乞詔問其狀。及等引伏，故并黜之。

22丙戌，命權三司使包拯、右諫議大夫呂居簡、戶部副使吳中復同詳定均稅。

23五月，戊子朔，京師民疫，選醫給藥。

24遼監修國史耶律白請編遼主所製詩賦，命白爲序。遼主好吟咏，其後知制誥耶律良又編御製詩文曰清寧集。遼主命良詩爲嘉會集，親製序賜之。

25己丑，京師地震。

26西上閤門使、英州刺史郭諮獻所造拒馬車。諮嘗知洺州，言懷、保二郡旁山，可以植稻，定武、唐河抵瀛、莫間，可興水田。又作鹿角車，陷馬槍，請廣獨轅弩於他道。詔諮置弩。

諮又言：「頃因北使得觀幽燕，方不及三百里，無十萬人一年之費，若以術制之，使舉不得利，居無以給，不踰數年，必棄幽州而遁。臣慶曆初經畫河北大水，界斷敵疆，乃其術也。臣所創車弩，可以破堅甲，制奔衝，若多設之，助以大水，取幽薊如探囊中物耳。」

會三司議均田租，召還，諮陳均括之法四十條。復上平燕議曰：「自瓦橋至古北口，地狹民少；自古北口至中京，屬奚契丹；自中京至慶州，道旁纔七百餘家。蓋契丹疆土雖廣，人馬至少，儻或南牧，必率高麗、渤海、達達、黑水、女眞、室韋等國會戰，其來既遠，其糧匱乏。臣聞以近待遠，以佚待勞，以飽待飢，用兵之善計。又聞得敵自至者勝，先據便地者佚。以臣所見，請舉慶曆之策，合衆河於塘泊北界以限戎馬，然後以景德故事，頓兵自守。步卒二十萬，騎卒三萬，強壯三萬，歲計糧餉百八十三萬六千斛，及旁河郡邑可由水運以給保州應援。以拒馬車三千，陷馬槍千五百，獨轅弩三萬，分選五將，臣可以備其一，來則戰，去則勿追。幽州糧儲既少，屬國兵不可久留，不半年間，當遁沙漠，則進兵斷古北口、砦〔塞〕松亭關，傳檄幽薊，燕南自定。」帝壯其言，詔置獨轅弩二萬。尋命諮同提舉在京諸司庫務及揀內軍器庫兵仗，下南北作坊，以完軍器。

27 貴人董氏生皇第十一女，庚寅，進位美人，固辭；乞贈父官一級，如其請。

28 甲午，觀文殿大學士、戶部侍郎龐籍爲太子太保、致仕。

籍自定州召還，既入見，詣中書省求致仕，執政曰：「公康寧如是，上意方厚，柰何堅求欲去？」籍曰：「若待筋力不支，人主厭棄然後去，豈得爲知足哉！」遂歸臥於家。前後凡七上表，乃許之，仍詔籍出入如二府儀。

29 丁酉，詔三司置寬卹民力司。

30 己亥，以潁州進士常秩爲試將作監主簿、本州州學教授，翰林學士胡宿等言其文行稱於鄉里故也。秩，臨汝人，嘗舉進士不中，退居二十餘年，尤長於春秋，斥孫復所學爲不近人情，著講解數十篇。

31 己酉，以王安石爲三司度支判官。

32 遼主駐納葛濼。

33 乙卯，錄繫囚，降罪一等，徒以下釋之。

續資治通鑑卷第五十九

賜進士及第兵部尚書兼都察院右都御史總督湖北湖南等處地方軍務兼理糧餉世襲二等輕車都尉畢沅編集

宋紀五十九 起上章困敦（庚子）六月，盡重光赤奮若（辛丑）八月，凡一年有奇。

仁宗體天法道極功全德神文聖武睿哲明孝皇帝

嘉祐五年 遼清寧六年。（庚子、一〇六〇）

1 六月，戊午朔，遼以東北路女直詳袞舊作詳穩，今改。果嘉努舊作高家奴，今改。爲特里袞舊作惕隱，今改。

2 壬戌，遼遣使錄囚。

3 乙丑，詔戒上封告訐人罪或言赦前事，及言官事〔事官〕彈劾小過不關政體者。時殿中侍御史呂誨言：「故事，臺諫官許風聞言事者，蓋欲廣其采納，以補朝廷闕失。比來中外臣僚多告訐人罪，既非職分，實亦侵官；甚者詆斥平素之缺，暴揚曖昧之事，刻薄之態，浸以成風，請懲革之。」故下是詔。

4丙寅，命天章閣待制張掞同詳定均稅。

5遼中京置國子監，命以時祭先聖、先師。

6壬申，詔禮部貢院：「內外鎖廳并親戚舉人，並同引試，解十分之一；如不及十人，亦許解一名；四人以下送鄰路聚試。」

7乙亥，遣官分行天下，訪寬卹民力事。【考異】張耒明道雜誌曰：韓魏公當國，遣使出諸道，以寬卹民力爲名。旣行，魏公大悔之，每見外來賓客，必問寬卹使者不擾郡縣否，意恐詔使擾民，重不安也。無幾，皆罷之。本傳不載此事，今不取。

8癸未，遼以隋王耶律仁先復爲北院大王。先是仁先嘗爲北院大王，有惠政，及是民歡迎數百里，如見父母。

9甲申，三司減省冗費所言：「比歲內人請俸倍多，乞酌天聖初嬪御以下人數，著爲定額。」從之。

10秋，七月，辛卯，詔分京西爲二路，以許、陳、鄭、滑、孟、蔡、汝、潁、信陽九州軍隸北路，鄧、襄、隨、房、金、唐、均、郢、光化九州軍隸南路；各置安撫使，以許、鄧二州守臣兼之，其河南府卽不隸所部。

11癸巳，邕州言交趾與甲峒蠻合兵寇邊，都巡檢宋士堯拒戰，死之。詔發諸州兵討捕。

12甲午，以天章閣待制、知諫院唐介知荊南，從介請也。敕過門下，知封駁事何郯封還之，言：「介爲諫官，有補朝廷，不當出外。」詔介復知諫院如故。

13戊戌，翰林學士歐陽修等上所修唐書二百五十卷；刊修及編修官皆進秩或加職，仍賜器幣有差。

14著作佐郎劉羲叟爲崇文院檢討，未入謝，疽發背卒。羲叟強記多識，尤長於星曆數術，其言多驗。

15時生齒益蕃，田野加闢，獨京西唐、鄧間尚多曠土。唐州閑田尤多，或請徙戶實之，或請以卒屯田，或請廢州爲縣，知州事、比部員外郎趙尙寬言：「土曠可益墾闢，民稀可益招徠，而州不可廢。」乃按圖記，得召信臣故迹，益發卒，復大三〔三大〕陂、一大渠，皆溉田萬餘頃。又敎民自爲支渠數十，轉相浸灌，而四方之民來者雲集。尙寬復請以荒田計口授之，及貸民官錢買牛。比三年，廢田盡爲膏腴，增戶萬餘。監司上其狀，三司使包拯亦以爲言。丙午，詔留再任。【考異】仁宗實錄及本傳，治平元年正月，尙寬再任，今從長編。

16庚戌，詔曰：「朕樂與士大夫惇德明義，以先天下。而在位殊趨，弗率朕旨，或爲危言詭行，務以警衆取譽，罔上而邀寵。論事之官，搜抉隱微，無忠恕長厚之風；託迹於公，而原其本心，實以合黨圖私，甚可惡也！中書門下其采端實之士，明進諸朝；察辨矯激巧僞者，加放黜焉。」御史中丞趙槩言：「比年以來，搢紳之論多險刻競浮，宜行戒敕之。」故降是詔。

17 壬子，命翰林學士吳奎、戶部副使吳中復、度支判官王安石、右正言王陶同相度牧馬利害以聞。時馬政因循不舉，言者以爲當有更革也。

18 八月，丁巳朔，以觀文殿學士、吏部侍郎程戡爲宣徽南院使、判延州。

殿中侍御史呂誨言：「戡才微識闇，外厚中險，交結權貴，因緣進擢，徇私罔上，怙勢作威。況年踰七十，自當還政。近罷樞府，既以匪能；復委帥權，曷由勝任！且本朝故事，宣徽使非戚勳未嘗除拜，乞追寢戡恩命。」知雜御史范思〔師〕道等相繼論列，訖不從。

19 以度支判官、金部員外郎薛向權陝西轉運使兼制置解鹽使。范祥既卒，故以向代之。時西夏青鹽盜販甚賤，而官賣解鹽價高，鹽以故不售。向至，始減價以抑之。鹽池歲調畦夫數千種鹽，而鹽支十年未售，向奏損其數，當時便之。

20 甲子，以眉州進士蘇洵爲試校書郎。

洵年二十七，始發憤爲學，舉進士、茂才異等，不中，悉焚其常所爲文，閉戶益讀書，遂通六經、百家之說，下筆頃刻數千言。至和、嘉祐間，與其二子軾、轍至京師。翰林學士歐陽修上其所著權書、衡論、機策二十二篇，宰相韓琦善之；召試舍人院，以疾辭。本路轉運使趙抃等薦其行義，修又言洵既不肯就試，乞除一官，故有是命。

[21]壬申，詔曰：「國初承五代之後，簡編散落，三館聚書纔萬卷。其後平定列國，亦嘗分遣使者，屢下詔令，訪募異本，校定篇目，聽政之暇，無廢覽觀。然比開元，遺逸尚衆，宜加購賞，以廣獻書。中外士庶並許上館閣闕書，每卷支絹一匹，五百卷與文資官。」

[22]相度牧馬利害所吳奎等上言：「今陝西馬價，多出解鹽，三司所支銀絹，許於陝西轉運使易錢。權轉運副使薛向既掌解鹽，陝西財賦，可悉委之移用，仍俾擇空地置監而孳養之。蓋得西方不失其土性，一利也；因未嘗耕墾之地，無傷於民，二利也；因向之才，使久其任而經制之，三利也。」帝可其奏。甲申，命向專領本路監牧及買馬事，仍規度於原、渭州、德順軍置場；同州沙苑監、鳳翔府牧地使臣，並委向保薦以聞。

歐陽修言：「唐之牧地，西起隴右、金城、平涼、天水，外暨河曲之野，內則岐、豳、涇、寧，東接銀、夏，又東至於樓煩，以今攷之，或陷沒蕃戎，或已爲民田，皆不可復得。惟河東嵐、石之間，荒山甚多，及汾河之側，草地亦廣，其間草軟水甘，最宜養牧，此乃唐樓煩監地也。迹而求之，則樓煩、元池、天池三監之地，尚冀可得。臣往年奉使，嘗行威勝以東及遼州、平定軍，見其不耕之地甚多，而河東一路，山川深峻，水草甚佳，地勢高寒，必宜馬性。又，京西路唐、汝之間，荒地亦廣。請下河東、京西轉運使，遣官審度，若可興置監牧，則河北諸監尋可廢罷。」下其奏相度牧馬所，奎等請如修奏。

乃詔選官分詣河北、河南諸監，按牧地肥瘠頃畝，俟得實數，即遣官二人按視，其陝西估馬司，仍委向規度以聞。向乃上言：「秦州券馬至京師，計所值并道路之費，一馬當錢數萬。然所入止中雜支，於上等良馬固不可得。請於原、渭州、德順軍置場收市，以解鹽交引募蕃商廣售良馬八千，三千給緣邊軍騎，五千入羣牧司。」詔從之。

23乙酉，罷諸(路)同提點刑獄使臣，置江南東、西、荆湖南、北、廣南東、西、福建、成都、梓、利、夔路轉運判官。

先是同提點刑獄使臣或有竊公用銀器及樂倡首飾者，議者因言使臣多不習法令、民事，不可爲監司，故罷之。十一路舊止一轉運使，至是各增置判官，以三年爲一任。

24九月，丁亥朔，起居舍人、知制誥劉敞爲翰林侍讀學士、知永興軍。

初，臺諫劾敞行呂溱責官制詞不直，又前議郭后祔廟，嘗云「上之廢后，慮在宗廟社稷，不得不然」，是欲導人主廢后也。章十數上，敞不自安。會永興闕守，遂請行，詔從之。

25己丑，太白晝見。

26丙申，命樞密直學士、右諫議大夫呂公弼同詳定均稅。

27辛丑，詔：「齊、登、密、華、邠、耀、鄜、絳、潤、婺、海、宿、饒、歙、吉、建、汀、潮十八州並煩劇之地，自今令中書選人爲知州；其知潮州，委本路轉運、提點刑獄司同保薦之。」

28翰林侍講學士、給事中楊安國卒，贈禮部侍郎。

安國講說，一以注疏爲主。在經筵二十七年，帝稱其行義淳質，以比先朝崔遵度。

29駙馬都尉、安州觀察使李瑋與公主不協，而瑋所生母又忤主意，主夜開皇城門入訴禁中，瑋惶恐自劾。庚戌，降瑋爲和州防禦使，仍與外任。明日，免降官，止罰銅三千斤，留京師。

30癸丑，右正言王陶言：「漢光武出獵夜還，上東門候郅惲拒關不納，光武從中東門入。明日，賞郅惲而貶中東門候。魏武之子臨淄侯植，開司馬門晝出，魏武怒，公車令坐死。今公主夜歸，未辨眞僞，輒便通奏，開門納之，直徹禁中，略無機防，其所歷皇城、宮殿內外監門使臣，請並送劾開封府。」知諫院唐介、殿中侍御史呂誨等亦以爲言，皆不報。

31冬，十月，丙辰朔，詔：「自今因奏舉改官及升差遣，其所舉人各犯枉法自盜而會赦不原者，舉主亦毋得以赦論。」

32庚申，（詔）：「兗國公主宅都監梁全一等並置（校者按：置字衍。）遠小處監當，梁懷吉配西京洒掃班。自今勿置都監，別選內臣四人在宅句當；入位祗候並不得與駙馬都尉接坐。」時臺諫官皆言主第內臣數多，且有不自謹者，帝不欲深究其罪，但貶逐之，因省員吏制。

33 甲子，遼主駐滴絲淀。

34 十一月，丁亥，以均州防禦使李珣爲相州觀察使，單州團練使劉永平〔年〕爲齊州防禦使。

知制誥楊畋封還珣、永平〔年〕詞頭，因言：「祖宗故事，郭進戍西山，董遵誨、姚內斌守環、慶，與強寇對壘各十餘年，未嘗轉官移鎮，重名器也。今珣等無尺寸功，特以外戚故除之，恐非祖宗法。」不報，詔他舍人草制。而范鎭言：「朝廷如以楊畋之言爲是，當罷珣等所遷官；儻以爲非，乞復令畋命詞。」不許。既而鎭復有論列，遂罷之。

35 戊子，錄故陝西（制）置解鹽使、度支員外郎范祥孫景爲郊社齋郎；子太廟室長褒，俟服闋與堂除差遣。權三司使包拯言：「詳〔祥〕建議通陝西鹽法，行之十年，歲減榷貨務緡錢四百萬，其勞可錄。」故有是命。

36 辛丑，樞密使、兵部尚書、同平章事宋庠，罷爲河陽三城節度使、同平章事、判鄭州。

殿中侍御史呂誨等論：「庠外寬內忌，近者李瑋家事，猥陳均州繆例，欲陷瑋深罪，阿公主意；賴上明察，不行其言。且結交內臣王保寧，陰求援助；昨除御藥院供奉四人遙領團練使、刺史，保寧乃其一也。三班院吏授官，隔過年限，略不懲誡。御前忠佐，年當揀退，乃復姑息。其徇私罔公率如此。」章凡四上；右司諫趙抃亦論庠不才，詔從優禮罷之。

以禮部侍郎、參知政事曾公亮依前官充樞密使。樞密副使、右諫議大夫張昪、禮部侍郎孫抃並參知政事。翰林學士、禮部侍郎、知制誥、史館修撰歐陽修，樞密直學士、右諫議大夫陳旭，御史中丞趙槩，並爲樞密副使，仍以槩爲禮部侍郎。

37 詔：「自今臣僚之家，毋得陳乞御篆神道碑額。」

38 辛亥，以直祕閣·判度支句院司馬光、度支判官·直集賢院王安石同修起居注。光五辭而後受，安石終辭之。最後有旨，令閤門吏齎敕就三司授之，安石避於廁，吏置敕於案而去，安石遣人追還之，上章至八九，乃受。

39 十二月，癸酉，太常禮院言：「自今文武臣僚薨卒，法當謚者，考功於未葬前取索行狀，移禮官攷定。如其家葬速，集議不及，則許賜之。其有勳德，既葬未嘗請謚者，亦聽取旨。」詔可。

40 戊寅，以樞密直學士呂公弼爲龍圖閣學士、知成都府。

公弼初至，人疑其少威斷，會營卒犯法當杖，不肯受，曰：「寧請劍，不能受杖。」公弼再三諭之，不從，乃曰：「杖，國法，不可不從；劍，汝所請，亦不汝違也。」命杖而復斬之。軍中肅然。

41 先是知永興軍劉敞朝辭日，言關中歲比不登，民多流移，請發倉賑之，又言均田擾民，帝令於所部徐訪利害以聞。

及敞至永興，即具奏：「孫琳在河中府，用方田法打量均稅，百姓驚駭，各恐增起租稅，因此斫伐桑柘；賴轉運使薛向在處張榜告諭，方得暫止。又聞只打量萬泉一縣，近須一年乃畢；蒙減者則必欣喜，被增者自然怨嗟，詞訴獄訟，恐自此始。乞且召還孫琳，更俟豐歲，庶幾災傷之餘，不至驚擾。」其後河中民果訴增減田稅不平，凡數萬戶。

歐陽修亦言：「均稅之事，朝廷只於見在稅數量輕重均之，初不令其別生額外之數也。近聞衞州、通利軍括出民冒佃田土，不於見在管權數內均減重者攤與冒佃戶，卻生立稅數配之，此非朝廷之意，而民所以諠訴也。欲望聖慈特賜指揮，令均稅所只如朝廷本議，將實權見在稅數量輕重均之；其餘生立稅數及遠年虛數，卻與放免，及未均地分，並且罷均。」

42 己卯，蘇茂州蠻寇邕州。

43 辛巳，補諸州父老百歲以上者十二人爲州助教。

44 是歲，置三司推勘公事一人，以京朝官充，掌推勘諸部公事。

六年 遼清寧七年。（辛丑、一〇六一）

1 春，正月，乙未，權御史中丞王疇言：「比歲兩制臣僚不得與執政相見及臺諫官往還。

議出一時，初無典故，當時論者卽以爲非。今執政與諫官已弛其禁，而臺官尙設科防。臣愚以爲臺官主於議論，以補天子之聞見，豈一二人能周知天下事乎！兩制侍從之臣，皆國之選，今偶或相見，交自爲疑，非所以示朝廷之大體也。請自今，兩制亦許與臺官相見。」從之。

2 戊申，降郢州防禦使宗懿爲信州團練使，宗懿葬其父濮安懿王，而自以本命日不臨穴故也。

時任守忠護王葬事，淩蔑諸子，所饋遺近萬緡，而心猶未厭。宗懿得罪，守忠實爲之。

3 庚戌，遼主如春州，以耶律伊遜舊作乙辛，今改。知北院樞密使事。時駙馬都尉蕭呼敦舊作胡覩，今改。同知北樞密院，以位在伊遜下，意常怏怏。

蕭革之譖出蕭阿喇（舊作阿剌。）也，時欲中傷之。西北路招討使蕭珠澤，舊作朮哲，今改。阿喇之從父昆弟也，爲阿喇所愛，革嫉之。珠澤當受代赴闕，先嘗借官粟，留直而去，蕭呼敦希革意發其事，欲以傾阿喇。遼主大怒，決珠澤以大杖，免其官。呼敦，亦阿喇之從父昆弟也，呼敦又欲要權，歲時獻遺珍玩畜產于革，二人相愛過於兄弟。

4 二月，丁巳，詔：「宗室賜名授官者，須年及十五，方許轉官。」

5 乙丑，詔曰：「如聞良民子弟或爲人誘隸軍籍，父母泣訴而不得還者，朕甚閔之。自今有司審其所從來，隸籍百日內，父母訴官者，還之。」

6 丙寅，錄繫囚，降罪一等，徒以下釋之。

7 戊辰，詔樞密院：「自今內殿崇班以上，須年二十方聽受差遣。」

8 三月，癸巳，賜禮部進士掖人王俊民等一百三十九人及第，五十四人同出身；諸科一百二人及第并同出身；特奏名進士、諸科四十三人同出身、諸州文學、長史。

9 己亥，富弼以母喪去位。庚子，罷大宴。

時同知禮院晏成裕言：「君臣之義，哀樂所同，請罷春宴，以表優卹大臣之意。」帝亟從其言。成裕，殊子，弼妻弟也。議者或以爲過云。

10 甲辰，詔翰林學士承旨宋祁遇直許一子主湯藥，祁以羸疾請之也。

11 戊申，幸後苑賞花釣魚，遂宴太清樓，出御製詩一章，命從臣屬和以進。

12 詔：「周六廟在西京者，令有司以三品祭服一、四品祭服二及當用祭器給之。」【考異】長編以是日詔封柴氏後爲崇義公，今不從。封柴氏後，已見四年四月。

13 夏，四月，辛酉，以權三司使包拯爲給事中、三司使。

拯在三司，凡諸管庫供上物，舊皆科率外郡，積以困民。拯特置場和市，民得無擾。吏負錢帛多，縲繫間趣〔輒〕逃去，械其妻子者，類皆釋之。

14詔：「嶺南官吏死於儂賊而其家流落未能自歸者，所在給食護送還鄉。」

15庚午，以右正言王陶知衛州。時臺諫共言陳旭不當爲樞密副使，帝弗聽。陶既引疾在告，又先自乞罷，因許之。

16辛未，遼禁吏民畜海東青鶻。

17丙子，命大理寺丞郭固編校祕閣所藏兵書。

先是置官編校書籍，而兵書與天文爲祕書，獨不預，大臣或言固知兵法，即以命之。然兵書殘缺者多，不能徧補也。

18庚辰，以樞密副使、右諫議大夫陳旭爲資政殿學士、知定州，三司使、給事中包拯爲樞密副使。出禮部郎中、天章閣待制、知諫院唐介知洪州，右司諫趙抃知虔州，兵部員外郎兼侍御史知雜事范師道以本官知福州，殿中侍御史呂誨知江州。

旭始除樞密副使，或言旭陰結宦者史志聰、王世寧等，故有此命。介等交章論列，且言：「旭頃爲諫官，因張彥方事阿附貴戚，已不爲清議所與。及知開封府，嘗賤市富民馬，納外弟甄昻〔昂〕於府舍，恣意請託。」帝以其章示旭，旭奏：「臣前任言職，彈斥內臣，其桀黠用事如楊懷敏、何誠用、武繼隆、劉恢輩，多坐黜逐，今言者乃以此汚臣。志聰臣不識面，世寧弟娶臣妻舅之孤女，久絕往來，若嘗薦臣，陛下必記其語。乞付吏辨劾。」遂家居求罷。

帝手詔召出之，介等復闔門待罪，頃之復出，如是者數四。帝顧謂輔臣曰：「凡除拜二府，朕豈容內臣預議邪！」而介等言不已，故兩罷之。歐陽修請召還介等以勸守節敢言之士，不報。

19 初，諸路敦遣行義、文學之士赴京師者二十三人，其至者十六人，皆館於太學，即舍人院試論策。五月，丙戌，賜徐州顏復、潤州焦千之、成都章禩、荆南樂京等七人進士出身，四人同出身，餘悉授試校書郎。復，太初子；禩，察子也。時濮州李植道卒，岳州顧立有朞喪，越州吳孜等五人辭不就試，復等既推恩，亦以試將作監主簿命之。

20 遼主清暑永安山。

21 丁酉，詔天章閣待制、知諫院呂景初同詳定均稅。

22 翰林學士承旨、工部尚書、知制誥、集賢殿修撰宋祁卒，贈刑部尚書。

祁兄弟皆以儒學顯，而祁尤能爲文章，善議論；清約莊重，不逮其兄，論者謂祁不至公輔，蓋亦以此。祁自爲遺奏，請早建儲。又自爲左誌、右誌及治戒以授其子。其子遵治戒，不請諡；久之，張方平言祁法應得諡，諡曰景文。

23 己亥，馬軍副都指揮使、淮康節度使張茂實，落管軍，知曹州。

初，趙槩爲御史中丞，言茂實不宜典宿衞，未聽；及槩爲樞密副使，復言之。而言者又劾茂實販易公使所遣卒殺人於外，茂實因以老自請解兵權，始命出守。

先是翰林侍讀學士劉敞嘗奏言：「張茂實本周王乳母子，嘗養宮中，故往年市人以狂言動茂實，頗駭物聽；近者韓絳又以讒說傾宰相，重搖人心。是一茂實之身，遠則爲小人所指目，近則爲羣臣所疑懼。假令茂實其心如丹，必無他腸，亦未能家至戶曉也。莫若解茂實兵權，處以外郡，於茂實不失富貴，而朝廷得遠嫌疑，策之善者也。昔王郎自稱劉子輿，盧芳自號劉文伯，因疑飾僞，未必皆有犯上之心，但流言驅扇，羣情眩惑。臣忝近列，方當遠出，心之所疑，不敢不極論。乞以臣言密付執政商量。」久之，茂實乃罷。

24 丙午，遼主謁慶陵。

25 庚戌，詔：「凡府號、官稱犯父祖名而非嫌名及二名者，不以官品高下，並聽回避。」

26 錄繫囚，降罪一等，徒以下釋之。分命官錄三京繫囚。

27 辛亥，遼殺東京留守陳王蕭阿喇。

阿喇以例來朝，遼主訪羣臣以時務，阿喇陳利病，言甚激切。蕭革伺遼主意不悅，因譖曰：「阿喇恃寵，有慢上之心，無人臣之禮。」遼主大怒，命縊殺於殿下。皇太后營救不及，大慟曰：「阿喇何罪而遽見殺！」遼主乃優加賻贈，賜葬乾陵之赤山。

阿喇性忠果，曉世務，有經濟才；議者謂阿喇不死，後當無重元、伊遜之禍。【考異】蕭阿喇傳云：會行瑟瑟禮，入朝，陳時政得失。蕭革傳云：會南郊，阿喇以例赴闕。據本紀，則阿喇因遼主謁陵而來朝也。今從本紀。

蕭呼敦既自結於蕭革，藉以鬻權。其族弟迪里舊作敵烈，今改。薦蕭呼都舊作胡篤，今改。於呼敦，呼敦見其辯給壯勇，傾心交結，每遇休沐，言論終日。呼敦乘間爲遼主言呼都及迪里可用，遼主以迪里爲旗鼓伊喇舊作曳剌，今改。詳袞，以呼都爲宿直官。及革搆陷阿喇，呼都陰爲之助，時人醜之。

28 六月，壬子朔，日有食之。

初，司天言當食六分之半，是日未初，從西食四分而陰雲雷電，頃之雨；渾儀所言不爲災。權御史中丞王疇言：「頃歲日食於正陽之月，方食時實亦陰晦，然於雲氣之間尚有見者，固不得同不食。當時有司乃稱食不及分，而宰臣集班表賀，甚失陛下祗畏奉天之意。恐今有司或援近例乞班賀者，臣故先事而言也。」同判尚書禮部司馬光言：「日之所照至遠，雲之所蔽至狹，雖京師不見，四方必有見者。此乃天戒至深，不可不察。食不滿分者，乃曆官術數之不精，當治其罪，亦非所宜賀也。」於是詔百官毋得稱賀。

29 庚申，賜草澤建安章友直銀絹。友直篆國子監石經成，除試將作監主簿，辭不就，因有是賜。友直，得象之族也。得象爲宰相，嘗欲官之，友直謝去，終身不仕。

30甲子，遼以蕭瑪嚕舊作謨魯，今改。爲順義軍節度使。

31乙丑，太白晝見。

32丁卯，遼主如弘義、永興、崇德三宮致祭，射柳，賞賚有差。戊辰，行再生禮，復命羣臣分朋射柳。

33壬申，歲星晝見。

34甲戌，起復富弼爲禮部尚書、平章事、昭文館大學士、監修國史，弼辭不拜。故事，執政遇喪皆起復，弼謂金革變禮，不可用於平世。帝五遣使起之，卒不從命。【考異】李燾曰：或言弼初與韓琦同在二府，左提右挈，圖致太平，天下謂之韓、富。既又同爲宰相，琦性果斷，弼性審謹。琦質直，語或涉俗。俗謂語多者爲絮，嘗議政事，弼疑難者數四，琦意急，曰：「又絮邪！」弼變色曰：「絮是何言與？」又嘗言及宰相起復故事，琦曰：「此非朝廷盛典也。」於是弼力辭起復，且言：「臣在中書，蓋嘗與韓琦論此。今琦處嫌疑之地，必不肯爲臣盡誠敷奏，願陛下勿復詢問，斷自宸慮，許臣終喪。」琦見之不樂。自是二人稍有間云。按此據司馬氏記聞及蘇氏別志，又參取弼所上劄子，然謂弼與琦自此積有隙，恐未必然，今不取。

35丙子，以司馬光知諫院，入對。

36丁丑，命翰林學士吳奎、王珪同詳定茶法。【考異】李燾曰：實錄明年正月丁丑乃命王珪，今從會要。

37 遼以楚王尼嚕古（舊作涅魯古。）知南院樞密使事。

38 戊寅，以度支判官、直集賢院、同修起居注王安石知制誥。

初，安石辭修起居注，旣得請，又申命之，安石復辭至七八乃受；乃〔及〕遷知制誥，自是遂不復辭官矣。時有詔，今後舍人院不得申請除改文字，安石曰：「審如是，則舍人不得復行其職，而一聽大臣所爲，自非執政大臣欲傾側而爲私，則立法不當如此。今大臣之弱者則不敢爲陛下守法，强者則挾上旨以造令，諫官、御史無敢忤其意者，臣實懼焉。」安石由是與執政忤。

39 秋，七月，壬午朔，光祿寺丞、知長州縣夏噩，坐私貸民錢，特勒停。噩中制科，本路提點刑獄王道古惡其輕傲，摭其事而廢之。

40 乙酉，泗州淮水溢。

41 丙戌，詔：「淮南、江、浙水災，差官體量蠲稅。」

42 丁亥，權御史中丞王疇言：「比年中外臣僚，或因較量差遣，或因辨論身計，或因進以干譽，或因罪而覬免，肆爲妄談，輒形奏章。其間求放歸田里者有之，乞別自營生者有之，歲未至而願致仕者有之，苟辭祿而請歸農者有之，皆心語相違，情實交戾。請自今，有如嚮所陳者，並許彈奏施行。又，國家開廣言路，任用臺諫官。比年士大夫乃有險徼之人，挾己憎愛，依其形勢，以造浮說，奔走臺諫之門，鼓扇風波之論，幸言者得以上達。推原其情，本非公正，止於陰借權力，取快私意。當言之人，率務舉職，既所傳耳目稍異，則豈敢遂無論列！萬有一愛憎不中之論，熒惑紊撓人主之聰明，豈不爲聽斷之累哉！望曉勵士大夫，庶幾偷薄革心，以清朝路。又，臺諫有白事於朝而更以狀干臺司者，推原其情，蓋欲當任者爲言而助之爾。臣以爲事有曲直，法有輕重，朝廷以至公待天下，固不俟言者助之也。請自今，臣僚如以公事奏朝廷，不俟施行而輒申御史臺者，許彈奏以聞。」帝嘉納之。

43 戊子，錄昭憲皇太后、孝明、孝惠、孝章、淑德皇后家子孫，進秩授官者十有九人。先是集賢校理同修起居注江休復言：「朝廷初行祫饗之禮，而昭憲太后躬育祖宗，其後裔多流落民間，宜思所以推恩者。」於是并四后家子孫皆錄之。尋復賜昭憲太后家信陵坊第一區。【考異】李燾曰：賜第乃十一月癸酉，今并書。明年六月，又錄懿德皇后曾孫二人。

44 詔中書、樞密院：「累年未修時政記，自今隨月撰進。」

45 壬辰，命同知諫院司馬光同詳定均稅。

光既立條約，下諸路監司施行。又言：「國家立事，當先使賞罰明，然後事無不成。職方員外郎秦植，前通判德州，均五縣稅，皆得平允，並無詞訴。若遇庸愚之人煩擾敗事者，同歸常調，一無殿最，則能吏解體，必無成功。伏望察其勤瘁，優加酬獎，并其餘均稅官吏，隨其功過，量行懲勸，則後來無不盡力矣。」

46癸巳，詔曰：「臺諫爲朕耳目之官，而事有不能周知，固將博問朝士大夫以廣聽察。乃有險詖之人，因緣憎嫉，依倚形勢，興造飛語以中傷善良，殆非忠厚之行也。中書門下其爲朕申儆百工，務敦行實；循而弗改，當重黜焉。」從御史中丞王疇所請也。【考異】李燾曰：王疇正傳云：陳升之拜樞密副使，諫官御史唐介等奏彈升之不當大用，朝廷持不行。介等爭數月不已，乃兩罷之，而論者謂介等爲衆人游談所誤。疇疏言：「浮華險薄之徒，往來諫官、御史家，掎摭人罪，浸以成俗，請出詔戒勵。」從之。按疇以七月丁亥疏陳三事，此其一事。時升之及介等已罷去數月，此疏未必端爲介等設，疑正傳有所緣飾，今不取。馮潔已，御史臺記又記以此詔在嘉祐三年，云包拯時爲中丞，言事峭直，執政不喜，因下此詔，其先後尤差錯，今不取。

47甲午，出內藏庫絹二十萬匹，下河北助糴軍儲。

48壬寅，同知諫院司馬光以三劄子上殿。

其一論君德曰：「臣竊惟人君大德有三：曰仁，曰明，曰武。陛下天性慈惠，子育元元，雖古聖王之仁，殆無以過。然自踐祚垂四十年，而紀綱猶有虧缺，窮民猶有怨歎，意者羣臣不肖，不能宣揚聖化；將陛下於三德亦有所未盡歟？伏見陛下推心御物，端拱淵默，羣臣各以其事有所疏奏，陛下不復詢訪利害，考察得失，一皆可之。誠使左右前後股肱耳目之臣皆忠實正人則善矣；或有一姦邪在焉，豈可不爲之寒心哉！伏望陛下以天性之至仁，廓日月之融光，以奮乾斷，俾善無不錄，惡無不誅。」

其二論御臣曰：「臣聞致治之道，一曰任官，二曰信賞，三曰必罰。竊見國家所以御臣之道，累日月以進秩，循資塗而授任。苟日月積久，則不擇其人之賢愚而置高位；資塗相值，則不問其人之能否而居重職。遠者三年，近者數月，輒已易去，而望職事之修，功業之成，必不可得也。其失在於采名不采實，誅文不誅意。夫以名行賞，則天下飾名以求功；以文行罰，則天下巧文以逃罪。誠能博選在位之士，量能施職，有功則增秩加賞而勿徙其官，無功則降黜廢棄而更求能者，有罪則流竄刑誅而勿加寬貸，如是而朝廷不尊，萬事不治者，未之有也。」

其三論揀軍曰：「養兵之術，務精不務多。今所選之兵，升其軍分，增其糧賜，是宜咸戴上恩，人人喜悅，而竊聞京城之內，被選之人，往往咨嗟悲怨，父子相泣。況其中外〔於外方〕兵士，遠去鄉里，訣別親戚，其爲愁苦，不言可知。使中外人情皇皇如此，豈惟久遠之害，亦不可不以近切之憂爲萬一之慮也。伏乞自後每遇大段招揀兵士，須令兩府臣僚同共商量，度財用豐耗及事之緩急，若須至招揀，方得聞奏施行。」

49 八月，己未，馬軍頭〔副〕都指揮使、武勝留後王凱卒。車駕臨奠，贈彰武節度使，謚莊恪。凱治軍有紀律，善撫循士卒，平居與均飲食；至臨陣援枹鼓，毅然不少假。故士卒畏信，戰無不力。

50庚申，詔三館、祕閣校宋、齊、梁、陳、後魏、後周、北齊七史書，有不完者訪求之。

51乙丑，左侍禁、雄·霸等路走馬承受林伸言：「國朝上世陵寢在保州保塞寨〔縣〕東，猶有天子巷、御城莊存焉，其地頗爲塘水所壞，乞下本處時加修築。」從之。

52司馬光言：「今國家三年一郊，未嘗無赦，每歲盛夏，皆有疏決，猾吏貪縱，大爲姦利，悍民暴橫，侵侮善良，百千之中，敗無一二；幸而發露，率皆亡匿，不過三歲，必遇赦降，則晏然自出，復爲平人。使愿慤之民憤悒惴恐，凶狡之羣志滿氣揚，豈勸善沮惡之意哉！且疏決之名，本行於盛暑之際，死罪以下，皆遞降一等；近年或至再三，自徒以下，一切赦之。今歲疏決之令已再行矣，此所以使百職墮慢，姦邪恣睢者也。今縱未能盡革前弊，伏望下中書，今後每歲疏決不過一次，或早或晚，使外人不可豫期，其徒罪仍依舊降從杖；或遇親祀南郊之歲，更不疏決，永爲定制。庶幾爲惡之人有所戒懼。」

53丁卯，司馬光進五規：一曰保業，二曰惜時，三曰遠謀，四曰重微，五曰務實。

54乙亥，御崇政殿，策試賢良方正能直言極諫著作佐郎王介、福昌縣主簿蘇軾、澠池縣主簿蘇轍。軾所對入第三等，介第四等，轍第四等次。以軾爲大理評事、簽署鳳翔府判官事；介爲祕書丞、知靜海縣；轍爲商州軍事推官。

時轍對語切直，其略曰：「自朔方解兵，陛下棄置憂懼之心二十年矣。古之聖人，無事則深憂，有事則不懼。夫無事而深憂者，所以爲有事之不懼也。今陛下無事則不憂，有事則大懼，臣以爲失其宜矣。臣聞近歲以來，宮中貴姬，至以千數，坐朝不聞諮謨，便殿無所顧問，女寵害之，內則伐性傷和，外則蠹國敗政，陛下無謂好色於內不害外事也。今海內窮困，生民怨苦，而宮中賜予無藝，所欲則給，大臣不敢諫，司會不敢爭。國家內有養士、養兵之費，外有契丹、西夏之奉，陛下又自爲一阱以耗其遺餘，臣恐陛下以此得謗而民心不歸也！」

策入，諫官司馬光第以三等，翰林學士范鎮難之，欲降其等，蔡襄曰：「吾三司使也，司會之名，吾愧之而不敢怨。」惟胡宿以爲策不對所問，而引唐穆宗、恭宗以況盛世，非所宜言，力請黜之。光言是策於同科三人中獨有愛君憂國之心，不可不收，而執政亦以爲當黜。帝曰：「求直言而以直棄之，天下其謂我何！」乃收入第四等次。及除官，知制誥王安石疑轍右宰相，專攻人主，比之谷永，不肯爲詞，韓琦笑曰：「彼策謂宰相不足用，欲得婁師德、郝處俊而用之，尙以谷永疑之乎！」改命沈遘，乃爲之詞。已而諫官楊畋見帝曰：「蘇轍，臣所薦也。陛下赦其狂直而收之，此盛德事，乞宣付史館。」帝悅，從之。介，衢州人。

於是司馬光復與同列上疏言：「今歲災異屢臻，民多菜色，此正陛下側身克己之時。而道路流言，陛下近日宮中宴飲，微爲過差，賞賚之費，動以萬計，耗散府庫，調斂細民。況酒之爲物，亂性敗德，禹、湯所禁，周公所戒，殆非所以承天憂民、輔養聖躬之道也。陛下恭儉之德，彰信兆民，議者皆以爲後宮奢縱，務相誇尙，左右近臣，利於賞賚，陛下重違其請，屈意從之。夫天以剛健爲德，君以正固爲事，柰何徇後宮左右之欲，上忽天戒，下忘民病，中不爲宗廟社稷深自重惜！伏望悉罷宴飲，後宮妃嬪，進見有時，乃可以解皇天譴告之威，慰元元窮困之望，保受命無疆之休。」帝嘉納之。【考異】李燾曰：司馬光行狀云：旣取蘇轍，光遂與諫官王陶同上疏，願爲宗廟社稷自重，上嘉納之。按陶此時不在朝廷，諫官則楊畋、龔鼎臣及光凡三人耳，恐行狀誤。

55丙子，詔龍圖閣直學士楊畋，於三司取天下凡課利場務五年幷增虧者，限一月別立新額。

時場務歲課多虧，惟逐時科校主典，而三司終不爲減舊額，故帝欲特行之。

56丁丑，詔曰：「考績之次序，比令有司詳議厥制，條奏來上，詢謀悉同。咨爾在位，其各悉力一心，務祗新書，以稱朕至誠怛惻之意。今考校轉運使、副、提點刑獄，課績院以所定條目施行。」

57戊寅，詔曰：「今吏多失職，不稱所以爲民之意，殆以不得久於其官故也。蓋智能才力之士，雖有興利除害禁姦勸善之意，非假以歲月，則其吏民亦且媮而不爲之用，欲終厥功，其路無由。自今知州、軍、監、知縣、縣令有清白不擾而實惠及民者，令本路監司保薦再任，政迹尤異，當加獎擢。」

58閏月，乙酉，復以成都府爲劍南西川節度。

59庚子，平章事、集賢殿大學士韓琦加昭文館大學士、監修國史，樞密使、禮部侍郎曾公亮爲吏部侍郎、平章事、集賢殿大學士，右諫議大夫、參知政事張昪爲工部侍郎、充樞密使。

帝既許富弼終喪，乃遷琦首相。或謂琦曰：「富公服除，當還舊物，獨不可辭昭文以待富公邪？」琦曰：「此位安可長保！比富公服除，琦在何所！若辭昭文以待富公，是琦欲保此位也，使琦何辭以白上？」聞者亦是琦言。

60辛丑，以左司郎中、知制誥、史館修撰胡宿爲左諫議大夫、樞密副使。

宿謹靜，尤顧惜大體。羣臣方建利害，多更張庶事以革弊，宿獨曰：「變法古人所難，不務守祖宗成法而徒紛紛，無益於治也。」

61乙巳，詔給前宰相富弼月俸之半，弼固辭不受。

62丁未，諫官司馬光奏：「臣昔通判并州，曾三上章乞早定繼嗣。是時臣疏遠在外，猶不敢隱忠愛死；況今日侍陛下左右，官以諫諍爲名。竊惟國家至大至急之務，莫先於此，若舍而不言，是臣懷姦以事陛下，罪不容菹醢。伏望陛下少加省察。」

光既具劄子，復面請之。帝時簡默不言，雖執政奏事，首肯而已。及聞光言，沈思良久，曰：「得非欲選宗室爲繼嗣者乎？此忠臣之言，但人不敢及爾。」光曰：「臣言此自謂必死，不意陛下開納。」帝曰：「此何害！古今皆有之。」因令光以所言付中書。光曰：「不可，願陛下自以意諭宰相。」是日，光復言江、淮鹽事，詣中書白之。宰相韓琦問光：「今日復何所言？」光默計此大事，不可不使琦知，思所以廣上意者，即曰：「所言宗廟社稷大計也。」琦喻意，不復言。